提議事件良由滇路進築尚多未竟之工正勞趕辦而
法外部適與摩洛哥議約關係甚重急切未能就緒故
精神[illegible]分注也上月法摩約款磋議完竣送交摩廷
批准[illegible]初欲反對而法以決絕書逼其認受卒以孤
立無援俯而就範現法政府宣布約款大意一沙烏摩
省曾由法用兵平亂茲定募用法籍兵官組織警隊以
保治安警隊未成立時其地仍由法兵駐守二法兵佔
守格沙白郎格倈沙烏壓省警隊成立地方又安所員
法國用兵費由摩償清之日再將該地交還三摩廷允
令與去妄竟各首內安照洪史勘商蒲派專員會同去

《明清宫藏丝绸之路档案图典》
编纂委员会

主　任

高　翔　中国社会科学院副院长、党组副书记（正部长级）
　　　　中国历史研究院院长、研究员
孙森林　中国第一历史档案馆馆长、研究馆员

副主任

李国荣　中国第一历史档案馆副馆长、研究馆员
李国强　中国历史研究院副院长、研究员
卜宪群　中国历史研究院古代史所所长、研究员

总主编

李国荣　鱼宏亮

副总主编

王　澈　伍媛媛　杨海英　李华川

档案统筹

王　征

陆上丝绸之路编主编

王　澈　杨海英

海上丝绸之路编主编

伍媛媛　李华川

核心作者

过江之路卷　王　澈　杨海英
高山之路卷　吴剑锋　石竟琳　徐到稳
沙漠之路卷　郭　琪　吴四伍
草原之路卷　王　征　鱼宏亮
东洋之路卷　刘文华　李立民
南洋之路卷　刘文华　解　扬
西洋之路卷　伍媛媛　李华川　李　娜
美洲之路卷　朱琼臻　王士皓
地图提要　孙靖国

明清时期的中国与世界

新解15—19世纪丝绸之路的八条线路

李国荣

丝绸之路是中国古代东西方著名的商贸通道，是沟通中外经济文化的重要桥梁。所谓明清宫藏丝绸之路档案，是指中国第一历史档案馆（以下简称“一史馆”）所藏明清时期中央政府档案中反映15—19世纪中国与世界各国通过海上航线、陆上交通进行经济文化交流的档案文献。明清两朝宫藏档案涉及53个国家，有汉、满、蒙古、藏、日、俄、英、法、德等各种中外文字，其中具有丝绸之路涵义的有关中外经济文化交往的档案7万余件。这些宫藏档案，从王朝角度记载了明清时期的中国与世界各国交往的历史详情，既具有中央政府的权威性，又具有原始文献的可靠性，同时也具有档案独存与价值独特的唯一性，是全面研究明清时期丝绸之路实况最为翔实的珍贵文献。对明清宫藏丝绸之路档案进行系统整理研究，具有重要的现实意义和特殊的学术价值。

一、明清宫藏丝绸之路档案整理研究的历史背景

明清时期的丝绸之路，是中国古代对外商贸文化交流的特殊形态。对明清宫藏丝绸之路档案的整理与研究，有着特定的历史背景。

一是时代背景。2013年，国家主席习近平借用中国古代“丝绸之路”的概念，提出建设“新丝绸之路经济带”和“21世纪海上丝绸之路”的合作倡议。这是关乎国家战略发展和人类命运共同体构建的宏远谋略，也是对社会科学工作者提出的重大命题。

二是学术背景。长期以来，学界丝绸之路研究成果甚为丰厚，但明清时期丝绸之路研究一直略显薄弱。这主要表现在：第一，谈起丝绸之路，往往认为主要存在于汉唐时期，将丝绸之路固化为中古以前的历史名片，明清时期的丝绸之路被严重弱化，甚至不认可近代中国丝绸之路的存在。第二，学界对出新疆而西行的陆上丝绸之路和出南海而西行的海上丝绸之路这两条经典线路的研究较为丰富，对其他线路的研究还不够充分，相对而言成果较少。第三，对明清时期丝路文献的挖掘，以往关注和利用的主要是地方性档案和民间文献，存在着地域性、分散性的特点，对明清中央政府这一最具权威性、系统性的档案文献却没有给予足够的利用与研究，从王朝视角和国家层面来透析明清时期丝绸之路还远远不够。整体看来，对明清时期丝绸之路个案化、碎片化和局部的研究比较多，系统的、整体的研究

还远未形成，而这恰恰有赖于明清宫藏丝绸之路档案的深层挖掘。

三是文献背景。2016年，一史馆与中国社会科学院历史研究所合作，正式启动“明清时期丝绸之路档案编研出版工程”。2019年，“明清宫藏丝绸之路档案整理与研究”列为国家社科基金重点项目，同时列为中国历史研究院重大学术项目。该课题项目成果主要包括：其一，在档案整理方面，对一史馆所藏明清丝绸之路档案进行系统化的全面梳理，建立明清宫藏丝绸之路档案专题数据库。其二，在编纂出版方面，精心组织、系统编纂《明清宫藏丝绸之路档案图典》，陆上丝绸之路四卷，海上丝绸之路四卷，由国家图书馆出版社出版。其三，在学术交流方面，一史馆与中国历史研究院自2016年开始，每年联合主办一次“一带一路”文献与历史研讨会，截至2020年已举办五次，这一研讨机制将继续推进下去。其四，在成果推介方面，核心期刊《历史档案》自2019年第1期起开设《明清丝路》专栏，持续刊发课题组系列研究成果。其五，在学术著述方面，一史馆与中国历史研究院的专家学者联合编写《明清宫藏丝绸之路档案研究》专著。明清时期丝绸之路档案的珍贵价值和独特作用越来越得以彰显。

二、明清宫藏档案中的陆上丝绸之路

陆上丝绸之路，传统意义上讲，是古代横贯亚洲连接欧亚大陆的商贸要道。它起源于西汉时期汉武帝派张骞出使西域，开辟了以都城长安（西安）为起点，经中亚、西亚，并连接地中海各国的陆上交通线路。这条通道被认为是古代东西方文明的交汇之路，而中国出产的丝绸则是最具代表性的货物，因此自19世纪末，西方学者开始称之为“丝绸之路”，作为一个专用概念，被广泛认可使用，产生了世界性的影响。一史馆档案揭示，明清时期的陆上丝绸之路并不仅仅是传统的自新疆西行亚欧的一条线路，而是分为四条线路，即东向过江之路、南向高山之路、西向沙漠之路、北向草原之路。

1. 陆上东向过江之路。这条线路主要是指横跨鸭绿江与朝鲜半岛的经济文化交流。中朝两国在地域上唇齿相依，隔江相望。明清时期，朝鲜是东亚地区与中国关系最为密切的藩属国，不仅有相沿成例的朝贡道路，也有定期开市的边境贸易。明崇祯四年（1631）正月初三日的礼部题稿非常明确地记载，从京师经辽阳东行再渡鸭绿江陆路至朝鲜的贡道。清乾隆九年（1744）四月二十三日户部尚书海望呈报中江地区朝鲜贸易纳税情形的奏折，则详细记载了朝鲜在中江采购的物品种类包括绸缎、丝帛、灰貂、棉花、毡帽等等，且有“在边门置买货物”“朝鲜人等不纳税课”的特殊优惠规定。这件奏折还记载了朝鲜为请领时宪书（当时的年历）而派遣使者的情况。又如，道光二十一年（1841）十月十五日礼部尚书色克精额的题本，反映了清政府对会宁、庆源边境贸易的管理，其中详细开列了兽类毛皮贸易的准许清单，“凡貉、獾、骚鼠、鹿、狗等皮，准其市易；貂皮、水獭、猞猁狲、江獭等皮，不准市易”。

2. 陆上南向高山之路。这条线路主要是从四川、云南、西藏等地出发，到达东南亚、南亚地区的经济文化交流，其中与安南、缅甸、印度、廓尔喀等国交流比较频繁。例一，乾隆五十七年（1792）十二月初一日，大将军福康安等大臣有一件联衔奏折，内容是与廓尔喀商议在西藏地区进行贸易通商之事，其中记载了清政府确定的对廓尔喀贸易基本原则：第一，允准贸易。“廓

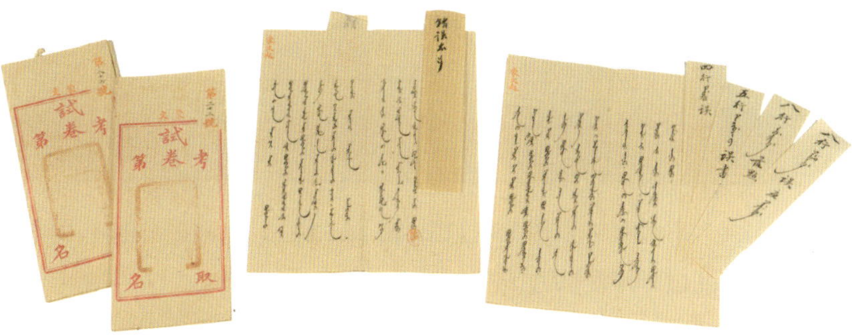

尔喀业经归命投诚，准其仍通买卖。”第二，官府统办。“所有贸易等事，竟应官为办理，不准噶布伦等私自讲说。”第三，确保公平。“一岁中酌定两次四次，予以限制。驻藏大臣仍不时稽查，亲加督察该处银钱，亦可公平定价，不致再有争执。”例二，乾隆五十八年（1793）八月初二日，署理两广总督郭世勋上奏说，安南除在原定通商贸易章程中规定的高平镇牧马庯和谅山镇驱驴庯设立市场之外，又在谅山镇花山地方设立市场。经查，花山地方确实交通便利，且人口稠密，利于双方贸易。郭世勋的奏折认为，安南“因地制宜”添设花山地方市场确是可取，并提议在贸易章程中正式添设花山地方市场。可见，清代中越边境贸易是十分频繁的。例三，光绪三十一年（1905）十二月，署理两江总督周馥向外务部递送咨呈，主要陈述了南方诸省种植的本土茶叶受到从锡兰、印度进口茶叶的冲击，将会导致茶商破产、茶户改种、本土茶叶被排挤出市场。经派员到锡兰、印度对英国人种植茶叶的方法进行考察，发现“我国茶叶，墨守旧法，厂号奇零，商情涣散，又好作伪，掺杂不纯”，如此局面必无法与进口的锡兰、印度茶叶相抗衡。同时还提出了“设机器厂，立大小公司”等应对措施。这里提出了如何在对外贸易中保护和改进民族产业的问题。

3. 陆上西向沙漠之路。这条线路是传统意义上丝绸之路的延续，它在漫长的中外交往史上发挥了巨大作用。自汉代通西域以后，中原与西北边疆的经济文化交流一直存在。唐中期以后，海上丝绸之路兴起，宋明两朝更因为不能有效掌控西域，西北的中外官方交往受到很大限制，因此学界对这条丝路的研究也往往详于唐以前而略于后。但档案揭示，在明清时期，漫漫黄沙铺出的丝绸之路一直十分活跃。明朝档案中，有一件崇祯十年（1637）八月初五日关于张家口开市买马及闭市日期的揭帖，记载了钦差御马监太监到张家口开市买马，闭市后与各部头领盟誓，“永开马市，以为彼此长久之利”，并以茶布等物品对各部头目进行犒赏。有清一代，尤其是乾隆二十二年（1757）彻底平定西北边陲后，逐步恢复西部贸易，中亚许多与新疆接壤的国家开始与清政府建立往来，并派出使者前往北京。乾隆二十七年（1762），爱乌罕（今阿富汗）汗爱哈默特沙遣使进京朝觐乾隆帝，沿途受到各地督抚的热情接待，而乾隆帝在接见使者时，得知爱哈默特沙抱恙在身，还特意赏赐药品及药方。正是在这种积极友善的氛围中，清政府与中亚诸国的来往呈现出良性化的态势，这条古老的丝绸之路再次焕发出勃勃生机。从清代档案可以看到，清政府长期从江南调集丝绸布匹经陕甘运至新疆地区，用来交换马匹等物，当时新疆地区主要的通商地点在塔尔巴哈台、喀什噶尔、库伦、伊犁等地，贸易对象除了当地部落，还有哈萨克、俄罗斯、浩罕等国。乾隆二十二年（1757）十一月二十八日，陕甘总督黄廷桂上奏朝廷说，哈萨克等地“为产马之区，则收换马匹，亦可以补内地调拨缺额”。由此可知，乾隆朝恢复西部贸易，一个重要目的是要获取哈萨克等地的马匹。乾隆二十四年（1759）十一月十一日，驻乌鲁木齐办事三等侍卫永德的满文奏折，主要内容就是呈报与哈萨克交换马匹及所用银两数目的详情。清政府与哈萨克贸易中，十分注意哈方贸易需求，如在绸缎的颜色方面，哈萨克人喜欢青、蓝、大红、酱色和古铜、茶色等，乾隆帝谕令贸易缎匹“悉照所开颜色办解”。档案还记载，乾隆四十三年（1778），理藩院侍郎索琳作为钦差前往库伦办理与“鄂啰斯”商人交易事宜，面对俄罗斯商人改变贸易地点和减少交税等情况，钦差大臣索琳草率下令关闭栅门断绝贸易。乾隆帝对索琳擅自做主关闭中俄贸易通道很是愤怒，当即将其革职。可见，乾隆帝对中俄贸易还是很看重的。在这期间，西北边陲的民间经济文化交流也很频繁，从清廷屡次颁布严查私自买卖玉石、马匹、茶叶等货物的谕令中，可看出民间商贸活动是广泛存在的。

4. 陆上北向草原之路。这条线路主要是由内地经漠北蒙古草原、中亚草原与俄罗斯等国的经济文化交流。在清代，俄皇多次派遣使团来华商谈贸易事宜。康熙时期，清政府在北京专门设立俄罗斯馆，以安置俄国使团和商队。雍正年间，还曾派出官方使团参加俄皇即位典礼。由于清朝分别在康熙和雍正年间与俄罗斯签订了划界及贸易条约，尼布楚、恰克图、库伦等地获得了合法的贸易地位，传统的草原丝绸之路进入了鼎盛时代。现存档案中有一件康熙三十八年（1699）正月十二日俄罗斯的来文档，是俄国西伯利亚事务衙门秘书长致送清朝大臣索额图的咨文，其内容就是奉俄皇旨令派遣商帮至北京贸易，“请予以优待”。康熙五十八年（1719）十一月三十日，俄国西伯利亚总督切尔卡斯基致函清廷说：俄国皇帝已得悉若干俄国商人在贵国经商确有某种越轨举动，嗣后俄商一概不容有任何损害中国政府之行为，如有任何俄国属民为非作歹，定予惩处。同时，恳请允准派往商队，照旧放行，允其进入内地直至北京。这类有关日常贸易纠纷的档案内容，说明中俄贸易已经呈现常态化，也从一个侧面反映了当时中俄贸易的广度和深度。一史馆现存的俄商来华贸易执照、运货三联执照、货物估价清册、进出口货物价值清单等档案，更详尽反映了中俄贸易的规模和内容。

三、明清宫藏档案中的海上丝绸之路

海上丝绸之路，一般说来是指从南海穿越印度洋，抵达东非，直至欧洲的航线，是古代中国与外国交通贸易和文化交往的海上通道。该路以南海为中心，所以又称“南海丝绸之路”。因海上船运大量陶瓷和香料，也称“海上陶瓷之路”或“海上香料之路”。海上丝绸之路的起点主要是广州和泉州，历史上也曾一度被称为“广州通海夷道”。一史馆档案揭示，明清时期的海上丝绸之路并不仅仅是传统的自南海下西洋的一条线，而是分为东洋、南洋、西洋、美洲四个方向。

1. 海上东洋之路。这条线路主要是与东亚各国之间的经济文化交流。东亚是明清时期朝贡体系的核心地区，自明初开始，朝鲜、琉球与中国

延续了长达五百余年的宗藩关系及朝贡贸易。日本虽游离于朝贡体系边缘，但与中国也一直保持着密切的贸易往来。一史馆所藏档案中有一幅彩绘地图，墨笔竖书《山东至朝鲜运粮图》。经考证，这是康熙三十七年（1698）十二月十五日侍郎陶岱进呈的，是一幅从山东向朝鲜运送赈济粮米的地图。当时朝鲜连年饥荒，此图应是在运送赈济粮米到朝鲜后，为向朝廷呈报情况而绘制的。该图所示船只，从山东沿着海路将粮米运到鸭绿江，再转运上岸，是清代北洋海域海上交通的鲜活例证。康雍乾年间，清廷曾一直鼓励商船前往日本购运洋铜，中日间的海上贸易迅猛增长。雍正九年（1731）三月初三日江苏巡抚尹继善有一件奏折，请求派员前往日本采办洋铜，其中谈到“采办洋铜商船入洋，或遇风信不便，迟速未可预定”。尹继善同时奏报朝廷，正与各省督抚广咨博访，细心筹划，“通计各省需办之铜”。由此可见，前往日本采购洋铜的数量不在少数。档案记载，明清时期北京的国子监专门设有琉球官学，琉球国中山王“遣官生入监读书”，乘船到闽，然后登陆北上京师。琉球国派遣官生留学，在明清两朝一直没有间断，这反映了明清时期海上丝绸之路文化交流的一个侧面。

2. 海上南洋之路。这条线路主要是与菲律宾、印度尼西亚、澳大利亚、新西兰等南洋国家的经济文化交流，以朝贡、贸易、派驻领事与商务考察等事务居多。东南亚各国是明清朝贡体系的重要组成部分，自明初以来，东南亚各国逐渐建立了对中国的朝贡关系。菲律宾古称苏禄，明清时期朝贡商贸往来一直不断，雍正十三年（1735）九月初六日福建水师提督王郡的奏折，向朝廷具体呈报苏禄国吕宋各处到厦门贸易的船只数目。乾隆二十六年（1761）十一月初一日福州将军社图肯的奏折报告说，苏禄国番目吧啰绞缎来厦，呈请在贡期内所携带货物可否照例免税，得到乾隆帝允准。清政府一直鼓励沿海福建、广东等省从暹罗、安南等东南亚国家进口稻米，以纾解粮食压力。乾隆八年（1743）九月初五日，乾隆帝传谕闽粤督抚，“米粮为民食根本”，外洋商人凡船载米粮者，概行蠲免关税，其他货物则照常征收。光绪中期以后，在驻外使臣和地方督抚的奏请之下，清政府对南洋地区事务日益重视，先后选派官员前往考查商民情形。光绪十三年（1887）十月二十四日两广总督张之洞的奏折，就是呈报派遣官员前往南洋访查华民商务情形。从这份档案来看，调查殊为细致，认为小吕宋（马尼拉）华人五万余人，“贸易最盛，受害亦最深”，“非设总领事不可”；槟榔屿则“宜添设副领事一员”；仰光自英据之后，“为中国隐患”，“宜设置副领事”；苏门答腊华民七万余人，“宜设总领事”等。光绪时期的外务部档案还记载，清政府在澳洲设总领事馆，梁澜勋任总领事；在新西兰设领事馆，黄荣良为领事。由此，晚清政府在南洋各处先后设立了领事机构，处理侨民事务，呈递商务报告。清廷也多次派遣官员随舰船前往东南亚游历考察，光绪三十三年（1907）七月初三日直隶总督袁世凯的奏折，便是奏报派舰船前往南洋各埠巡视，当地侨民“睹中国兵舰之南来”，“欢声雷动”。一史馆档案中，还有《东洋南洋海道图》和《西南洋各番针路方向图》，是清政府与东南亚各国交往而绘制的海道图，图中绘有中国沿海各口岸通往日本、越南、柬埔寨、文莱、印尼、菲律宾等国的航线、针路和需要的时间，并用文字说明当地的物产资源，是南洋区域海上丝绸之路的鲜活体现。

3. 海上西洋之路。这条线路是传统的海上丝绸之路，主要是中国与西亚、非洲、欧洲通过海路的经济文化交流。明清时期，随着西方大国新

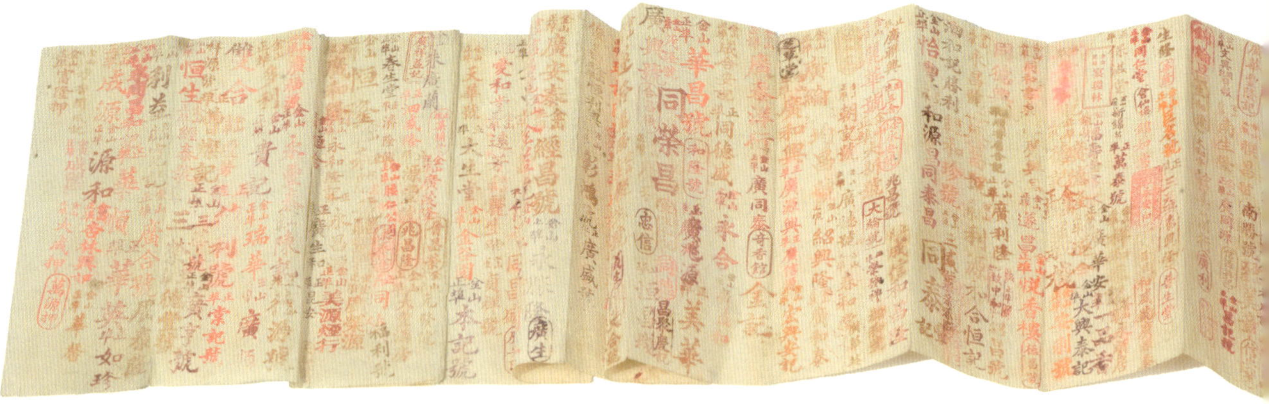

航路的开辟与地理大发现，以及借助于工业革命的技术成果，海上丝绸之路已由区域性的海上通道延伸为全球性的贸易网络。永乐三年（1405）到宣德八年（1433）间，郑和船队七下西洋，遍访亚非30多个国家，是中国古代规模最为宏大、路线最为长远的远洋航行，是海上丝绸之路在那个时代一个全程式的验证活动，也是海上丝绸之路发展史上的一次壮举。一史馆所藏明代《武职选簿》，就记载了跟随郑和下西洋船队中的随从水手等人物的情况。清初实行海禁，康熙二十三年（1684）七月十一日的《起居注册》记载，康熙帝召集朝臣商议解除海禁。次年，清政府在东南沿海创立粤海关、闽海关、浙海关、江海关四大海关，正式实行开海通商政策。由此，清代的中国通过海路与英国、法国、德国、意大利、比利时、瑞典等国的经济文化交流日益频繁。于是，法国的“安菲特里特号”商船、瑞典“哥德堡号”商船、英国马嘎尔尼使团纷纷起航来华。对西洋的科技、医药及奇异洋货等，康熙、雍正、乾隆几个皇帝都是极感兴趣。在康熙五十七年（1718）七月二十七日两广总督杨琳的奏折上，康熙帝御批：“西洋来人内，若有各样学问或行医者，必着速送至京城”，并下令为内廷采购奇异洋货“不必惜费”。大批在天文、医学、绘画等领域学有专长的传教士进入皇宫，包括意大利画家郎世宁、德国天文学家戴进贤、主持建造圆明园大水法殿的法国建筑学家蒋友仁等等。值得一提的是，乾隆二十九年（1764），清宫西洋画师郎世宁等绘制《平定西域战图》，次年海运发往西洋制作铜版画，历经种种波折，在12年后由法国承做的铜版画终于送到乾隆帝眼前，这是海上丝绸之路演绎的一起十分典型的中西文化交汇佳话。档案中还有大量外国商船和贡船遇难救助的记载，如乾隆二十六年（1761）九月十五日广东巡抚托恩多的奏折反映，瑞典商船遭风货沉，水手遇难，请求按照惯例抚恤救助。这说明清政府已经形成了一套有关维护海上贸易秩序的措施与政策。

4. 海上美洲之路。这是海上丝绸之路最远的线路，其航线最初是从北美绕非洲好望角到印度洋，再过马六甲海峡驶往中国广州，后来也通过直航太平洋经苏门答腊到广州。明万历元年（1573），两艘载着中国丝绸和瓷器的货船由马尼拉抵达墨西哥的阿卡普尔科港，这标志着中国和美洲贸易的正式开始。从此之后的200多年，以菲律宾为中转的“大帆船贸易”是中国和美洲之

间最重要的贸易通道。清乾隆四十九年（1784），美国“中国皇后号”商船首航中国，驶入广州黄埔港，船上装载的西洋参、皮货、胡椒、棉花等货物全部售出，然后购得大量中国茶叶、瓷器和丝绸等商品。次年，“中国皇后号”回到美国时，所载中国商品很快被抢购一空。中美航线的直接开通，开辟了中美间互易有无之门，促使中美之间的贸易迅速发展。道光二十三年（1843）闰七月十二日两江总督耆英等人的联衔奏折记载，“各国来粤贸易船只，惟英吉利及其所属之港脚为最多，其次则米利坚（美国），几与相埒”。这说明对华贸易，在当时美国仅次于英国。在美洲的开发和经济发展中，华侨及华工也做出了贡献。道光二十八年（1848）美国加利福尼亚州发现金矿，急需大量劳动力进行开采，大批华侨及华工涌入美国，拉丁美洲国家也在华大量招工。光绪元年（1875）七月初十日李鸿章奏报说，华工像猪仔一样运送美洲，澳门等处就设有“猪仔馆”。光绪七年中国与巴西签订《和好通商条约》，第一条就约定“彼此皆可前往侨居”，“各获保护身家财产”，从而为巴西在华招工提供了合法性。除了经济上的贸易往来，中美在文化上也相互交流，清末的“庚款留学”即是其中之一。宣统元年（1909）至宣统三年（1911），清政府共派遣三批庚款留美学生，为近代中国培养了一大批著名人才。从宫藏赴美留学生名录可以看到，后来成为清华大学终身校长的梅贻琦、中国现代物理学奠基者之一胡刚复、新文化运动倡导者胡适等均在其列。

四、明清宫藏丝绸之路档案的重要价值和独特作用

明清宫藏丝绸之路档案的系统整理，从王朝政府和国家层面为丝绸之路研究提供了更为丰富、更加权威的文献基石。透过对明清宫藏档案的考察，将有助于我们匡正和重新认识明清时期丝绸之路的历史定位。

第一，丝绸之路在明清时期并没有中断，而是实实在在地一直在延续和伸展。我们注意到，国内外学界高度认可，丝绸之路是中华民族走向世界的标志，丝绸之路的起伏与中华民族的兴衰息息相关，丝绸之路把古代的中华文化与世界各个区域的特色文化联系起来，对促进东西方之间的交流发挥了极其重要的作用。然而，在较长一段时间内，学界对丝绸之路的研究主要停留在汉唐时期，明清时期的丝绸之路被严重忽视和扭曲，甚至不认可近代中国丝绸之路的存在。为什么明清时期的丝绸之路被淡化？原因大致有两个：一是，人们受到清朝闭关锁国的传统认知的影响，一度不认可近代中国丝绸之路的存在，乃至认为丝绸之路出现了历史空白期。有的学者即使承认明清时期还有丝绸之路，也感到那是穷途末路，无足轻重。由此，往往严重弱化了明清时期丝绸之路的历史作用。二是，近代以来西方列强大肆殖民侵略带来的新的世界贸易规则和秩序，与传统中国同远近邻邦的贸易交往活动有着截然不同的内涵和影响，列强这种新的带有殖民

色彩的贸易秩序逐渐推广的过程，也是传统中国互利贸易秩序被排挤并逐渐被遗忘的过程。通过挖掘与梳理，翔实的宫藏档案充分揭示，明清时期的丝绸之路并没有中断，而是一直延续下来，尽管不同时间段有起有伏。透过这些王朝档案和历史记忆，让我们听到了明清时代的陆上丝绸之路仍是驼铃声声，看到了明清时代的海上丝绸之路仍是帆影片片。

第二，明清时期的丝绸之路并不限于传统说法的两条经典之路，而是形成了纵横交错的诸多线路，就目前档案文献研究，至少可开列出八条线路。长期以来，提起丝绸之路，大多认为只是自新疆西行的陆上丝路和自南海下西洋的海上丝路。明清丝绸之路档案的挖掘，印证了明清丝绸之路不仅存在和延续，而且还有其自身特色，乃至构成了特定历史时期的丝绸之路网络。这就是远远不限于传统的简单的陆上一条路、海上一条线，而是随着古代科技的发展、轮船时代的到来，多线并举，展现的是明清时期中国与世界交往的大格局。应该看到，近代以来，虽然海洋远程贸易逐渐成为连接世界的主要形式，但以中国为中心的东亚地区依然活跃着通过陆上线路进行的外交与贸易活动，也就是说，在明清时期，海上丝绸之路与陆上丝绸之路一直是并行的，只是不同阶段各有侧重罢了。同时，中国传统朝贡体系中的朝鲜、琉球、越南等国，在晚清中国朝贡体系解体以前，依然保留着传统的朝贡贸易，这些藩属国的传统贡道与丝绸之路的某些线路也大多契合，是丝绸之路的特殊存在形式。传承至今的档案文献为我们铺陈了明清时期的丝路轮廓，那就是陆上丝绸之路和海上丝绸之路又各分为纵横交错的四个方向。明清时期海陆丝绸之路的八条线路，是基于一史馆所藏明清档案的挖掘而得出的丝路历史阐释，是古代丝绸之路在工业时代、轮船时代的扩展。这个丝路框架，基本涵盖了明清时期所有以中国为中心的贸易路线与贸易活动，是对丝绸之路历史尾声的一个新的解读，也将大大丰富和改变学界对丝绸之路的传统认知。

第三，明清宫藏丝绸之路档案勾勒了历史与现实相通的时空走廊，为“一带一路”国家倡议提供了重要的历史依据和文献支撑。通过对明清时期丝绸之路档案的考察，让我们大致还原了明清时期中国与世界的贸易联系，并加深了我们对这块古老大地上所发生的丰富多彩的人类交往活动的历史理解，这也正是这些珍贵档案的价值所在。我们从中看到明清时期丝绸之路的万千气象，那是古代丝绸之路的延伸，那是一个纵横交错的远程贸易圈，那是一个四通八达的中外交汇网。大量明清时期中国与丝绸之路沿线国家和地区进行经济文化交流的档案记载，充分说明了东西方交流是相互的这种双向性，阐释了明清时期丝绸之路的特殊存在形式及其重要的历史地位。从某种角度上讲，作为立意高远的“一带一路”倡议，与其时间距离最近、历史关联最直接的，就是明清时期的丝绸之路。通过对明清宫藏档案的历史价值和文化内涵的深入挖掘，进一步充实了“一带一路”倡议的历史文化内容。可以说，明清时期的丝绸之路构成了与当今“一带一路”框架相贯通契合的中外海陆交通脉络，明清宫藏丝绸之路档案是对“一带一路”倡议的历史诠释。

丝绸之路与世界贸易网络

鱼宏亮

16、17世纪起，中国历史就全面进入了世界历史研究的视野之中。17世纪德国数学家莱布尼茨（G. W. von Leibniz，1646—1716）在《中国近事》一书中说："在这本书中，我们将带给读者一份发回欧洲的有关最近中国政府允许传播基督教的报告。此外，本书还提供许多迄今为止鲜为人知的信息：关于欧洲科学的作用，关于中国人的习俗和道德观念，特别是中国皇帝本人的道德观念，以及关于中国同俄国之间的战争与媾和。"尽管莱布尼茨通过法国来华传教士白晋（Joachim Bouvet，1656—1730）等人获得了有关中国的第一手资料，但他的重点主要在中国的道德、礼仪、经典等方面。直到19世纪黑格尔《历史哲学》一书，才全面考察了中国历史与世界各民族历史的诸多同异与特性。黑格尔认为："历史必须从中华帝国说起。因为根据史书的记载，中国实在是最古老的国家，它的原则又具有那一种实体性，所以它既是最古老的、同时又是最新的帝国。中国很早就已经进展到它今日的情状。但是因为它客观的存在和主观运动之间仍然缺少一种对峙，所以无从发生变化，一种终古如此的固定的东西代替了一种真正的历史的东西。"黑格尔的历史哲学以人的绝对意志和人类精神的发展作为历史发展的标尺，在他的眼中，中国历史因为在宗教和精神方面受制于专制王权，所以是停滞的，没有历史的，也是封闭的："这个帝国早就吸引了欧洲人的注意，虽然他们所听到的一切都渺茫难凭。这个帝国自己产生出来，跟外界似乎毫无关系，这是永远令人惊异的。"黑格尔对中国历史进行过深入研究，对先秦到清代的礼制、皇权、地理、北方民族都有论述。在他的《历史哲学》体系中，中国占有重要的地位。黑格尔的《历史哲学》影响了以后一个多世纪欧洲历史学对中国的历史叙事。直到20世纪七八十年代，人们才重新开始从世界历史的角度来重新看待中国历史，尤其是明清时期中国与世界各地的贸易联系。

一

第二次世界大战以后，欧洲汉学开始明显分化，原来欧洲中心论的一系列理论和观点遭到质疑。德国历史学家贡德·弗兰克（A. G. Frank）1998年出版的《白银资本》认为从航海大发现直到18世纪末工业革命之前，是亚洲时代。欧洲之所以最终在19世纪成为全球经济新的中心，

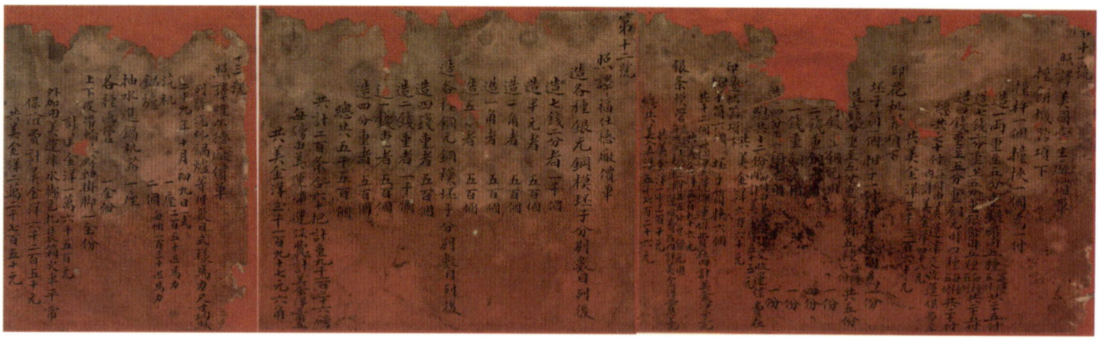

是因为欧洲征服了拉丁美洲并占有其贵金属，使得欧洲获得了进入以亚洲为中心的全球经济的机会。《白银资本》一书描绘了明清时期广阔的中外贸易的宏大画面，将中国拉回到世界历史的中心。

美国历史学家彭慕兰（Kenneth Pomeranz）于2000年出版的《大分流：欧洲、中国及世界经济的发展》一书详细考察了18世纪欧洲和东亚的社会经济状况，对欧洲的英格兰和中国的江南地区做了具体的比较，以新的论证方法提出了许多创新性见解。认为1800年以前是一个多元的世界，没有一个经济中心，西方并没有任何明显的、完全为西方自己独有的内生优势；只是19世纪欧洲工业化充分发展以后，一个占支配地位的西欧中心才具有了实际意义：“一个极为长期的观点提醒我们考虑怎样把东亚西欧之间十九世纪的分流放到全球历史的背景中。”

与此相关联，王国斌（Wong R. Bin）和罗森塔尔（J. Lauvent Rosenthal）合著的《大分流之外：中国与欧洲经济变迁中的政治》，围绕着1500—1950年之间的各种世界经济的要素进行讨论。李伯重《火枪与账簿：早期经济全球化时代的中国与东亚世界》亦从全球化的角度来描述明清以来中国与世界的贸易与政治联系。

2006年，彭慕兰与史蒂文·托皮克（Steven Topik）新出版《贸易打造的世界：1400年至今的社会、文化与世界经济》，作者通过此书表达了“中国的历史和世界贸易的历史已经通过各种途径交织在一起”的思想。

实际上，早在19世纪后期，西方汉学家已经开始利用第一手的调查资料与中西方文献来重建中古时期的中外历史了。1868年（清同治七年）11月，德国地理学家李希霍芬（Ferdinand von Richthofen）从上海出发，开始在中国境内进行地质考察。到1872年5月底，李希霍芬在中国境内总共进行了七次长短不一的地理地质考察，搜集了大量资料和数据。同年他回到德国，开始整理研究这些资料，到1877年，开始出版《中国：亲身旅行和据此所作研究的成果》（*China: Ergebnisse eigener reisen und darauf gegründeter studien*）一书。在第一卷中，他将公元前114年至127年中国与中亚、印度之间的贸易通道称为“丝绸之路”（德文Seidenstrasse或Sererstrasse）。根据俄罗斯历史学家叶莲娜·伊菲莫夫娜·库兹米娜的研究，“伟大的丝绸之路的名字第一次出现于公元4世纪早期的马赛林（Ammianus Marcellinus）的《历史》第23册中”。李希霍芬使用“丝绸之路”一词属于再发现。但是由于李希霍芬在此后的西方地理学界的重要影响和地位，他的这一用语成为学界公认的名称，从此“丝绸之路”就被公认为指称公元前后连接中国与中亚、欧洲的交通线路的专用概念，产生世界性的影响。由此，欧亚古代的贸易与文化联系通道也引起人们的重视。

二

从古典时代起，欧亚大陆虽然从地理条件上来说是连为一体的，但是高原和大山将这块大陆分隔开来，使得古希腊地理学家将其划分为两个大洲。但是欧亚大陆中部地区拥有一块广阔的大草原，从东亚的中国东北部一直延伸到西欧的匈牙利。“它为由欧亚大陆边缘地区向外伸展的各文明中心进行交往提供了一条陆上通道。靠大草原养活的游牧民们总是赶着他们的牧群，到处迁徙，并随时准备着，一有机会，就去攫取北京、德里、巴格达和罗马的财富。肥沃的大河流域和平原创造了欧亚大陆古老的核心文明，而大草原则便利了这些文明之间的接触和联系。”贯穿在这个连接体的贸易通道，也就是为世人熟知的丝绸之路。从更广阔的范围来看，丝绸之路从亚洲东部的中国，一直延伸到西欧和北非，是建立欧亚非三个地区间最为著名的联络渠道。“沿着它，进行着贸易交往和宗教传播；沿着它，传来了亚历山大后继者们的希腊艺术和来自阿富汗地区的传播佛教的人。”中国先秦文献《管子》《山海经》《穆天子传》等书中对昆仑山、群玉之山的记载，经20世纪殷墟考古发掘对来自和田地区的玉器的鉴定，证实了古文献中记载的上古时代存在西域地区从中原获取丝绸而输出玉器的交换关系，早期的中国与中亚地区的玉石—丝绸之路为人所认知。

从16世纪中后期以来，传统上属于欧洲地区的罗斯国家逐渐开始向东殖民，进入了广袤的亚欧大陆北部西伯利亚地区活动。这样，俄罗斯的哥萨克人开始活跃于蒙古北部边界地带，与明朝、蒙古各部发生各种政治、经济联系。在官方建立正式联系前，由这些地区的人民开展的贸易活动实际上早已经存在。俄国档案显示，“俄国同中国通商是从和这个国家交往的最初年代开始的。首先是由西伯利亚的商人和哥萨克自行开始同中国进行贸易。人们发现从事这种贸易非常有利可图，于是西伯利亚各城市的行政长官也参与此项活动”。由于俄罗斯处于西欧通往中国的中间地位，所以英国也多次派使节前往俄罗斯要求开通前往中国贸易的商路。俄罗斯外交事务部保存的档案记录的1616年、1617年间英国使节麦克利与俄方会谈纪要显示，尽管俄罗斯设法阻止了英国的请求，但却下令哥萨克军人调查通往中国的商路。这些活动通过莫斯科的英国批发商约翰·麦利克传递到英国，引起王室和政治家的注意。英国地理学家佩尔基斯记录了俄罗斯人开辟的通过北方草原通往中国的商路。从官方的记录来看，除了活跃的民间贸易外，至少从明代末年起，以明朝北方卫所为节点的南北交流通道已经非常活跃。中国文献《朔方备乘》曾经记录蒙古喀尔喀、车臣二部都曾经进贡俄罗斯鸟枪一事，认为“谦河菊海之间早有通商之事”，即指叶尼塞河上游与贝加尔湖之间的贸易路线。

18世纪俄国著名的文献学家、历史学家尼古拉·班蒂什根据俄罗斯外交事务部档案编著的《俄中两国外交文献汇编1619—1792》一书，收录了两件中国明代皇帝致俄皇的“国书”，其中一件标以万历皇帝，一件标以万历皇帝之子，文书记载了两名俄罗斯使臣因通商事前往中国，中国皇帝则表达了鼓励之意。不管这两件文书的真实程度如何，该文件收录在俄皇米哈伊洛维奇的外务衙门档案中，在反映中俄早期贸易关系的文献中具有一定价值［两件文书收录在尼古拉·班蒂什·卡缅斯基编《俄中两国外交文献汇编（1619—1792）》一书中，但根据耶稣会传教士的识读，认为这两件文书时间更早，为明成祖时代致北方王公的册封诏书。但两件诏书何以保存在俄皇的外交档案中，亦为不解之谜。另外，由于明清时代中国特有的天下观，直至晚清之前，中国皇帝致外国的文书从未以国书的形式冠名。因此西方各国外交档案中的中国皇帝“国书”，都是翻译明清时代皇帝的诏书、上谕而来］。

根据俄方档案记载，第一个从莫斯科前往中国的使节团是巴依科夫使团，1654 年前往办理商务，并奉有探明“中华帝国可以购买哪些货物，可以运去哪些货物，由水路或陆路达到这个国家有多远路程”等信息的使命。可见，到 17 世纪中期官方的外交路线已经畅通。17 世纪早期的探险活动是后来《尼布楚条约》和《恰克图条约》得以签订的地理背景。到了 17 世纪中后期，通过中俄条约的形式将明末以来形成的北方贸易路线固定下来。从此，库伦和恰克图成为官方贸易的正式场所。

在中国第一历史档案馆所藏的官方档案中，从顺治到乾隆期间至少有 50 件档案内容为与俄罗斯贸易的，其中贸易线路涉及从东北的黑龙江到北京、张家口、鄂尔多斯、伊犁、哈萨克整条草原丝绸之路的商道。这反映在明清时代，传统的草原丝绸之路进入了鼎盛时代。由于清朝分别在康熙与雍正年间与俄罗斯签订了划界和贸易条约，尼布楚、恰克图、库伦等地获得了合法的贸易地位，这条线路虽然被俄罗斯所垄断，传统亚欧大陆的商道中间出现了代理商性质的梗阻，但北方丝绸之路并未衰落，甚至还更加兴盛。根据两件内阁和理藩院档案［《为遣员至蒙古会盟处传谕蒙古各众做贸易不得行骗等事（满文）》《函达俄商在中国境内所有妄为举动定加惩处请仍旧照约将俄商放行入境由》］，可以看出，中俄贸易从顺治到康熙间已经呈现常态化，中央部院题奏中这类日常贸易纠纷的内容显示了贸易的广泛和深度。

北方贸易路线上的主要商品为茶叶。据研究最早进入俄国的茶叶是崇祯十三年（1640）俄国使臣瓦西里·斯达尔科夫从中亚卡尔梅克汗廷带回的茶叶二百袋，奉献给沙皇。这是中国茶叶进入俄国之始。即使在海运大开之后，通过陆路进入欧洲的茶叶依然占有重要地位。其中一个重要原因在于，陆路运输茶叶的质量要远远高于海洋运输茶叶的质量。这一点，《海国图志》中也有解释：“因陆路所历风霜，故其茶味反佳。非如海船经过南洋暑热，致茶味亦减。”这种中国茶质量的差异，在 19 世纪的欧洲，已经成为人所共知的常识。马克思在《俄国的对华贸易》一文中专门指出，恰克图贸易中的中国茶叶“大部分是上等货，即在大陆消费者中间享有盛誉的所谓商队茶，不同于由海上进口的次等货。俄国人自己独享内地陆路贸易，成了他们没有可能参加海上贸易的一种补偿”。

三

以海洋航线为纽带的世界贸易体系的形成。新航路将欧洲与撒哈拉沙漠以南的非洲、欧洲与亚洲、美洲、大洋洲都联系在了一起。“欧洲航海者创造了一个交通、交流、交换的环球网络，跨文化之间的互动比以往更为密集和系统了。”在传统航路与新航路上，欧洲商船把波斯地毯运往印度，把印度棉花运往东南亚，再把东南亚的香料运往印度和中国，把中国的丝绸运往日本，把日本的银和铜运往中国和印度。到16世纪，在印度洋的贸易世界，欧洲人已经占有了一席之地。而西班牙人、荷兰人在加勒比海、美洲建立的殖民地，使得欧洲的产品越过大西洋换来墨西哥的白银、秘鲁的矿产、巴西的蔗糖和烟草进入欧洲市场和亚洲市场。非洲的土著居民则被当作奴隶而贩运到各大殖民地。

传统的地区性贸易网络“已经扩大为而且规模愈来愈大的扩大为世界市场”。根据一个从1500—1800年间7个欧洲国家抵达亚洲船只数量的统计来看，从最初的700多艘的总量增长到了6600多艘。而美洲到欧洲的金、银贩运量在这300年间则分别增长了20倍和10倍，中国的白银进口量则从1550年的2244吨增长到1700年的6951吨。葡萄牙人在记录他们的东方贸易时说：“欧洲与东洋的贸易，全归我国独占。我们每年以大帆船与圆形船结成舰队而航行至里斯本，满载上毛织物、绯衣、玻璃精制品、英国及富朗德儿出产的钟表以及葡萄牙的葡萄酒而到各地的海港上换取其他物品……最后，在澳门滞留数月，则又可满载金、绢、麝香、珍珠、象牙精制品、细工木器、漆器以及陶器（瓷器）而返回欧洲。”

这反映了无论从数量还是种类上，进入国际市场的商品都大幅增加。固定的商品交易所、证券市场开始出现亦有重要意义。1531年安特卫普商品交易所开业，“供所有国家和民族操各种语言的商人使用”。阿姆斯特丹、伦敦此后也分别成立粮食交易所和综合交易所。最后，处于新航路之上的港口开始成为世界贸易中心，取代大陆体系时代的陆路交通枢纽城市的地位，开始在世界经济体系中扮演重要角色。

起先是技术的进步带来的探险与新航路的开辟，然后是商品与人员的全球性流动，最后是法律与文化在各地区的碰撞，一个以海上贸易路线为纽带的海洋时代开始兴起并主导了世界历史的走向。

四

这样一个商品和货币、物资与人员、知识与宗教频繁而紧密往来的时代，中国明、清时期的中央与地方政府不可能自外于世界。万历时期曾任福建巡抚的许孚远在评论嘉、万时期的海禁政策时说：“然禁之当有法而绝之则难行，何者？彼其贸易往来、籴谷他处，以有余济不足，皆小民生养所需，不可因刖而废屦者也。不若明开市舶之禁，收其权而归之上，有所予而有所夺，则民之冒死越贩者固将不禁而自止。臣闻诸先民有言，市通则寇转而为商，市禁则商转而为寇。禁商犹易，禁寇实难。此诚不可不亟为之虑。且使中国商货通于暹罗、吕宋诸国，则诸国之情尝联属于我，而日本之势自孤。日本动静虚实亦因吾民往来诸国侦得其情，可谓先事之备。又商船坚固数倍兵船，临事可资调遣之用。商税二万，不烦督责，军需亦免搜括之劳。市舶一通，有此数利。不然，防一日本而并弃诸国，绝商贾之利、启寇盗之端，臣窃以为计之过矣。”明、清两代都实行过海禁政策，明代是因为倭患，清代则由于郑氏。海禁“虽禁不严，而商舶之往来亦自若也”，但长期来看，给沿海人民甚至国计民生都带来严重后果，所以地方大员多以“开洋”为主要筹划：“莫若另为立法，将商人出洋之禁稍为变通，方有大裨于国计民生也。”

通过数件珍贵的明代天启、崇祯年间兵部尚书有关海禁事宜的题行稿，可知明朝皇帝长期坚守的海禁政策至明末清初已与日益增多的对外贸易需求相悖。康熙二十三年（1684）七月十一日，在内阁起居注中有康熙帝召集朝臣商议开海贸易的记录。翌年即1685年，清政府在东南沿海创立粤、闽、浙、江四大海关，清廷实行开海通商政策。

乾隆二十六年（1761）九月十五日，广东巡抚托恩多上奏“瑞典商船遭风货沉抚恤遇难水手折”，请求按照惯例，对朝贡各国或外洋各国来中国贸易的商船予以灾难救助。从明清时代对朝贡体系和外洋贸易的维护来看，中国明确制定了有关维护这一范围广阔的贸易秩序的措施与政策。无论是陆路贡使和商客的接待、陪护、贸易纠纷、借贷的规定，还是海路贸易中由于漂风、漂海等遇难船只、人员、货物的抚恤、资助，都颁布有详细的措施和法令。《大清会典》在“朝贡”条目下设有专门的“周恤”“拯救”等内容，具体规定了朝贡贸易或者自由贸易中发生的疾病、死难、漂风、漂海等灾难事件中的救助责任与赏罚措施（参阅《嘉庆朝钦定大清会典事例》卷四百“礼部·朝贡”“周恤、拯救”等内容）。这些由中国制定、各国遵守的法令与政策，是前近代世界贸易秩序存在并得以维持、延续的重要因素。从鸦片战争以后，以海、陆丝绸之路为主体的世界贸易秩序开始被以西方近代国际法为主导的世界贸易秩序所取代，但其间蕴含的互通、平等、周济的贸易精神，在现代依然有重要的价值。

对于历史的描述，从封闭停滞的中国到世界贸易中心的中国的巨大变迁，反映了中西方历史学界不同时期的中国认识观。现在我们通过中国自身的历史文献与档案史料来重新看待这一时期的中国历史，是在这些路径之外的一种全新的中国历史观。从明清档案来看，中国与世界的贸易联系在陆路、海路都存在多条路线，陆地上除了传统的西向、北向的两条丝绸之路外，还有东向的朝鲜贸易，南向的通往印度、安南、暹罗的高山之路等四条主要线路，海上除了传统通往欧洲的海路外，尚可细分为南洋、美洲、东洋等四条海路，这样，以明清档案还原的八条丝绸之路贸易网络，重新展现了明清以来中外的联系途径。八条丝绸之路远远不能涵盖所有以中国为中心的贸易路线与贸易活动，但是这是一个新的解释框架，我们希望这个框架能够描绘一部中国本位的中外贸易与文化交流史，也为我们重新认识明清以来的中国与世界，提供一个新的视角。

前 言

李华川 伍媛媛

一

海洋对于人类来说从来都既是风险的渊薮，又是充满希望的蓝色家园。像其他文明古国一样，华夏文明发源于河流附近（黄河中下游），但是华夏民族对于广袤的蓝色世界也并不陌生。早在东周时期，齐桓公之称霸，就依赖管仲之善取鱼盐之利；越国的范蠡曾泛海北游，经商致富；孔子在人生失意之际，也曾有“乘桴浮于海”之叹。秦汉大一统之后，闽越、东粤、南粤等等均入版图，海内外并设州郡，沿海居民不避风涛，劈波斩浪，亚洲海域成了他们贸迁货物的场所，所至之地，从北至南，凡渤海、黄海、东海、南海、印度洋沿岸诸国，都曾留下国人的足迹，而中国商人所携货物，以丝产品为大宗，据《汉书·地理志》所载，武帝时商人多以“杂缯”购买南海明珠、奇石等异国之物，而所谓杂缯，便是各类丝织品，海上贸易航线被称为“海上丝绸之路”，良有以也。可以说，海上和陆上在同一时期发展出以丝绸贸易为特色的“丝绸之路”。海外贸易从来都不是单向的，当中国商人拓殖海外之际，也有众多胡商携带大量海货航海来华进行贸易。两汉时期，来自海外的奇珍异宝已云集长安、洛阳。

东汉末年，中原板荡，西北方向的“丝绸之路”断续无常，海上丝路却得到发展。从东吴、两晋至隋唐，海上南路以交州为中心的贸易从未断绝，不过，由于造船技术的限制，数百年间，南海航行的船只以外国商船为主。但唐朝政府对于经营海外相当重视，最早设立市舶使，促进对外贸易，中唐之后，中国海舶已能从事远洋航行，唐朝后期，更已驾外舶而上之，继交州之后，以广州为中心的海外贸易大为发展。广州城内外居住的胡商多达十余万人，颇能体现唐人开阔的气度。宋人继承了唐人的航海事业，将海外贸易推向繁荣。宋朝官府努力招徕外商，给予许多优待条件，不仅如此，在传统的朝贡体系之外，私人海外贸易也有很大的拓展空间，这种官方和民间并力发展海外贸易的局面，在两千年海上丝绸之路的历史中，也不多见。同时，宋人的航海技术也取得了突破，所制造的某些巨舶，仅水手和兵丁即多达千人，还不包括商人、旅客在内。而罗盘已被广泛使用。宋人的海舶不仅可达印度，更远至波斯湾，进入大食商人的传统领地。南海地区，最南至爪哇的范围，中国人受到各国的优待，已拥有良好的商业地位。借助众多的中式帆船（被外国人称为“戎克船”），大量丝绢、瓷器等销往东南亚、印度、波斯湾地区，海外的香料、珍珠、金银器等也涌入中国，东西方货物在朝贡体制的主导下，得以贸易、流通。在中原竞争中失利的南宋，之所以尚能延续一百五十余年，也因一定程度上受益于海外贸易的丰厚财力。继宋而起的元朝，本是一个草原帝国，但在其势力席卷欧亚大陆的过程中，逐渐形成了广袤的疆域和与之相称的世界意识，传统的中央王朝其实难以定义这个世界性的帝国。灭亡南宋之后，元人因袭前朝的海外贸易，并欲加以拓殖。北自朝鲜、日本，南至爪哇，元人均曾加以征讨。以元朝在世界上无与伦比的声威，中国的海外贸易本可以超越前人，跃升一个等级，但因元朝享国日浅，不足百年，便被逐回草原地区，远离了海的世界。

二

鼎革之后，明朝本来承袭了宋元海外贸易的丰厚遗产，但朱元璋未能善加利用，反而在洪武十四年（1381）后实行海禁，力图斩断已有千年以上传统的海外贸易，尽管并非事出无因，但禁海令仍是无视中国传统和沿海居民生存现状的弊政，开了明清海禁的先例。幸而海禁仅实施二十余年，永乐三年（1405），明成祖朱棣派郑和率领庞大的船队出使西洋，宣示国威。在15世纪前期，从东亚至非洲的海域，明朝的皇家船队进行了七次声威浩大的远征。无论是在船队的规模、航行的距离，还是航海技术上，在当时的世界范围内，都堪称无与伦比的壮举。这种远征将政治、外交、军事、经济意义叠加在一起，并非只具有单一的贸易功能，是朝贡体制下一种复杂的混合体，其作用不容小视。比如在贸易上，以瓷器、丝织品等为代表的大量中华物产直接销往东、西洋的三十余个国家，而海外的香料、布匹、珍宝、食品等也大量进口国内，影响到明人的日常生活。当然，这种完全由政府掌控的航海活动，其政治、外交意义远过于经济意义，更何况，民间的海外贸易仍然被禁止，所以一旦当政者的态度转变，下西洋式的远征戛然而止，明朝中期的海外贸易就不免陷入困境，反而为走私和海盗活动提供了生存空间。此后，明朝几乎一直

为从事走私贸易和劫掠活动的倭寇所困扰。不过，16世纪以后，西方势力开始进入亚洲，先是在印度洋，之后在南海建立起商业和殖民网络，并且逐渐在东亚海域取得立足之处。经过葡萄牙、西班牙、荷兰、英国、法国等国的持续经营，西方在东亚地区建立起广阔的贸易网络，这种西方网络与原有的亚洲贸易网络交织、冲突，逐渐占据优势地位。亚洲原来以“朝贡体系”为特色的海外贸易，已有近两千年的历史，早就为东南亚多数国家所适应和接受。但是，西方贸易体系在亚洲具有强烈的武力征服特征，印度、马六甲、爪哇、苏门答腊、吕宋等地在不到一百年的时间中，便成为西方国家的殖民地，明朝之所以没有沦陷，在根本上还是因其强大的政治、军事实力。而在贸易的层面，明朝的商品也具有无可取代的优势，丝绸、瓷器等中国特产为西方及亚洲各国所青睐，西方商人却很少有对明人具有诱惑力的生活必需品能够用以交换，直到他们在美洲发现了大规模的银矿之后，才能维持与中国贸易的平衡。

由于明末的动乱和清人的入关，明清之际，海外贸易在数十年中摆脱了朝贡体制的束缚，变为由东南郑氏海商集团所控制的更为灵活的贸易形式。与明、清政府相比，郑芝龙、郑成功父子更重视和擅长海外贸易，郑氏集团的船队一度掌控了中国与日本和东南亚的海上航运。郑成功能够将海上强国荷兰从占据已久的台湾驱逐出去，就是他们强大实力的体现。清朝为了应对郑成功的威胁，从顺治十三年（1656）开始实行“禁海令”，两广、福建、江南、山东各省民间商船片帆不准入海，到顺治十八年，更将禁海令强化为“迁界令”，强令福建、广东、江南、浙江四省滨海居民内迁三十里，焚毁滨海三十里内房屋、船只，实际上是在沿海建立“无人区”。直至二十年之后，郑氏反清势力被消灭，康熙帝才废除“迁界令”。在“禁海”和“迁界”的二十多年中，清朝的海外贸易自然大受影响。不过，这仅是短暂的时期，一旦沿海军事威胁解除，康熙二十三年（1684），清政府设立了粤、闽、江、浙四个海关，管理海外贸易，对来华商船征收进口税。此时，民间海外贸易也趋于活跃，中国帆船又大量出现在南洋各地。遗憾的是，由于清政府对海外贸易存有严重的偏见，而且航海、造船技术落后，官方几乎没有实行过主动的海外贸易行为，这与唐宋以来的历代王朝颇有区别。进入18世纪以后，广州海关逐渐取代其他海关，成了海外贸易的绝对中心，除了中日贸易之外，各国海船云集黄埔港，与广州行商接洽贸易。“广州体制”在1700—1842年间，是清朝海外贸易的特征。直到“五口通商”之后，这一体制才走向没落。17—19世纪全球贸易体系已经建立起来，中国在其中发挥了非常重要的作用，借助海上丝绸之路，各国商品的交换空前地繁盛起来。大量的丝织品、瓷器、茶叶等商品行销世界，而外来的美洲农作物、白银、铜等也进入中国，人类的生活方式都发生了深刻的改变。

纵观“海上丝绸之路”的历史，可以说，中国从来不是一个封闭的国家，对于海外贸易一直怀有浓厚的兴趣，并且在与周边国家的商贸竞争中，长期处于优势地位。始于西汉的朝贡体系也一直在海外贸易中居于主导地位，经历近两千年的变迁、演进，这一体系已为亚洲各国普遍熟悉、认可和采用，虽然以天朝为中心的朝贡体系有很多弊端，但是该体系也具有较为和平的色彩和高度的稳定性，因此之故，才能维持庞大的亚洲海上贸易网络。从16世纪开始，西方势力闯入亚洲海域，以武力和商业手段打破原有的贸易格局，逐渐建立起一套新的贸易网络。西方网络的优势在技术方面，包括造船、航海、武器、金融等；亚洲网络的优势是商品，即丝绸、瓷器、茶叶、胡椒等。在很长一段时期内，两种网络交织在一起，既有竞争，又有妥协、合作，直到19世纪40年代，英国才借助坚船利炮击溃朝贡体制，西方贸易网络彻底取代了亚洲网络。

三

明清时代海路贸易的意义超过陆路贸易，对于中国和全球经济的影响变得越来越重要。在卷帙浩繁的明清档案中，发掘、研究有关“海上丝绸之路”的史料，认清明清历史中海外贸易的真相，是一件非常有吸引力和挑战性的工作，也可以在一定程度上改变存在公众和学术界中对于明清史某些习焉不察的误解。而读者能够亲见这些原始文献，仿佛与古人（从皇帝到臣僚）当面聊天一样，也是一件有趣的事情。

我们精选318件保存在中国第一历史档案馆的有关明清时期中外通过海上往来的档案，按照海上丝绸之路的指向分成四路，即东洋之路、南洋之路、西洋之路和美洲之路。

东洋之路是前往琉球、日本、朝鲜的航线，档案有70件，主要涉及明清之际郑氏海上集团的活动、琉球朝贡贸易、晚清中日朝交涉几个主题。

南洋之路是中国与东南亚之间的航线，档案有71件，清前期（嘉庆之前）以暹罗贩运稻米入华为主，晚清后以中国与吕宋、新加坡的商务、侨务为主。

西洋之路是中国与欧洲之间的航线，档案为数最多，有100件。这些档案主要涉及明代下西洋、清代海外贸易、西方传教士的文化活动等几个主题。

美洲之路是中国与南、北美洲的航线，档案有77件，时期均为晚清，以清政府与美洲国家贸易往来、文化交流、交涉华工问题为主。

虽然目前对每一份档案进行细致研究尚需时日，但是通过梳理这些档案文献，我们可以建立起一条从明朝万历时期直到清末宣统时期的时间线，在此期间，无论处于何种动荡时代，海上丝绸之路从未中断。不仅如此，海外贸易在多个方向上，以或官方，或民间，或合法，或走私的形式，沿着中国的海岸线，从南到北，持续而大量地存在着。而且，海外贸易与文化交流、外交活动相互交织，尽管有时会发生激烈的冲突，但仍然可以构成一幅细节丰富、明暗对比强烈的中外交流图景。借助这一幅历史图景，我们可以清楚地看到，从明朝开始，中国逐渐成为世界贸易体系中的重要环节，不仅对东亚、南亚世界早已如此，对于欧洲的崛起和美国独立后的资本积累也一样，从物质和精神层面都发挥了重要作用。传统上，对于明清时期“闭关锁国”的贴标签式评价，其实在学理和事实的意义上都无法成立。

美洲之路卷·导言

王士皓 朱琼臻

2017年5月，“一带一路”国际高峰论坛在北京召开。在29位到会的外国国家元首和政府首脑中，有两位美洲国家的领导人——阿根廷总统马克里和智利总统巴切莱特。一般意义上说，“一带一路”沿线国是不包括美洲国家的，这两国领导人的与会，说明“一带一路”倡议得到更多国家的响应和支持。而从历史上讲，中国和美洲之间的贸易更可以说是一条源远流长的“海上丝绸之路”。

一

美洲作为一个整体，作为五大洲之一，是一个地理意义上的概念。清代魏源在综合明代以来的有关文献撰写《海国图志》时，已对美洲的自然地理有了较为准确的记述，并将“墨利加洲”分为“北洲”和“南洲”，即我们今天所说的“北美洲”和“南美洲”。不过，对于美洲，我们还有一个基于地理和文化交错的认识：把美国和加拿大称为“北美”，把美国以南的美洲通称“拉丁美洲”。拉丁美洲包括北美洲的一部分（墨西哥）、中美洲和加勒比海地区以及整个南美洲。这种认识既是在中国和美洲长期交往中逐渐形成的，也是近代以来世界格局不断变化的结果。纵观“地理大发现”以来中国和美洲的交往，特别是这条明清时期“海上丝绸之路”，我们既要看到一个整体的美洲，即一个不同于欧洲和亚洲的美洲，也要看到美洲不同地区的差别。

中国和美洲早期交往的话题，往往是伴随着“中国人发现美洲”的提法展开的。1761年法国汉学家德·吉涅（Joseph de Guignes）根据《梁书·诸夷传》中“扶桑国”的记载提出了“中国人最早发现美洲”的观点，后来又有“殷人东渡”和“法显发现美洲”等说法，直到2002年还有英国人加文·孟席斯（Gavin Menzies）在《1421：中国发现世界》一书中提出“郑和船队发现美洲”的新观点。中国人自然也比较关注这一话题，关于“中国人发现美洲”的专著就有多部，涵盖了不同时期（从20世纪60年代到本世纪初）中国学者对此的研究成果。如果由此进一步了解关于“发现”美洲的话题，我们还会看到有古埃及人、阿拉伯人、非洲人甚至印度人“发现”美洲的说法。当然，这些说法基本来源于少量的考古遗迹和零星的文献记录，很多说法还停留在猜测阶段。即使在古代有过其他地区的人员非常偶然地到过美洲，也只是一个孤立的事件，对于美洲和其他地区的历史进程并没有产生实质影响。而1492年哥伦布“发现”美洲，则是一个在世界历史上具有重大意义的事件，因为它标志着全球化时代的到来。

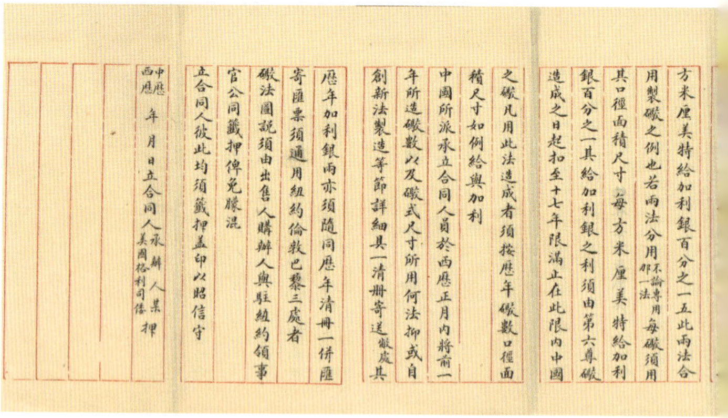
方米厘美特給加利銀百分之一五此兩法合
用製礮之例也若兩法分用不論專用那一法每礮須用
其口徑面積尺寸每方米厘美特給加利
銀百分之一具給加利銀之利須由第六尊礮
造成之日起扣至十七年限滿止在此限內中國
之礮凡用此法造成者須按歷年礮數口徑面
積尺寸如例給與加利
中國所派承立合同人員於西歷正月內將前一
年所造礮數以及礮式尺寸所用何法抑或自
創新法製造等節詳細具一清冊寄送敝廠其
歷年加利銀兩亦須隨同歷年清冊一併匯
寄匯票須通用紐約倫敦巴黎三處者
礮法圖說須由出售人購辦人與駐紐約領事
官公同籤押俾免朦混
立合同人彼此均須籤押蓋印以昭信守
中歷西歷 年 月 日立合同人承辦人某美國格利司佛 押

二

对美洲而言，全球化首先意味着被欧洲人占领和征服。仅在哥伦布“发现”美洲的第二年，即1493年，为了调停西班牙和葡萄牙在美洲扩张而产生的冲突，经罗马天主教廷仲裁形成了“教皇子午线”，第二年西班牙和葡萄牙又正式签订条约，基本划定了两国在全球范围内（当然也包括美洲）势力范围的分界线。根据这条分界线，西班牙占领了除巴西以外北起加利福尼亚湾和密西西比河，南至今天阿根廷和智利最南端的大部分美洲地区，而葡萄牙则占领了广袤的巴西。与此同时，西班牙也根据“教皇子午线”在全球范围内继续进行殖民扩张。在亚洲方面，西班牙从1564年就开始在菲律宾设立定居点，1571年占领了马尼拉，并以此为中心对菲律宾群岛进行了全面的统治。

这样一来，亚洲的菲律宾和美洲的墨西哥处于同一个宗主国统治之下，两地的交流得到更为有效的政治保障，而航海技术的发展和高额的贸易利润，则直接催生了横跨太平洋的“大帆船贸易”航线。这条航线首航于1565年，但据相关研究，首航的“圣巴布洛”号船上并没有中国商品。然而，中国和菲律宾的贸易却是源远流长的，在宋、元时期，吕宋等港口已成为中菲贸易的中心。即使在西班牙占领菲律宾后，中国和菲律宾的贸易仍然正常进行，西班牙人通过中菲贸易就有机会亲身接触到中国商品。在这种情况下，中国和美洲之间的贸易可以说“万事俱备”，剩下的只是具体开始时间的问题了。

1573年，也就是菲律宾—墨西哥“大帆船贸易”航线开通后的第8年，两艘载着中国丝绸和瓷器的货船驶离马尼拉，经过5个月的航行，抵达墨西哥的阿卡普尔科港。这标志着中国和美洲贸易的正式开始。从此之后200多年，以菲律宾为中转的“大帆船贸易”是中国和美洲之间最重要的贸易渠道。

通过“大帆船贸易”，中国的丝绸、瓷器、漆器、家具、字画甚至烟花等商品大量进入美洲，不仅在一定程度上传播了中华文明，还极大地改变了美洲人的生活风尚。以丝绸为例，不仅西班牙殖民者喜欢穿，连当地印第安人也用相对较为便宜的丝绸作装饰物，以至于在一定时期内服饰中丝绸的使用量超过了布料。同时，“大帆船贸易”也给中国带来了深刻的影响。首先，在明朝后期推行“一条鞭法”时，美洲白银的大量流入对于解决“银荒”问题起了很大作用，进而推动了以“银为主、钱为辅”的货币体制改革。另外，玉米、土豆、辣椒等美洲作物的大量传入，对中国粮食产品的丰富、粮食产量的提高以至饮食和烹调口味的变化都起到了重要的作用。

“大帆船贸易”开启了中国和美洲的贸易之旅，第一次将太平洋两端的不同文明联系在一

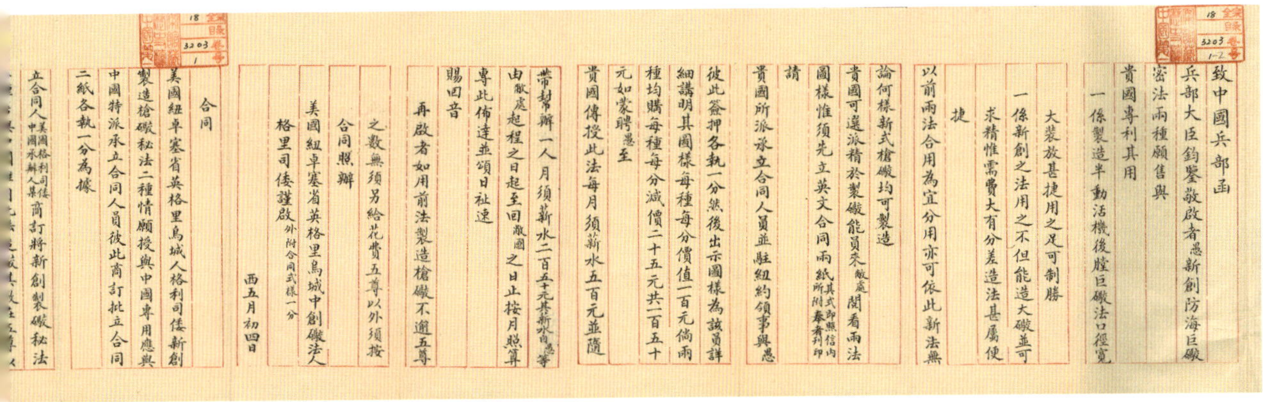
致中國兵部函
兵部大臣鈞鑒敬啟者愚新創防海巨礮
密法兩種願售與
貴國專利其用
一係製造半動活機後膛巨礮法口徑寬
大裝放甚捷用之足可制勝
一係新創之法用之不但能造大礮並可
求精惟需費大有分差造法甚屬便
捷
以前兩法合用為宜分用亦可依此新法無
論何樣新式槍礮均可製造
貴國可選派精於製礮能員來敝處閱看兩法
圖樣惟須先立英文合同兩紙其式即照信內所附奉者刊印
請
貴國所派承立合同人員並駐紐約領事與愚
彼此簽押各執一分然後出示圖樣為該員詳
細講明其圖樣每種每分價值一百元倘兩
種均購每種每分減價二十五元共一百五十
元如蒙聘愚至
貴國傳授此法每月須薪水五百元並隨
帶幫辦一人月須薪水二百五十元其薪水自愚等
由敝處起程之日起至回敝國之日止按月照算
專此佈達並頌日祉速
賜回音
再啟者如用前法製造槍礮不逾五尊
之數無須另給花費五尊以外須按
合同照辦
美國紐卓塞省英格里烏城中創礮法人
格里司倭謹啟 外附合同式樣一分
西五月初四日
合同
美國紐卓塞省英格里烏城人格利司倭新創
製造槍礮秘法二種情願授與中國專用應與
中國特派承立合同人員彼此商訂批立合同
二紙各執一分為據
立合同人美國格利司倭 中國承辦人某 商訂將新創製礮秘法

起，为近代以来全球化进程做出了巨大的贡献。但是，“大帆船贸易”之所以要加上引号，是因为它特指的就是这条由西班牙垄断经营的航线。17 世纪以来，世界格局发生深刻变化，自由贸易极大地推动了近代国际关系体系的形成。英国取代了西班牙成为海上霸主，而美国在 1776 年从英国独立，不仅改变了自身的命运，也极大地影响了世界历史的走向。美国独立运动首先影响到的就是拉丁美洲地区。在美国独立后短短几十年内，西班牙在拉丁美洲的绝大部分殖民地都获得独立。正是在墨西哥独立战争期间的 1815 年，由西班牙垄断的“大帆船贸易”正式终结。

美国的独立改变了中国和美洲的贸易格局，贸易对象的主体由拉丁美洲地区转变为北美的美国。1784 年是美国宣布独立后的第 8 年，但是实际上 1783 年美国挣脱英国统治的独立战争才刚刚结束。中国，无论对于古老的欧洲，还是新兴的美洲，都有巨大的吸引力。所以，刚刚走出战争阴云的美国立即在 1784 年展开了与中国的贸易，两国经贸关系正式开始，而“中国皇后”号商船则是这一事件的见证者。

“中国皇后”号商船于 2 月份出发，8 月份到达澳门。经过粤海关检验、丈量和征税手续后，驶入广州黄埔港，并在此停留三个多月进行交易。船上装载的西洋参、皮货、胡椒和棉花等货物全部售出，然后又通过广州十三行商购入中国茶叶、瓷器和丝绸等商品。次年，“中国皇后”号回到美国时，所载中国商品也很快被抢购一空，此次往返贸易取得了丰厚的利润。

“中国皇后”号的航行路线并不是像西班牙垄断“大帆船贸易”航线那样直接横跨太平洋，此时美国尚没有太平洋的出海口，所以要经大西洋绕道非洲，然后再通过印度洋到达亚洲。但就是这样一条绕远的航线，也没有阻碍双边贸易发展。“中国皇后”号首航后 40 多年里，美国的对华贸易迅速超过许多老牌欧洲国家。在 1786 年至 1833 年期间，美国来华的船只达到 1004 艘，是英国来华船数的一半，超过了欧洲其他国家来华船只总数的四倍。1792 年，美国在中国的贸易额便跃居第二位，仅次于英国，成为中国茶叶和棉布等商品的主要市场。参与中国的贸易，使得刚独立的美国缓解了独立初期资本短缺的问题，也为美国的崛起积累了大量的资本。

三

近代以来，中外贸易的发展首先促进了商品的交换，并在一定程度上改变了贸易双方所在国家和地区的生产和生活方式；其次，贸易的发展推动了不同国家和地区之间人员的交流，除了直接的贸易参与者，还有移民、务工、投资等多种形式；随着不同国家和地区交往的增多，近代外交也在其自身越来越多的规范化基础上扮演着更加重要的角色，对贸易的发展和人员的交流起到了一定的规范、保护和引导作用。

本书收录的“海路美洲”档案主要也围绕着上述三个方面内容而呈现：

第一，关于中国和美洲的贸易情况。两广总督蒋攸铦在嘉庆十九年（1814）“为广州黄埔港法瑞等国商船减少英美商船增多事”奏折中，敏锐地观察到近年来美国商船逐年增多的现象，而这正是美国独立后中美贸易迅速发展，美国超过包括法国在内许多欧洲国家，成为中外贸易中仅次于英国的第二大贸易国的真实写照。两江总督耆英在道光二十三年（1843）“为查办美国通商大略事”奏折中，已经注意到来华外国商船中，虽然仍是英国船只最多，但“其次则米利坚，几与相埒”，因此建议“先与米利坚定议通商”。在清代中美贸易的具体分类中，茶叶一直是非常重要的大宗商品。本书中“美国户部增修验茶章程事”的一份咨文反映了光绪年间美国在增修验茶章程后中方的应对措施。五年后，美国宣布对中国茶叶免税，外务部提出“产茶各省整顿茶务”，就是在“美既免税”的情况下，引导产茶各省切实注重茶叶质量，“以期畅销”的积极应对。

第二，关于中国和美洲的人员交往。无论是拉丁美洲国家，还是美国，近代以来都存在着较为严重的华工问题。一般而言，前期主要是拉丁美洲国家在华非法招工，后期主要是各国的排华事件。 中国和秘鲁建交后，对仍可能存在的非法招工问题，为防患于未然，李鸿章及时上奏，提出了相应对策，“防止华民被猪仔馆诱拐出国”。本书中关于保护寓美华工的奏折和废除《华工条约》的禀文则呈现了美国排华期间清政府商部、外务部（总理衙门）等部门在此问题上的态度和处理方式。除了华工问题，中国和美洲国家在人员交往上还有很多其他表现，如驻美公使梁诚致外务部的信函以及清政府第一、二、三批美国退还庚子赔款留美学生名录是关于利用退还庚子赔款派遣留学生赴美的档案，而赴美国圣路易斯赛会的档案史料则反映了中国派团参与美国圣路易斯城万国赛会（即世界博览会）的情况。

第三，关于近代外交在推动双边关系发展和社会进步中的体现。中国外交近代化是一个十分复杂的过程，其中既有被动的成分，也有主动的成分。晚清以来，中国与美洲国家签订了一系列双边条约。这些条约有不平等条约的成分，也有一些在近代外交规范基础上互惠互利的成分。本书中收录了四份这一时期中国和美洲国家签订的条约：在与美国签订的《望厦条约》和与巴西签订的《和好通商条约》中，都禁止了鸦片贸易；与西班牙（当时为古巴宗主国）签订的《古巴华工条款》则是近代以来保护海外华人的第一个专约；与美国签订的《中美续议通商行船条约》则为中国此后知识产权保护的立法实践提供了一定的借鉴意义。

本书收录的相关档案，为我们从不同角度了解这一时期中国和美洲国家的贸易格局、人员交流及近代外交在双边关系中的体现，提供了第一手原始素材，加深了我们对相关领域的认识，并对某些问题有了进一步思考的基础，更为“一带一路”内涵的包容性和扩展性提供了坚实的历史支点。

凡 例

1.本书所辑档案，均为中国第一历史档案馆所藏明清两朝原始档案。

2.本书依据所辑档案涉及的国家（地区），分为陆上丝绸之路编与海上丝绸之路编。陆上丝绸之路编分为四卷，即过江之路卷、高山之路卷、沙漠之路卷、草原之路卷；海上丝绸之路编分为四卷，即东洋之路卷、南洋之路卷、西洋之路卷、美洲之路卷。

3.本书所辑档案，大抵按照档案文件形成时间依次编排。部分关于同一事件或主题的多件档案，编为一组，以最早时间进行排序。

4.每件档案时间，以具文时间或发文时间为准；没有具文或发文时间者，采用朱批、抄录、收文时间；有文件形成时间过程者，标注起止时间。没有明确形成时间的档案，经考证推断时间；暂难考证时间者，只标注朝代。

5.本书所辑档案标题，简明反映各件档案的责任者、文书种类、事由、中西历时间等信息，文字尽量反映档案原貌。

6.本书所辑档案，一般以“责任者＋文书种类＋时间”的方式命名，如遇一件档案分排多页或一件档案内含多份者，则标注“之一”“之二”等。

7.因版面所限，本书所收个别档案为局部展示。

8.本书所辑档案，均撰拟相应释文，简要阐释档案的主要内容和相关历史背景。

目录

巴拿馬
巴拿馬灣
俄里諾可河
委內瑞辣國
科倫比阿
合衆國
波哥達京城
南
阿
美
利
基多京城
厄瓜多國
秘魯國
利馬京城
玻利非亞國
湖
衣息利
楚基薩喀
京城
以其克
可比哈
智

北大西洋
查治唐
巴拉馬利波
拉夜噶都城
貴阿納
荷蘭屬
貴阿納
法蘭西屬
貴阿納
馬拉說島
阿馬孫河
馬蘭陽
巴西國
帕南布哥
三法蘭息士哥河
巴衣阿
馬細
巴拉乖

两广总督蒋攸铦等奏折：

为广州黄埔港法瑞等国商船减少英美商船增多事

嘉庆十九年十月十九日（1814年11月30日）

自康熙朝开海以来，80%的外国商船都到粤海关进行贸易，特别是乾隆皇帝发布一口通商上谕后，广州成为唯一的中外贸易口岸。此件档案除了报告贸易情形和洋行事务外，特别提到法国、瑞典等国的来华商船渐少，而英国、美国商船增多的现象，甚至出现了“英吉利与米利坚彼此构衅”的局面。康熙年间就有法国商船首航黄埔，但在18世纪末到19世纪初，由于法国大革命和拿破仑战争，法国变得动荡不安，无暇顾及中国。美国在独立前，对华贸易长期被英国东印度公司垄断，独立后不久就派出“中国皇后号”商船来华。其后40多年里，美国的对华贸易迅速超过许多老牌的欧洲国家。乾隆年间，美国在中国的贸易额便跃居第二位，仅次于英国。

美国商船“中国皇后号”油画

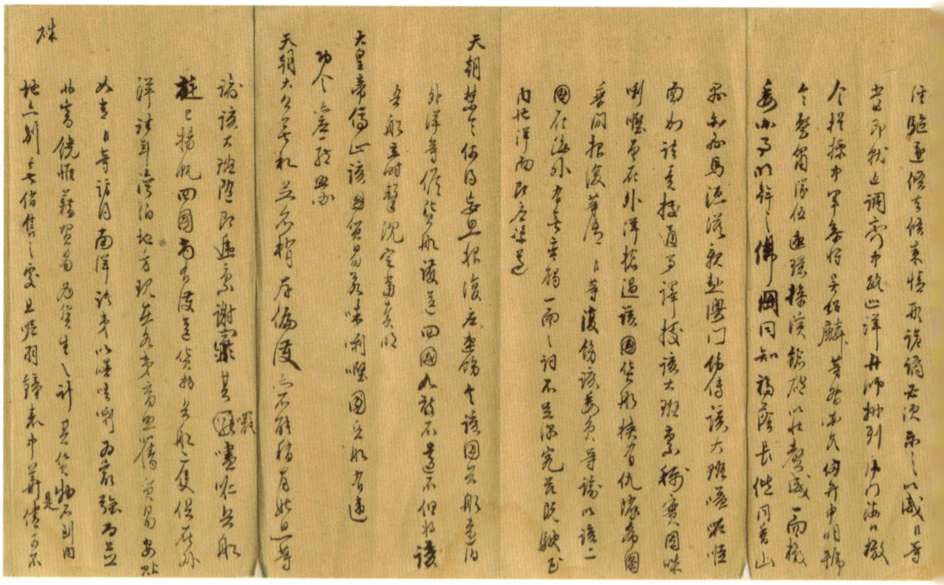

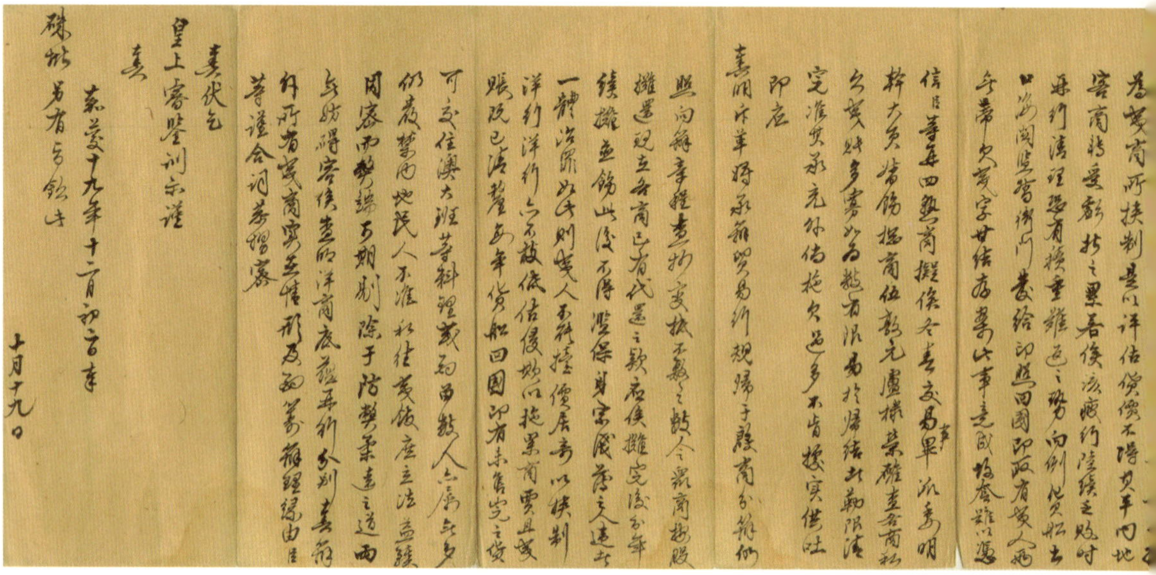

两广总督蒋攸铦等奏折（嘉庆十九年十月十九日）

蒋攸铦 等 奏陈夷商贸易情形

事由

奏 片一 ○

十二月初[illegible]

两广总督臣蒋攸铦、[illegible]、粤海关监督臣祥绍跪

奏为查明夷商贸易情形及[illegible]洋行事

[illegible]据实奏请

圣训事。窃照粤东省地居滨海，夷船云集，各国夷商

藉资贸易，以裕生计，是所以仰沐

皇仁者至优极渥。该夷商因远涉重洋，每货船十数

只者多船一二只，获运赴粤，以候泊外洋。由该国

通事报明澳门同知，饬令内地引水民人带

货船引由虎门海口驶入黄埔内港湾泊纳税

售货。其各船仍泊外洋候货易事竣，货船出口，该

夷船仍装运回国。其於粤东之中，仍[illegible]

[illegible]往来省垣，[illegible]贸易，各国[illegible]

[illegible]咪唎坚、暎咭唎、[illegible]、瑞国、连国等

货船每年多寡不等。自嘉庆七年以后，各国船

只稀少，惟暎咭唎国祖家船、港脚船、咪唎坚

国船为多。其外[illegible]国间有船二只来粤。近闻

暎咭唎与咪唎坚彼此争[illegible]，[illegible]船货

此係洋商传闻，询之事[illegible]洋，不[illegible]

年[illegible]咪唎坚国货船[illegible]，近日随有暎咭唎

国兵船[illegible]兵船护送货船，即[illegible]

[illegible]该船远出外洋，[illegible]等[illegible]洋

商通事，咸谓暎咭唎[illegible]大班[illegible]不行[illegible]

[illegible]暎咭唎国及咪唎

[illegible]该国断不可少，且其不能不仰给於

贸易者甚[illegible]

[illegible]

[illegible]夷人[illegible]

等物，俱照例[illegible]夷人服役

[illegible]仍与夷人交往，李耀即

陈

李怀远一名，[illegible]

[illegible]

[illegible]

[illegible]

[illegible]

铺户亦不得用夷字店号 [illegible]

两[illegible]兵船[illegible]货船[illegible]货船自行

进口，兵船即驶往[illegible]洋面停泊[illegible]十四

年[illegible]不许进十字门及虎门[illegible]海口

[illegible]仍循其旧，不得驶近内洋[illegible]

不准於所[illegible]货船出口之後[illegible]

[illegible]洋商[illegible]相贸易[illegible]

情必需身家殷实[illegible]

不[illegible]夷人[illegible]

[illegible]洋商[illegible]有十人，实[illegible]

[illegible]

不[illegible]回[illegible]文不善经理[illegible]

靖逆将军奕山等奏折：

为筹划制造战船之法并美国兵船邀请中国官员登船参观事

道光二十二年九月初七日（1842 年 10 月 10 日）

粤海关监督文丰奏折：

为洋商伍秉鉴购买美国兵船并洋商潘仕成制造战船事

道光二十二年九月三十日（1842 年 11 月 2 日）

靖逆将军奕山清单：

广州怡和行商伍秉鉴等人捐银购置美式战船

道光二十二年十月十九日（1842 年 11 月 21 日）

两广总督祁土贡等奏折：

为广东绅商潘仕成雇用美国人制造水雷并绘图说事

道光二十三年六月二十七日（1843 年 7 月 24 日）

第一次鸦片战争中，英国凭借船坚炮利，重挫清军。道光帝意识到军事装备的重要性，秘令增强作战力，“洋商内如有深悉造船之法及力能设法购置夷船者，留心访察”。道光二十二年（1842）夏，两艘美国兵船护送货物驶至黄埔，邀请中国官员登船参观。广东南韶连镇总兵马殿甲等目睹了美船的威力，奏请“仿照夷船式样做法”制造战船。广州洋行商人纷纷慷慨解囊，或斥巨资购买大号战船，或雇佣外国人建造火轮船和水雷。怡和行商伍秉鉴花 14400 两银子买了一艘美国夹板船，洋商潘仕成耗银 20000 两造成美式战船，并重金雇用美国专家指导水雷制造。潘仕成在水雷制造过程中绘制插图 30 幅，著成《攻船水雷图说》一书，后被魏源收入《海国图志》。大臣为洋商们“叠次倡捐铸炮造船”“捐助军需”的行为请旨封赏，道光帝朱批“该部速议具奏”。

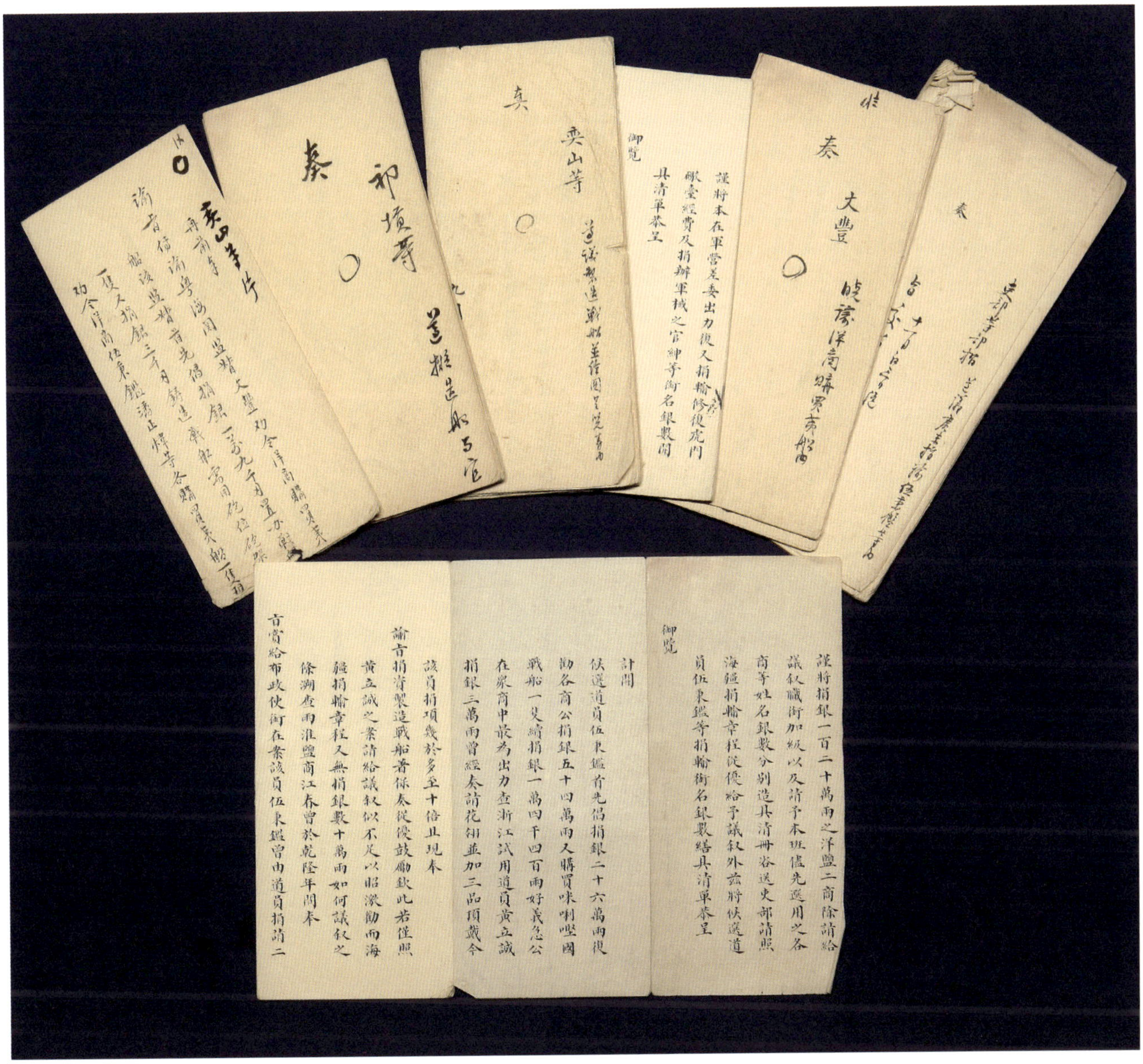

清朝官员报告洋行商人购制战船武器等情形的奏折

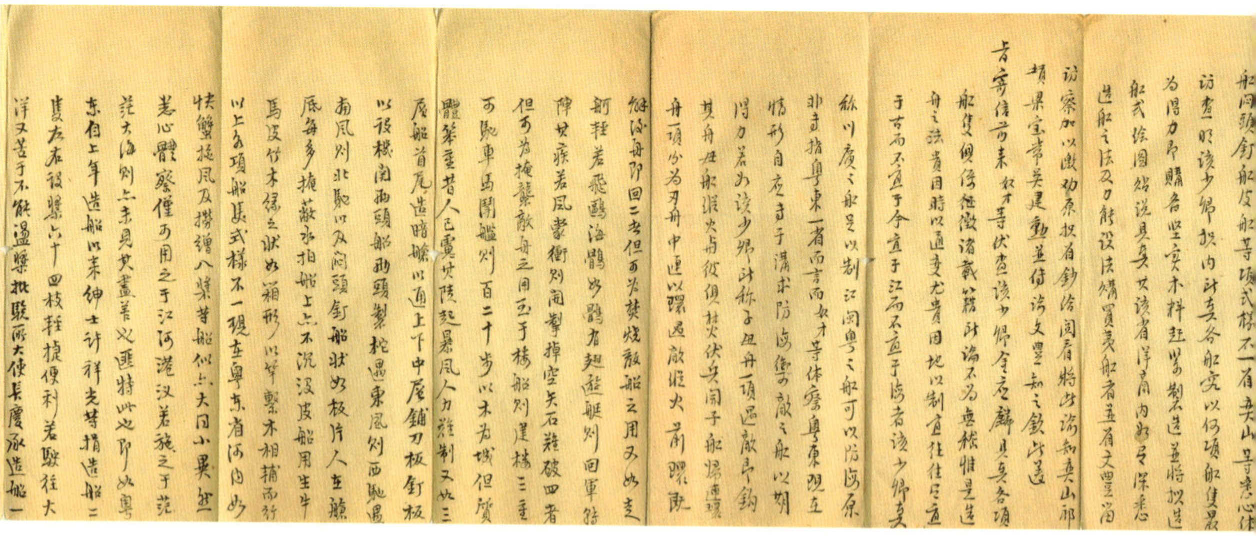

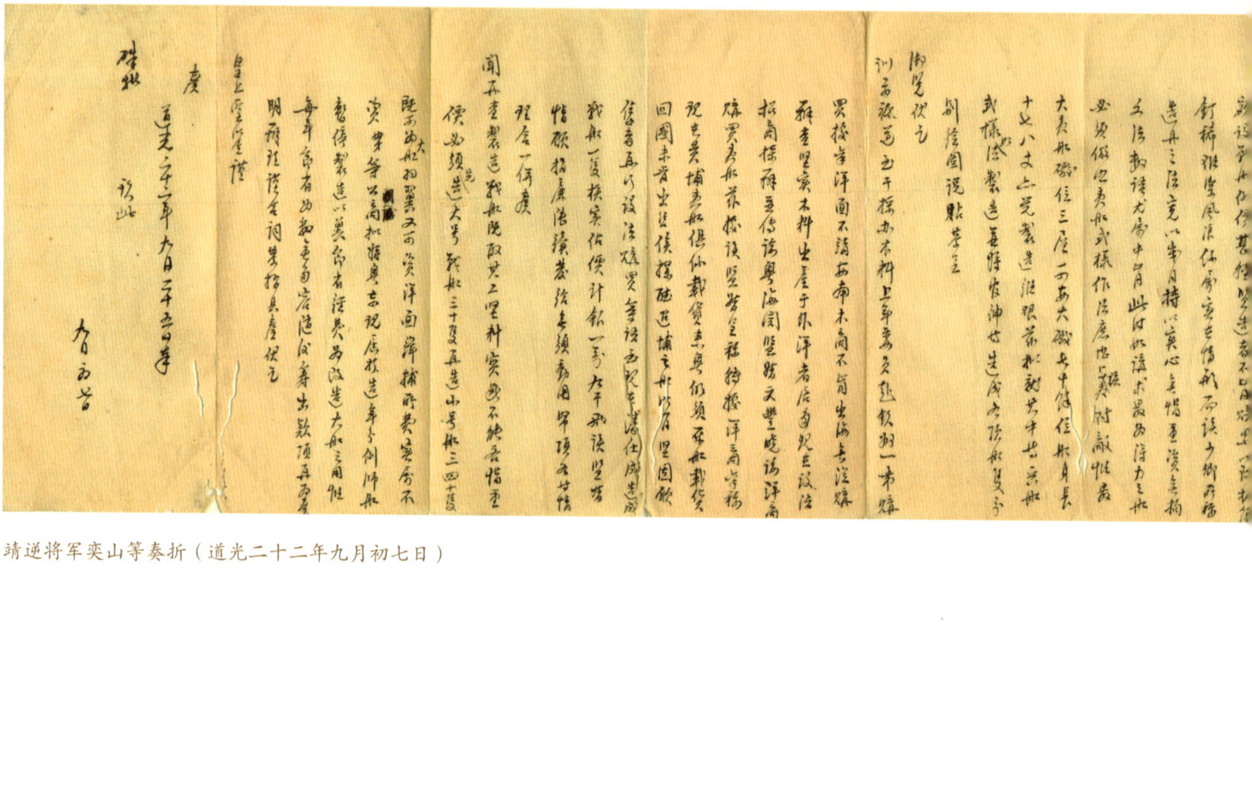

靖逆将军奕山等奏折（道光二十二年九月初七日）

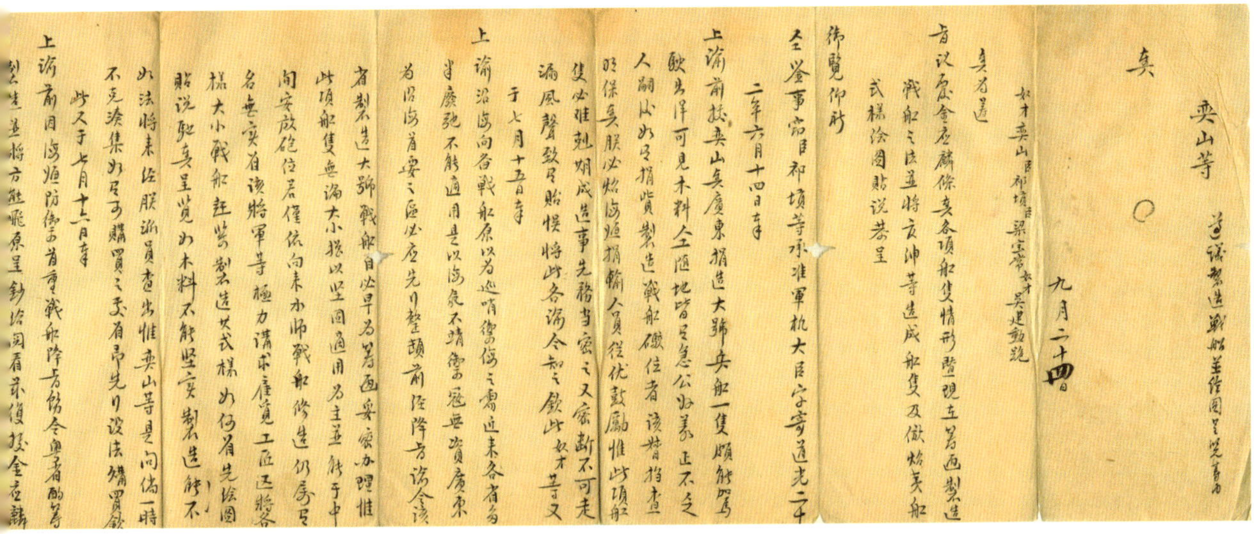

奕山等　○　遵議製造戰船並繪圖呈覽由

奏

九月二十四日

奴才奕山、臣祁𡊮、臣梁寶常、奴才吳建勳跪

奏為遵

旨議覆金應麟條奏各項船隻情形暨現在籌畫製造

戰船之法並將紳士潘仕成等造成船隻及做造夷船

式樣繪圖貼說恭呈

御覽仰祈

聖鑒事竊臣祁𡊮等承准軍機大臣字寄道光二十

二年六月十四日奉

上諭前據奕山奏廣東捐造大號兵船一隻頗能如式

駛出洋可見木料金匠地皆有急公好義正不乏

人嗣後如有捐貲製造戰船礮位者該督撫查

明保奏朕必格外施恩捐輸人員從優鼓勵惟此項船

隻必須趕緊成造事先務當密之又密斷不可走

漏風聲致有貽誤將此各諭令知之欽此奴才等又

于七月十五日奉

上諭沿海各省戰船原以為巡哨防禦之需近來各省多

有廢弛不能適用是以海氛不靖禦侮無資廣東

為沿海首要之區必應先行整頓前經降旨諭令該

省製造大號戰船自必早為籌畫妥密辦理惟

此項船隻無論大小總以堅固適用為主並能于中

間安放砲位若僅依向來水師戰船修造仍屬有

名無實著該將軍等極力講求雇覓工匠迅將各

樣大小戰船趕緊製造其式樣如何著先繪圖

貼說馳奏呈覽如木料不能堅實製造時不

如法將來經朕派員查出惟奕山等是問倘一時

不克湊集如有可購買之處亦著先行設法購買欽

此又于七月十六日奉

上諭前因海疆防禦首重戰船降旨飭令粵省酌籌

製造並將方熊飛原呈鈔給閱看茲復據金應麟

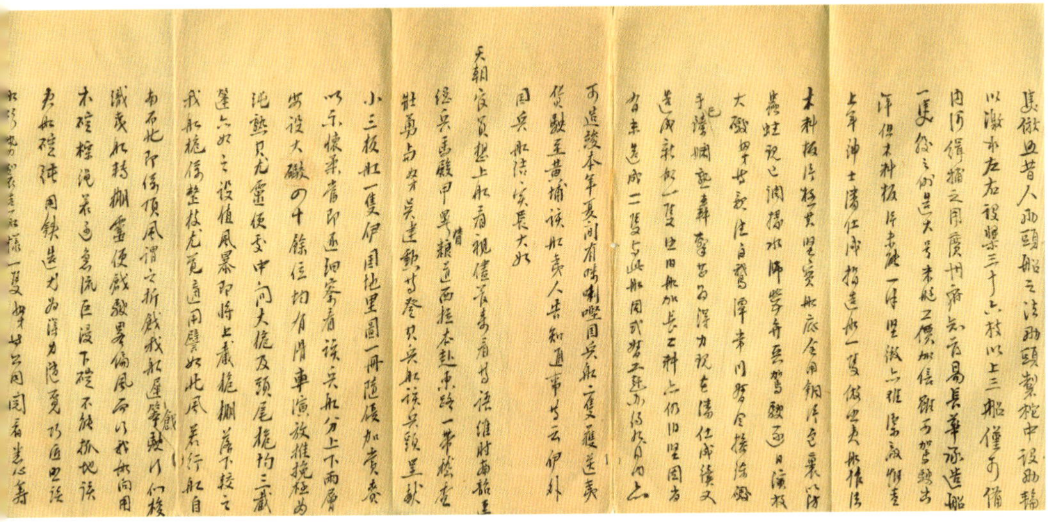

奏做西洋人兩頭船之法兩頭製舵中設兩轄

以激水左右設槳三十六枝以上三船僅可備

內河緝捕之用廣州府知府易長華承造船

一隻係照大號米艇之式加倍[illegible]出

洋仍[illegible]木料板片未能一律堅緻亦難衝敵惟查

上年紳士潘仕成捐造船一隻做照夷船樣法

木料板片均甚堅實船底全用銅片包裹以防

蟲蛀現已調撥水師營弁兵駕駛出洋操演較

大礮[illegible]自覺平穩[illegible]

手已據嫻熟轟擊有準得力現在潘仕成續又

造成新船一隻照舊船加長二尺仍照舊堅固為

首未造成二隻亦照此船式樣工[illegible]可告成

可造竣本年夏間有咪唎堅國兵船一隻駛進虎門

貨駛至黃埔該船夷人告知通事云伊外

國兵船法式長大如

天朝官員想上船看視儘可看等語維時兩廣總督

總兵馬殿甲署糧道西拉本赴東路一帶稽查

壯勇與奴才吳建勳等登其兵船該兵頭呈獻

小三板船一隻伊國地里圖一冊隨復加意察

以示懷柔即逐細察看該兵船分上下兩層

安設大礮四十餘位均有滑車演放推挽極為

純熟其尤靈便處中間大桅及頭尾桅均三截

篷亦如之設值風暴即將上截桅篷落下較之

我船桅係整枝尤覺適用譬如北風若行船自

南而北即係頂風謂之折戧我船遇戧駛仍梭

織而行調轉靈便戧駛偏風而行我船向用

木椗椗繩每遇急流巨浪下椗不能抓地該

夷船椗純用鐵造尤為得力隨覓巧匠照該

船[illegible]

美洲之路卷

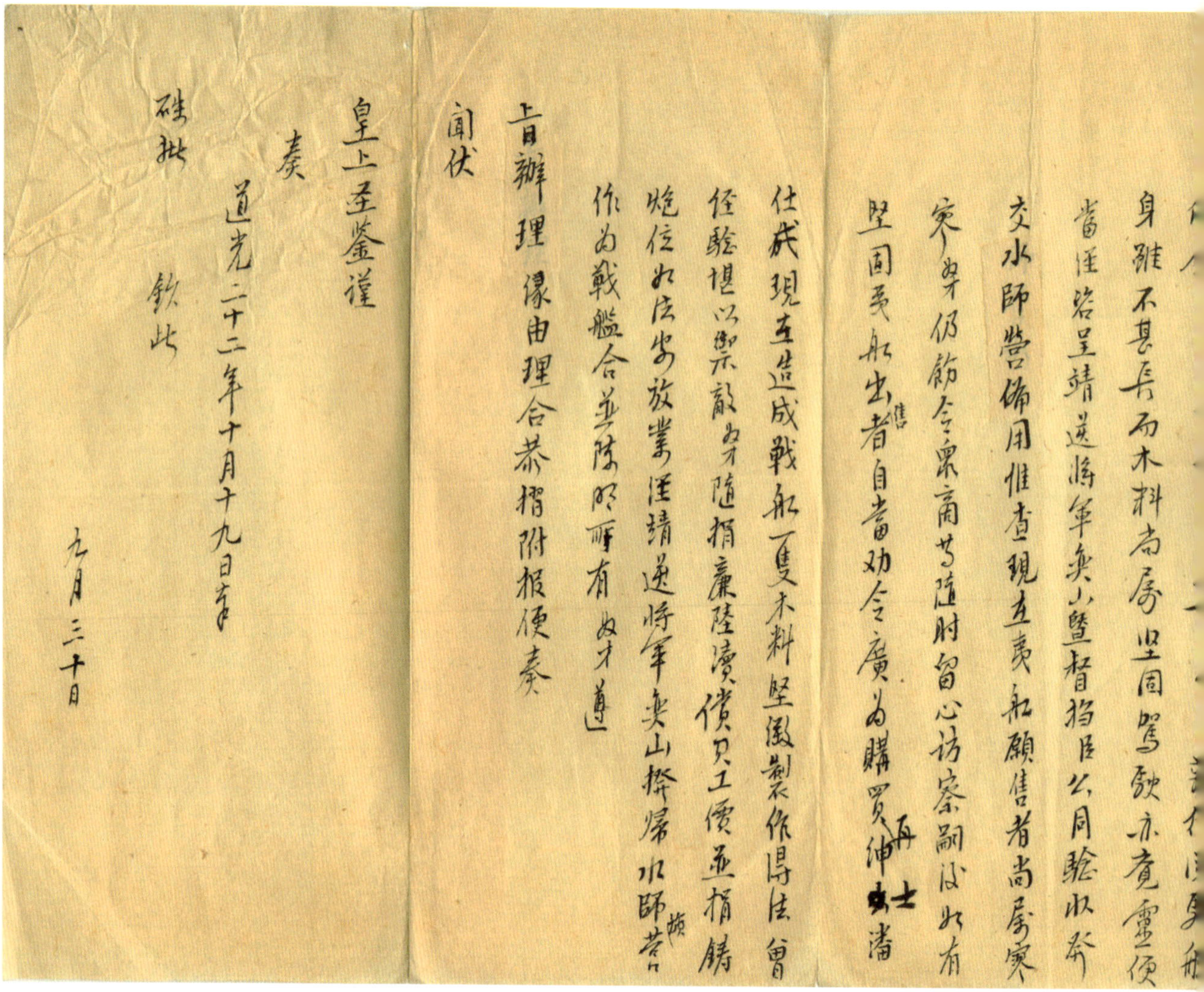
身雖不甚長而木料尚屬堅固駕駛亦覺靈便
當經咨呈靖逆將軍奕山暨督撫臣公同驗收發
交水師營備用惟查現在夷船願售者尚屬寥
寥仍飭令眾商等隨時留心訪察嗣後如有
堅固夷船出售者自當勸令廣為購買再紳士潘
仕成現在造成戰船一隻木料堅緻製作得法曾
經驗堪以禦敵奴才隨捐廉陸續償其工價並捐鑄
炮位如法安放業經靖逆將軍奕山撥歸水師營
作為戰艦合并陳明所有奴才遵
旨辦理緣由理合恭摺附報便奏
聞伏
皇上聖鑒謹
奏
道光二十二年十月十九日奉
硃批 欽此
九月三十日

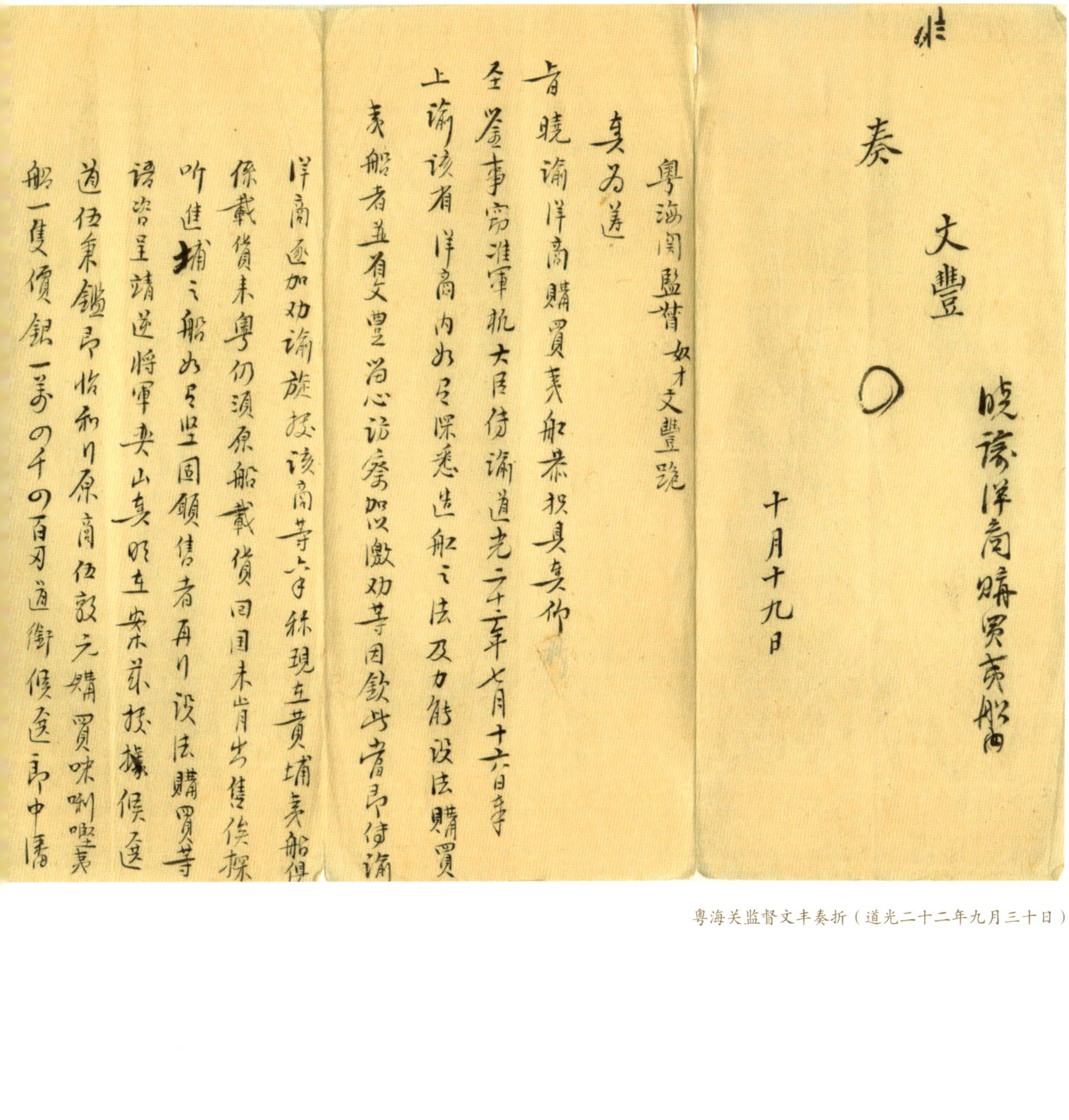
奏 文豐
○
曉諭洋商購買夷船摺
十月十九日

粵海關監督奴才文豐跪
奏為遵
旨曉諭洋商購買夷船恭摺具奏仰祈
聖鑒事竊准軍機大臣字寄道光二十二年七月十六日奉
上諭該省洋商內如有深悉造船之法及力能設法購買
夷船者並著文豐留心訪察加以激勸等因欽此當即傳諭
洋商逐加勸諭旋據該商等稟稱現在黃埔夷船俱
係載貨來粵仍須原船載貨回國未肯出售俟探
聽進埔之船如有堅固願售者再行設法購買等
語咨呈靖逆將軍奕山等照在案茲據候選
道伍秉鑑即怡和行原商伍敦元購買咪唎堅夷
船一隻價銀一萬九千四百兩道銜候選郎中潘

粤海关监督文丰奏折（道光二十二年九月三十日）

該員捐項數於多至十倍上項本
諭旨捐資製造戰船著保奏從優鼓勵欽此若僅照
黄立誠之案請給議叙似不足以昭激勸而海
疆捐輸章程又無捐銀數十萬兩如何議叙之
條溯查兩淮鹽商江春曾於乾隆年間奉
旨賞給布政使銜在案該員伍秉鑑曾由道員捐請二
品封典可否
賞加布政使銜並
賞戴花翎之處出自
皇上格外天恩
刑部郎中潘仕成疊次倡捐造船鑄礮練勇填
河蒙
以上二員請各歸原省以本班儘先補用
該部速議具奏

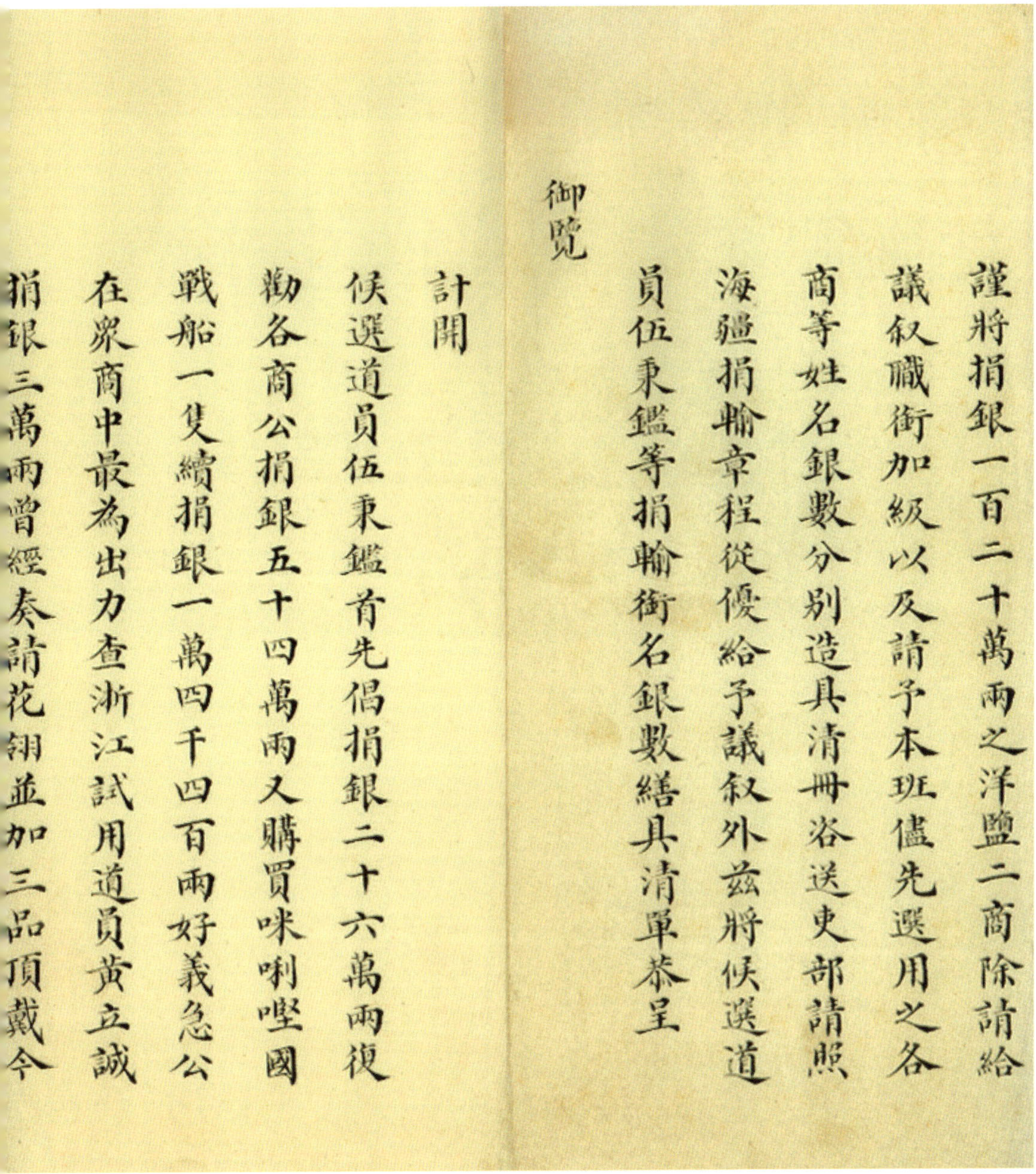
謹將捐銀一百二十萬兩之洋鹽二商除請給
議敘職銜加級以及請予本班儘先選用之各
商等姓名銀數分别造具清冊咨送吏部請照
海疆捐輸章程從優給予議敘外玆將候選道
員伍秉鑑等捐輸銜名銀數繕具清單恭呈
御覽
計開
候選道員伍秉鑑首先倡捐銀二十六萬兩復
勸各商公捐銀五十四萬兩又購買咪唎㗆國
戰船一隻續捐銀一萬四千四百兩好義急公
在衆商中最為出力查浙江試用道員黄立誠
捐銀三萬兩曾經奏請花翎並加三品頂戴今

靖逆将军奕山清单（道光二十二年十月十九日）

十具遵照原奏派令曾經學習製造水雷並傳
習製配火藥之生員李光鈐議敘八品職銜潘
仕豪議敘從九品李光業帶同各匠役齎送進
京聽候恭呈
御覽其新製火藥因水陸長途難以運解止帶去四
百斤俟到京之日如演試合用即再請領硝黃
依法配造請臣等先為代奏等情前來查該道
員潘仕成先經疊次倡捐鑄礮造船練勇填河
嗣又捐助軍需銀八萬兩疊經仰沐
恩施賞戴花翎並加按察司銜現又捐貲雇覓咪唎
堅國夷人製造水雷火藥齎送進京所費又屬
不少實屬始終誠奮急公除查照原奏飭令潘
仕成即派生員李光鈐等自行齎送其一切製
造演試之法備載水雷圖說毋庸詳晰聲明外
理合據情會同恭摺代
奏伏乞
皇上聖鑒訓示再潘仕成遣人學造水雷時臣等亦
遣精細之人並委派營弁帶同兵丁隨同學習
現亦均可製造合併聲明謹
奏

另有旨

道光二十三年六月　二十七　日

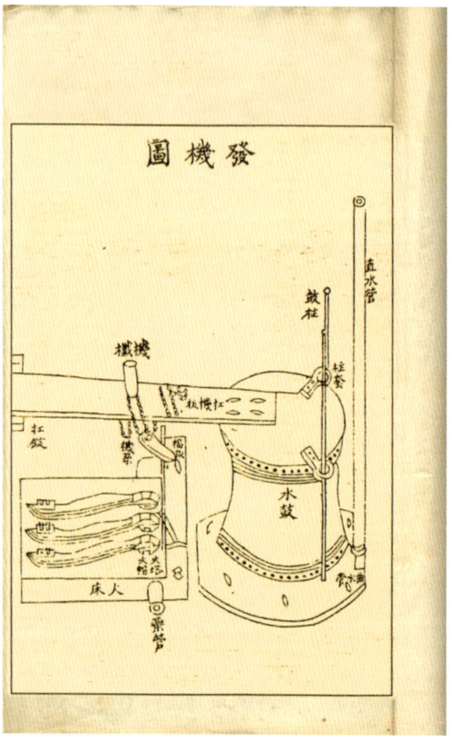

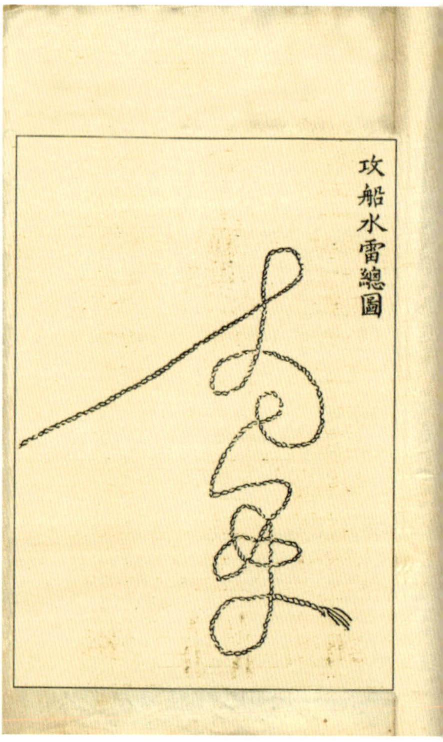

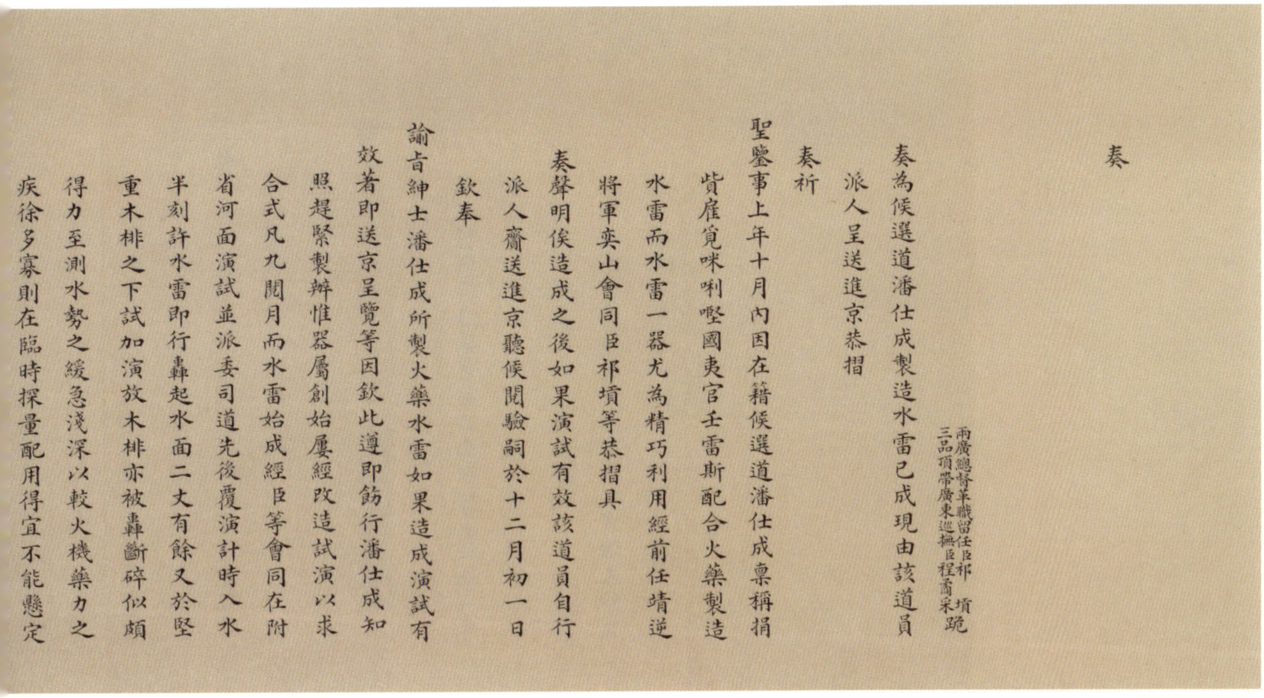

奏

奏為候選道潘仕成製造水雷已成現由該道員　兩廣總督革職留任臣祁𡎴跪 三品頂帶廣東巡撫臣程矞采

派人呈送進京恭摺

奏祈

聖鑒事上年十月內因在籍候選道潘仕成稟稱捐

貲雇覓咪唎㗎國夷官壬雷斯配合火藥製造

水雷而水雷一器尤為精巧利用經前任靖逆

将軍奕山會同臣祁𡎴等恭摺具

奏聲明俟造成之後如果演試有效該道員自行

派人齎送進京聽候閱驗嗣於十二月初一日

欽奉

諭旨紳士潘仕成所製火藥水雷如果造成演試有

效著即送京呈覽等因欽此遵即飭行潘仕成知

照趕緊製辦惟器屬創始屢經改造試演以求

合式凡九閱月而水雷始成經臣等會同在附

省河面演試並派委司道先後覆演計時入水

半刻許水雷即行轟起水面二丈有餘又於堅

重木排之下試加演放木排亦被轟斷碎似頗

得力至測水勢之緩急淺深以較火機藥力之

疾徐多寡則在臨時探量配用得宜不能懸定

两广总督祁𡎴等奏折（道光二十三年六月二十七日）

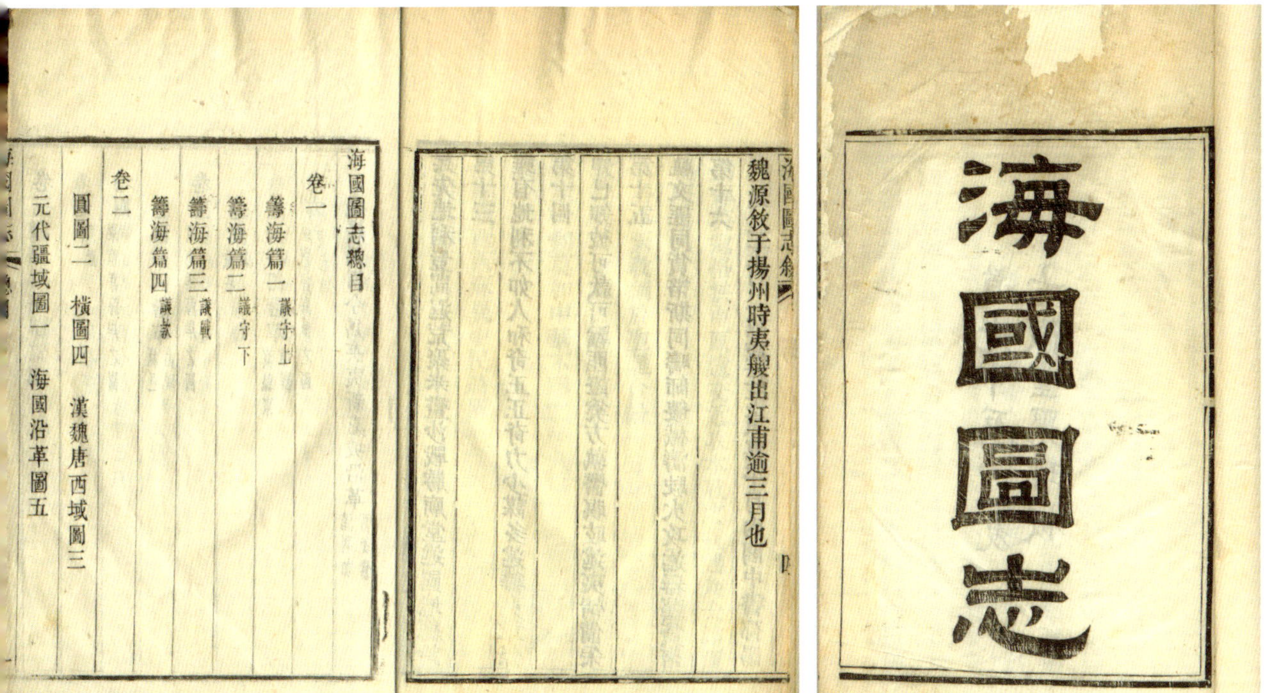

海國圖志

海國圖志敘

魏源敘于揚州時夷艘出江甫逾三月也

海國圖志總目

卷一

籌海篇一 議守上

籌海篇二 議守下

籌海篇三 議戰

籌海篇四 議款

卷二

圓圖二 横圖四 漢魏唐西域圖三

元代疆域圖一 海國沿革圖五

魏源著《海国图志》

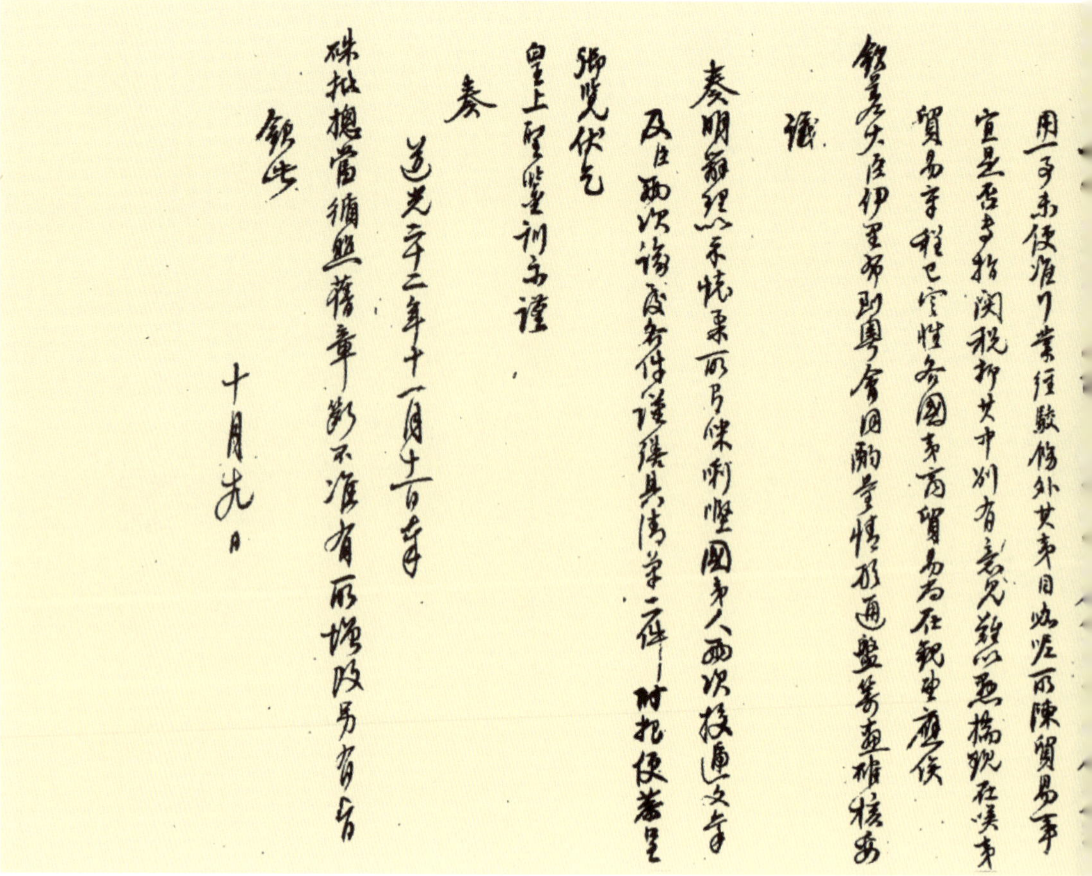

两广总督祁𡎴奏折：

为美国两次投递信文请求贸易等事

道光二十二年十月十九日（1842 年 11 月 21 日）

两广总督祁𡎴清单：

美国使臣咖呢奏请与英国一体施恩文件及复文

道光二十二年十月十九日（1842 年 11 月 21 日）

两广总督祁𡎴清单：

美国人伯理奏请进京效用禀件及驳斥札文

道光二十二年十月十九日（1842 年 11 月 21 日）

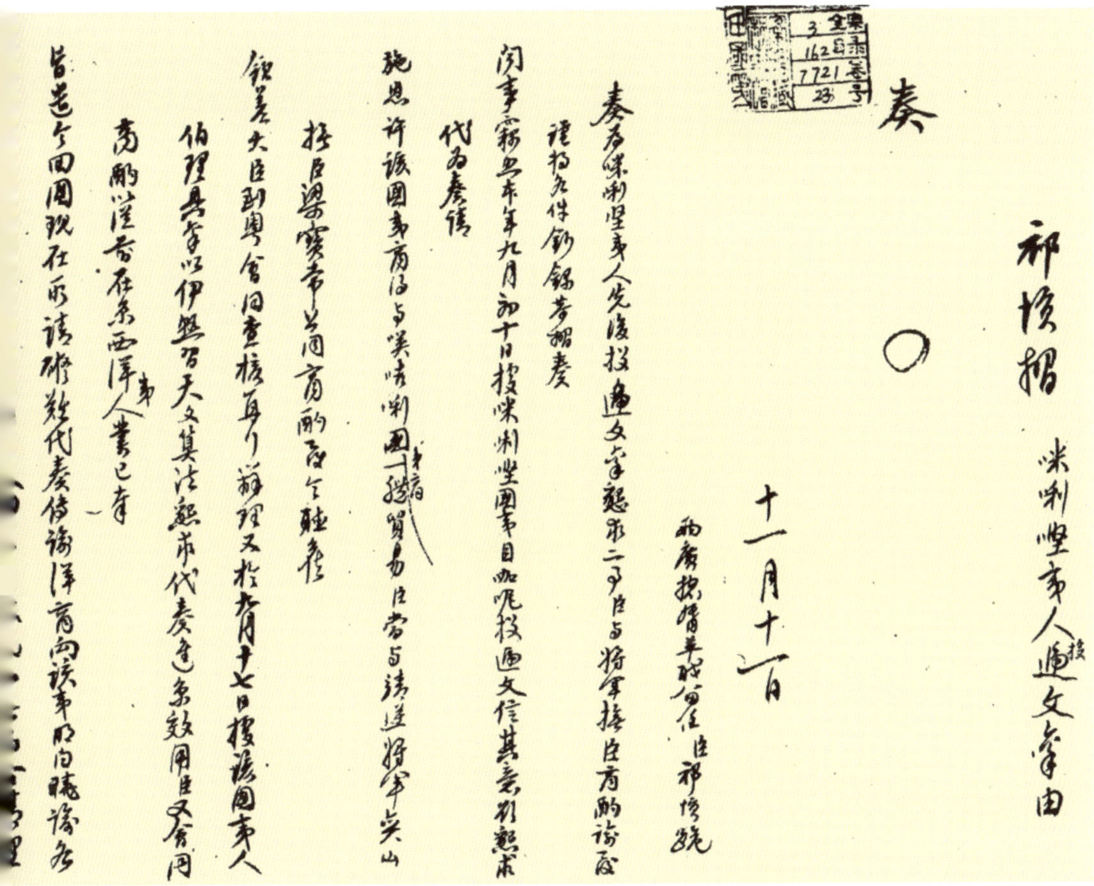

奏

祁塤摺 咪唎堅夷人投遞文字由

十一月十一日

两广总督祁塤奏折（道光二十二年十月十九日）

道光二十二年（1842）七月，中英签订《南京条约》，清政府原有的公行自主贸易制度被废除，英商获准在华自由贸易，并规定中国海关无权作主英国进出口货税和饷费。此政一出，美国“心情紧急”，授意驻华使臣咖呢“奏请与英夷一体施恩”。两广总督祁塤表示“本部堂向待各国商人无不一视同仁”，但与英通商章程还在“预为筹议”，承诺“决不令米国商人致有偏枯也”。此外，美国还向清政府推荐了一位名叫伯理的“天文算法副师”“奏请进京效用”。伯理生于1813年，“入过几次本国大书院及天文算法等馆”，24岁时获得博士学位后“在各大船管教本国少年人学行船”。听闻京城已有天文器具，伯理表示自己也有几样可提供使用，如果需要还可以从美国代购。祁塤表示“天朝天文算学现在经理已不乏人”，如西洋堂左监副高守谦和右监副毕学源都已于道光七年奉旨回国，自然也不会再录用伯理。这与康乾时期对西洋学者的欢迎态度形成鲜明对比，从一个侧面体现了当时清廷的保守和排外。

傳諭洋商與該國商人預為籌議一俟
欽差大臣抵粵并接到新議嘆咭唎通商章程後本
部堂即當會同將軍撫部院酌核妥定章程奏
聞辦理決不令咪國商人致有偏枯也本部堂之心
無他惟有仰推
大皇帝懷柔遠人之心中外以信義相結永久相安
俾商賈各得其利百姓各安其生共享太平之
福而已諒有同心也此復
覽

天朝
大皇帝用外國識得天文算法之人又教中國人識
得天文算法之事伯理是以懇求大人代為奏
本倘得收用感恩無涯但伯理或得收用之時
照舊穿著本國服色但中國法律所有定必凜
遵斷不敢因外國人性情擅犯
天朝律例看天文的器具伯理閑得在京城已有但
恐失去即伯理自己亦有了幾樣尚恐不足若
大人有意買之伯理亦肯代買今伯理在本國
王家調度怕不能在廣東久待即大人奏本來
往亦不止一日若得
大皇帝命下俯准之時乞大人吩咐本國商人寄信
示知伯理即必立刻速到但所有在京城的費
用必求
大皇帝支給伯理方有銀使用矣為此稟赴臺前恩
准施行
查該夷人以熟於算法懇求代奏收用具見向
化之誠其志甚屬可嘉惟
天朝天文算學現在經理已不乏人是以西洋堂左
監副高守謙右監副畢學源前於道光七年內
恭奉
大皇帝諭旨先後飭令回國在案彼西洋人一向在
京供職尚且令回本國豈復能為咪唎㗎國夷
人代求錄用本部堂礙難奏請札廣州府即便
遵照傳諭洋商向該夷人伯理明白曉諭速速
是

两广总督祁𡎴清单之二（道光二十二年十月十九日）

謹將咪唎𡁻國夷目咖呢懇求代為奏請與唉
夷一體
施恩文件及臣覆文繕錄恭呈
御覽
敬啟者咪唎𡁻國水師提督現管本國事務暫
駐中華咖呢恭札知會大憲近日聞有
欽差大臣數位來同唉咭唎領事咨議貿易各樣之
事待數日想必到粵省矣兼聞漢唉兩國之大
臣互相會議定立一貿易之約只指唉咭唎國
之商人并不關别國商人之事本水師提督心
情緊急懇恩大憲奏聞
大皇帝察識此事且我咪唎𡁻國每年貿易算不得
稀少故敢請
朝廷施恩惠顧商人貿易容其買賣即同别國商
人一樣現今本水師提督故不敢催迫此事於
今亦欲靠着漢與咪唎𡁻兩國和好往來并憶
歷年恭順通商之意特此顯言明白爾本提督
粗率無文統求原諒兼請崇安不備咪唎𡁻國
兵船咖呢謹啟
為照覆事九月初十日接到來函議及唉咭唎
國貿易一節本部堂向待各國商人無不一視
同仁況咪唎𡁻國來粵通商年月已久商人均
皆安分貿易在諸國中尤為恭順

两广总督祁𡎴清单之一（道光二十二年十月十九日）

謹將咪唎𡁻國夷人伯理以熟習天文算法懇
求代為奏請進京效用稟件及臣駮飭札文繕
錄恭呈
御覽
具稟咪唎𡁻國遠人伯理謹稟兩廣總督大人
臺前為稟明事切伯理係咪唎𡁻國嘛嗽咀唊
吐省人氏生於一千八百一十三年自少年即
讀本國書兼學天文及算法之事入過幾次本
國大書院及天文算法等館一千八百三十七
年在本國考試得做了天文及算法博士後又
在各大船管教本國少年人學行船并教他們

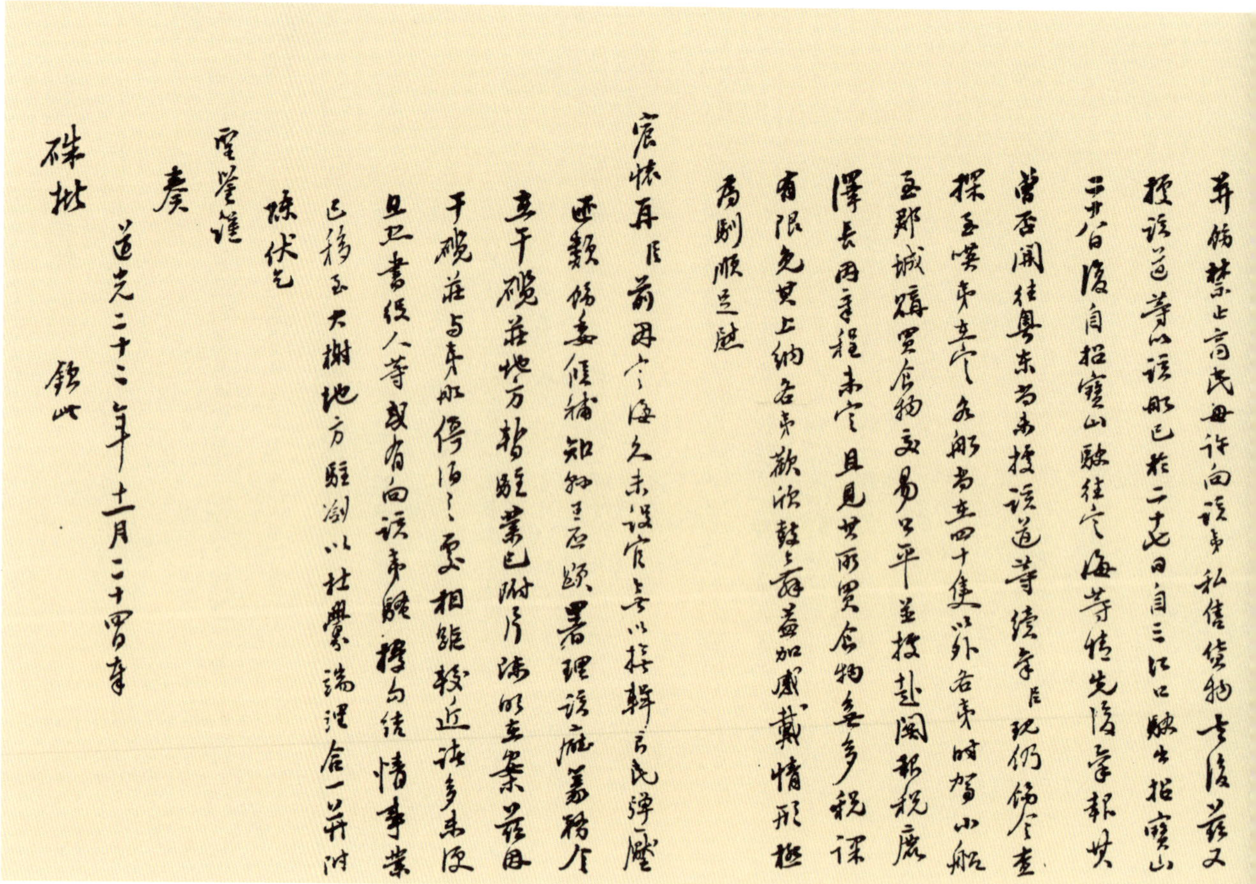

并饬禁止商民毋许向该夷私售货物去后兹又
据该道等以该船已于二十七日自三江口驶出招宝山
二十八日复自招宝山驶往定海等情先后禀报其
曾否开往粤东尚未据该道等续禀臣现仍饬令查
探至英夷来定系船尚在四十只以外各夷时驾小船
至郡城购买各物交易公平兼据赴关报税应
照长因章程办理且见其所买各物无多税课
有限免其上纳各夷欢欣鼓舞益加感戴情形据
奏明顺呈慰
宸怀再臣前因定海久未设官无以柔辑商民弹压
逆夷饬委候补知县王应显署理该厅篆务令
在干䃶庄地方暂驻业已附片陈明在案兹因
干䃶庄与夷船停泊之处相离较近该夷来往
且其书役人等或有向该夷联络勾结情事业
已移至大榭地方驻劄以杜衅端理合一并附
陈伏乞
圣鉴谨
奏
朱批
钦此
道光二十二年十一月二十四日奉

浙江巡抚刘韵珂奏片：

为美国商船驶至宁波令其回粤贸易事

道光二十二年十一月二十四日（1842 年 12 月 25 日）

道光二十二年（1842）七月中英签订《南京条约》，英国除了和其他国家享有在广州通商的同等资格外，还另外开辟了厦门、福州、宁波、上海四个通商口岸。美国觊觎英国享受的特权，于当年十月派出一只载有洋布等货物的商船驶到宁波鄞县附近的三江口停泊，试探贸易。中国官员以美国只能在广东贸易为由拒绝其通商请求，并识破其名为修船实则拖延的伎俩，督促其限期驶出招宝山。此件档案中还报称，前饬委候补知县王应显管理宁波定海篆务，但由于官员驻地干䃶庄离夷商较近，存在官商勾结风险，故将官员移驻大榭。

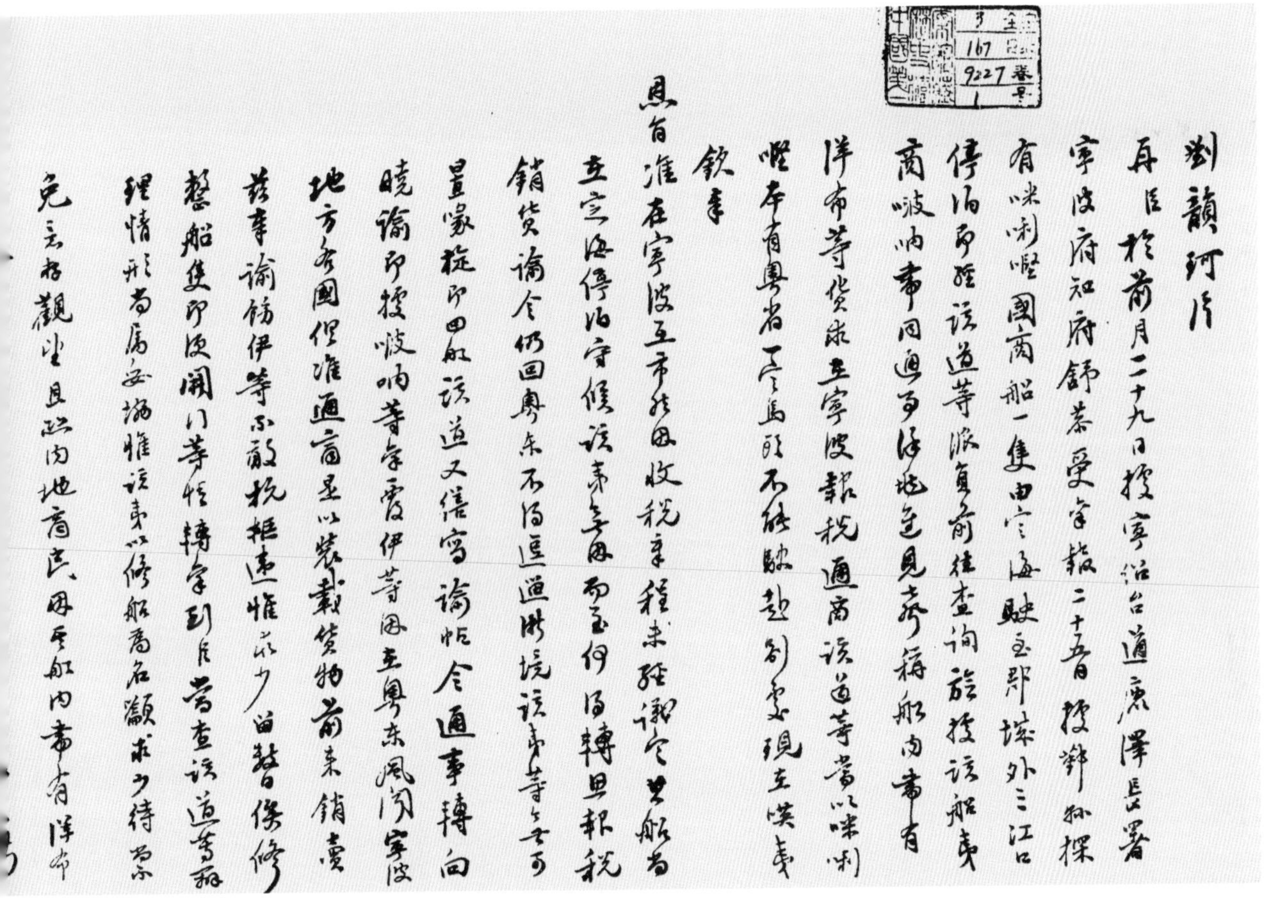
劉韻珂片
再臣於前月二十九日據寧紹台道鹿澤長署
寧波府知府舒恭受會稟二十八日據鎮海縣探
有咪唎㗒國商船一隻由定海駛至郡城外三江口
停泊即經該道等派員前往查詢據該船夷
商啵吶聲稱因過浙地並見英夷稱船內帶有
洋布等貨求在寧波報稅通商該道等當以咪唎
㗒本有粵省香港島所不能駛赴別處現在英夷
欽奉
恩旨准在寧波五市終須收稅章程未經議定其船當
在定海停泊守候該夷等因而至何須轉與報稅
銷貨論令仍回粵東不得逗遛濺境該夷等無可
置喙旋即回船該道又借寫諭帖令通事轉向
曉諭即據啵吶等寫覆伊等因在粵東風聞寧波
地方各國俱准通商是以裝載貨物前來銷賣
茲奉諭飭伊等不敢抗拒惟懇少留暫修修
整船隻即須開行等情轉寫到臣當查該道等稱
理情形尚屬妥協惟該夷以修船為名藉詞求少待為示
免無故觀望且距內地商民因其船內帶有洋布

浙江巡抚刘韵珂奏片（道光二十二年十一月二十四日）

浙海关宁波古港素描画（英国画师绘）

两江总督耆英等奏折：

为查办美国通商大略事

道光二十三年闰七月十二日（1843 年 9 月 5 日）

随着中美贸易的增加，美国来粤船只逐年增多，虽然此时仍然是英国船只最多，但“其次则米利坚，几与相埒”。中英《南京条约》已经签订，美国也希望与中国尽快签订通商条约，耆英认为可“先与米利坚定议通商”，但因双方官员的人事调动，此件档案并未过多涉及此事，而是具体呈报了两国贸易中“洋参”和“铅斤”的税率事宜。根据实地考察，耆英认为可以酌减，既可以避免因“税重透漏走私”，还可以彰显怀柔宽大。道光皇帝朱批“勿顾目前，总要筹及大者远者，议定后即行具奏”。

耆英油画像（兰官绘）

广州的美国商馆油画（啉呱绘）

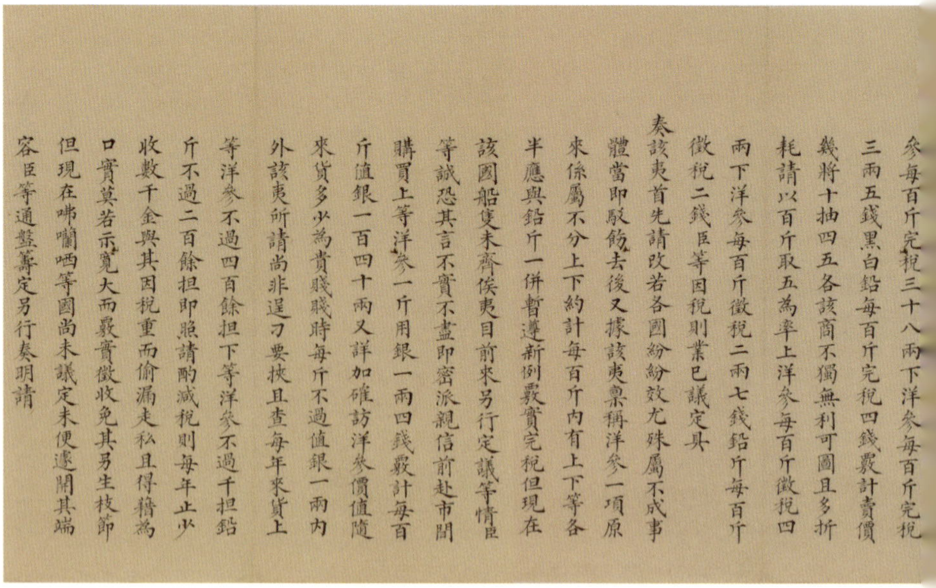

參每百斤完稅三十八兩下洋參每百斤完稅
三兩五錢黑白鉛每百斤完稅四錢覈計貴價
幾將十抽四五各該商不獨無利可圖且多折
耗請以百斤取五為率上洋參每百斤徵稅四
兩下洋參每百斤徵稅二兩七錢鉛斤每百斤
徵稅二錢臣等因稅則業已議定具
奏該夷首先請改若各國紛紛效尤殊屬不成事
體當即駁飭去後又據該夷稟稱洋參一項原
來係屬不分上下約計每百斤內有上下等各
半應與鉛斤一併暫遵新例覈實完稅但現在
該國船隻未齊俟夷目前來另行定議等情臣
等誠恐其言不實不盡即密派親信前赴市閭
購買上等洋參一斤用銀一兩四錢覈計每百
斤值銀一百四十兩又詳加確訪洋參價值隨
來貨多少為貴賤賤時每斤不過值銀一兩內
外該夷所請尚非逞刁要挾且查每年來貨上
等洋參不過四百餘担下等洋參不過千担鉛
斤不過二百餘担即照請酌減稅則每年止少
收數千金與其因稅重而偷漏走私且得藉為
口實莫若示寬大而覈實徵收免其另生枝節
但現在咈囒哂等國尚未議定未便遽開其端
容臣等通盤籌定另行奏明請

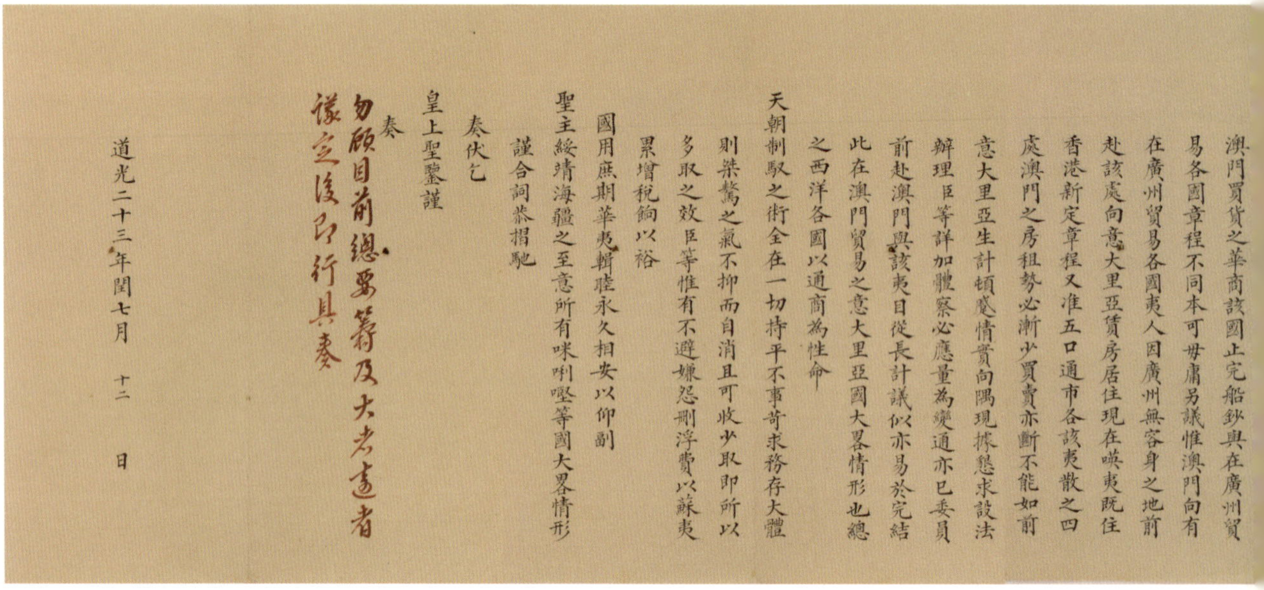

澳門買貨之華商該國止完船鈔與在廣州貿
易各國章程不同本可毋庸另議惟澳門向有
在廣州貿易各國夷人因廣州無容身之地前
赴該處向意大里亞賃房居住現在𡁠夷既住
香港新定章程又准五口通市各該夷散之四
處澳門之房租勢必漸少買賣亦斷不能如前
意大里亞生計頓蹙情實向隅現據懇求設法
辦理臣等詳加體察必應量為變通亦已委員
前赴澳門與該夷目從長計議似亦易於完結
此在澳門貿易之意大里亞國大畧情形也總
之西洋各國以通商為性命
天朝制馭之術全在一切持平不事苛求務存大體
則桀驁之氣不抑而自消且可收少取即所以
多取之效臣等惟有不避嫌怨刪浮費以蘇夷
累增稅餉以裕
國用庶期華夷輯睦永久相安以仰副
聖主綏靖海疆之至意所有咪唎㗆等國大畧情形
謹合詞恭摺馳
奏伏乞
皇上聖鑒謹
奏
勿顧目前總要籌及大者遠者
議定後即行具奏
道光二十三年閏七月　十二　日

两江总督耆英等奏折（道光二十三年闰七月十二日）

奏

臣耆英 臣程矞采
臣祁𡊮 臣文豐 跪

奏為欽陳查辦咪唎堅等國通商大畧情形先行
恭摺馳
奏仰祈
聖鑒事竊照咪唎堅等國在臣祁𡊮衙門呈請代求
恩施准與暎咭唎國一體前赴各省貿易經臣祁𡊮
臣耆英及伊里布先後奏奉
諭旨咪唎堅咈囒哂等國請照新定章程辦理准俟
定議後要約明白另行辦理等因欽此臣等伏查
各國來粵貿易船隻惟暎咭唎及其所屬之港
脚為最多其次則咪唎堅幾與相埒此外止荷
蘭國每年有貨船自三四隻至十餘隻不等尚
有咈囒哂國呂宋國連國瑞國單鷹國雙鷹國
甚波立國來船或有或無或多或少大約每國
一二隻至多亦不過五六隻今暎咭唎通商章
程業已議定其上海等處馬頭亦不敢獨擅其
利且定海等處皆有咪唎堅貨船與暎夷同幫
共泊急望開市自應先與咪唎堅定議通商惟
前在臣祁𡊮衙門投遞文信之夷目咖呢已於
三月中臣耆英未到之先揚帆回國僅有代理
領事名㖧者在粵管理貿易事宜復在臣耆英
前稟請遵照新章貿易臣等即因勢利導宣布
皇仁准照新章在閩廣江浙等五口輸稅貿易以示
懷柔即據該夷稟陳感激之忱惟稱進口貨物

旨至咈囒哂國每年來船數目雖屬無多而從前為
西洋强盛之國就現在通市各國而論該國在
粵通市最為年久向來不肯因人成事先有夷
目嗔喊噫自稱領事寓居澳門遣其副目吵哩
來省投遞單稟議及往來儀禮並輸稅章程又
稱此單未足為據臣等當即委員前赴澳門向
嗔喊噫切實查詢又有夷目啦吔嚟咚以嗔喊
噫冒充領事吵哩在省無禮已將吵哩斥革兩
次赴臣祁𡊮衙門具稟求與臣等見面臣等因
真假難辨現在密加訪查一俟得實即與見面
定議大約數日之內亦可完結其荷蘭等國船
尚未到來否不能預必即使陸續前來各該國
船少勢渙素稱恭順仰蒙
皇上一視同仁自不致有異議此向在番禺縣黃埔
停船起駁前赴廣州貿易各國之大畧情形也
又大西洋之意大里亞國自明迄今住居香山

两江总督耆英等奏折：

为议定美国通商章程事

道光二十三年九月初六日（1843年10月28日）

《南京条约》签订后，美国紧锣密鼓与中国商议通商事宜，为最快达到目的，美使不满足于洋商代为传谕，而是要求进京觐见皇帝。耆英等人安抚告知，美国人来华远涉重洋七万余里，再由广东赴京往返又是一万余里，不免太过辛苦。且美国早已在广州开市贸易，其他四口也将次第与美通商，只要能真正做到“约束商人，公平交易，照例输税，不稍偷漏”，中方自然会通知各口“以礼相待”。此件档案中还提到，法国和意大利也要求与美国一样享受五口通商的权力。

广州十三行商馆玻璃蚀刻画（广州市博物馆藏）

天朝大憲格外體恤相待以禮該國首長已另派使
臣來粵請文進京瞻覲
天顏藉伸仰慕之忱海上風信靡常不知何時可到
臣等告以該國遠涉前來惟為貿易廣州早已
開市其餘各口亦次第通商一切事宜係奉
大皇帝欽派大臣來粵會同總督巡撫監督籌辦如
有所言應即據實稟陳聽候酌奪且該國素來
恭順久邀
大皇帝聖鑒必蒙曲加體恤該國到粵已歷重洋七
萬餘里再由粵赴京往返程途又在一萬里以
外必不忍令該國使臣紆道進京致滋勞費即
使為貿易之事進京亦必奉
大皇帝諭旨發回覈議徒勞跋涉該夷目應即迅速
阻止仍當代為奏
聞至該夷目寄居中華管理各口貿易果能約束商
人公平交易照例輸稅不稍偷漏自當行知各
口以禮相待斷不使有苦累該夷目答稱並不
敢妄有干求容即稟知使臣阻止進京但一時
未能即接使臣回信伊不敢定設將來使臣仍
來粵中
欽差大臣又已起程即當具稟粵省大憲聽候示遵
其咈囒哂夷目啦吔嚟咚惟求准其前赴五口
查照新定章程完稅貿易並稱前此嗊嘁噫假

毋庸另議至咪唎㗼前請將洋參鉛斤稅銀酌
減一節臣等因稅則初定未便朝令暮改致啓
弊端且通商為安邊大計誠如
訓諭總要籌及大者遠者不可僅顧目前致貽口實
適據該夷目呈稱洋參等第上下不齊覈實抽
驗每百斤實止上等洋參二十斤惟求驗貨抽
稅各夷商方不致有虧本之虞不敢請改定例
此後亦不敢再有干求臣等查按貨抽稅本應
辨貨之高下視價之貴賤以定稅則據請查照
來貨覈實驗明照新例抽稅洵屬情理兩得於
國計既無增損夷情亦可永久相安業已批允飭
遵其鉛斤一項來數無多應毋庸置議所有咪
唎㗼等國通商事宜業已定議緣由臣等謹合
詞恭摺馳
奏伏乞
皇上聖鑒再尚有大西洋之意大里亞國向在澳門
貿易本與咪唎㗼等國章程不同現請改照新
章情節稍繁容臣等另摺具奏謹
奏
另有旨
道光二十三年九月 初六 日

两江总督耆英等奏折（道光二十三年九月初六日）

奏

臣耆英 臣程矞采 臣祁𡊮 臣文豐跪

奏為咪唎㗼等國通商章程業經議定恭摺由驛

馳奏仰祈

聖鑒事竊照咪唎㗼等國呈請查照新定章程通商

一案臣等前因咪唎㗼夷目咖呢業已回國僅

有代理領事名晾者在粵管理貿易又咈囒哂

夷目嗔㖿噫因另有夷目啦㘿嚎咚指為冒充

真假莫辨均未便即與定議當將大畧情形先

行奏蒙

聖鑒在案旋據委員查報咪唎㗼新派夷目噃𠮷業

已到粵啦㘿嚎咚實係咈囒哂夷目其嗔㖿噫

業已回國訪詢久在粵東貿易夷人衆口僉同

臣等復加確查無異即據噃𠮷啦㘿嚎咚先後

請見前來臣等伏查向來各國夷目稟請事件

皆由洋商通事傳諭遵照並不傳見情睽勢隔

各該夷每以不能自達為恨事現當更改章程

之際若不傳見與之當面要約必仍多所疑慮

反復不定殊非撫馭之道因先飭黃恩彤咸齡

與之接見情詞極為恭順適臣程矞采辦理文

闈監臨臣文豐督徵稅餉不克分身臣耆英祁

𡊮督同黃恩彤等於城外公所分別傳見據咪

唎㗼夷目噃𠮷回稱該國商人仰蒙

大皇帝一視同仁准照新例在五口通商納稅惠及

充領事擅遞單稟冒瀆尊嚴伊必稟知國王嚴

行查辦臣等當即宣布

皇恩准其前赴各口一律通商並諭以嗔㖿噫前遞

單稟尚無違背字句該夷目既將投文之𠯿哩

斥革嗔㖿噫又已回國

天朝為政寬大斷不計較倘此後另有假冒之人不

能再有遷就並各給以茶食重申禁令止准在

五口貿易租房居住不准駛往他處一切章程

悉照噗咭唎辦理該夷目等悉皆歡欣鼓舞而

去另有嗹㖔啞國船一隻荷蘭國船二隻進口

俱係商人並無夷目隨同各國遵照新例交易

中美《望厦条约》抄本

道光二十四年五月十八日（1844 年 7 月 3 日）

《望厦条约》是中国和美国签订的第一个不平等条约，共 34 款，并附《海关税则》。通过这一条约，美国取得了除割地、赔款外英国通过《南京条约》在中国拥有的一系列特权，还增加了在五个通商口岸租地建楼及开设医院和教堂等内容。从中国历史进程讲，这是中国进一步沦为半殖民地半封建社会的一个标志。从条约文本的角度讲，《望厦条约》在字数上和条款的细化程度上远超《南京条约》，这说明当时美国在东亚的实力还远逊于英国，因此需要在文本上更加精确地规定权利和义务。此外，在附加的《海关税则》中，中方将鸦片列为“进口违禁货物”。

美国医生在中国开设医院油画（美国国家肖像馆藏）

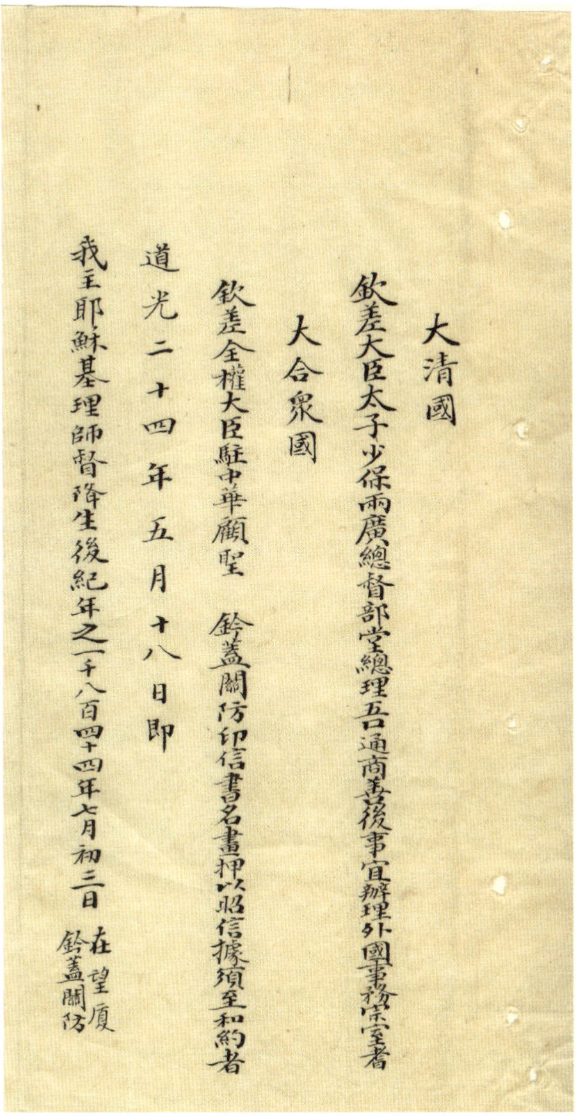
大清國
欽差大臣太子少保兩廣總督部堂總理五口通商善後事宜辦理外國事務宗室耆
大合衆國
欽差全權大臣駐中華顧聖　鈐蓋關防印信書名畫押以昭信據須至和約者
道光二十四年五月十八日即
我主耶穌基理師督降生後紀年之一千八百四十四年七月初三日
在望厦鈐蓋關防

中美《望厦条约》抄本（道光二十四年五月十八日）

一嗣後合衆國民人俱准其挈帶家眷赴廣州福州
廈門甯波上海共五港口居住貿易其五港口之
船隻裝載貨物互相往來俱聽其便但五港口外
不得有一船駛入別港擅自遊奕又不得與沿海
奸民私相交易如有違犯此條禁令者應按現定
條例將船隻貨物俱歸中國入官

一合衆國民人既准赴五港口貿易應須各設領事
等官管理本國民人事宜中國地方官應加款接
遇有交涉事件或公文往來或會晤面商務須兩
得其平如地方官有欺藐該領事各官等情准該
領事等將委曲申訴中國大憲秉公查辦但該領
事等官亦不得率意任性致與中國官民動多牴牾

者其兵船之水師提督及水師大員與中國該處
港口之文武大憲均以平行之禮相待以示和好
之誼該船如有採買食物汲取淡水等項均不得
禁阻如或兵船損壞亦准修補

一合衆國民人凡有擅自向別處不開關之港口私
行貿易及走私漏稅或攜帶鴉片及別項違禁貨
物至中國者聽中國地方官自行辦理治罪合衆
國官民均不得稍有袒護若別國船隻冒合衆國
旗號做不法貿易者合衆國自應設法禁止

一和約一經議定兩國各宜遵守不得輕有更改至
各口情形不一所有貿易及海面各款恐不無稍
有變通之處應俟十二年後兩國派員公平酌辦

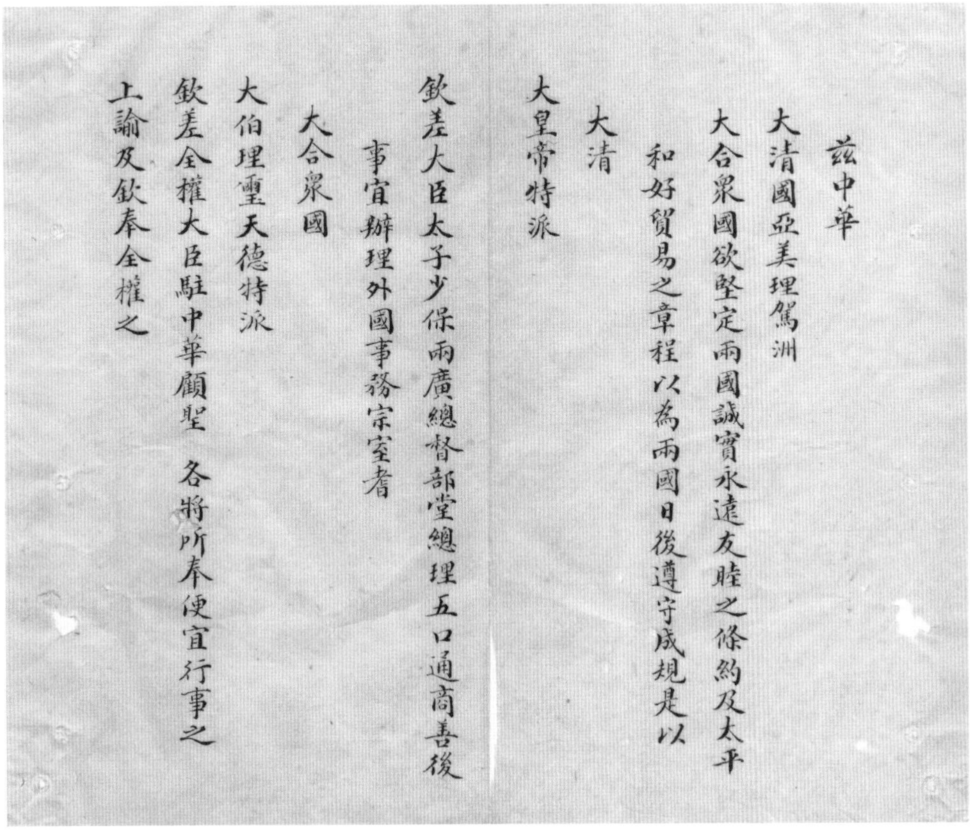

茲中華
大清國亞美理駕洲
大合衆國欲堅定兩國誠實永遠友睦之條約及太平
和好貿易之章程以為兩國日後遵守成規是以
大清
大皇帝特派
欽差大臣太子少保兩廣總督部堂總理五口通商善後
事宜辦理外國事務宗室耆
大合衆國
大伯理璽天德特派
欽差全權大臣駐中華顧聖　各將所奉便宜行事之
上諭及欽奉全權之

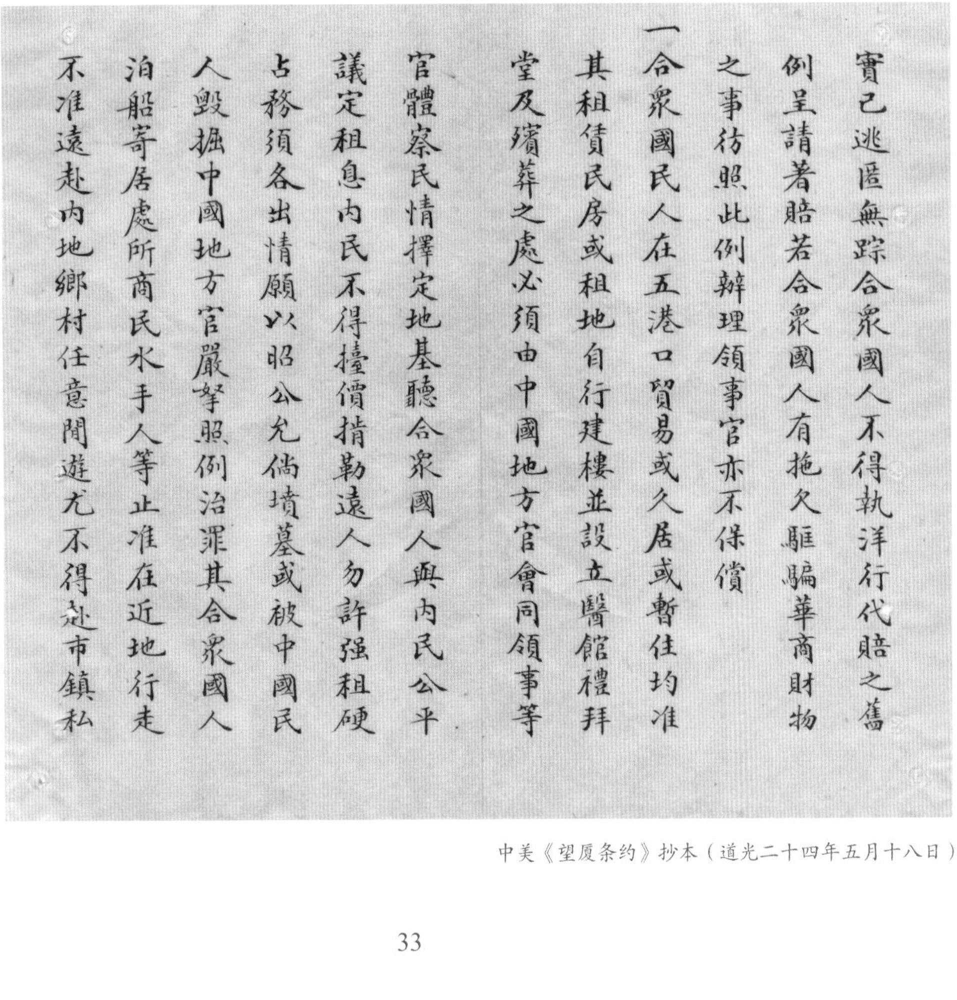

實已逃匿無踪合衆國人不得執洋行代賠之舊
例呈請著賠若合衆國人有拖欠誆騙華商財物
之事仿照此例辦理領事官亦不保償
一合衆國民人在五港口貿易或久居或暫住均准
其租賃民房或租地自行建樓並設立醫館禮拜
堂及殯葬之處必須由中國地方官會同領事等
官體察民情擇定地基聽合衆國人與內民公平
議定租息內民不得擡價措勒遠人勿許強租硬
占務須各出情願以昭公允倘墳墓或被中國民
人毀掘中國地方官嚴拏照例治罪其合衆國人
泊船寄居處所商民水手人等止准在近地行走
不准遠赴內地鄉村任意閒遊尤不得赴市鎮私

中美《望厦条约》抄本（道光二十四年五月十八日）

浙江宁绍台分巡道致美国驻宁波领事罗尔梯照会：

为鄞县允孚钱庄控告恒顺洋行盗买米石事

同治三年六月十七日（1864年7月20日）

洋行是外国商人在中国设立的商行商号，康熙五十四年（1715）英国东印度公司最早在广州设立商馆。鸦片战争后，洋行扩张至上海等通商口岸。这些洋行经营着保险、银行、棉纺、采掘、冶炼、食品、造船等各种行号企业。《南京条约》签订后，通商五口开市，外国洋行在宁波等地纷纷出现。此件档案反映了美国驻宁波领事罗尔梯为本国商人强势争取权益的行为。同治三年（1864）六月十五日，恒顺洋行美国人令纳向罗尔梯投诉，称允孚等钱庄诬告其盗买米石，而鄞县县令听信一面之词，查封了洋行的存米，且勒令用其他洋行欠恒顺的债务抵账。此案来回拉锯一年半之久，总理大臣恭亲王奕䜣也介入查案，最终以恒顺洋行应昌福的个人行为顶罪，令纳与债务撇清关系。

上海外滩的美国旗昌洋行水彩画（美国麻省萨勒姆皮伯第·伊赛克斯博物馆藏）

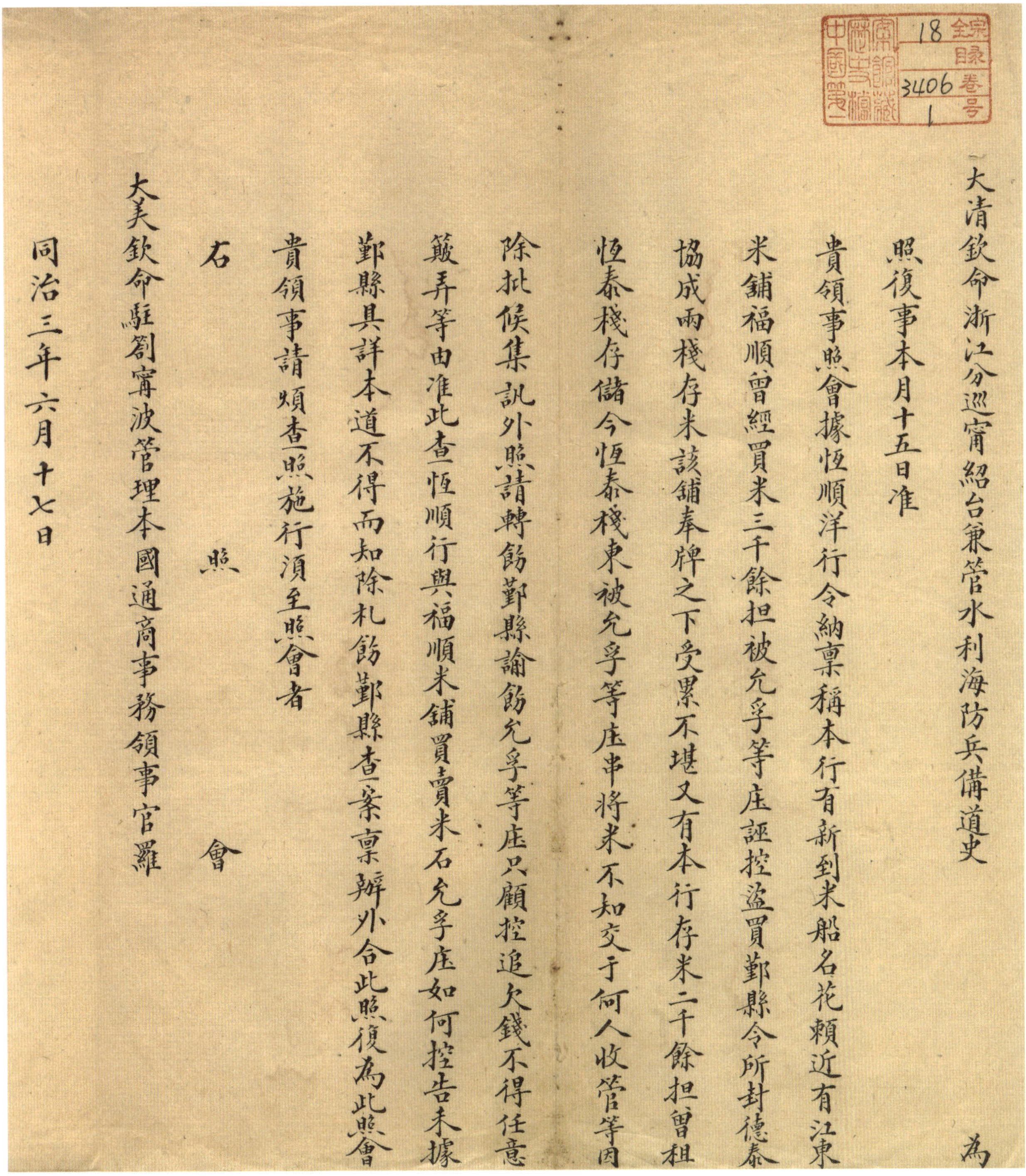

大清欽命浙江分巡甯紹台兼管水利海防兵備道史　為
照復事本月十五日准
貴領事照會據恆順洋行令納稟稱本行有新到米船名花賴近有江東
米鋪福順曾經買米三千餘担被允孚等庄誣控盜買鄞縣令所封德泰
協成兩棧存米該鋪奉牌之下受累不堪又有本行存米二千餘担曾租
恆泰棧存儲今恆泰棧東被允孚等庄串將米不知交于何人收管等因
除批候集訊外照請轉飭鄞縣諭飭允孚等庄只顧控追欠錢不得任意
簸弄等由准此查恆順行與福順米鋪買賣米石允孚庄如何控告未據
鄞縣具詳本道不得而知除札飭鄞縣查案稟辦外合此照復為此照會
貴領事請煩查照施行須至照會者
右　照　會
大美欽命駐劄甯波管理本國通商事務領事官羅
同治三年六月十七日

浙江宁绍台分巡道致美国驻宁波领事罗尔梯照会（同治三年六月十七日）

中美《天津条约续增条约》抄本

同治八年十月十五日（1869 年 11 月 18 日）

第二次鸦片战争后，中国与英美等国签订《天津条约》，美国凭借片面最惠国条款，坐享英法在战争中攫取的一切特权。同治七年（1868），清廷派特使蒲安臣与美国国务卿西华德签订中美《天津条约续增条约》。这部条约以当时通行的国际法为原则，在相关条款的文本上对两国做出了对等的规定。主要内容包括：中国在美国港口派驻领事，两国公民在对方境内免受宗教迫害，两国政府尊重移民自由，两国公民可以在对方境内设立学堂或求学，美国政府无权也无意干涉中国内部事务管理，美国政府指定工程师接受中国政府聘用建设铁路、电报等项目。由于这部条约，美国成为中国政府派遣留学生的首选，从此掀开了中国公派留美学习的第一页。

蒲安臣（中立者）使团照片

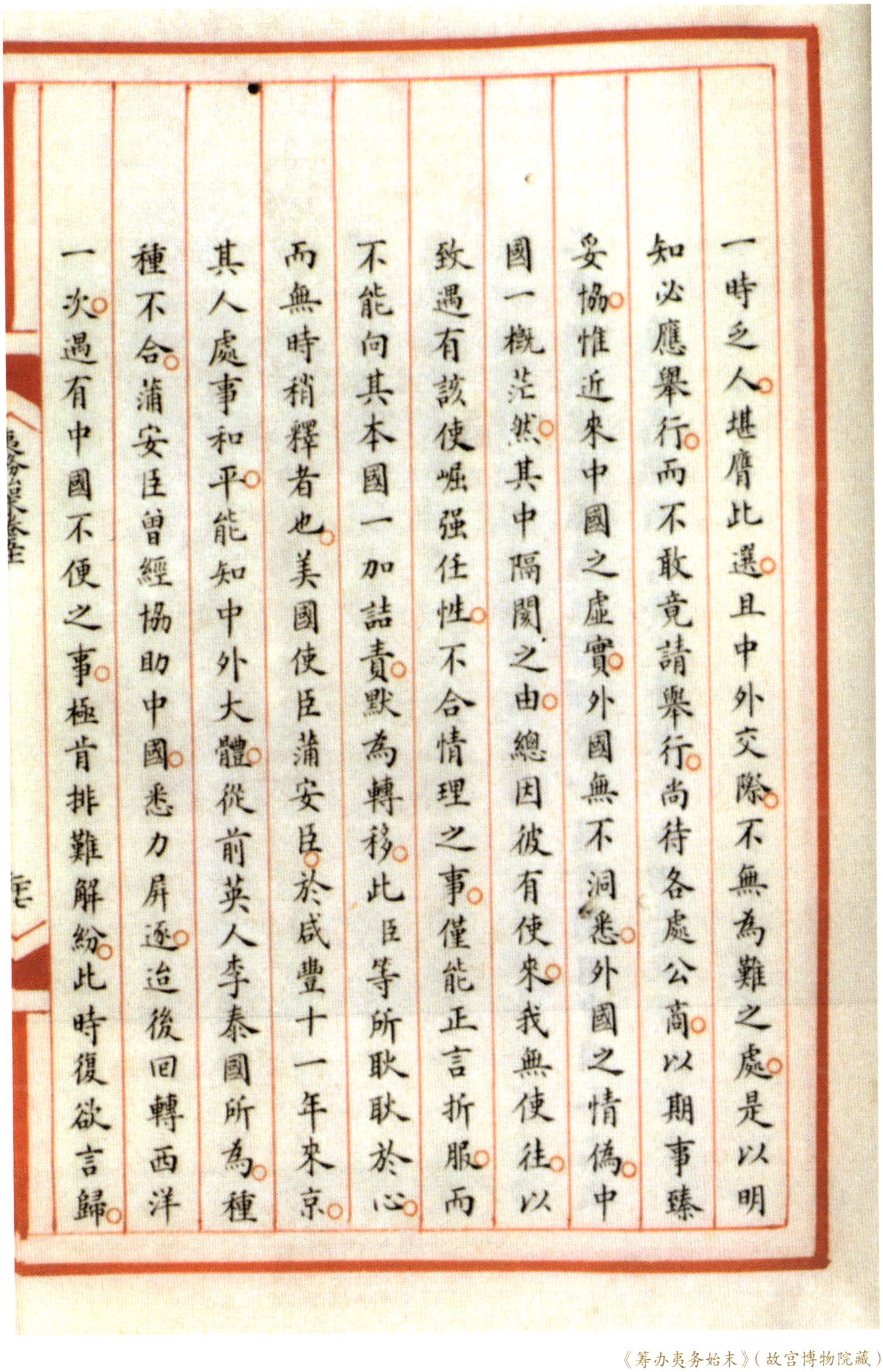
一時之人。堪膺此選。且中外交際。不無為難之處。是以明
知必應舉行。而不敢竟請舉行。尚待各處公商。以期事臻
妥協。惟近來中國之虛實。外國無不洞悉。外國之情偽。中
國一概茫然。其中隔閡之由。總因彼有使來。我無使往。以
致遇有該使倔強任性。不合情理之事。僅能正言折服。而
不能向其本國一加詰責。默為轉移。此臣等所耿耿於心
而無時稍釋者也。美國使臣蒲安臣。於咸豐十一年來京。
其人處事和平。能知中外大體。從前英人李泰國所為。種
種不合。蒲安臣曾經協助中國。悉力屏逐。迨後回轉西洋
一次。過有中國不便之事。極肯排難解紛。此時復欲言歸。

《筹办夷务始末》（故宫博物院藏）

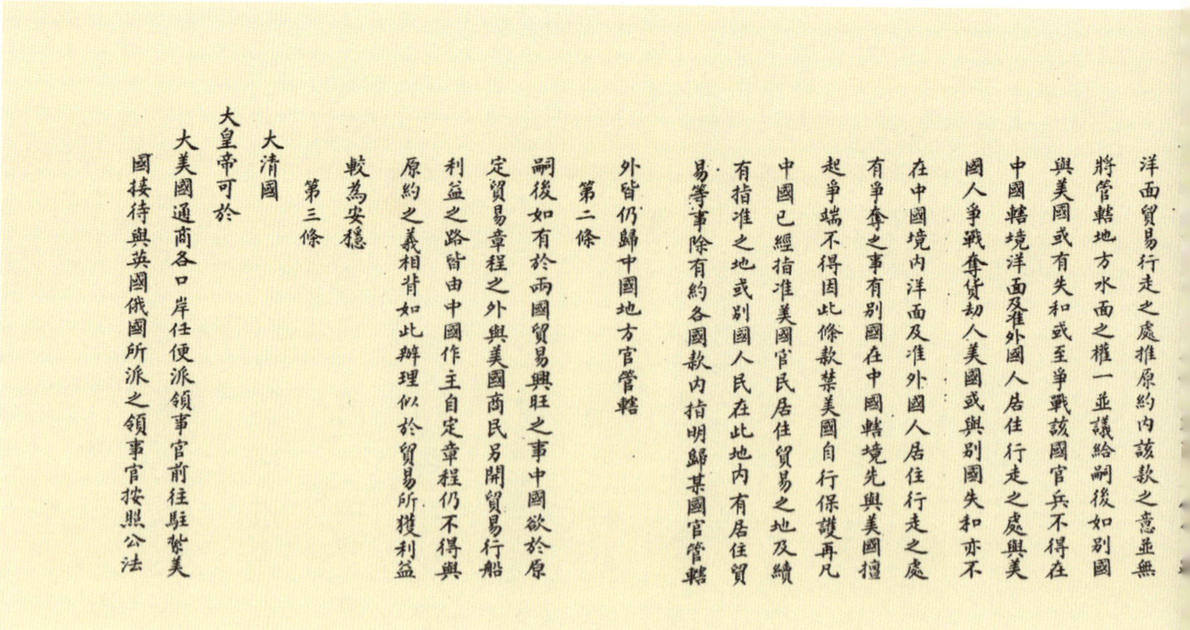

洋面貿易行走之處推原約内該款之意並無
將管轄地方水面之權一並議給嗣後如别國
與美國或有失和或至争戰該國官兵不得在
中國轄境洋面及准外國人居住行走之處與美
國人争戰奪貨刧人美國或與别國失和亦不
在中國境内洋面及准外國人居住行走之處
有争奪之事有别國在中國轄境先與美國擅
起争端不得因此條款禁美國自行保護再凡
中國已經指准美國官民居住貿易之地及續
有指准之地或别國人民在此地内有居住貿
易等事除有約各國款内指明歸某國官管轄
外皆仍歸中國地方官管轄

第二條

嗣後如有於兩國貿易興旺之事中國欲於原
定貿易章程之外與美國商民另開貿易行船
利益之路皆由中國作主自定章程仍不得與
原約之義相背如此辦理似於貿易所獲利益
較為安穩

第三條

大清國
大皇帝可於
大美國通商各口岸任便派領事官前往駐紮美
國接待與英國俄國所派之領事官按照公法

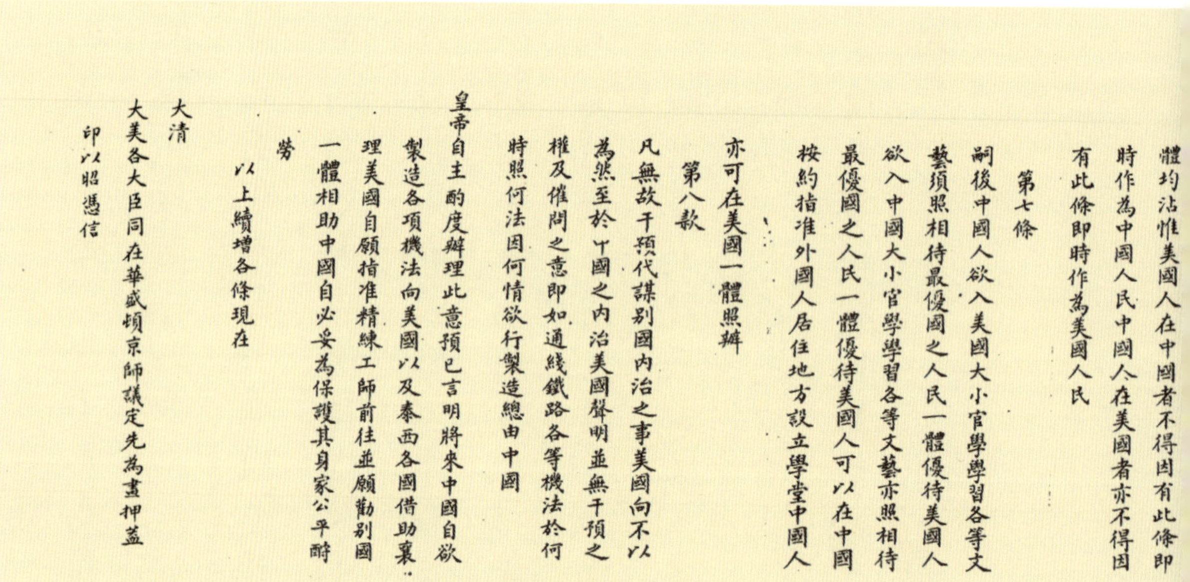

體均沾惟美國人在中國者不得因有此條即
時作為中國人民中國人在美國者亦不得因
有此條即時作為美國人民

第七條

嗣後中國人欲入美國大小官學學習各等文
藝須照相待最優國之人民一體優待美國人
欲入中國大小官學學習各等文藝亦照相待
最優國之人民一體優待美國人可以在中國
按約指准外國人居住地方設立學堂中國人
亦可在美國一體照辦

第八款

凡無故干預代謀别國内治之事美國向不以
為然至於中國之内治美國聲明並無干預之
權及催問之意即如通綫鐵路各等機法於何
時照何法因何情欲行製造總由中國
皇帝自主酌度辦理此意預已言明將來中國自欲
製造各項機法向美國以及泰西各國借助襄
理美國自願指准精練工師前往並願勸别國
一體相助中國自必妥為保護其身家公平酬
勞

以上續增各條現在
大清
大美各大臣同在華盛頓京師議定先為畫押蓋
印以昭憑信

中美《天津条约续增条约》抄本（同治八年十月十五日）

照錄使臣蒲安臣等續訂美國條約

大清國與

大美國於咸豐八年五月初八日即一千八百五

十八年六月十八日議定和約後續增條款

查從

大清國於咸豐八年五月初八日與

大美國定約之後因事有宜增條款之處是以

大清國

大皇帝特派

二品頂戴辦理中外交涉事務大臣志

欽差辦理中外交涉事務重任大臣蒲

二品頂戴辦理中外交涉事務大臣孫

大美國

大伯理璽天德特派

欽命總理各國事務大臣徐　各將所奉

諭旨互閱俱屬妥實議定條款開列於左

第一條

條約所定之規一體優待

第四條

原約第二十九款內載

耶穌基督聖教暨

天主教有安分傳教習教之人當一體保護不可欺侮

等語現在議定是美國人在中國不得因美國

人民異教稍有欺侮凌虐嗣後中國人在美國

亦不得因中國人民異教稍有屈抑苛待以昭

公允至兩國人之坟墓均當一體鄭重保護不

得傷毀

第五條

大清國與

大美國切念民人前往各國或願常住入籍或隨

時來往總聽其自便不得禁阻為是現在兩國

人民互相來往或游歷或貿易或久居得以自

由方有利益除兩國人民自願往來居住之外

別有招致之法均非所准是以兩國許定條例

除彼此自願往來外如有美國及中國人將中

國人勉强帶往美國或運於別國若中國及美國

人將美國人强勉帶往中國或運於別國均照

例治罪

第六條

美國人民前往中國或經歷各處或常行居住

中國總須按照相待最優之國所得經歷常住

之利益俾美國人一體均沾中國人至美國或

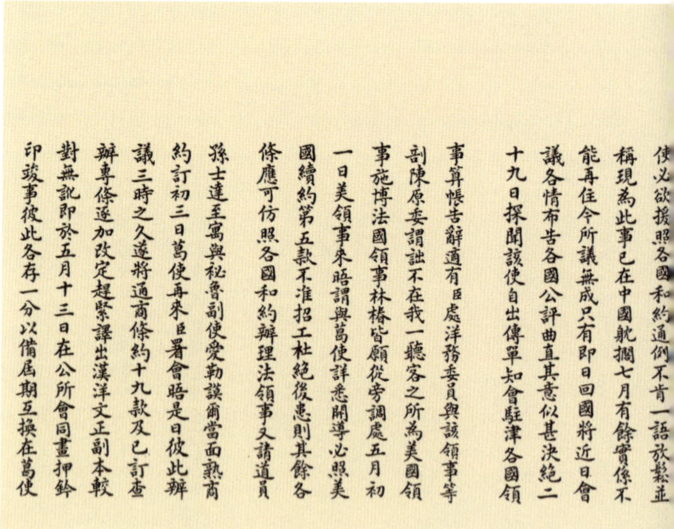

使必欲援照各國和約通例不肯一語放鬆並
稱現為此事已在中國躭擱七月有餘實係不
能再住今所議無成只有即日回國將近日會
議各情布告各國公評曲直其意似甚決絕二
十九日探聞該使自出傳單知會駐津各國領
事算悵告辭適有臣處洋務委員與該領事等
剖陳原委謂詘不在我一聽客之所為美國領
事施博法國領事林椿皆願從旁調處五月初
一日美領事來晤謂與葛使詳悉開導必照美
國續約第五款不准招工杜絕後患則其餘各
條應可仿照各國和約辦理法領事又請道員
孫士達至寓與秘魯副使愛勒謨爾當面熟商
約訂初三日葛使再來臣署會晤是日彼此辯
議三時之久遂將通商條約十九款及已訂查
辦專條遂加改定趕緊譯出漢洋文正副本較
對無訛即於五月十三日在公所會同畫押鈐
印蓋事彼此各存一分以備屆期互換在葛使

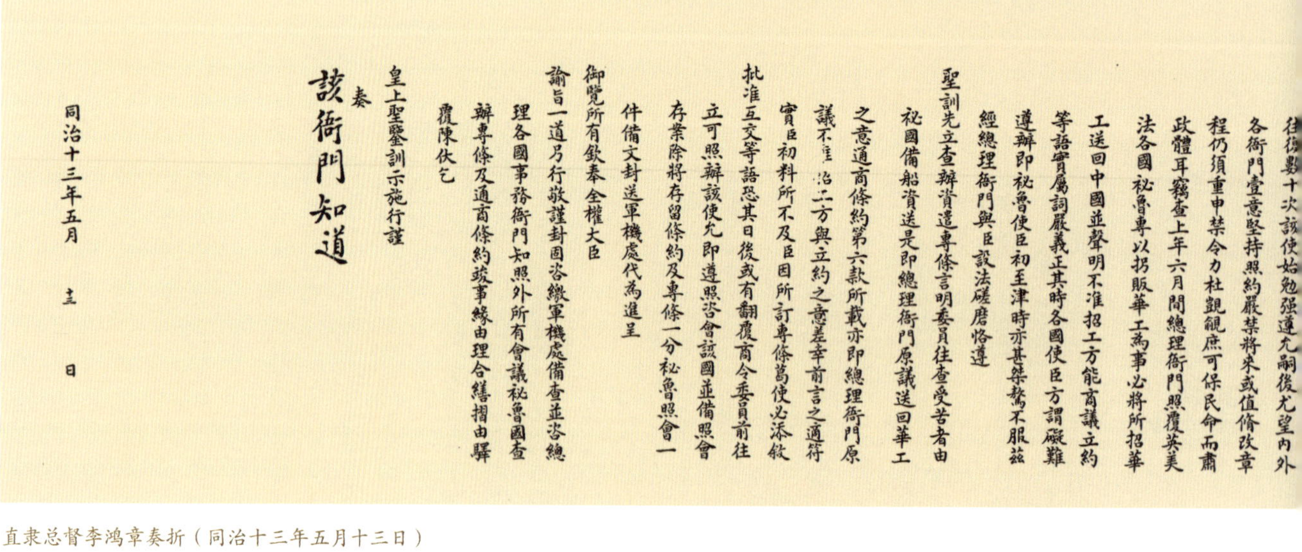

往復數十次該使始勉强遵允嗣後尤望內外
各衙門壹意堅持照約嚴禁將來或值脩改章
程仍須重申禁令力杜覬覦庶可保民命而肅
政體耳竊查上年六月間總理衙門照覆英美
法各國秘魯專以拐販華工為事必將所招華
工送回中國並聲明不准招工方能商議立約
等語實屬詞嚴義正其時各國使臣方謂礙難
遵辦即秘魯使臣初至津時亦甚桀驁不服茲
經總理衙門與臣設法磋磨恪遵
聖訓先立查辦資遣專條言明委員往查受苦者由
秘國備船資送是即總理衙門原議送回華工
之意通商條約第六款所載亦即總理衙門原
議不准招工方與立約之意差幸前言之適符
實臣初料所不及臣因所訂專條葛使必添敘
批准互交等語恐其日後或有翻覆商令委員前往
立可照辦該使允即遵照咨會該國並備照會
存案除將存留條約及專條一分秘魯照會一
件備文封送軍機處代為進呈
御覽所有欽奉全權大臣
諭旨一道另行敬謹封固咨繳軍機處備查並咨總
理各國事務衙門知照外所有會議秘魯國查
辦專條及通商條約蓋事緣由理合繕摺由驛
覆陳伏乞
皇上聖鑒訓示施行謹
奏
該衙門知道
同治十三年五月　十三　日

直隶总督李鸿章奏折（同治十三年五月十三日）

直隶总督李鸿章奏折：

为与秘鲁使臣议立专条并通商条约事

同治十三年五月十三日（1874 年 6 月 26 日）

同治十二年（1873）九月，以葛尔西耶为代表的秘鲁外交使团到达天津，正式开始了与中国的建交谈判。按照当时的成例，直隶总督李鸿章负责此次谈判。由于长期存在的华工问题（主要是秘鲁在澳门非法招工和秘鲁华工在

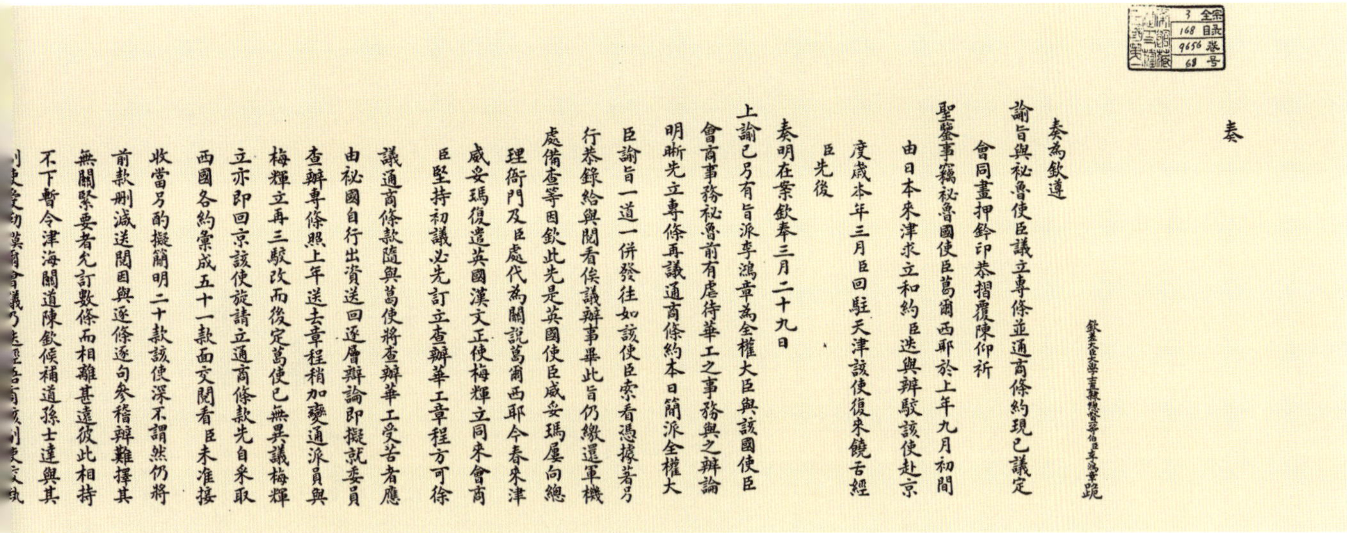

全宗 3 目录 168 卷号 9656 号 68

奏

欽差大臣大學士直隸總督一等伯臣李鴻章跪

奏為欽遵
諭旨與秘魯使臣議立專條並通商條約現已議定
會同畫押鈐印恭摺覆陳仰祈
聖鑒事竊秘魯國使臣葛爾西耶於上年九月初間
由日本來津求立和約臣迭與辯駁該使赴京
度歲本年三月臣回駐天津該使復來饒舌經
臣先後
奏明在案欽奉三月二十九日
上諭已另有旨派李鴻章為全權大臣與該國使臣
會商事務秘魯前有虐待華工之事務與之辯論
明晰先立專條再議通商條約本日簡派全權大
臣諭旨一道一併發往如該使臣索看憑據著另
行恭錄給與閱看俟議辦事畢此旨仍繳還軍機
處備查等因欽此先是英國使臣威妥瑪屢向總
理衙門及臣處代為關說葛爾西耶今春來津
威妥瑪復遣英國漢文正使梅輝立同來會商
臣堅持初議必先訂立查辦華工章程方可係
議通商條款隨與葛使將查辦華工受苦者應
由秘國自行出資送回逐層辯論即擬就委員
查辦專條照上年送去章程稍加變通派員與
梅輝立再三駁改而後定葛使已無異議梅輝
立亦即回京該使旋請立通商條款先自采取
西國各約彙成五十一款面交閱看臣未准接
收當另酌擬簡明二十款該使深不謂然仍將
前款刪減送閱因與逐條逐句參稽辯難擇其
無關緊要者允訂數條而相離甚遠彼此相持
不下暫令津海關道陳欽候補道孫士達與其

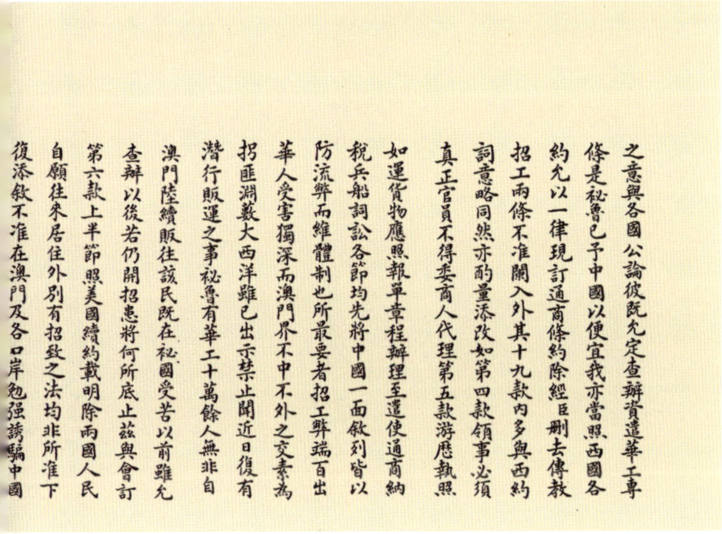

之意與各國公論彼既允定查辦資遣華工專
條是秘魯已予中國以便宜我亦當照西國各
約允以一律現訂通商條約除經臣刪去傳教
招工兩條不准闌入外其十九款內多與西約
詞意略同然亦酌量添改如第四款領事必須
真正官員不得委商人代理第五款游歷執照
如運貨物應照報單章程辦理至遣使通商納
稅兵船詞訟各節均先將中國一面敘列皆以
防流弊而維體制也所最要者招工弊端百出
華人受害獨深而澳門界不中不外之交素為
拐匪淵藪大西洋雖已出示禁止聞近日復有
潛行販運之事秘魯有華工十萬餘人無非自
澳門陸續販往該民既在秘國受苦以前雖允
查辦以後若仍開招患將何所底止茲與會訂
第六款上半節照美國續約載明除兩國人民
自願往來居住外別有招致之法均非所准下
復添敘不准在澳門及各口岸勉强誘騙中國

当地受虐待），双方的谈判并不顺利。直到同治十三年三月二十九日，清政府“派李鸿章为全权大臣”，议定条约之事才走上议程。针对华工问题，双方签订“专条”，通商条约则“删去传教、招工两款”“共十九款，内多与西约词意略同”，但增加了“领事必须真正官员，不得委任商人代理”等有利于减轻领事裁判权危害的条款。双方签订条约后，秘鲁成为晚清时期第一个与中国建交的拉丁美洲国家。

直隶总督李鸿章奏片：

为防止华民被猪仔馆诱拐出国事

光绪元年七月初十日（1875年8月10日）

同治十三年（1874），中国和秘鲁签订通商条约，秘鲁成为晚清时期第一个与中国建交的拉丁美洲国家。中秘建交的直接原因是华工问题，在建交前秘鲁通过设在澳门的招工局（猪仔馆）已招募了大量中国劳工赴秘。建交后，双方国民可按条约规定合法移民，且大西洋国（葡萄牙）也已停止在澳门的苦力贸易。但李鸿章仍防患于未然，请饬相关地方拟定章程，同时请饬总理衙门、总税务司及相关地方税务司一并妥议，杜绝非法招工出国事件发生，并建议对查处标的达到一定标准给予相关奖励。

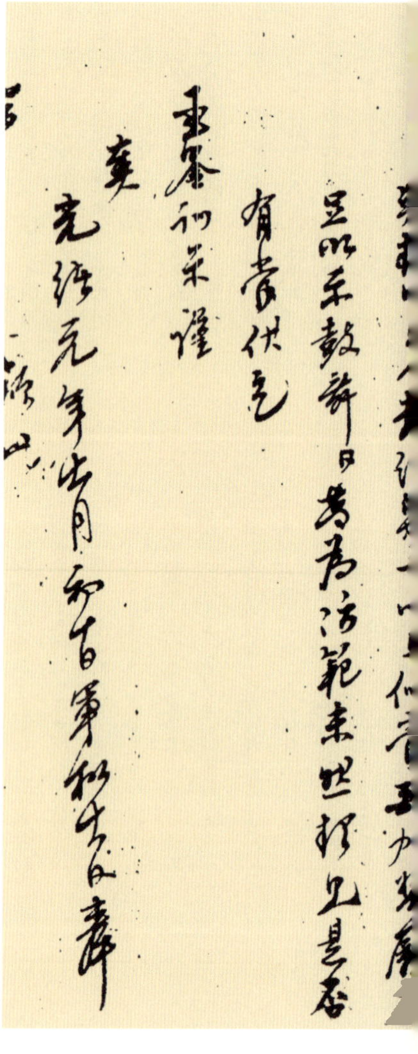

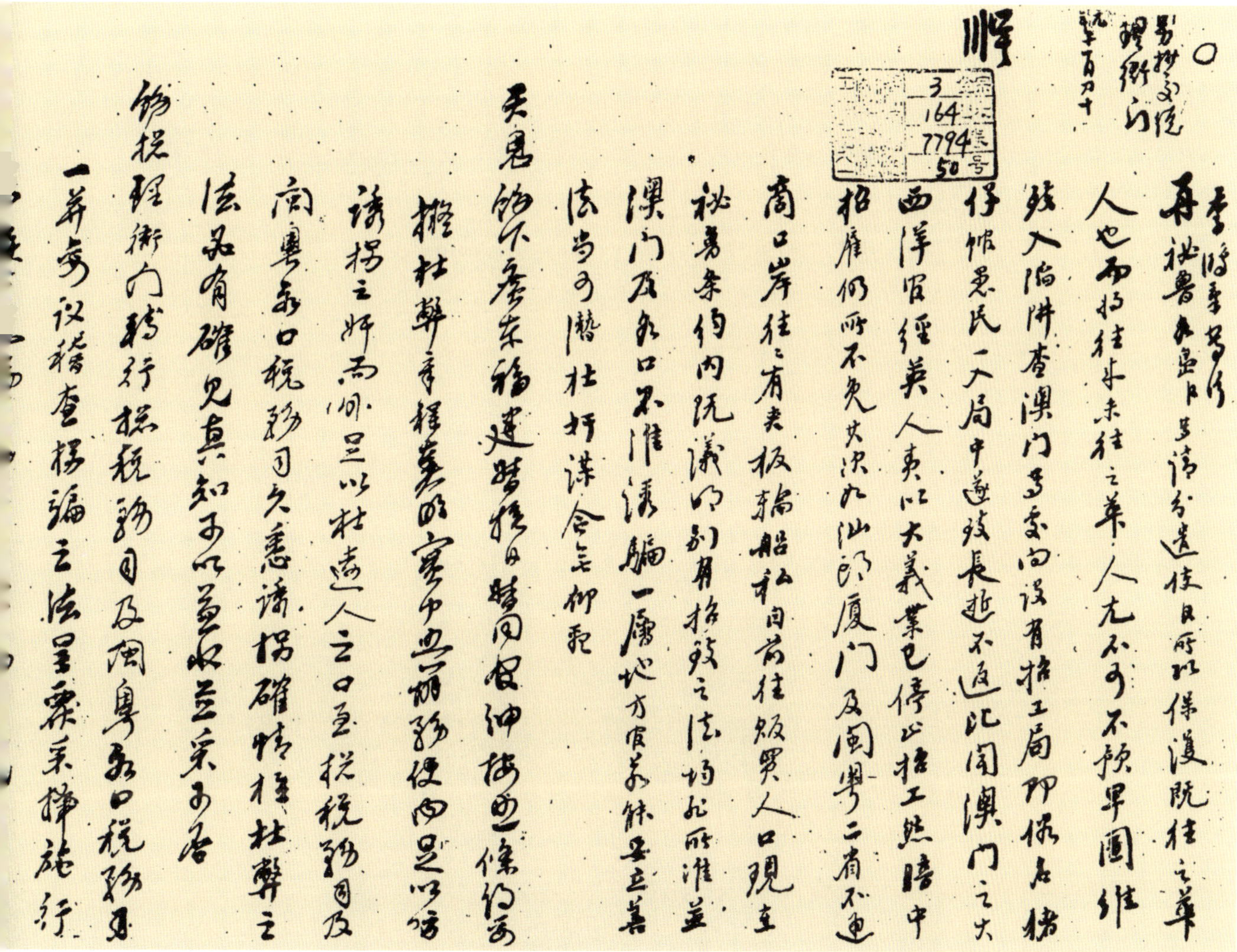
李鴻章片

另抄交總理衙門

光緒元年七月初十

片

3 164 7794 50號

再秘魯來臣所請分遣使臣所以保護既往之華人也而於將往未往之華人尤不可不預早圖維致入陷阱查澳門多年向設有招工局即俗名豬仔館愚民一入局中遂致長逝不返比聞澳門之大西洋官經英人責以大義業已停止招工然暗中招雇仍所不免其次則汕頭廈門及閩粵二省不通商口岸往往有夾板輪船私自前往販買人口現查秘魯條約內既議明別有招致之法均非所准並澳門及各口不准誘騙一層似地方官各飭妥立善法當可潛杜奸謀合無仰懇
天恩飭下廣東福建督撫轉飭地方官紳按照條約實力杜弊並嚴禁豪民串誘務使內足以防誘拐之奸而外足以杜遠人之口至於稅務司及閩粵各口稅務司久悉誘拐確情尤於杜弊之法必有確見真知可以參酌盡采可否
飭總理衙門轉行總稅務司及閩粵各口稅務司一并妥議稽查拐騙之法呈候采擇施行

直隶总督李鸿章奏片（光绪元年七月初十日）

中国和西班牙《古巴华工条款》

光绪四年十一月十三日（1878 年 12 月 6 日）

自道光朝以来就有大量华工出国，到 19 世纪 70 年代，拉丁美洲是主要目的地之一，其中古巴就有 12 万人（1847 年至 1874 年数据）。当时，古巴是西班牙的殖民地，中国同西班牙已于同治三年（1864）立约建交，但由于古巴华工问题在双边外交关系中的迫切性和重要性，双方专门签订了这一针对性条款。《古巴华工条款》共 16 款：前五款是此后中国人前往古巴的规定，从第六款到第十四款是针对已在古巴的中国华工的内容，其中包括了中国驻古巴领事机构对华工进行领事保护的内容，最后两款是修约和换约的程序性规定。档案中“光绪四年十一月十三日”是指最终换约的日期。

在拉丁美洲劳作华工的漫画

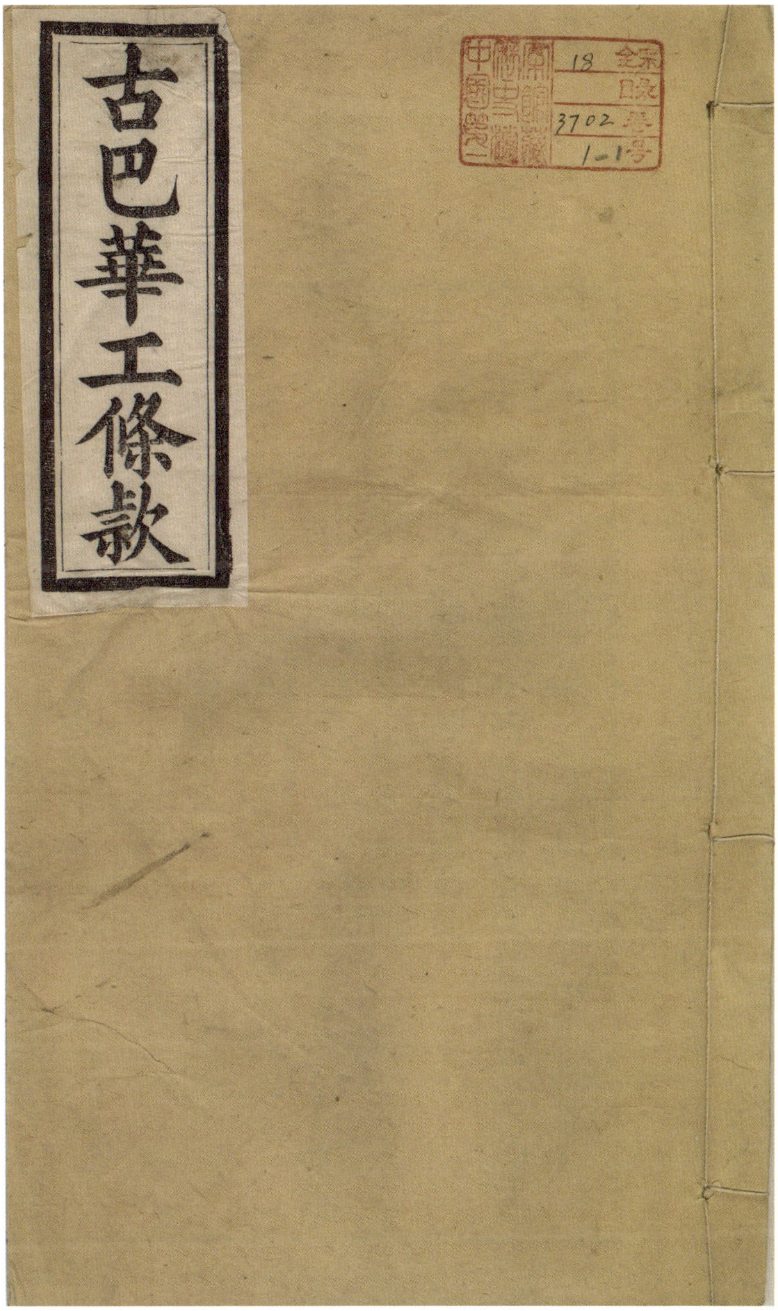

中国和西班牙《古巴华工条款》封面（光绪四年十一月十三日）

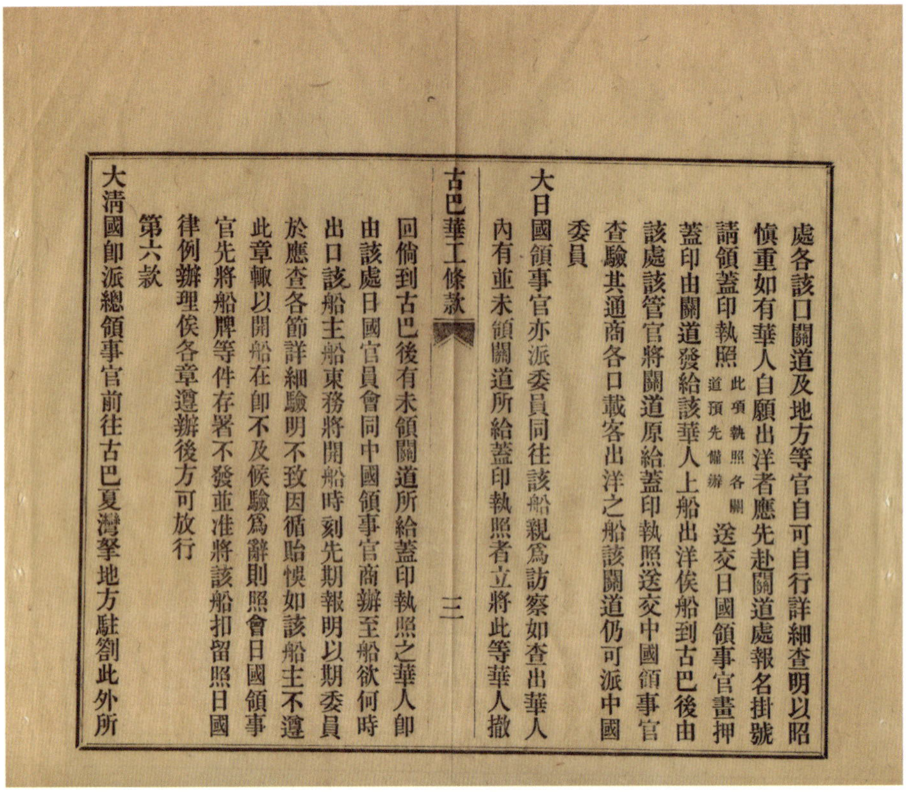

處各該口關道及地方等官自可自行詳細查明以昭愼重如有華人自願出洋者應先赴關道處報名掛號請領蓋印執照（此項執照各關道預先備辦）送交日國領事官畫押蓋印由關道發給該華人上船出洋俟船到古巴後由該處該管官將關道原給蓋印執照送交中國領事官查驗其通商各口載客出洋之船該關道仍可派中國委員

大日國領事官亦派委員同往該船親爲訪察如查出華人內有並未領關道所給蓋印執照者立將此等華人撤

古巴華工條款 三

回倘到古巴後有未領關道所給蓋印執照之華人即由該處日國官員會同中國領事官商辦至船欲何時出口該船主船東務將開船時刻先期報明以期委員於應查各節詳細驗明不致因循貽悞如該船主不遵此章輙以開船在即不及候驗爲辭則照會日國領事官先將船牌等件存署不發並准將該船扣留照日國律例辦理俟各章遵辦後方可放行

第六款

大清國即派總領事官前往古巴夏灣拏地方駐劄此外所

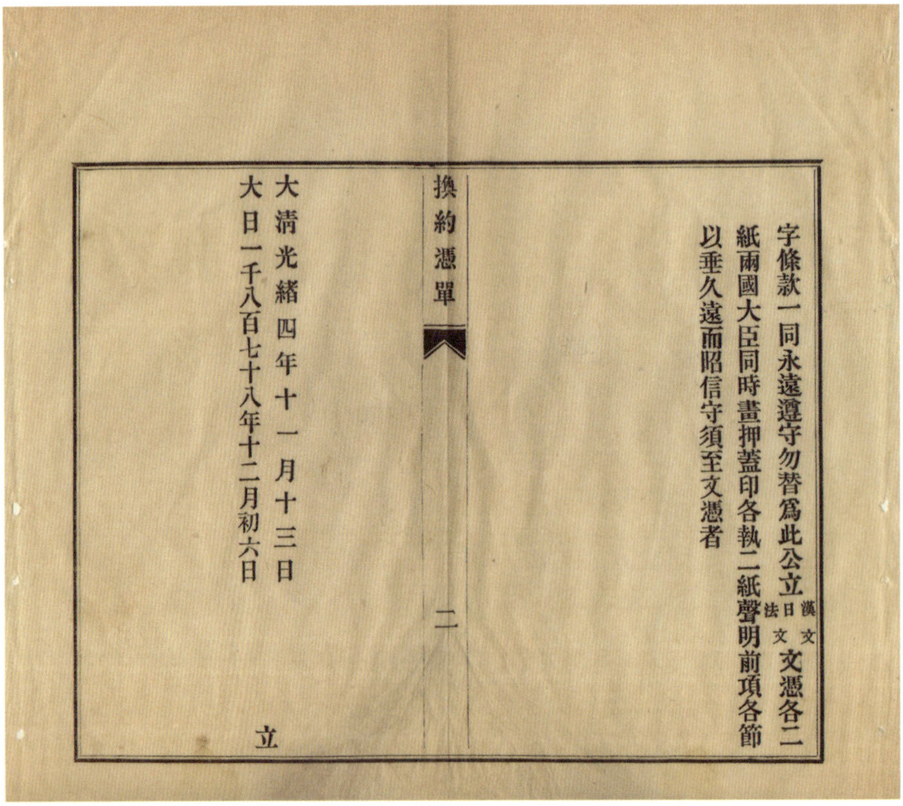

字條款一同永遠遵守勿替爲此公立（漢文 日文 法文）文憑各二紙兩國大臣同時畫押蓋印各執二紙聲明前項各節以垂久遠而昭信守須至文憑者

換約憑單 二

大清光緒四年十一月十三日

大日一千八百七十八年十二月初六日

立

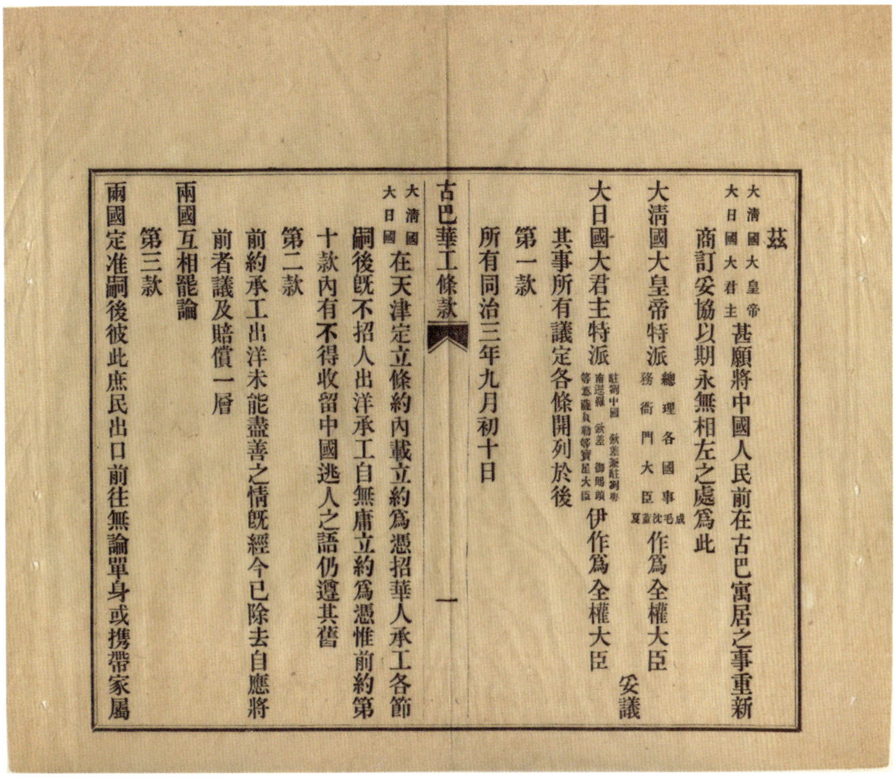
茲
大清國大皇帝
大日國大君主 甚願將中國人民前在古巴寓居之事重新
商訂妥協以期永無相左之處爲此
大清國大皇帝特派總理各國事務衙門大臣成毛沈董夏作爲全權大臣 妥議
大日國大君主特派駐劄中國欽差兼駐劄日本南暹羅欽差御賜頭等恩薩貝勒等寶星大臣伊作爲全權大臣
其事所有議定各條開列於後
第一款
所有同治三年九月初十日
古巴華工條款 一
大清國
大日國 在天津定立條約內載立約爲憑招華人承工各節
嗣後既不招人出洋承工自無庸立約爲憑惟前約第
十款內有不得收留中國逃人之語仍遵其舊
第二款
前約承工出洋未能盡善之情既經今已除去自應將
前者議及賠償一層
兩國互相罷論
第三款
兩國定准嗣後彼此庶民出口前往無論單身或携帶家屬

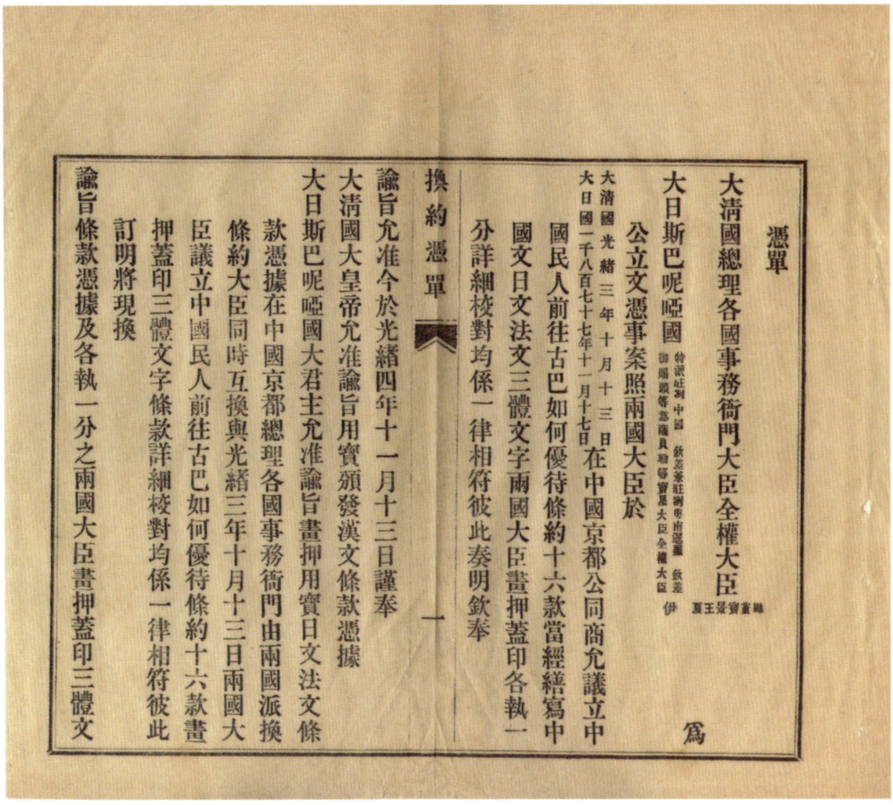
憑單
大清國總理各國事務衙門大臣全權大臣沈董寶景王夏 爲
大日斯巴呢亞國特派駐劄中國欽差兼駐劄日本南暹羅欽差御賜頭等恩薩貝勒等寶星大臣全權大臣伊
公立文憑事案照兩國大臣於
大清國光緒三年十月十三日
大日國一千八百七十七年十一月十七日 在中國京都公同商允議立中
國民人前往古巴如何優待條約十六款當經繕寫中
國文日文法文三體文字兩國大臣畫押蓋印各執一
分詳細校對均係一律相符彼此奏明欽奉
換約憑單 一
諭旨允准今於光緒四年十一月十三日謹奉
大清國大皇帝允准諭旨用寶頒發漢文條款憑據
大日斯巴呢亞國大君主允准諭旨畫押用寶日文法文條
款憑據在中國京都總理各國事務衙門由兩國派換
條約大臣同時互換與光緒三年十月十三日兩國大
臣議立中國民人前往古巴如何優待條約十六款畫
押蓋印三體文字條款詳細校對均係一律相符彼此
訂明將現換
諭旨條款憑據及各執一分之兩國大臣畫押蓋印三體文

中国和西班牙《古巴华工条款》（光绪四年十一月十三日）

《南阿美利加洲图》

光绪五年至二十九年（1879—1903）

纸本彩绘，纵 565 厘米，横 500 厘米。

此图为近代经纬度测绘地图，在图的四周标注经纬度，此图的经度是以图中心的经线为 180 度，依次向两边递减，可见是以北京为中经线。方向为上北下南，绘制出南美洲大陆及附近几座岛屿，并用不同颜色描绘南美洲的各个国家和地区。

地图没有标明绘制时间和绘制者，从地图上所表现的内容来看，图上的“玻利非亚国”（玻利维亚）为内陆国，而巴拿马尚属于哥伦比亚合众国。1879 年，玻利维亚同智利进行战争，沿海地区被智利占领。而巴拿马是 1903 年从哥伦比亚独立出来。因此，此图展示了玻利维亚成为内陆国之后、巴拿马独立之前南美洲各国的地理状况，体现出清代后期对南美洲地理知识与形势的了解。

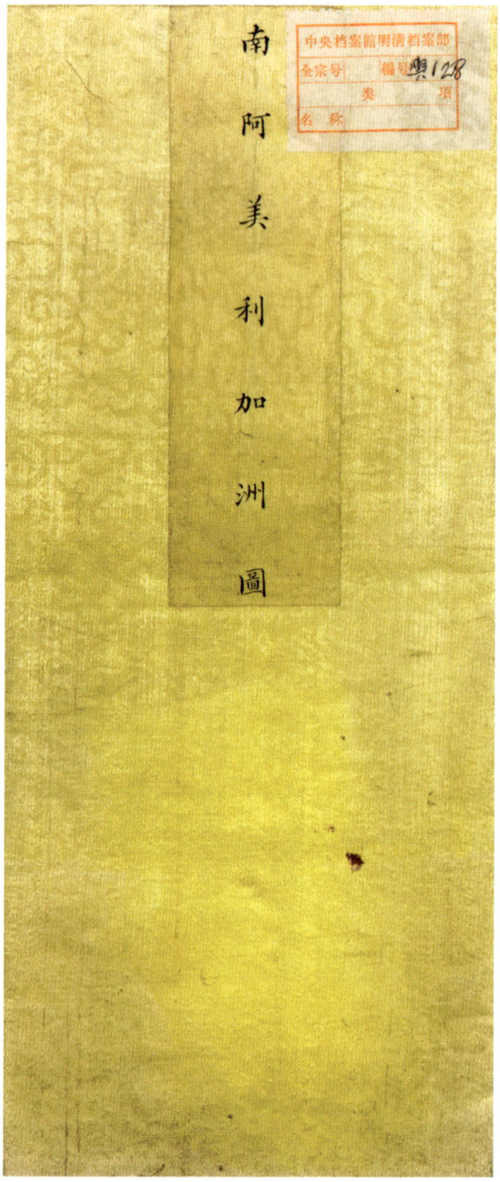

《南阿美利加洲图》（光绪五年—光绪二十九年）

中巴《和好通商条约》

光绪六年七月二十八日（1880年9月2日）

光绪六年（1880）七月初巴西使团到达天津，经过一个多月的谈判，双方拟定《和好通商条约》，但由于换约前就出现了改约的情况，条约的正式互换耽误了一年多。此份档案是谈判过程中的一份草案，共16款，比最终的条约

少1款，但其他内容基本相同。这是被李鸿章称为“逐渐收回权利”的条约，条约更多地体现出对等性，在“一体均沾”、领事裁判权、外交人员身份确认等方面均做出了既有利于维护国家权益，又符合近代外交规范的规定。在中方的提议下，最终文本又增加了双方均不得“贩卖洋药（鸦片）”进入对方国家的规定。

巴西里约热内卢海景画（巴西国立博物馆藏）

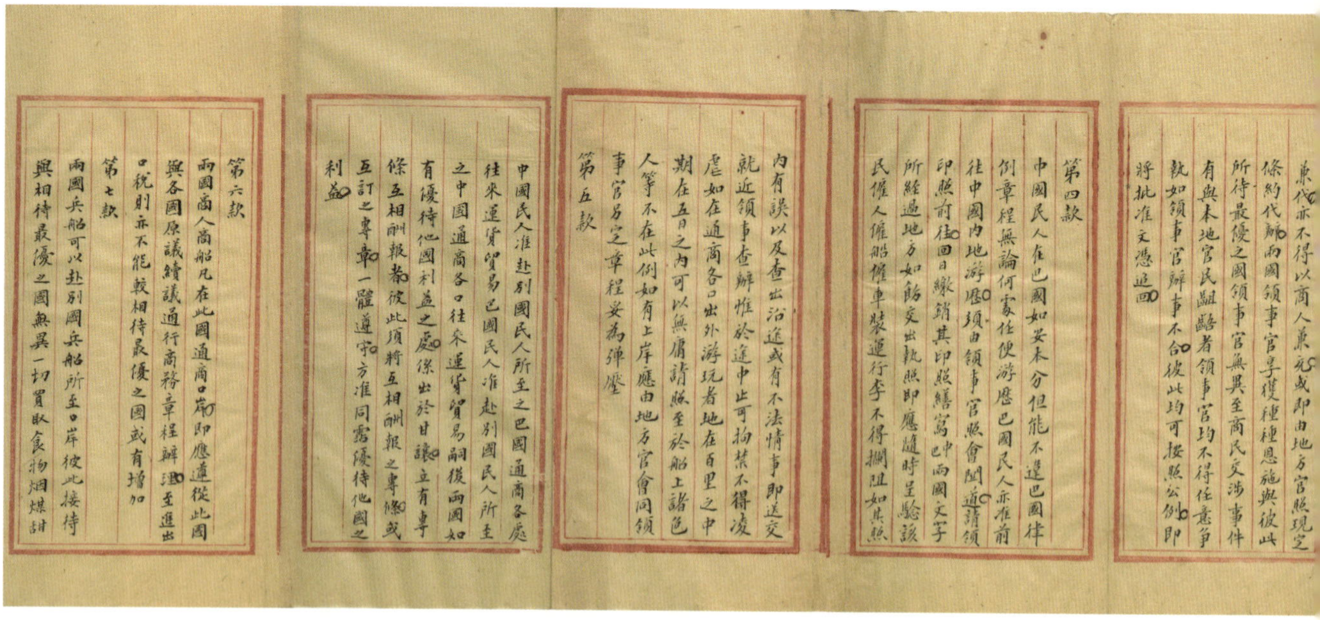

兼代亦不得以商人兼充或即由地方官照現定
條約代辦兩國領事官享獲種種恩施與彼此
所待最優之國領事官無異至商民交涉事件
有與本地官民齟齬者領事官均不得任意爭
執如領事官辦事不合彼此均可按照公例即
將批准文憑追回

第四款

中國民人在巴國如安本分但能不違巴國律
例章程無論何處任便游歷巴國民人亦准前
往中國內地游歷須由領事官照會關道請領
印照前往回日繳銷其印照繕寫中巴兩國文字
所經過地方如飭交出執照即應隨時呈驗該
民僱人僱船僱車裝運行李不得攔阻如其照
內有誤以及查出沿途或有不法情事即送交
就近領事查辦惟於途中止可拘禁不得淩
虐如在通商各口出外游玩者地在百里之中
期在五日之內可以無庸請照至於船上諸色
人等不在此例如有上岸應由地方官會同領
事官另定章程妥為彈壓

第五款

中國民人准赴別國民人所至之巴國通商各處
往來運貨貿易巴國民人准赴別國民人所至
之中國通商各口往來運貨貿易嗣後兩國如
有優待他國利益之處係出於甘讓立有專
條互相酬報者彼此須將互相酬報之專條或
互訂之專章一體遵守方准同霑優待他國之
利益

第六款

兩國商人商船凡在此國通商口岸即應遵從此國
與各國原議續議通行商務章程辦理至進出
口稅則亦不能較相待最優之國或有增加

第七款

兩國兵船可以赴別國兵船所至口岸彼此接待
與相待最優之國無異一切買取食物烟煤甜

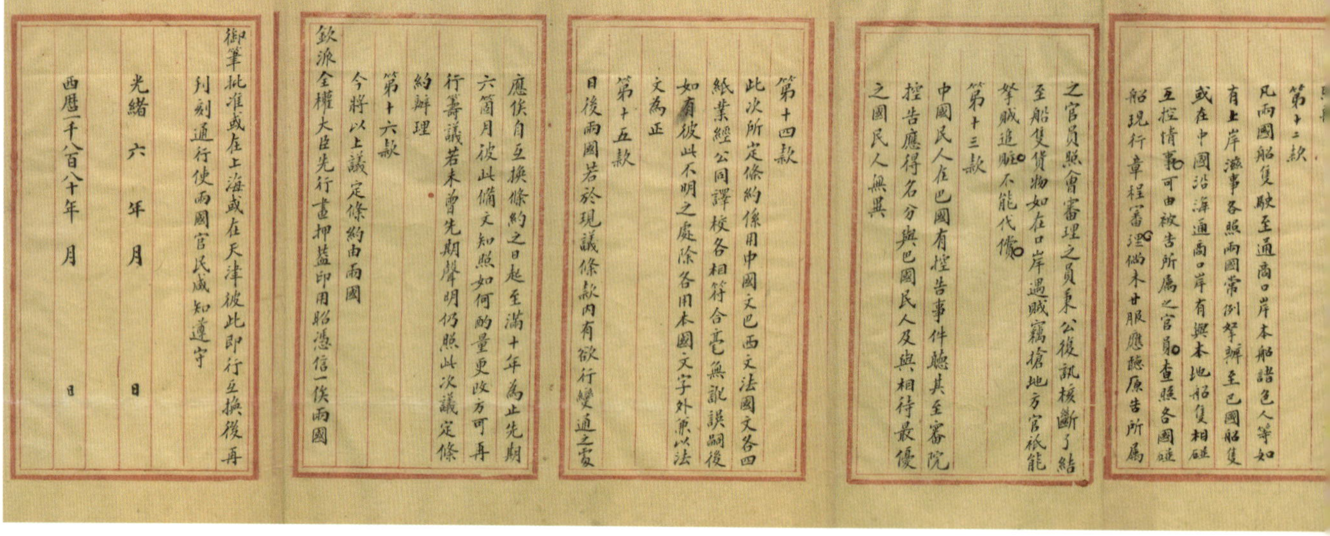

第十二款

凡兩國船隻駛至通商口岸本船諸色人等如
有上岸滋事各照兩國常例拏辦至巴國船隻
或在中國沿海通商口岸有與本地船隻相碰
互控情事可由被告所屬之官員查照各國通
船現行章程審理倘不甘服應聽原告所屬
之官員照會審理之員秉公復訊核斷了結
至船隻貨物如在口岸遇賊竊搶地方官祇能
拏賊追贓不能代償

第十三款

中國民人在巴國有控告事件聽其至審院
控告應得名分與巴國民人及與相待最優
之國民人無異

第十四款

此次所定條約係用中國文巴西文法國文各四
紙業經公同譯校各相符合毫無訛誤嗣後
如有彼此不明之處除各用本國文字外惟以法
文為正

第十五款

日後兩國若於現議條款內有欲行變通之處
應俟自互換條約之日起至滿十年為止先期
六箇月彼此備文知照如何酌量更改方可再
行籌議若未曾先期聲明仍照此次議定條
約辦理

第十六款

今將以上議定條約由兩國
欽派全權大臣先行畫押蓋印用昭憑信一俟兩國
御筆批准或在上海或在天津彼此即行互換後再
刊刻通行使兩國官民咸知遵守

光緒　六　年　月　日

西曆一千八百八十年　月　日

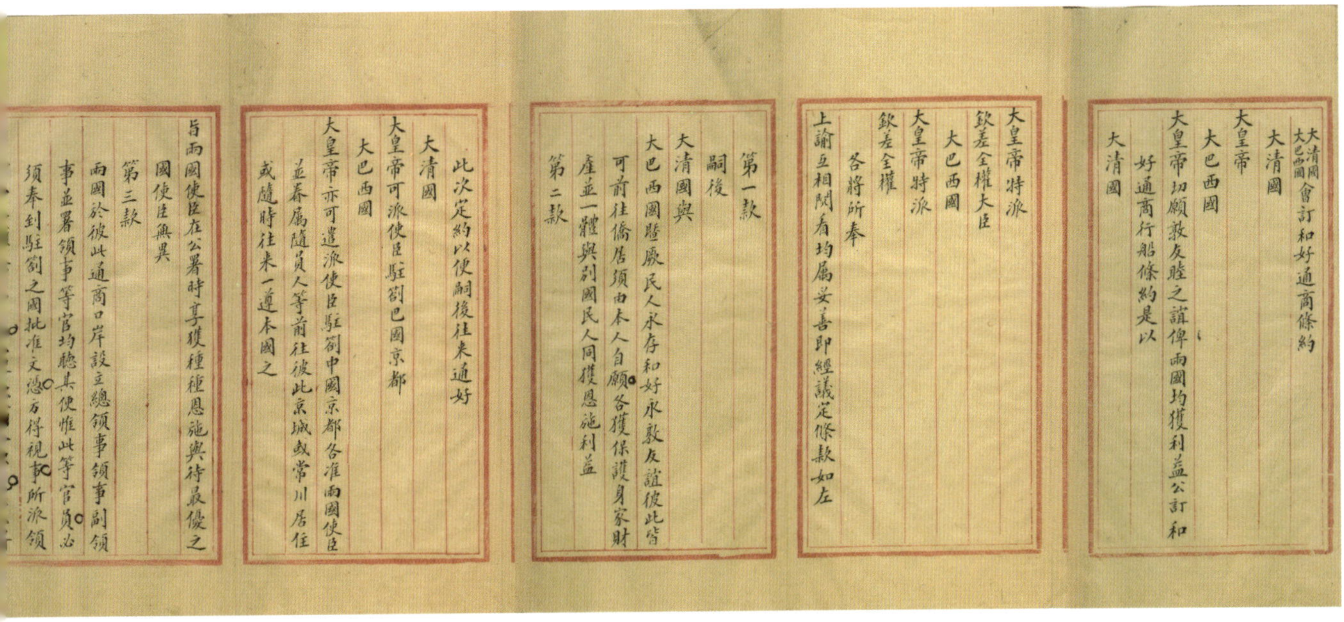

大清國
大巴西國 會訂和好通商條約

大清國
大皇帝
大巴西國
大皇帝切願敦友睦之誼俾兩國均獲利益訂和
好通商行船條約是以
大清國
大皇帝特派
欽差全權大臣
大巴西國
大皇帝特派
欽差全權
各將所奉
上諭互相閱看均屬妥善即經議定條款如左

第一款
嗣後
大清國與
大巴西國暨兩國民人永存和好永敦友誼彼此皆
可前往僑居須由本人自願各獲保護身家財
產並一體與別國民人同獲恩施利益

第二款
此次定約以便嗣後往來通好
大清國
大皇帝可派使臣駐劄巴國京都
大巴西國
大皇帝亦可遣派使臣駐劄中國京都各准兩國使臣
並眷屬隨員人等前往彼此京城或常川居住
或隨時往來一遵本國之
旨兩國使臣在公署時享獲種種恩施與待最優之
國使臣無異

第三款
兩國於彼此通商口岸設立總領事領事副領
事並署領事等官均聽其便惟此等官員必
須奉到駐劄之國批准文憑方得視事所派領

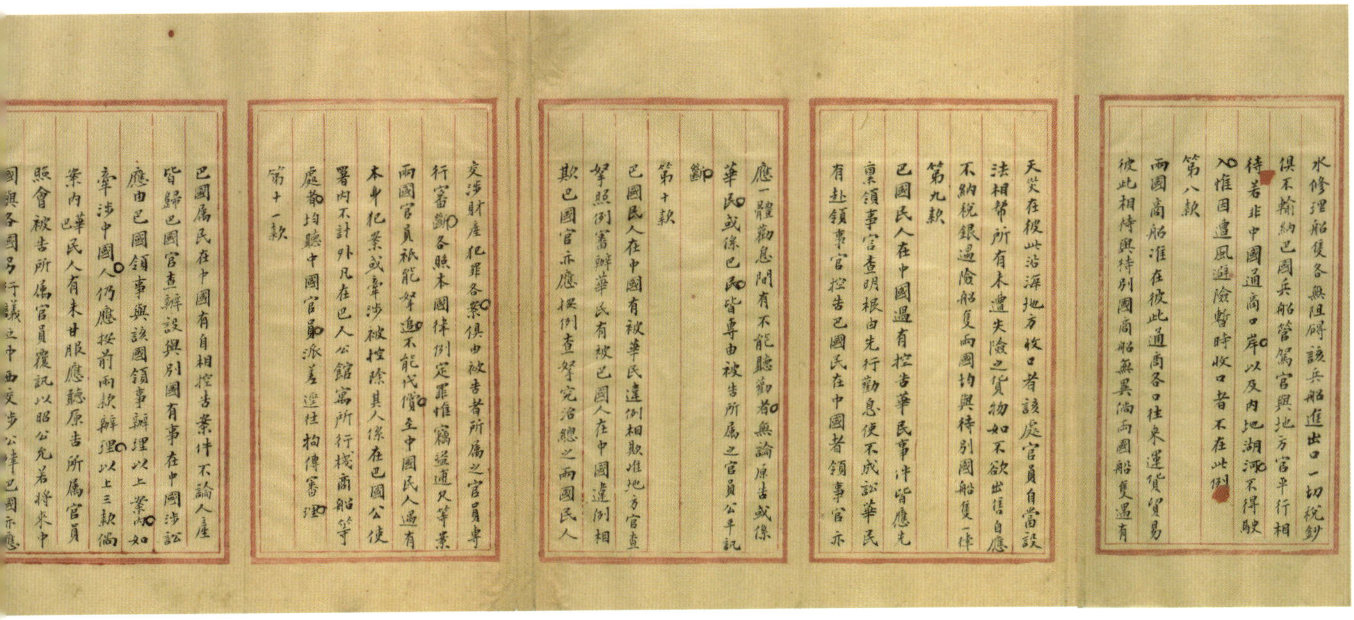

水修理船隻各無阻礙該兵船進出口一切稅鈔
俱不輸納巴國兵船管駕官與地方官平行相
待若非中國通商口岸以及內地湖河不得駛
入惟因遭風避險暫時收口者不在此例

第八款
兩國商船准在彼此通商各口往來運貨貿易
彼此相待與待別國商船無異倘兩國船隻遇有
天災在彼此沿海地方收口者該處官員自當設
法相幫所有未遭失險之貨物如不欲出售自應
不納稅銀遇險船隻兩國均與待別國船隻一律

第九款
巴國民人在中國遇有控告華民事件皆應先
稟領事官查明根由先行勸息使不成訟華民
有赴領事官控告巴國民在中國者領事官亦
應一體勸息間有不能聽勸者無論原告或係
華民或係巴民皆專由被告所屬之官員公平訊
斷

第十款
巴國民人在中國有被華民違例相欺准地方官查
拏照例審辦華民有被巴國人在中國違例相
欺巴國官亦應按例查拏究治總之兩國民人
交涉財產犯罪各案俱由被告者所屬之官員專
行審斷各照本國律例定罪惟竊盜逋欠等案
兩國官員祇能拏追不能代償至中國民人遇有
本中犯案或牽涉被控除其人係在巴國公使
署內不計外凡在巴人公館寓所行棧商船等
處均聽中國官員派差逕往拘傳審理

第十一款
巴國屬民在中國有自相控告案件不論人產
皆歸巴國官查辦設與別國有事在中國涉訟
應由巴國領事與該國領事辦理以上案如
牽涉中國人仍應按前兩款辦理以上三款倘
案內華民人有未甘服應聽原告所屬官員
照會被告所屬官員覆訊以昭公允若將來中
國與各國另行議立中西交涉公律巴國亦應

中巴《和好通商条约》（光绪六年七月二十八日）

两广总督张树声奏片：

为寄居金山中国商民多次捐赈请颁发匾额事

光绪六年十一月十五日（1880 年 12 月 16 日）

光绪初年，出使美西秘大臣陈兰彬统计出华侨居美国各邦共约 14 万余人，在金山一带尤众，有 6 万之多，这些侨民身在他乡却仍牵挂祖国安危。光绪四年（1878）四月，“广东省石角围基被水冲决，附省州县被灾甚重”。美国金山中华会馆邀集中国商民筹捐洋银两万四百余元，这些助赈款先是陆续汇到香港东华医院，再转交给广东省城爱育堂。两广总督张树声禀请“照前此寄居日本之中国商民筹捐山西省赈款成案，奏乞颁发匾额以资激劝”。清政府很重视，在查明金山中华会馆崇祀关帝后，按照其信仰颁发匾额一方，并给予当地绅商以嘉奖。

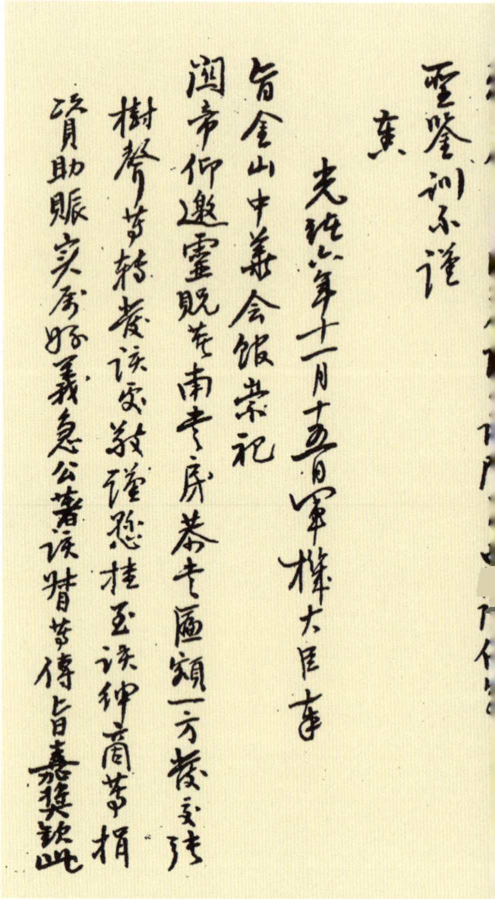
聖鑒訓示謹
奏
光緒六年十一月十五日軍機大臣奉
旨金山中華会館崇祀
關帝仰邀靈貺著南書房恭書匾額一方發交張
樹聲等轉發該處敬謹懸挂並該紳商等捐
資助賑實屬好義急公著該督等傳旨嘉奬欽此

張樹聲等片

再前准出使美日秘等國大臣陳蘭彬等咨據金
山總領事銜選道陳樹棠稟稱光緒四年四月
間粵省石角圍基被水衝決附省州縣被災甚
重該處中華會館司事同知銜呂繩武等邀集寄
居金山之中國商民籌捐洋銀二萬四百餘圓陸
續匯至香港東華醫院轉交廣東省城愛
育堂收繳助賑請照前此寄居日本之中國商民
籌捐山西省賑款成案奏乞
頒發匾額以資激勸等情咨會前情臣劉坤一行司
查議詳請臣等於本年六月十九日恭摺奏懇
頒發匾額一方轉給敬謹懸掛欽奉
諭旨金山中華會館崇祀何神著該督撫查明具奏
再行頒發匾額等因欽此當經欽遵咨行查覆去
後茲據廣東布政使姚覲元飭據廣州府轉據
愛育堂紳董查據香港東華醫院查覆金山
中華會館內係崇祀
關帝素邀靈貺等情由司詳請覆
奏前來臣等合無仰懇
天恩俯准
頒發匾額一方由臣等轉給金山中華會館敬謹懸

两广总督张树声奏片（光绪六年十一月十五日）

秘鲁为伊克里西亚当选临时总统事致清朝皇帝国书

光绪十年二月初三日（1884 年 2 月 29 日）

秘鲁为伊克里西亚正式就任秘鲁总统事致清朝皇帝国书

光绪十年闰五月二十四日（1884 年 7 月 26 日）

秘鲁为任命爱勒谟尔为驻华公使事致清朝皇帝国书

光绪十年六月十八日（1884 年 8 月 8 日）

同治十三年（1874）中国和秘鲁正式建交后，双方互派公使，但由于秘鲁（与玻利维亚为一方）和智利爆发“太平洋战争”，秘鲁国内局势长年极度混乱，以致首任驻秘公使陈兰彬都未能递交国书。此组档案是战争结束后秘鲁总统致清朝皇帝的国书，共三封。第一封是伊克里西亚（米格尔·伊格莱西亚斯）当选临时总统后，向中方通报“已将与智利所议之和约画押，兵戈于是止息”；第二封向中方告知：经选举，伊克里西亚正式就任秘鲁总统；第三封是任命“曾在贵国办理中秘交涉”（指双方的建交谈判）的秘方官员爱勒谟尔为驻华公使，国书中提到“驻扎美国全权大臣爱勒谟尔兼充驻扎中华全权大臣”，是与中国驻秘公使由驻美公使兼任的对等安排。

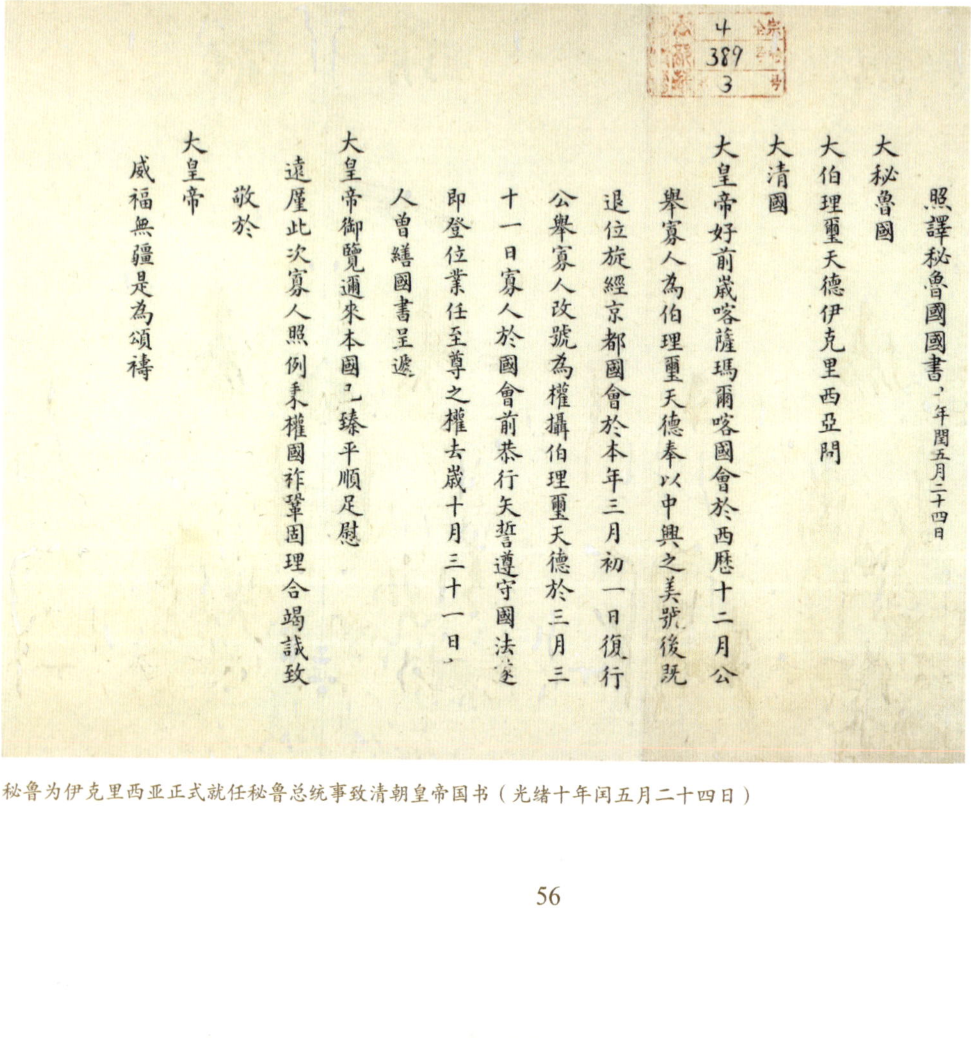

照譯秘魯國國書〻年閏五月二十四日

大秘魯國

大伯理璽天德伊克里西亞開

大清國

大皇帝好前歲喀薩瑪爾喀國會於西歷十二月公

舉寡人為伯理璽天德奉以中興之美號後既

退位旋經京都國會於本年三月初一日復行

公舉寡人改號為權攝伯理璽天德於三月三

十一日寡人於國會前恭行矢誓遵守國法遂

即登位業任至尊之權去歲十月三十一日〻

人曾繕國書呈遞

大皇帝御覽通來本國〻〻臻平順足慰

遠廑此次寡人照例秉權國祚鞏固理合竭誠致

敬於

大皇帝

威福無疆是為頌禱

秘鲁为伊克里西亚正式就任秘鲁总统事致清朝皇帝国书（光绪十年闰五月二十四日）

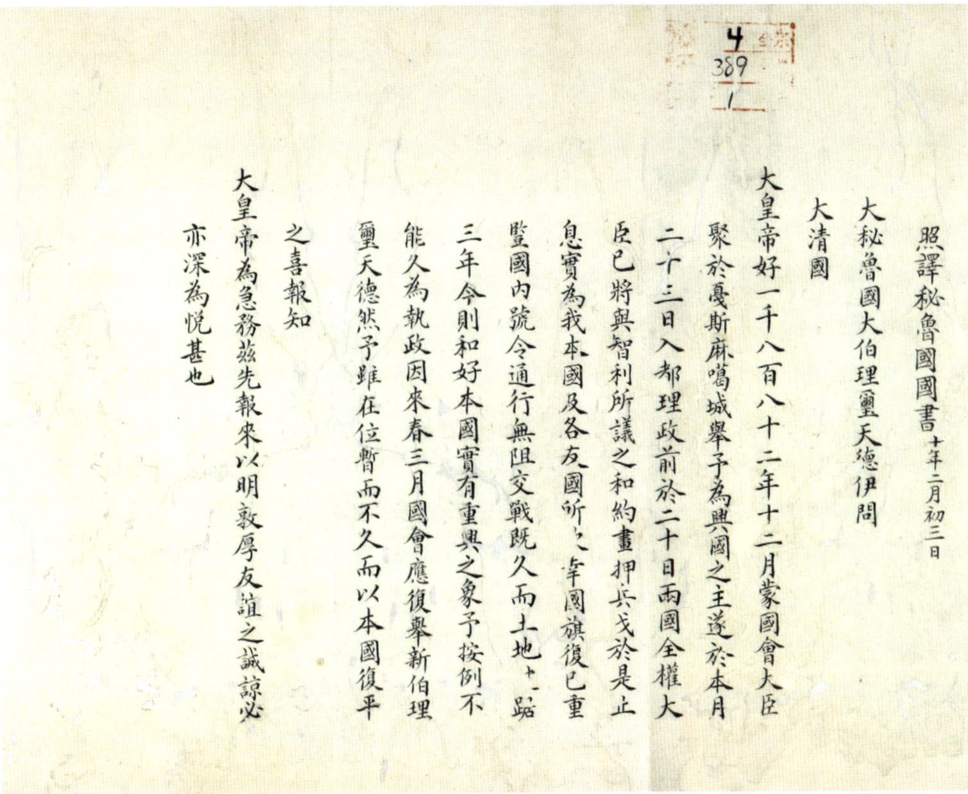

照譯秘魯國國書 十年二月初三日

大秘魯國大伯理璽天德伊問

大清國

大皇帝好一千八百八十二年十二月蒙國會大臣聚於戛斯麻噶城舉予為興國之主遂於本月二十三日入都理政前於二十日兩國全權大臣已將與智利所議之和約畫押兵戈於是止息實為我本國及各友國所之幸國旗復已重豎國內號令通行無阻交戰既久而土地亦蹂三年今則和好本國實有重興之象予按例不能久為執政因來春三月國會應復舉新伯理璽天德然予雖在位暫而不久而以本國復平之喜報知

大皇帝為急務茲先報來以明敦厚友誼之誠諒必亦深為悦甚也

秘鲁为伊克里西亚当选临时总统事致清朝皇帝国书（光绪十年二月初三日）

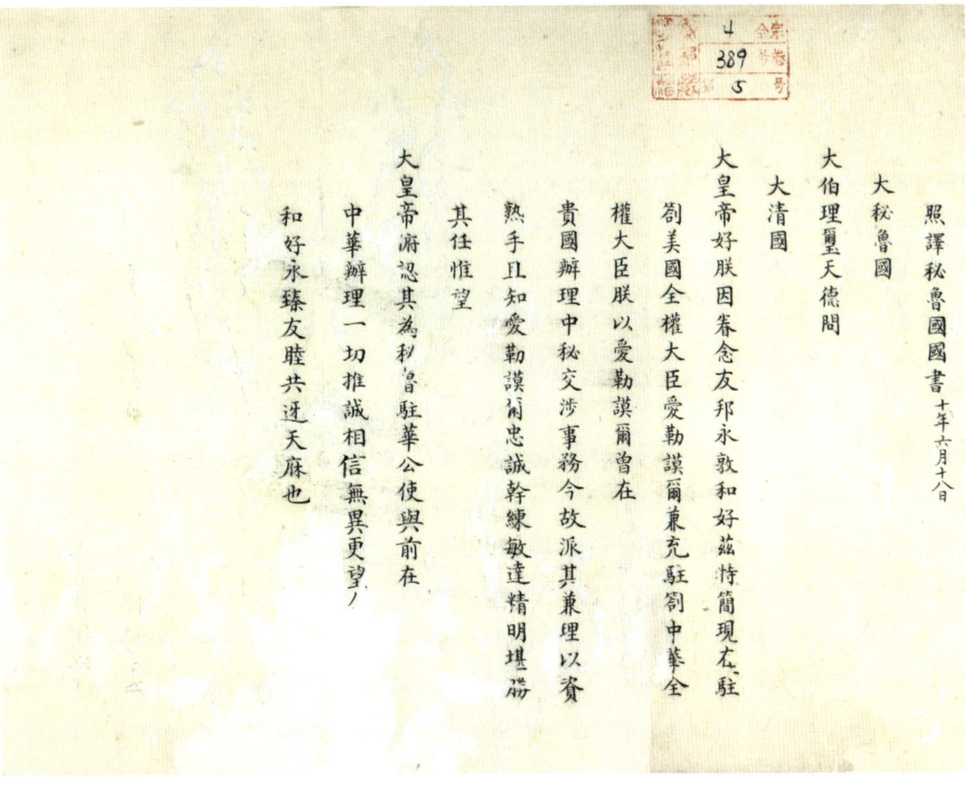

照譯秘魯國國書 十年六月十八日

大秘魯國

大伯理璽天德問

大清國

大皇帝好朕因眷念友邦永敦和好茲特簡現在駐劄美國全權大臣愛勒謨爾兼充駐劄中華全權大臣朕以愛勒謨爾曾在

貴國辦理中秘交涉事務今故派其兼理以資熟手且知愛勒謨爾忠誠幹練敏達精明堪膺其任惟望

大皇帝承認其為秘魯駐華公使與前在

中華辦理一切推誠相信無異更望

和好永臻友睦共迓天庥也

秘鲁为任命爱勒谟尔为驻华公使事致清朝皇帝国书（光绪十年六月十八日）

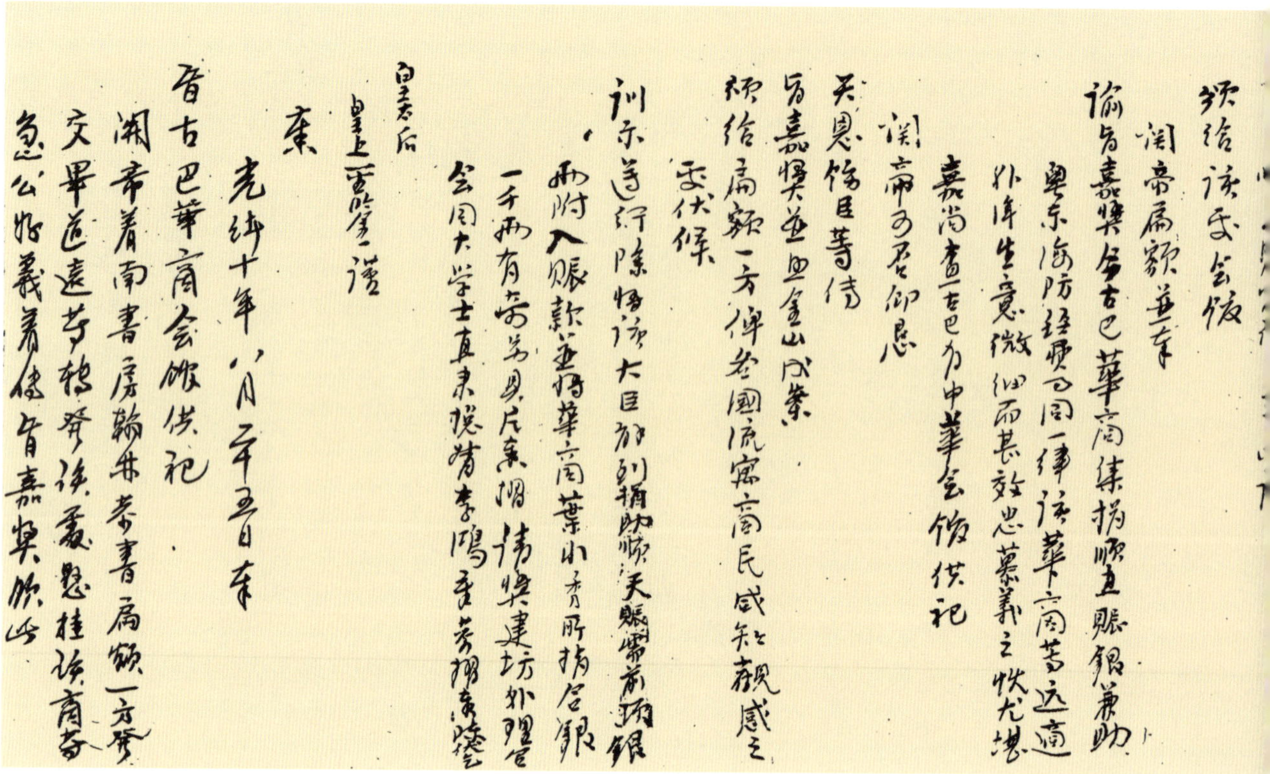
颁给该会馆
关帝扁额并奉
谕旨嘉奖各古巴华商集捐顺直赈银兼助
粤东海防经费一同一律该华商等远适
外洋生意微细而甚效忠慕义之忱尤堪
嘉尚查古巴有中华会馆供祀
关帝可否仰恳
天恩饬臣等传
旨嘉奖并照金山成案
颁给扁额一方俾各国流寓商民咸知观感之
处伏候
训示遵行除恭候大臣部列捐助顺天赈需前项银
两附入赈款并将华商叶小青所捐台银
一千两有无另片奏明请奖建坊外理合
会同大学士直隶总督李鸿章恭折具陈伏乞
皇太后
皇上圣鉴谨
奏
光绪十年八月二十五日奉
旨古巴华商会馆供祀
关帝着南书房翰林恭书扁额一方发
交毕道远等转发该处悬挂该商等
急公好义着传旨嘉奖钦此

礼部尚书兼管顺天府府尹事务毕道远等奏折：

为古巴华商捐助顺直赈需并粤东海防经费援案颁给匾额事

光绪十年八月二十五日（1884 年 10 月 13 日）

光绪十年（1884），驻古巴总领事刘亮沅爰集当地各界华商，为“上年顺直水灾”和粤东海防军需捐款，“实存银一万四千一百四十余元（指‘鹰银’）”，其中粤东海防六千元，直隶、顺天府各四千元左右。顺天府府尹事务毕道远奏请清政府“嘉奖各古巴华商”，称赞其虽“生意微细”，但“效忠慕义之忱，尤堪嘉尚”。由于古巴中华会馆“供祀关帝”，可“照金山成案，颁给扁［匾］额一方”。后南书房制作匾额一方，由毕道远等转交，悬挂在古巴中华会馆。

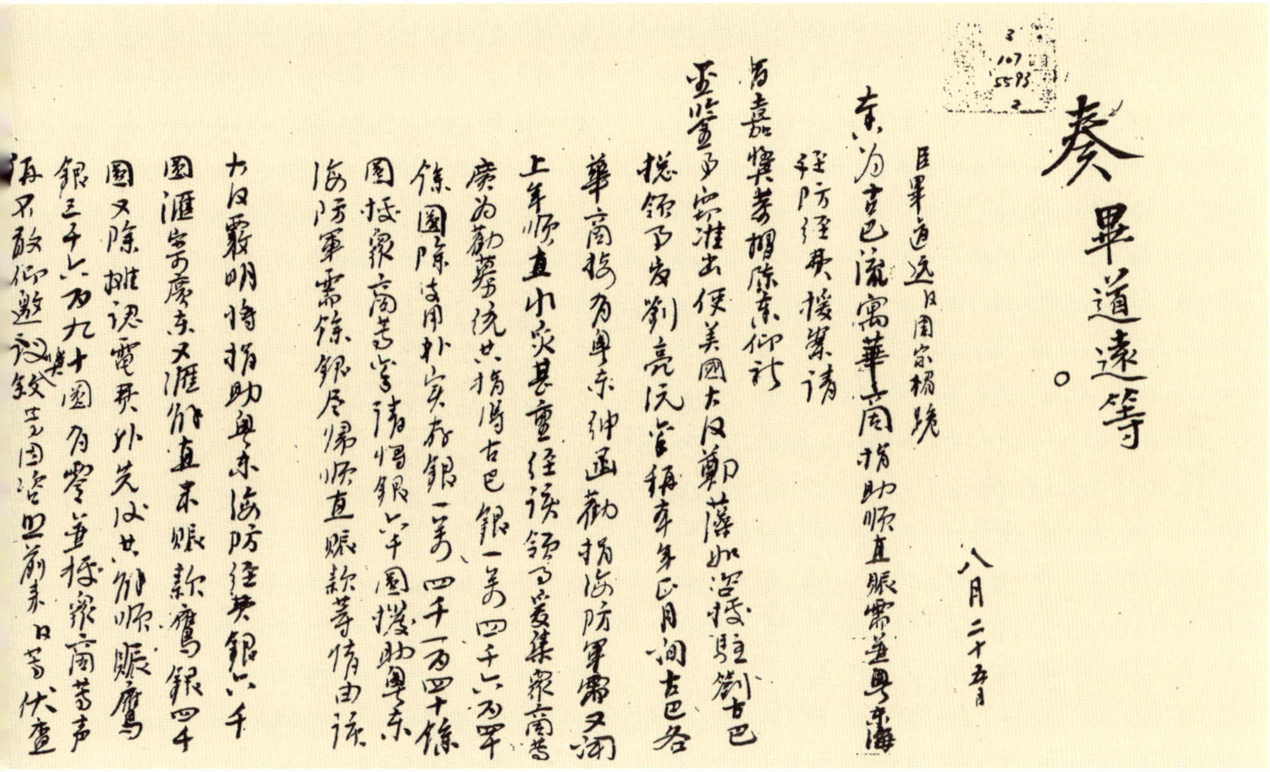

礼部尚书兼管顺天府府尹事务毕道远等奏折（光绪十年八月二十五日）

鹰银示意图

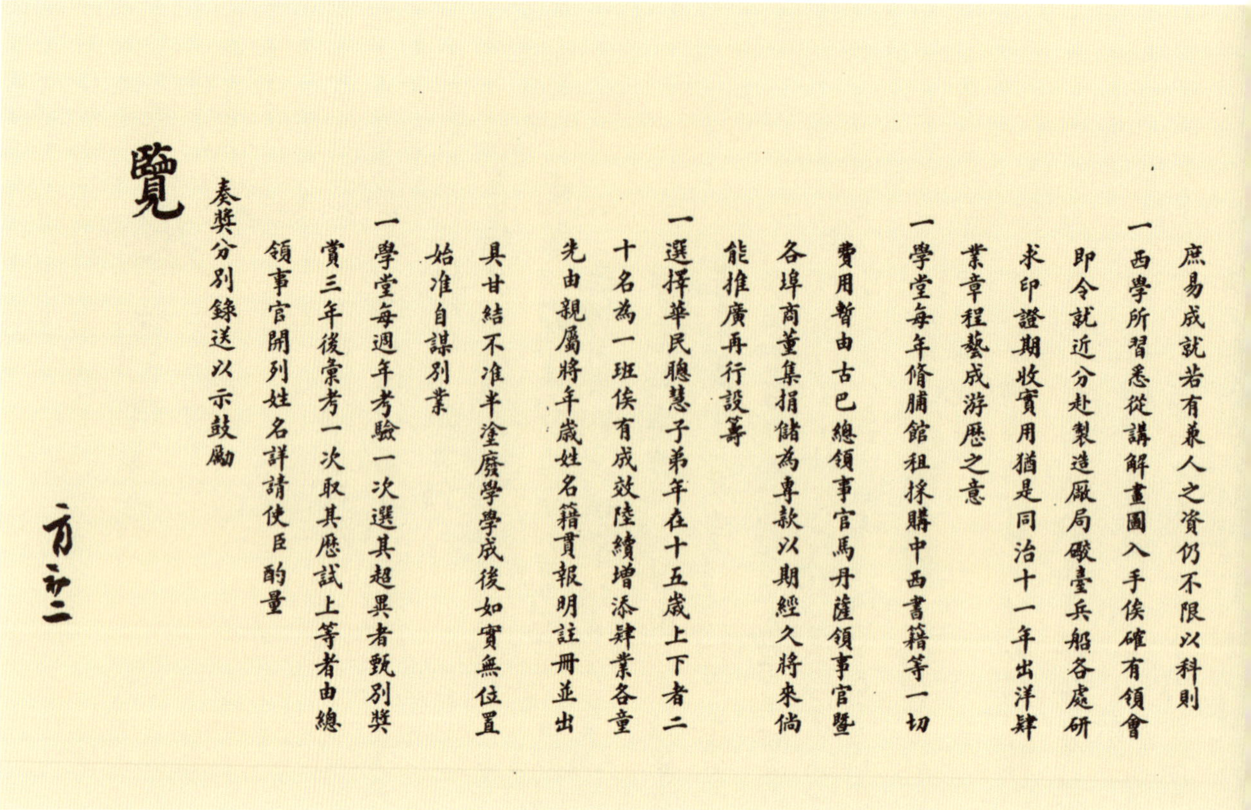

庶易成就若有兼人之資仍不限以科則
一西學所習悉從講解畫圖入手俟確有領會即令就近分赴製造廠局礮臺兵船各處研求印證期收實用猶是同治十一年出洋肄業章程藝成游歷之意
一學堂每年脩脯館租採購中西書籍等一切費用暫由古巴總領事官馬丹薩領事官暨各埠商董集捐儲為專款以期經久將來倘能推廣再行設籌
一選擇華民聰慧子弟年在十五歲上下者二十名為一班俟有成效陸續增添肄業各童先由親屬將年歲姓名籍貫報明註冊並出具甘結不准半塗廢學學成後如實無位置始准自謀別業
一學堂每週年考驗一次選其超異者甄別獎賞三年後彙考一次取其歷試上等者由總領事官開列姓名詳請使臣酌量
奏獎分別錄送以示鼓勵
覽

出使美西秘国大臣张荫桓清单：

筹设古巴义学章程

光绪十二年十一月初六日（1886 年 12 月 1 日）

张荫桓在任驻美国大臣（同时兼任驻西班牙和秘鲁大臣）期间，大力推动了美洲各地中西学堂的建立。此份档案较为具体地呈现了中西学堂的运作情况。学堂是“专为教育华人子弟”而设立，由驻当地领事官员“就近督察”。中文课程“以孝经、小学、四书五经及国朝律例”为主，对于西班牙语（由于当时称西班牙为日斯巴尼亚，档案中的“日文”指西班牙语）要能“通晓”，之后“进习法文”。此外，还要学习西学中的“武备、制造、算学、律例”四门。办学费用是在驻古巴领事机构的组织下由“各埠商董集捐，储为专款”。入学年龄和手续，考试及奖励办法，也在清单中做出了规定。

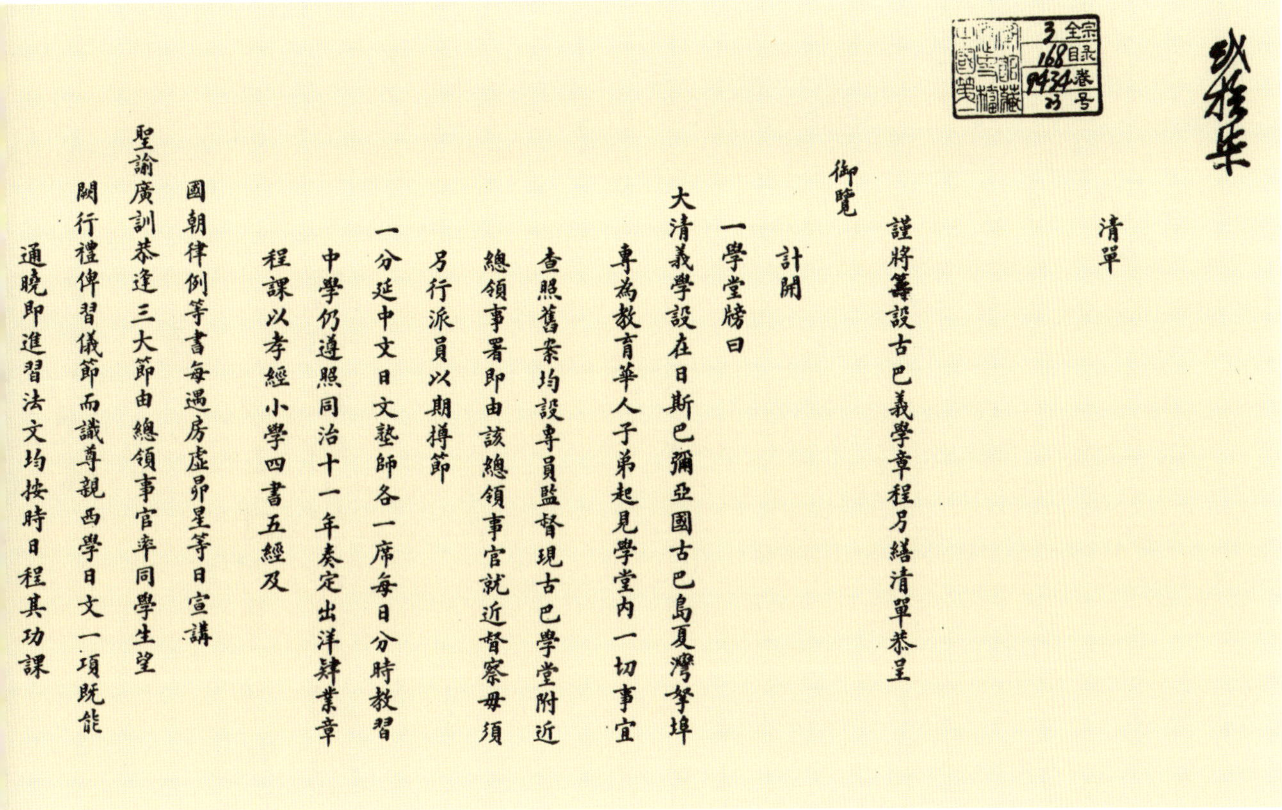

清單

謹將籌設古巴義學章程另繕清單恭呈

御覽

計開

一學堂牓曰

大清義學設在日斯巴彌亞國古巴島夏灣拏埠專為教育華人子弟起見學堂內一切事宜查照舊案均設專員監督現古巴學堂附近總領事署即由該總領事官就近督察毋須另行派員以期撙節

一分延中文日文塾師各一席每日分時教習中學仍遵照同治十一年奏定出洋肄業章程課以孝經小學四書五經及

國朝律例等書每遇房虛昴星等日宣講

聖諭廣訓恭逢三大節由總領事官率同學生望

闕行禮俾習儀節而識尊親西學日文一項既能通曉即進習法文均按時日程其功課

出使美西秘国大臣张荫桓清单（光绪十二年十一月初六日）

张荫桓

出使美西秘国大臣崔国因奏片：

为秘鲁中西学堂缺乏经费和生源似应停办事

光绪十七年五月二十日（1891年6月26日）

在与美洲相关国家建交后，中国在美国、古巴和秘鲁等国设立了中西学堂。与当今遍及全球的孔子学院不同，这些中西学堂是为当地华侨的子弟设立的。但是，驻秘鲁参赞禀称，此地的中西学堂“经费无出，来学无人”。驻美国大臣（同时兼任驻西班牙、秘鲁大臣）崔国因在附秘鲁递交国书时，亲自调查此事，并“婉劝令子弟就学”。但最终崔国因了解到，携同亲属共同来秘鲁的华侨很少，且居住较为分散，因此对于到利马（秘鲁首都）中西学堂就学而言，“少年子弟无多”“无力入学，且无暇入学”。因此，当地华商不再捐资，经费无法保障。创设中西学堂虽“法良意美”，但在难以为继的情况下“似应停办”。

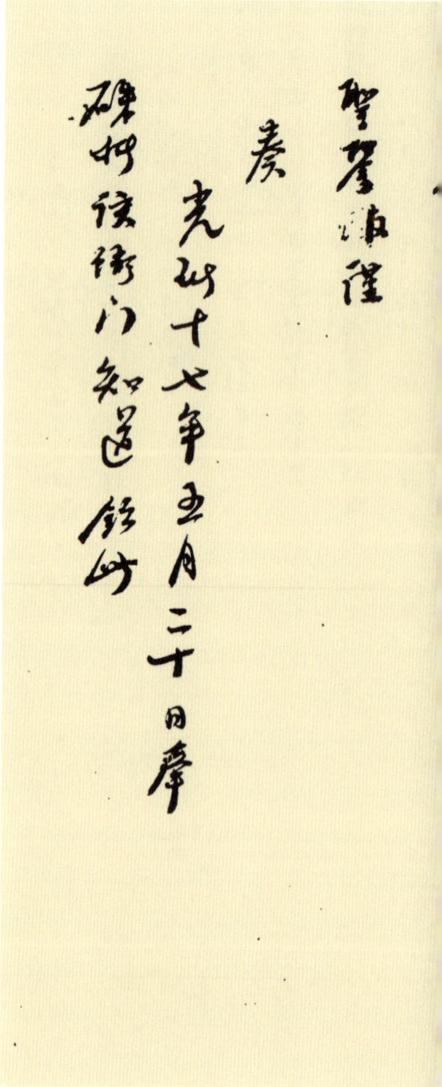

另抄交總理衙門　○　崔國因片

再秘魯創設中西學堂經駐秘代辦使事參贊副
亮沅林怡游吳濬先後籌捐經費無出來學無
人請即停辦臣於奏報啓行摺內奏明俟親到
秘察看實在情形以昭慎重臣自到秘該華商
等陸續來見臣虛心延訪並婉勸令子弟就學
華商僉稱秘魯距中國極遠與他處情形截
然不同華人數萬散處各省遠者千餘里
近者亦百數十里秘都一處工商四千餘人
其由中國攜眷口者祗一人耳少年子弟無多
弟為鋪夥弟爲飢驅匪唯無力入學亦且無暇入
學光緒十二年參贊劉亮沅即稱經費無出
十五年六月林怡游又以商力難捐請准開支經
費十六年參將吳濬復以來學無人請准停辦
均係實在情形商等亦知創設中西學堂法良
意美惟商力既不能捐公費亦無可撥經費無出
來學無人似應停辦臣細心体察均係實在情

出使美西秘国大臣崔国因奏片（光绪十七年五月二十日）

总理各国事务王大臣奕劻奏折：

为重订中美约款保护寓美华工事

光绪十九年十二月十七日（1894 年 1 月 23 日）

光绪十四年（1888）中美签订《限禁华工条约》，对中国人赴美进行了诸多限制，但同时由于该条约第五款写入了华人在美被害、美方赔偿的内容，即此份档案中“华人被害各案，美国一律清偿”之语，该条约被美国参议院否决。光绪十九年双方再度谈判订约时，为保护已在美华工和将来非务工华人赴美的权益，奕劻提出条约中可以“删赔偿一层”，而且可以在条约中申明“自禁华工”出国，但对中国人过境美国进入第三国（主要是墨西哥，因为此时中墨建交谈判已经启动）、“互交罪犯”和换约时间提出了交涉建议。

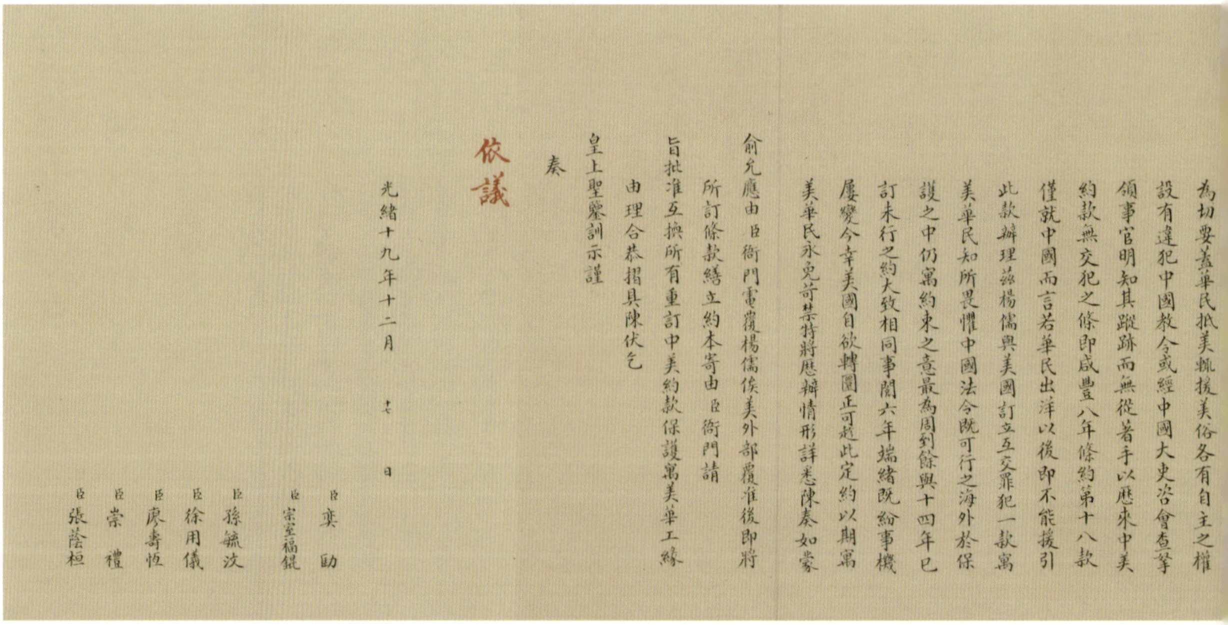
為切要蓋華民抵美輒援美俗各有自主之權
設有違犯中國教令或經中國大吏咨會查拏
領事官明知其蹤跡而無從着手以歷來中美
約款無交犯之條即咸豐八年條約第十八款
僅就中國而言若華民出洋以後即不能援引
此款辦理茲楊儒與美國訂立互交罪犯一款寓
美華民知所畏懼中國法令既可行之海外於保
護之中仍寓約束之意最為周到餘與十四年已
訂未行之約大致相同事閱六年端緒既紛事機
屢變今幸美國自欲轉圜正可趁此定約以期寓
美華民永免苛禁特將歷辦情形詳悉陳奏如蒙
俞允應由臣衙門電覆楊儒俟美外部覆准後即將
所訂條款繕立約本寄由臣衙門請
旨批准互換所有重訂中美約款保護寓美華工緣
由理合恭摺具陳伏乞
皇上聖鑒訓示謹
奏
依議
光緒十九年十二月十七日
臣奕劻
臣宗室福錕
臣孫毓汶
臣徐用儀
臣廖壽恒
臣崇禮
臣張蔭桓

总理各国事务王大臣奕劻奏折（光绪十九年十二月十七日）

臣奕劻等跪
奏為重訂中美約款保護寓美華工謹將擬辦情
形恭摺仰祈
聖鑒事竊查美國於光緒六年專使來華訂立限禁
華工之約嗣是華工赴美輒不准登岸甚煩究
詰馴至光緒十一年出有洛士丙冷諸案華工
被害甚酷疊經出使美國大臣與美廷爭論始
允賠償了結美廷總以華民違約入境為詞鄭
藻如因為自禁華工赴美之說函致臣衙門覈辦
意在免僑氓之受虐守續約之條款臣蔭桓奉
命駐美時欽奉電
旨議定善後章程當於光緒十四年二月與美國共
訂條約六款首言中國不願華工在美受虐申
明續約禁止華工赴美之意次言華工在美有
眷屬財產者仍准往來三言華工以外諸華人
不在限禁之列並准假道美境四言華人在美
除不入美籍外美國仍照約盡力保護五言華
人被害各案美國一律清償六言此約訂期二
十年互換此中取益防損之處已費脣舌鑒於
洛案之慘酷欲籌善後非責美國盡力保護不
可其時美國不任保護擬委之各省各邦幾經
辯論始得就範乃約稿甫成而美國總統適當
更替之際外部又為金山美民所誑以此約為
喫虧不如仍照光緒六年續約自定禁例美國

遂不俟臣衙門續商遽發前議別立苛例杜絕
華工臣蔭桓甫自秘魯旋美力與爭論臣衙門
亦與美使臣田貝爭論數年以來曾不少懈上
年九月美國復令華人領照註冊其不註冊者
概行拘禁驅逐金山華商遭此屬禁聯名具稟臣
衙門及南北洋大臣籲懇催美換約毀例情詞
迫切適楊儒奉
命出使臣等告以抵美後相機籌畫力圖轉圜冀能
援舊約以廢新例必不得已亦應照十四年已
訂未成之約權宜損益藉此收束以顧僑氓而
清積案嗣據楊儒電稱美擬修約保護仍請中
國自禁美前定註冊例現雖展限半年擬先允
修約稍刪苛例較得便宜修約擬以光緒十四
年草約為底本酌量增減等語臣等公同商酌
先後電覆以美擬修約應俟約款定後中國重
中自禁之令美國明宣註冊日期庶昭平允若
先准註冊恐約款無成華傭未沾新約利益先
受註冊苛虐即照光緒十四年原約為底本其
中應刪賠償一層以此款已清無庸叙入仍聲
明假道一層以將來墨西哥訂約有成華民赴
墨必須假道美國至末款此約限行二十年應
自戊子年二月原約算起儻美必欲先行註冊
擬以寓華美人中國亦要註冊以相抵制美國
不能反脣相稽也頃於十二月十一日又准楊
儒電稱修約照十四年原稿換約日期二十年
改為十年假道一層已載第三款內賠償一層
改為互交罪犯另添註冊保護一款寓華美人
亦照辦連日磋磨始具稿送外部等因臣等查
楊儒現擬辦法限禁之期改速十年已較活動

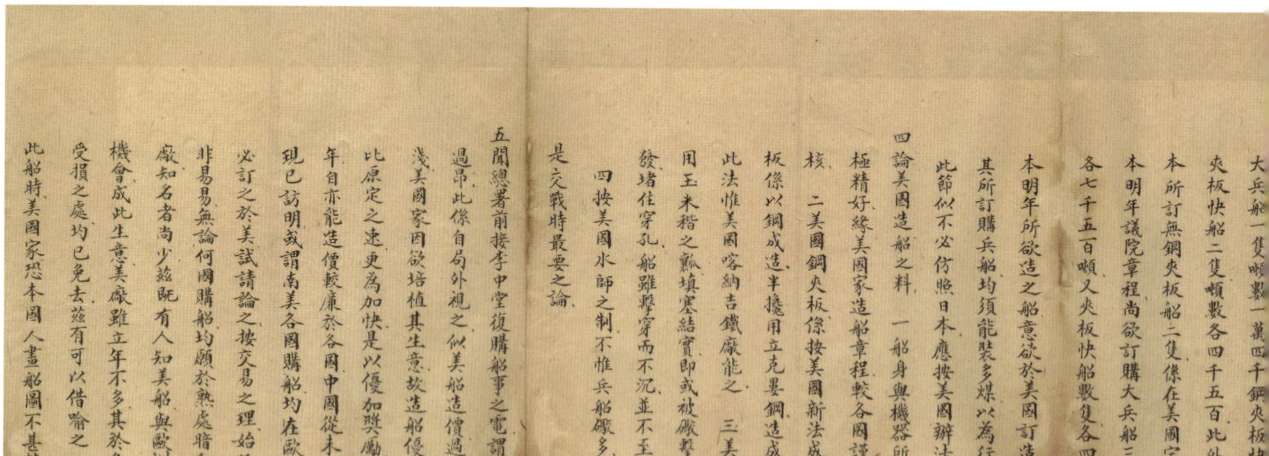

大兵船一隻噸數一萬四千鋼夾板快船二隻噸數各七千五百無鋼
夾板快船二隻噸數各四千五百此外並訂魚雷船數隻以上所言日
本所訂無鋼夾板船二隻係在美國定造該二船之速廿三海里又日
本明年議院章程尚欲訂購大兵船三隻各萬四千噸夾板快船二隻
各七千五百噸又夾板快船數隻各四千五百噸並造魚雷船數隻日
本明年所欲造之船意欲於美國訂造兵船一二隻別等之船二三隻
其所訂購兵船均須能裝多煤以為行駛遠方之用中國欲訂船隻惟
此節似不必仿照日本應按美國辦法
四論美國造船之料 一船身與機器所用之鋼較天下各國所用者均
極精好緣美國家造船章程較各國謹嚴每於造船時定必派員復驗查
核 二美國鋼夾板係按美國新法成造實比各國所造者堅利此夾
板係以鋼成造半攙用立克碁鋼造成後另有妙法使板面加倍堅硬
此法惟美國喀納吉鐵廠能之 三美國鋼夾板船於船內靠水綫處
用玉米稭之瓤填塞結實即或被礮擊穿水由穿孔而入此瓤立即漲
發堵住穿孔船雖擊穿而不沉並不至傾側無礙開放各礮命中之準
四按美國水師之制不惟兵船礮多其礮彈較各國之船亦多此係
是交戰時最要之論
五聞總署前接李中堂復購船事之電謂美船雖好與各國相同惟價值
過昂此係自局外視之似美船造價過於歐洲美國設立船廠歷年尚
淺美國家因欲培植其生意故造船優給其價並因廠主造成之船能
比原定之速更為加快是以優加獎勵現時美國船廠既已歷有十數
年自亦能造價較廉於各國中國從未於美國訪問造船之價日本則
現已訪明或謂南美各國購船均在歐洲未嘗購於美國中國亦可不
必訂之於美試請論之按交易之理始於何處成交嗣欲改交別處殊
非易易無論何國購船均願於熟處暗自定辦不欲人知況在新立之
廠知名者尚少茲既有人知美船與歐洲船同好該廠主人甚願適逢
機會成此生意美廠雖立年不多其於各國廠所造之未臻精妙反有
受損之處均已免去茲有可以借喻之一事美國有一船名德葛斯造
此船時美國家恐本國人畫船圖不甚精明特託英人巳畢廠詹姓畫

清单：

中国订购美国军用船只五条益处（尾缺）

光绪二十三年（1897）

光绪二十年（1894），经过明治维新走上资本主义道路而国力日渐强盛的日本蓄意挑起中日甲午战争，清政府仓皇应战，次年战败并签订《马关条约》，割让台湾岛、澎湖列岛给日本，赔偿2亿两白银。甲午战争的惨败和北洋水师的全军覆没让清政府不得不考虑重建海军的问题，而镇远、定远等舰已没，购买新的兵船势在必行。面对欧美等先进国家售卖的各种兵船，清朝官员经过比较筛选，认为美国制船质优价宜。此份档案详细列出订购美船的五条益处，从吨位、航速、吃水深度、钢材厚度、船载武器等方面分析了美船的优势。

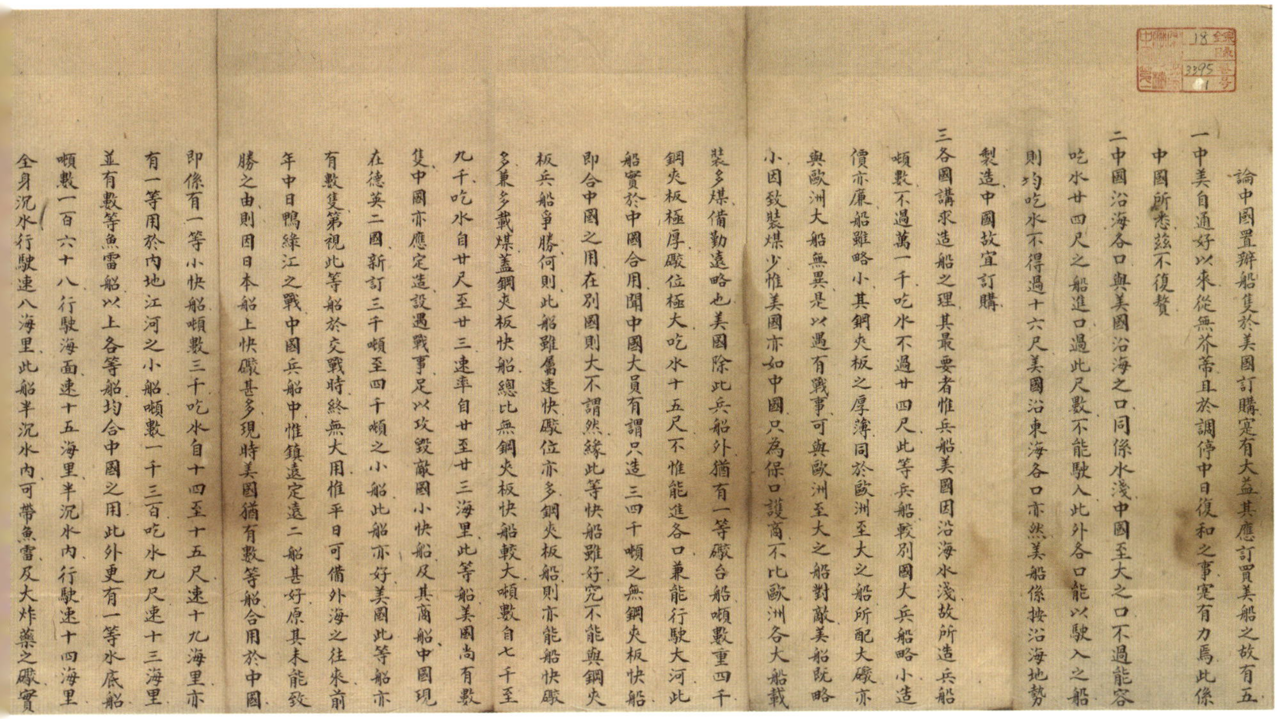
論中國置辦船隻於美國訂購寔有大益其應訂買美船之故有五
一中美自通好以來從無芥蒂且於調停中日復和之事寔有力焉此係中國所悉茲不復贅
二中國沿海各口與美國沿海之口同係水淺中國至大之口不過能容吃水廿四尺之船進口過此尺數不能駛入此外各口能以駛入之船則均吃水不得過十六尺美國沿東海各口亦然美船係按沿海地勢製造中國故宜訂購
三各國講求造船之理其最要者惟兵船美國因沿海水淺故所造兵船噸數不過萬一千吃水不過廿四尺此等兵船較別國大兵船略小造價亦廉船雖略小其鋼夾板之厚薄同於歐洲至大之船所配大礮亦與歐洲大船無異是以遇有戰事可與歐洲至大之船對敵美船既略小因致裝煤少惟美國亦如中國只為保口護商不比歐洲各大船載裝多煤備勤遠略也美國除此兵船外猶有一等礮台船噸數重四千鋼夾板極厚礮位極大吃水十五尺不惟能進各口兼能行駛大河此船實於中國合用聞中國大員有謂只造三四千噸之無鋼夾板快船即合中國之用在別國則大不謂然緣此等快船雖好究不能與鋼夾板兵船爭勝何則此船雖屬速快礮位亦多鋼夾板船則亦能船快礮多兼多載煤蓋鋼夾板快船總比無鋼夾板快船較大噸數自七千至九千吃水自廿尺至廿三速率自廿至廿三海里此等船美國尚有數隻中國亦應定造設遇戰事足以攻毀敵國小快船及其商船中國現在德英二國新訂三千噸至四千噸之小船此船亦好美國此等船亦有數隻第視此等船於交戰時終無大用惟平日可備外海之往來前年中日鴨綠江之戰中國兵船中惟鎮遠定遠二船甚好原其未能致勝之由則因日本船上快礮甚多現時美國猶有數等船合用於中國即係有一等小快船噸數三千吃水自十四至十五尺速十九海里亦有一等用於內地江河之小船噸數一千三百吃水九尺速十三海里並有數等魚雷船以上各等船均合中國之用此外更有一等水底船噸數一百六十八行駛海面速十五海里半沉水內行駛速十四海里全身沉水行駛速八海里此船半沉水内可帶魚雷及大炸藥之礮實

清单（光绪二十三年）

《外国师船图表》

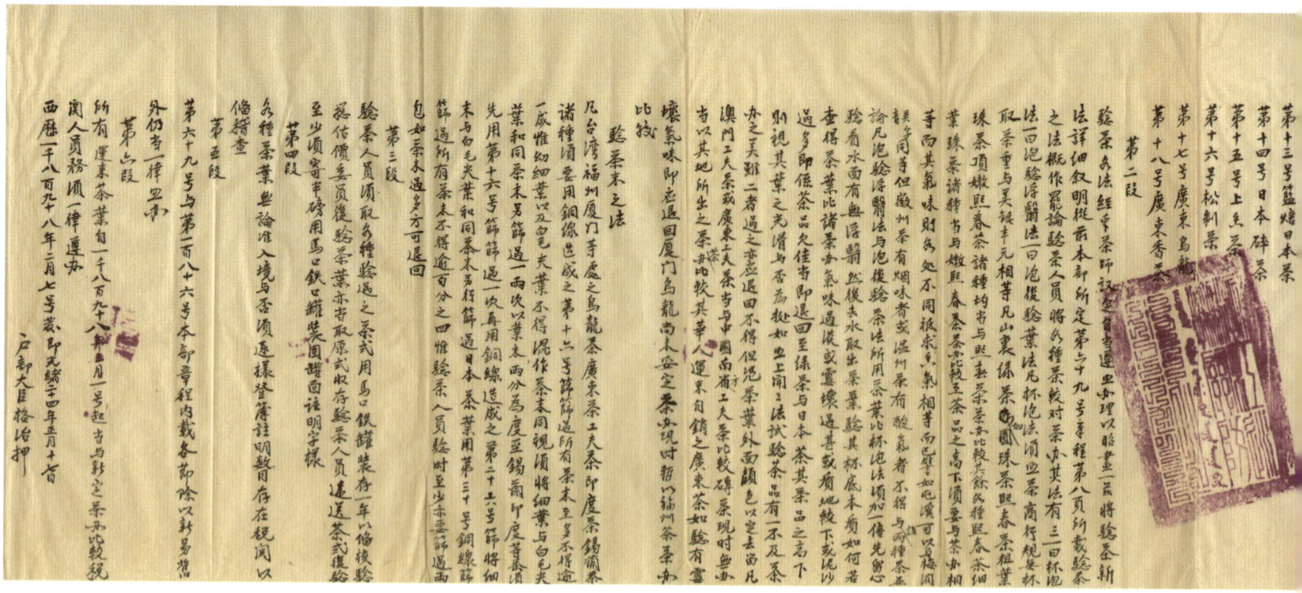

浙江巡抚廖寿丰咨文：

为美国户部增修验茶章程事

光绪二十四年四月二十三日（1898 年 6 月 11 日）

在清代的中美贸易中，茶叶是非常重要的商品。在美国人的饮茶习惯由绿茶转向红茶之前，中国向美国茶叶出口总体呈递增的趋势。19 世纪后期，美国进口茶叶的范围逐渐扩大，茶叶竞争日趋激烈，而中国茶叶出现了质量下降的情况，于是美国出台了限制中国茶叶进口的规定。在此份档案中，驻美公使伍廷芳指出“中国茶叶，种类烦〔繁〕多，不能执一概论”，美方修改后，“其辨验之法尚属详明”，因此特译录一份。在具体名单中，中国茶从种类上说已不占优势，大约只占三分之一。

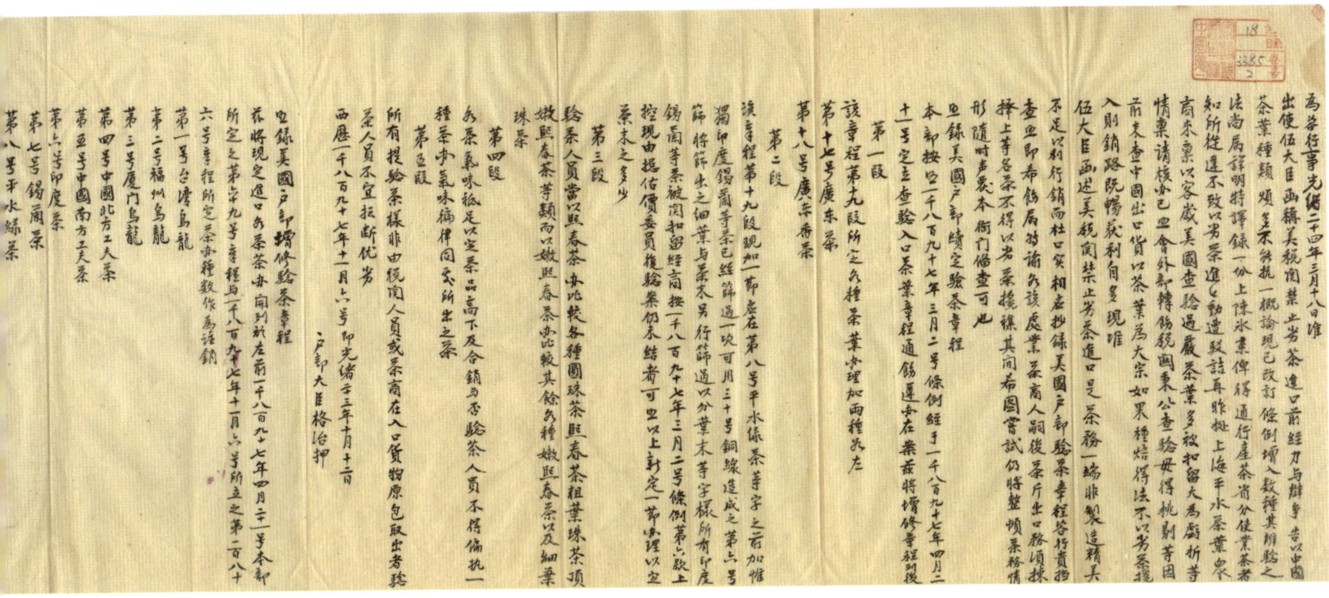
為咨行事光緒二十四年三月十八日准
出使伍大臣函稱美國稅關禁止劣茶進口前經力與辯爭告以中國
茶葉種類煩多不能執一概論現已改訂條例增入數種其辨驗之
法尚屬詳明特譯錄一份上陳冰案俾得通行產茶省分使業茶者
知所從違不致以劣茶進口動遭駁詰再昨擬上海平水茶葉衆
商來稟以客歲美國查驗過嚴茶葉多被扣留大為虧折等
情稟請核辦已照會外部轉飭稅關秉公查驗毋得挑剔等因
前來查中國出口貨以茶葉為大宗如果種焙得法不以劣茶攙
入則銷路既暢獲利自多現准
伍大臣函述美稅關禁止劣茶進口是茶務一端非製造精美
不足以利行銷而杜口實相應抄錄美國戶部驗茶章程咨行貴撫
查照即希飭屬轉諭各該處業茶商人嗣後茶斤出口務須揀
擇上等名茶不得以劣茶攙雜其間希圖嘗試仍將整頓茶務情
形隨時聲覆本衙門備查可也
照錄美國戶部續定驗茶章程
本部按照一千八百九十七年三月二號條例經于一千八百九十七年四月二
十二號定立查驗入口茶葉章程通飭遵守在案茲將增修章程列後
第一段
該章程第九段所定各種茶葉照加兩種如左
第十七號廣東茶
第十八號廣東香茶
第二段
該章程第十九段現加一節應在第八號平水綠茶等字之後加惟
獨印度錫蘭等茶已經篩過一次可用三十號銅線造成之第六號
篩將篩出之細葉與茶末另行篩過以分葉末等字樣所有印度
錫蘭等茶被閱扣留經商按一千八百九十七年三月二號條例第六款上
控現由估價委員復驗案仍未結者可照以上新定一節辦理以定
茶末之多少
第三段
驗茶人員當以照春茶一樣比較各種圓珠茶照春茶粗葉珠茶須
嫩照春茶等類而以嫩照春茶一樣比較其餘各種嫩照春茶以及細葉
珠茶
第四段
各茶氣味祗足以定茶品高下及合銷與否驗茶人員不得偏執一
種茶之氣味偏律同類所出之茶
第五段
所有提驗茶樣非由稅關人員或茶商在入口貨物原包取出者驗
茶人員不宜拒斷優劣
西歷一千八百九十七年十二月六號即光緒二十三年十月十三日
戶部大臣格治押
照錄美國戶部增修驗茶章程
茲將現定進口各茶茶樣開列於左前一千八百九十七年四月二十一號本部
所定之第卅九號章程與一千八百九十七年十一月六號所立之第二百八十
六號章程所定茶樣種數作為註銷
第一號台灣烏龍
第二號福州烏龍
第三號廈門烏龍
第四號中國北方工夫茶
第五號中國南方工夫茶
第六號印度茶
第七號錫蘭茶
第八號平水綠茶

浙江巡抚廖寿丰咨文（光绪二十四年四月二十三日）

广州洋行货栈茶叶验收运销水粉画（庭呱绘）

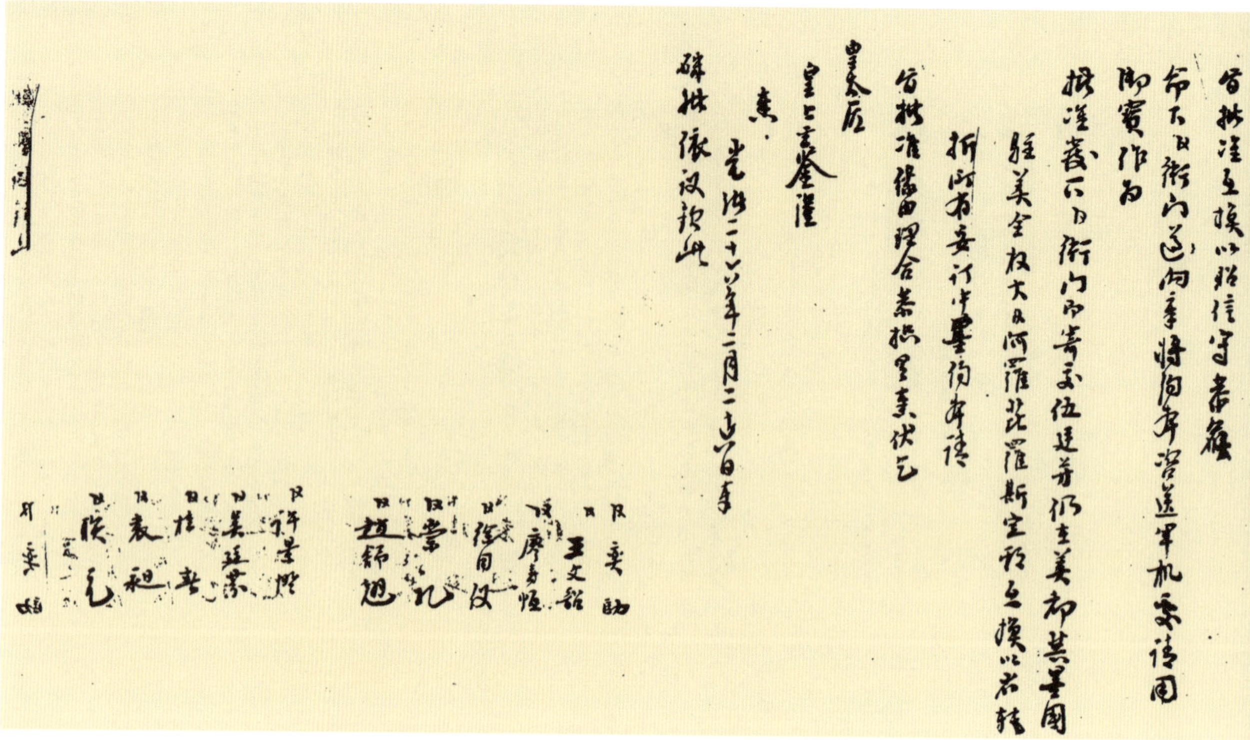

总理衙门王大臣奕劻奏折：

为议定中墨通商约本请旨批准事

光绪二十六年二月二十六日（1900 年 3 月 26 日）

随着墨西哥华侨的不断增多以及美国排华、限华政策的影响，在杨儒任驻美大臣期间，中国和墨西哥正式开始了建交谈判。由于谈判本身所涉及问题的复杂性，以及两国在谈判期间面临更为棘手的国际事件（对中国而言主要是中日甲午战争），中墨建交谈判持续了多年，在杨儒任上没有完成。直到伍廷芳任驻美大臣时，其“就近与墨使画押”，中墨订约方才“告成”。按照惯例，订约后条约需要两国正式批准互换。因此，“臣衙门遵照向章，将约本咨送军机处请用御宝”，此时“伍廷芳仍在美都，与墨国驻美全权大臣阿罗芘罗斯定期互换，以省转折”。

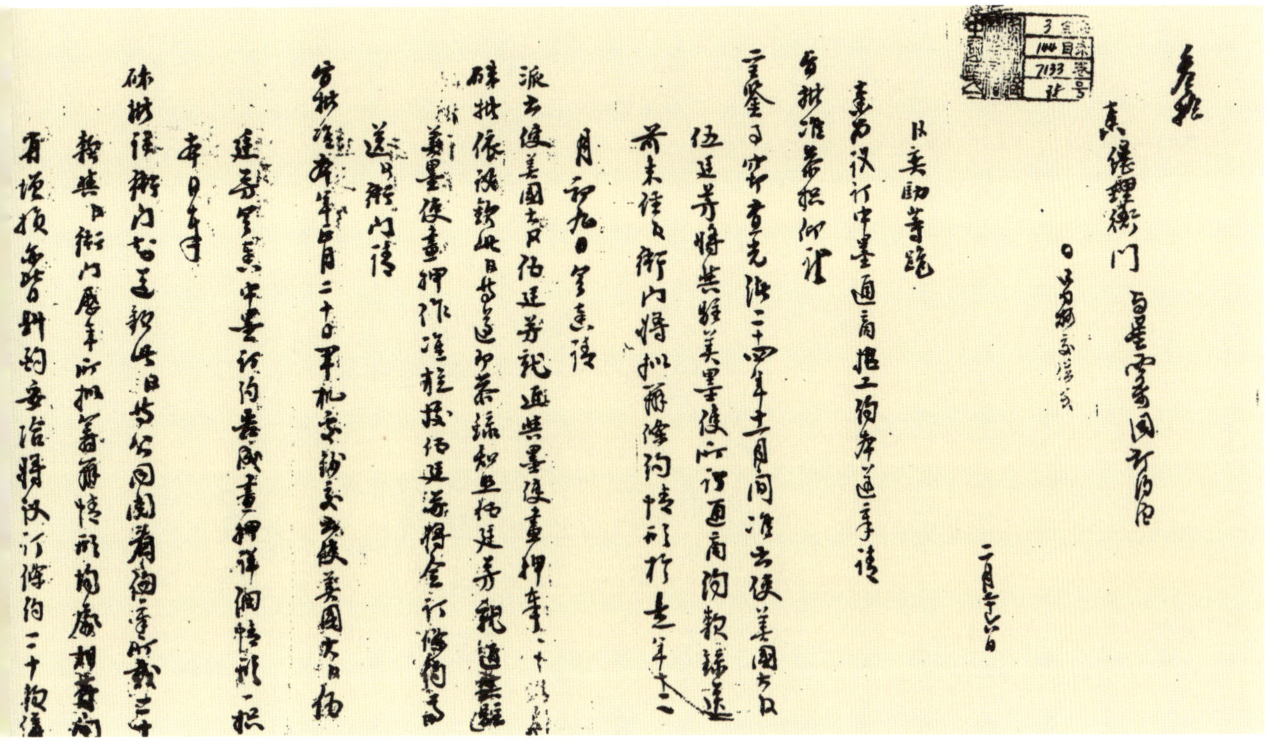

总理衙门王大臣奕劻奏折（光绪二十六年二月二十六日）

伍廷芳

兵部致总理衙门咨文：

为美国商人格利司倭创制新炮愿售与中国利用事

光绪二十七年五月十七日（1901 年 7 月 2 日）

光绪二十五年（1899），美国提出对华“门户开放”政策，要求与其他列强“利益均沾”，享受同等贸易地位。而此时美国工业化已步入成熟阶段，机器广泛代替手工，工业产品大量增加，新发明纷纷应市。军工业也迎来蓬勃发展的时期，为后来第一次世界大战中美国大发军火财提供基础。由于美国一直以来与清政府正面冲突较少，故中国市场对美国货总体抱以欢迎态度。在此份档案中，美国已具有专利意识，对于创新研制出的防海巨炮，向中国售卖只是两种密法的专利，“图样每种每分价值一百元，倘两种均购，每种每分减价二十五元，共一百五十元”。同时，附后合同样本中还规定了专利的使用范围，“惟用此法造炮，其数在五尊以内，一切专利加利各项开销概免；五尊以外，每法应给专利银五万元”。

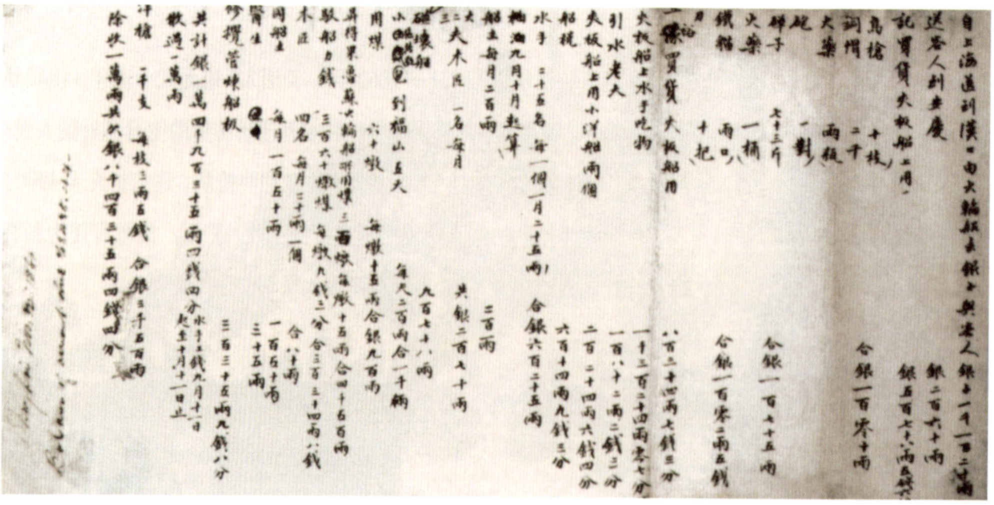

清政府向美商汇源洋行购买军火的清单（光绪二十五年）

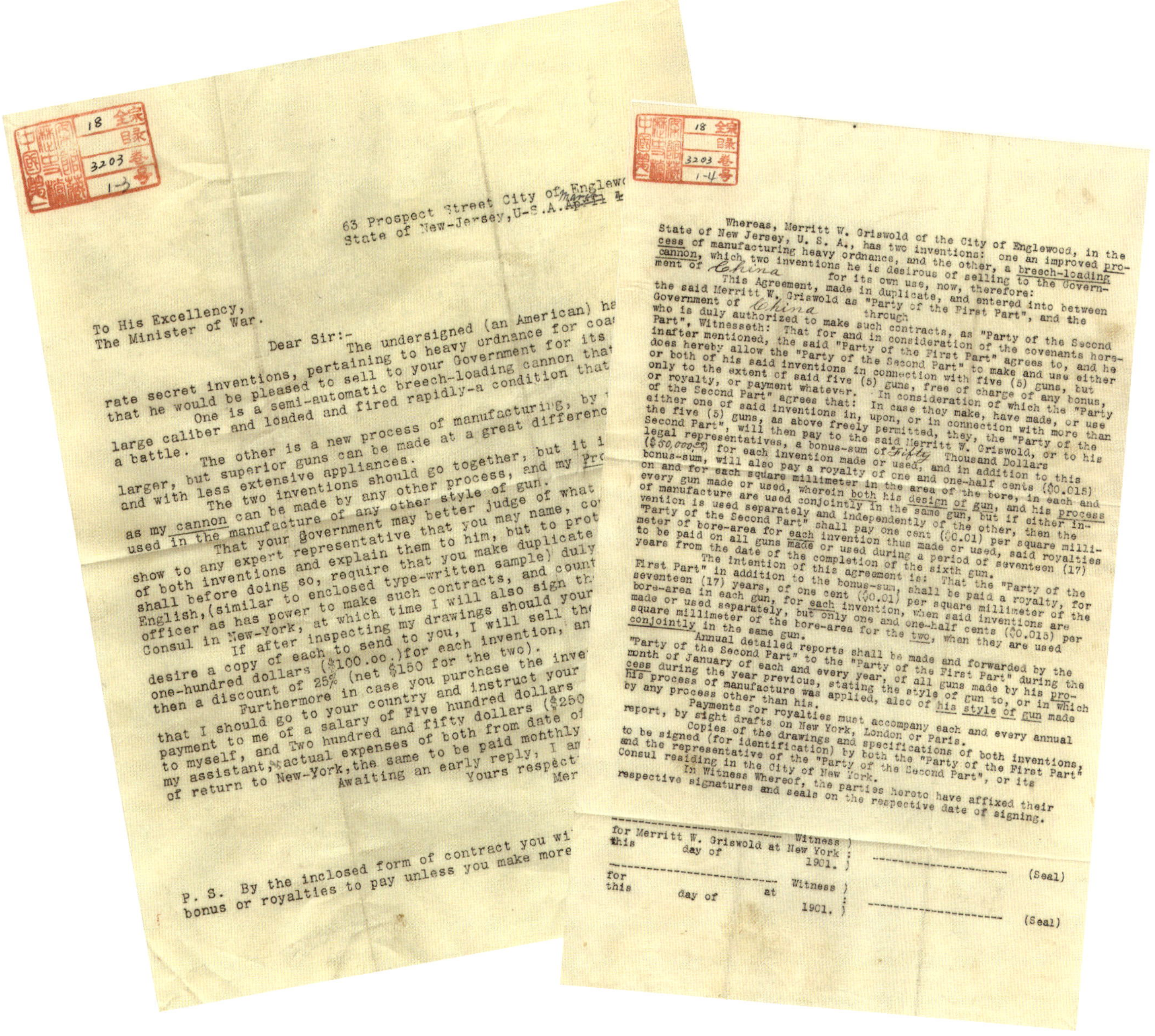

63 Prospect Street City of Englew
State of New-Jersey, U-S.A. ~~April~~ March 4

To His Excellency,
The Minister of War.

Dear Sir:-
The undersigned (an American) ha
rate secret inventions, pertaining to heavy ordnance for coas
that he would be pleased to sell to your Government for its
One is a semi-automatic breech-loading cannon that
large caliber and loaded and fired rapidly-a condition that
a battle.
The other is a new process of manufacturing, by
larger, but superior guns can be made at a great differenc
and with less extensive appliances.
The two inventions should go together, but it i
as my cannon can be made by any other process, and my Pro
used in the manufacture of any other style of gun.
That your Government may better judge of what
show to any expert representative that you may name, co
of both inventions and explain them to him, but to prot
shall before doing so, require that you make duplicate
English, (similar to enclosed type-written sample) duly
officer as has power to make such contracts, and count
Consul in New-York, at which time I will also sign th
If after inspecting my drawings should your
desire a copy of each to send to you, I will sell th
one-hundred dollars ($100.00.) for each invention, an
then a discount of 25% (net $150 for the two).
Furthermore in case you purchase the inve
that I should go to your country and instruct your
payment to me of a salary of Five hundred dollars
to myself, and Two hundred and fifty dollars ($250
my assistant, actual expenses of both from date of
of return to New-York, the same to be paid monthly
Awaiting an early reply, I am
Yours respect
Mer

P. S. By the inclosed form of contract you wi
bonus or royalties to pay unless you make more

Whereas, Merritt W. Griswold of the City of Englewood, in the State of New Jersey, U. S. A., has two inventions: one an improved process of manufacturing heavy ordnance, and the other, a breech-loading cannon, which two inventions he is desirous of selling to the Government of *China* for its own use, now, therefore:

This Agreement, made in duplicate, and entered into between the said Merritt W. Griswold as "Party of the First Part", and the Government of *China* through who is duly authorized to make such contracts, as "Party of the Second Part", Witnesseth: That for and in consideration of the covenants hereinafter mentioned, the said "Party of the First Part" agrees to, and he does hereby allow the "Party of the Second Part" to make and use either or both of his said inventions in connection with five (5) guns, but only to the extent of said five (5) guns, free of charge of any bonus or royalty, or payment whatever. In consideration of which the "Party of the Second Part" agrees that: In case they make, have made, or use either one of said inventions in, upon, or in connection with more than the five (5) guns, as above freely permitted, they, the "Party of the Second Part", will then pay to the said Merritt W. Griswold, or to his legal representatives, a bonus-sum of *Fifty* Thousand Dollars (*$50,000.00*) for each invention made or used, and in addition to this bonus-sum, will also pay a royalty of one and one-half cents ($0.015) on and for each square millimeter in the area of the bore, in each and every gun made or used, wherein both his design of gun, and his process of manufacture are used conjointly in the same gun, but if either invention is used separately and independently of the other, then the "Party of the Second Part" shall pay one cent ($0.01) per square millimeter of bore-area for each invention thus made or used, said royalties to be paid on all guns made or used during a period of seventeen (17) years from the date of the completion of the sixth gun.

The intention of this agreement is: That the "Party of the First Part" in addition to the bonus-sum, shall be paid a royalty, for seventeen (17) years, of one cent ($0.01) per square millimeter of the bore-area in each gun, for each invention, when said inventions are made or used separately, but only one and one-half cents ($0.015) per square millimeter of the bore-area for the two, when they are used conjointly in the same gun.

Annual detailed reports shall be made and forwarded by the "Party of the Second Part" to the "Party of the First Part" during the month of January of each and every year, of all guns made by his process during the year previous, stating the style of gun to, or in which his process of manufacture was applied, also of his style of gun made by any process other than his.

Payments for royalties must accompany each and every annual report, by sight drafts on New York, London or Paris.

Copies of the drawings and specifications of both inventions, to be signed (for identification) by both the "Party of the First Part" and the representative of the "Party of the Second Part", or its Consul residing in the City of New York.

In Witness Whereof, the parties hereto have affixed their respective signatures and seals on the respective date of signing.

------------------------ Witness)
for Merritt W. Griswold at New York :
this day of 1901.) ------------------------ (Seal)

------------------------ Witness)
for at :
this day of 1901.) ------------------------ (Seal)

美国商人格利司倭致兵部函原件（光绪二十七年元月十四日）

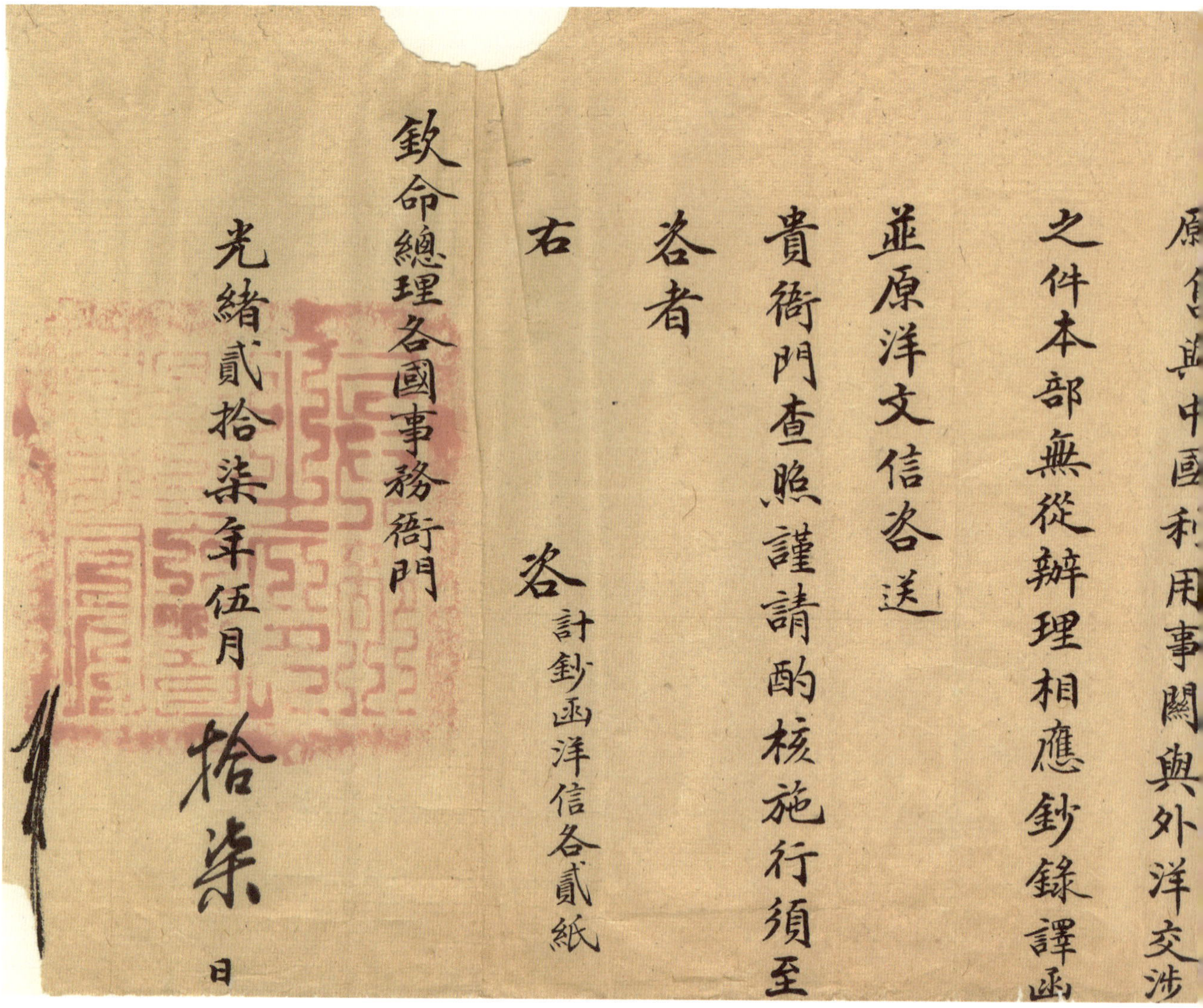

原信與中國利用事關與外洋交涉
之件本部無從辦理相應鈔錄譯函
並原洋文信咨送
貴衙門查照謹請酌核施行須至
咨者
右
咨 計鈔函洋信各貳紙
欽命總理各國事務衙門
光緒貳拾柒年伍月拾柒日

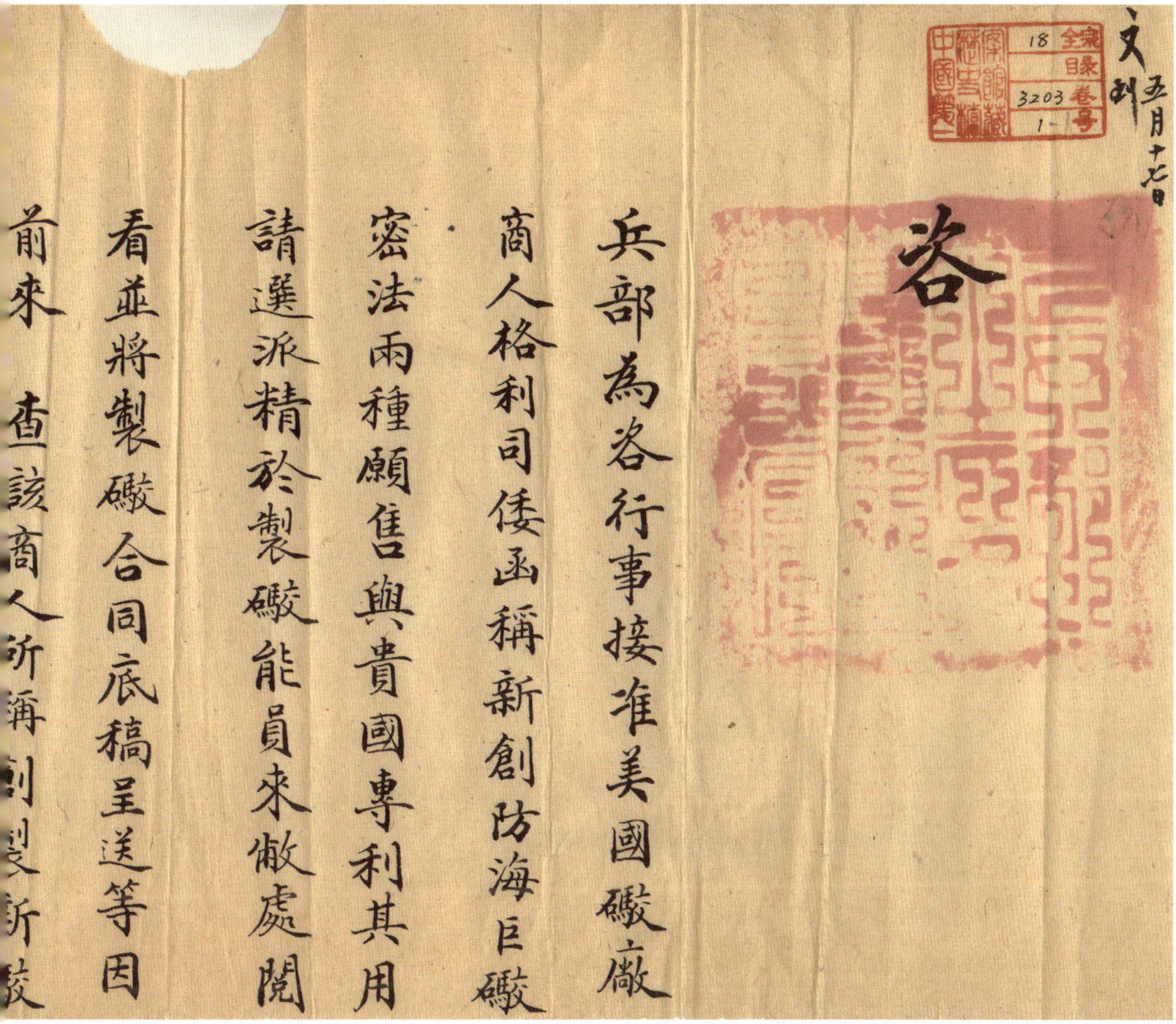

文到 五月十七日

咨

兵部為咨行事接准美國礮廠商人格利司倭函稱新創防海巨礮密法兩種願售與貴國專利其用請選派精於製礮能員來敝處閱看並將製礮合同底稿呈送等因前來 查該商人所稱創設新技

兵部致总理衙门咨文（光绪二十七年五月十七日）

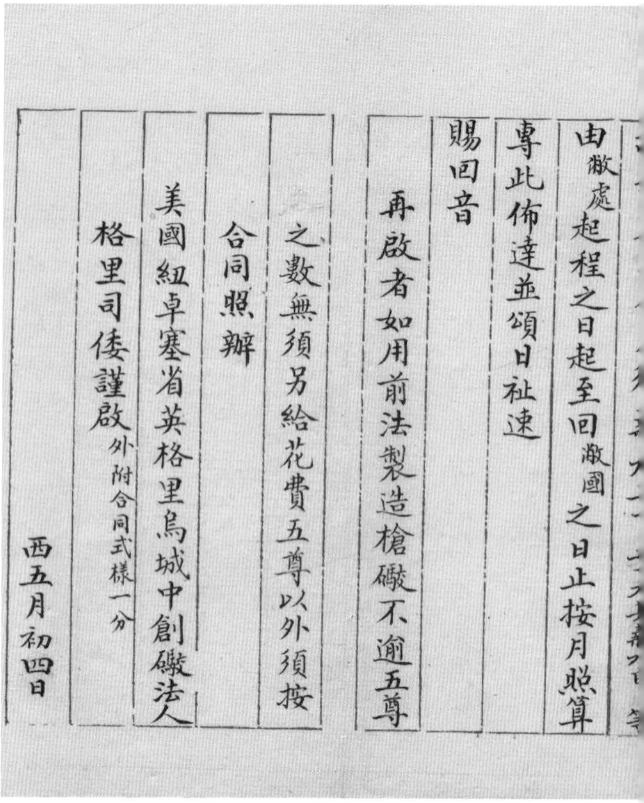
由敝處起程之日起至回敝國之日止按月照算
專此佈達並頌日祉速
賜回音
再啟者如用前法製造槍礮不逾五尊
之數無須另給花費五尊以外須按
合同照辦
美國紐卓塞省英格里烏城中創礮法人
格里司倭謹啟 外附合同式樣一分
西五月初四日

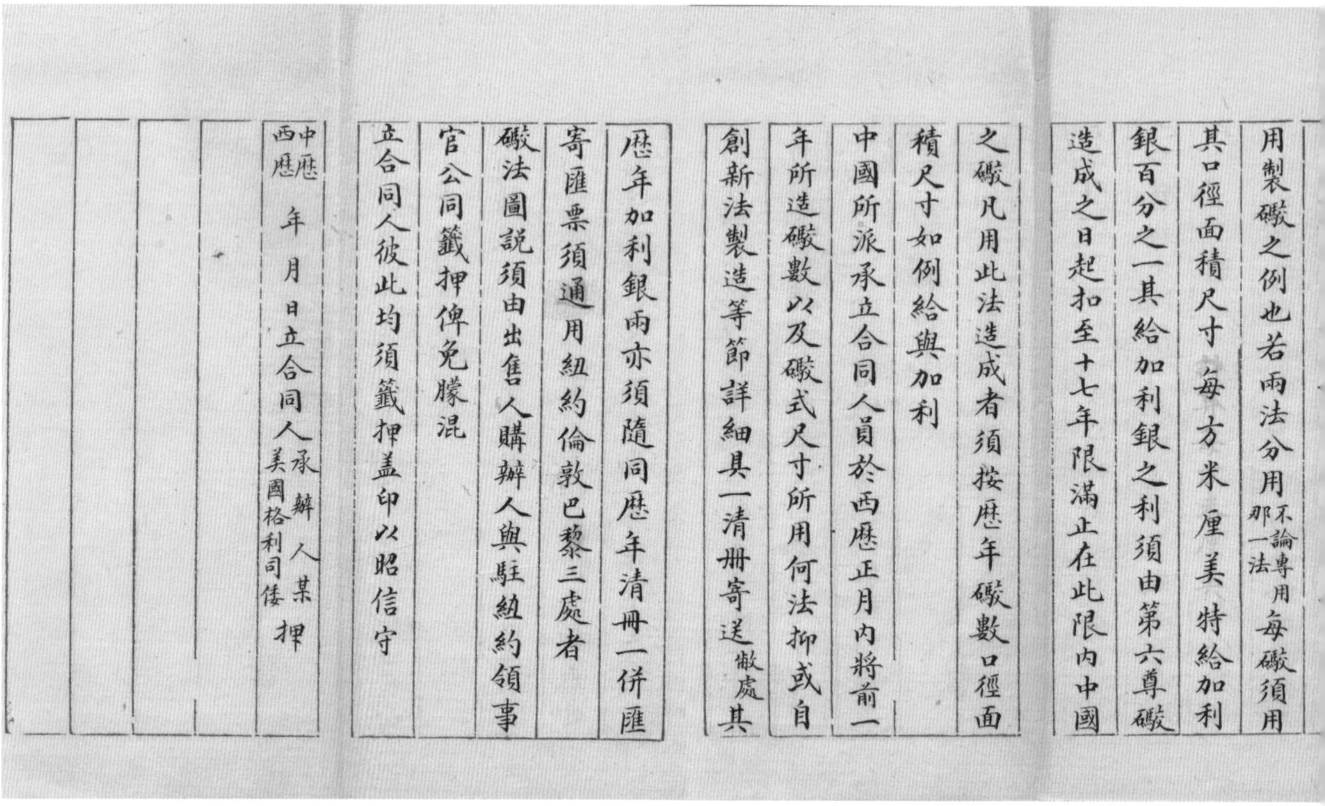
用製礮之例也若兩法分用不論專用那一法每礮須用
其口徑面積尺寸每方米厘美特給加利
銀百分之一其給加利銀之利須由第六尊礮
造成之日起扣至十七年限滿止在此限內中國
之礮凡用此法造成者須按歷年礮數口徑面
積尺寸如例給與加利
中國所派承立合同人員於西歷正月內將前一
年所造礮數以及礮式尺寸所用何法抑或自
創新法製造等節詳細具一清冊寄送敝處其
歷年加利銀兩亦須隨同歷年清冊一併匯
寄匯票須通用紐約倫敦巴黎三處者
礮法圖說須由出售人購辦人與駐紐約領事
官公同籤押俾免朦混
立合同人彼此均須籤押蓋印以昭信守
中歷西歷 年 月 日立合同人承辦人某 押 美國格利司倭

美国商人格利司倭致兵部函译文（光绪二十七年三月十六日）

致中國兵部函

兵部大臣鈞鑒敬啟者愚新創防海巨礮
密法兩種願售與
貴國專利其用
一係製造半動活機後膛巨礮法口徑寬
大裝放甚捷用之足可制勝
一係新創之法用之不但能造大礮並可
求精惟需費大有分差造法甚屬便
捷
以前兩法合用為宜分用亦可依此新法無
論何樣新式槍礮均可製造
貴國可選派精於製礮能員來敝處閱看兩法
圖樣惟須先立英文合同兩紙其式即照信內所附奉者刊印
請
貴國所派承立合同人員並駐紐約領事與愚
彼此簽押各執一分然後出示圖樣為該員詳
細講明其圖樣每種每分價值一百元倘兩
種均購每種每分減價二十五元共一百五十
元如蒙聘愚至
貴國專受此法每月須薪水五百元並賃

合同

美國紐卓塞省英格里烏城人格利司倭新創
製造槍礮秘法二種情願授與中國專用應與
中國特派承立合同人員彼此商訂批立合同
二紙各執一分為據
立合同人美國格利司倭中國承辦人某商訂將新創製礮秘法
二種售與中國惟用此法造礮其數在五尊以
內一切專利加利各項開銷概免五尊以外每
法應給專利銀五萬元此外尚應給加利銀其
合口則艮二法按照該礮之口徑每寸計算每

美国驻华公使康格致外务部信函：

为请允予美国公司承办北京自来水事

光绪二十八年正月二十四日（1902年3月3日）

《北京内外城自来水管线图》

光绪三十四年（1908）

19世纪末20世纪初，中国城市饮用水开始通过管道流入家庭。受西式生活方式影响，旅顺、上海、天津、青岛、广州等通商口岸纷纷开通自来水。光绪二十四年（1898），兵部候补主事费德保奏请在京师设立自来水。西方国家觊觎这一工程，美国、奥地利、西班牙等国先后提出合办请求。此份档案反映的正是美使康格为本国商人争取承办资格，当时美商田夏礼和刘承恩都请求承造北京自来水，但田夏礼因为“中国迟缓多时，延未允办，至误该公司所招集之银无从生息”，从而要求退出，而“刘承恩仍愿应承此事”。康格在信中表示“望贵王大臣将自来水一事即允美国公司承造”，但清政府最终并未允准。直到光绪三十四年，京师自来水厂股份有限公司成立，首任总理周学熙“拟专招华股，暂以洋银三百万为额，分为三十万股，每股十元”筹资。至宣统二年（1910），北京始供应自来水，日平均出水量近1.3万立方米，可供约16万人的生活用水。

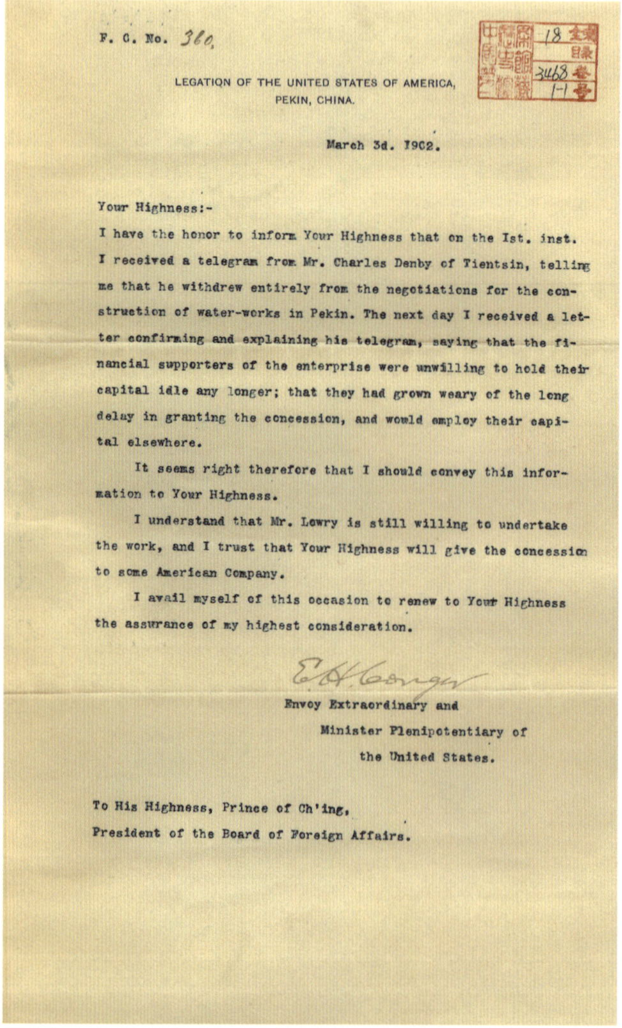

F. C. No. 360.

LEGATION OF THE UNITED STATES OF AMERICA,
PEKIN, CHINA.

March 3d. 1902.

Your Highness:-

I have the honor to inform Your Highness that on the Ist. inst. I received a telegram from Mr. Charles Denby of Tientsin, telling me that he withdrew entirely from the negotiations for the construction of water-works in Pekin. The next day I received a letter confirming and explaining his telegram, saying that the financial supporters of the enterprise were unwilling to hold their capital idle any longer; that they had grown weary of the long delay in granting the concession, and would employ their capital elsewhere.

It seems right therefore that I should convey this information to Your Highness.

I understand that Mr. Lowry is still willing to undertake the work, and I trust that Your Highness will give the concession to some American Company.

I avail myself of this occasion to renew to Your Highness the assurance of my highest consideration.

E. H. Conger

Envoy Extraordinary and
Minister Plenipotentiary of
the United States.

To His Highness, Prince of Ch'ing,
President of the Board of Foreign Affairs.

美国驻华公使康格致外务部信函（光绪二十八年正月二十四日）

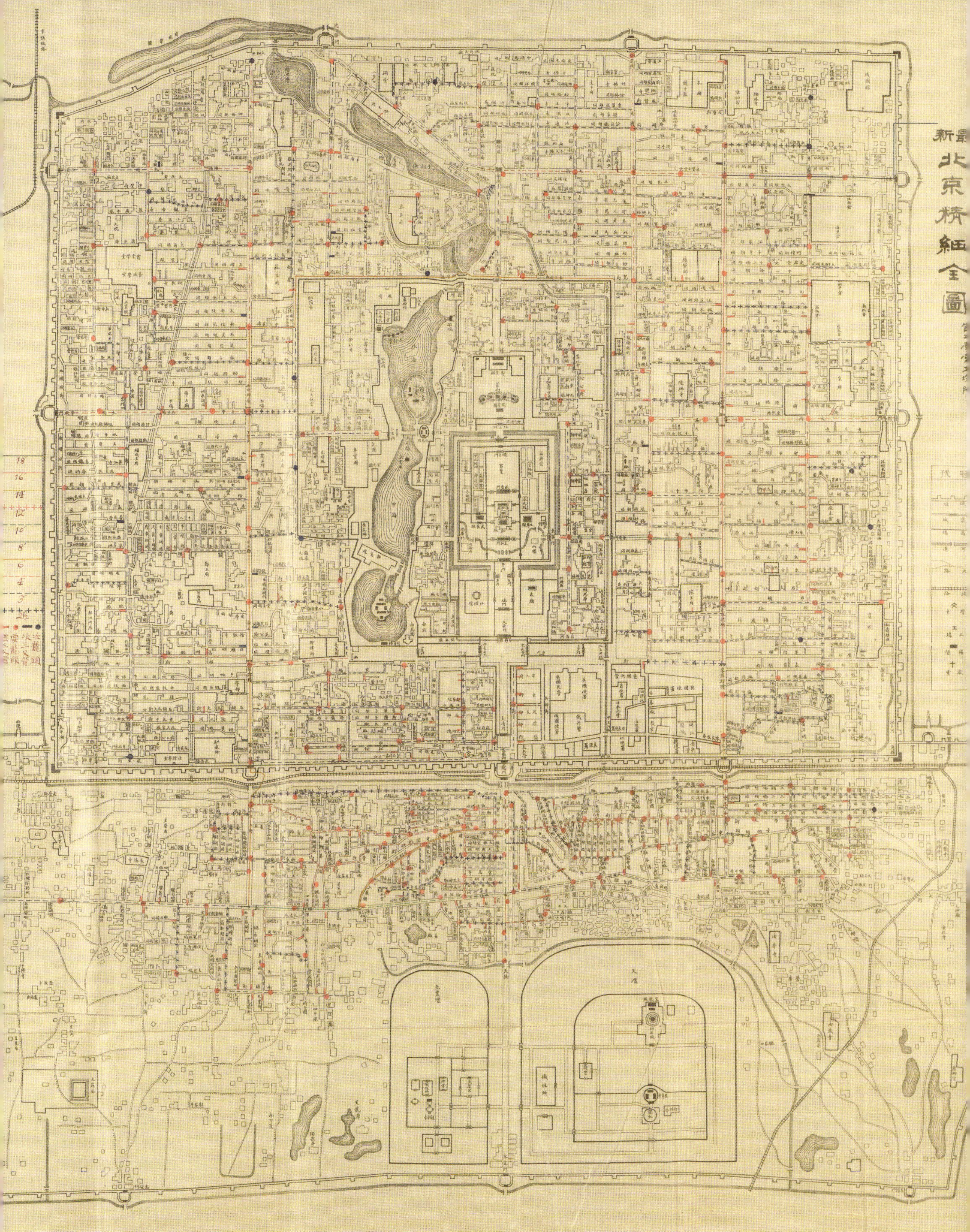

《北京内外城自来水管线图》（光绪三十四年）

康格

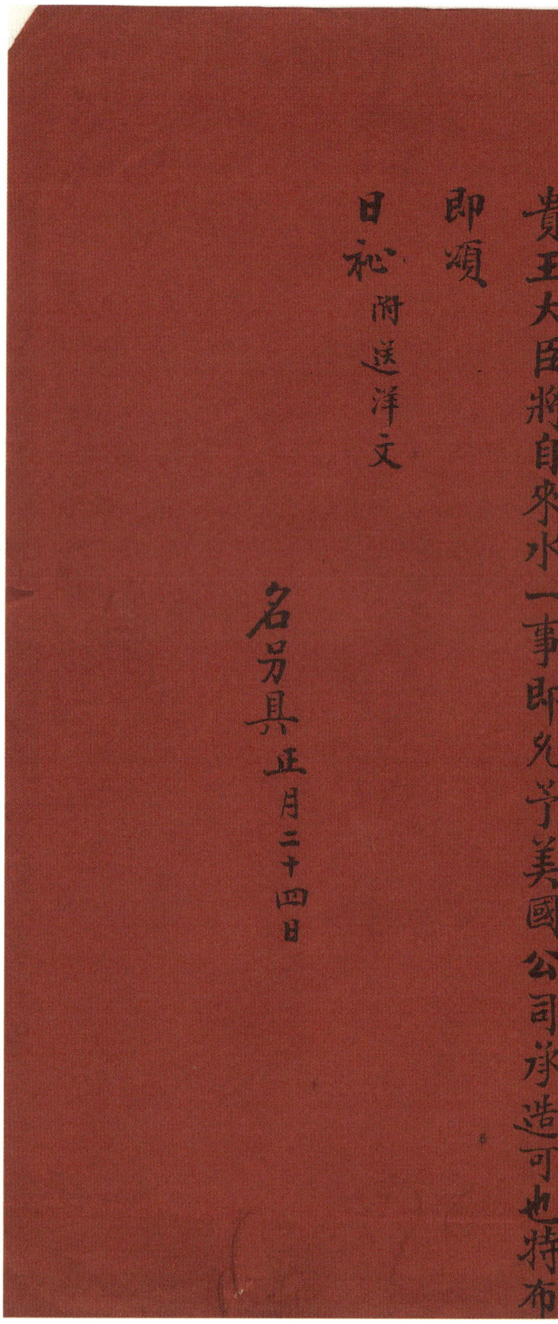
貴王大臣將自來水一事即允予美國公司承造可也特布

即頌

日祉 附送洋文

名另具 正月二十四日

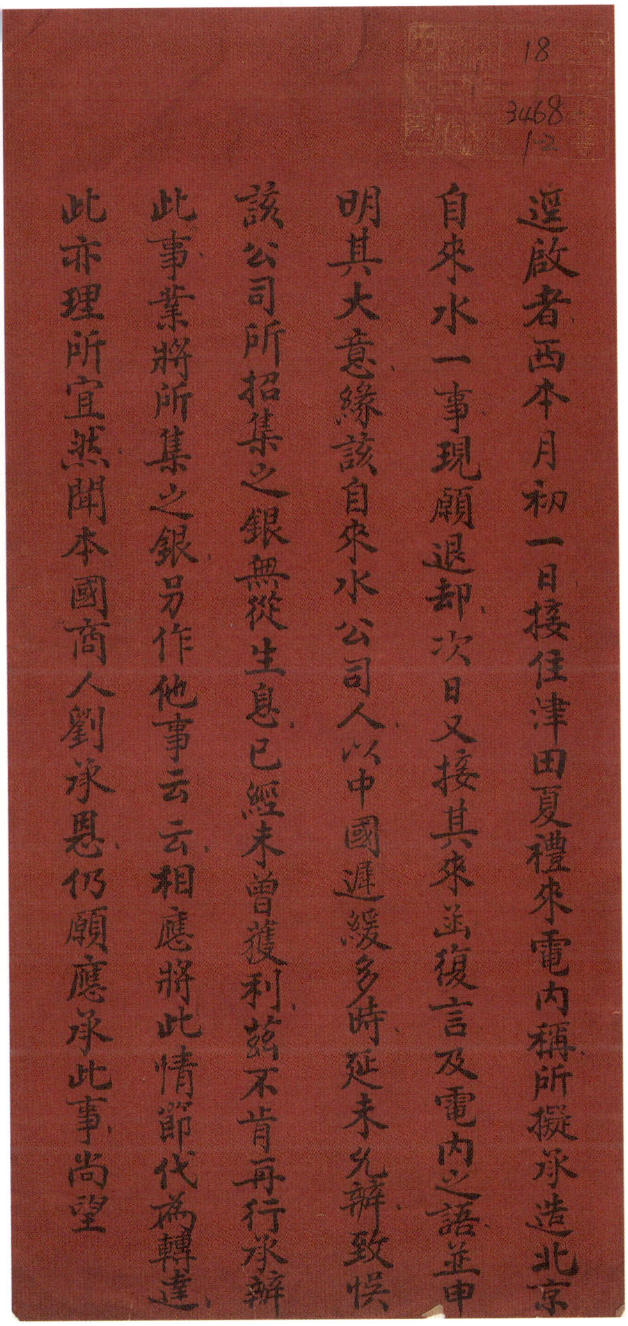
18
3468
12

逕啟者西本月初一日接住津田夏禮來電內稱所擬承造北京自來水一事現願退卻次日又接其來函復言及電內之語並申明其大意緣該自來水公司人以中國遲緩多時延未允辦致悮該公司所招集之銀無從生息已經未曾獲利茲不肯再行承辦此事業將所集之銀另作他事云云相應將此情節代為轉達此亦理所宜然聞本國商人劉承恩仍願應承此事尚望

欽命外務部部堂

王大台啟

京申悮辦達

美国驻华公使康格信函译文（光绪二十八年正月二十四日）

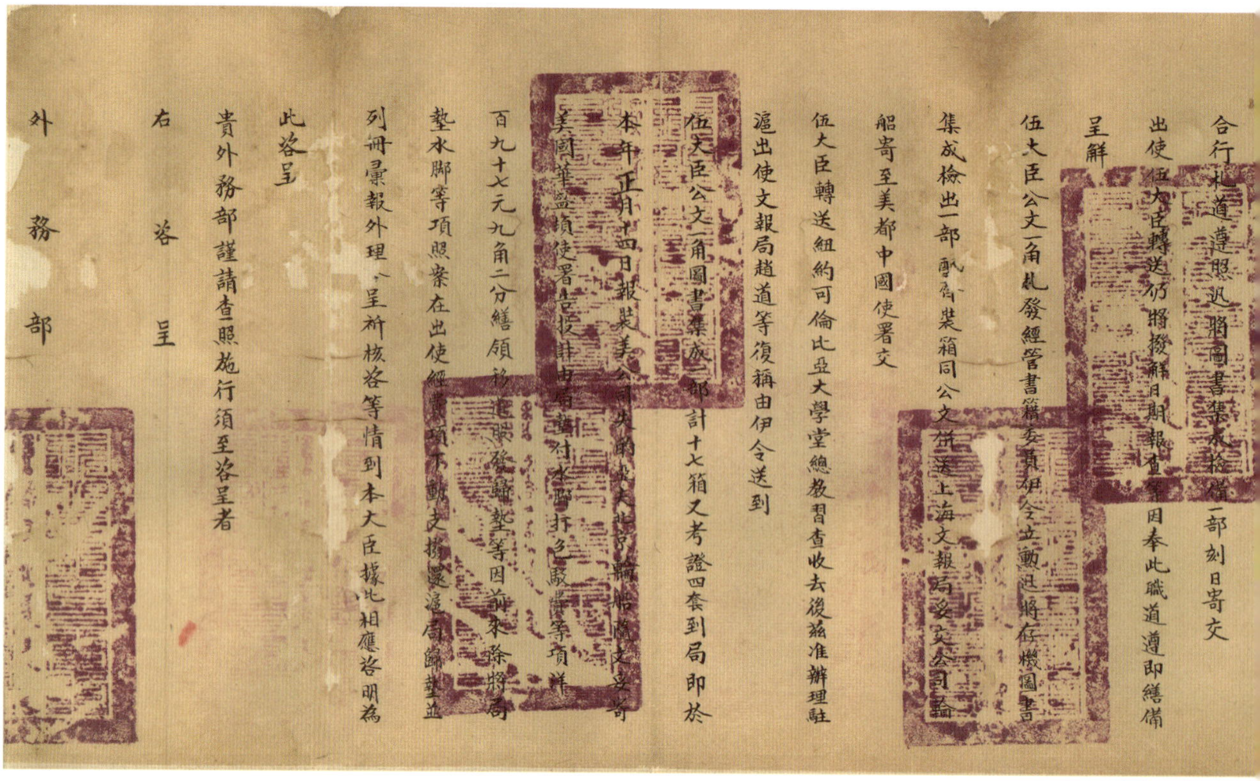

两江总督刘坤一致外务部咨呈：

为将《钦定古今图书集成》转送美国纽约哥伦比亚大学堂事

光绪二十八年二月二十四日（1902年4月2日）

哥伦比亚大学是一所位于美国纽约曼哈顿的世界顶级私立研究型大学，创办于乾隆十九年（1754），曾培养出四位美国总统和多位诺贝尔奖获得者，中国著名外交家唐绍仪曾在此留学。光绪二十七年（1901），美国驻华公使康格函称哥伦比亚大学“添设中国之学，拟分学问、言语、儒释道教、工艺”四门课程，目的在于美国人“尽得通晓中华学业”和“将来中美必致格外相睦”，因此需要“购聚中国书籍存于学堂，并集中华百工所精制各物陈于博物馆”。清外务部认为，“美商在华通商已久，中国制造各器……应由美商自为购办”，故决定赠送《钦定古今图书集成》一部，因为“《图书集成》为中国书籍之巨帙，以此寄送自属得体”。这套书籍共装了17箱，由美国失的亚夫公司轮船运至华盛顿，水脚打包驳费共一百九十七元九角二分，先由上海文报局垫付，后在出使经费中动支拨还。

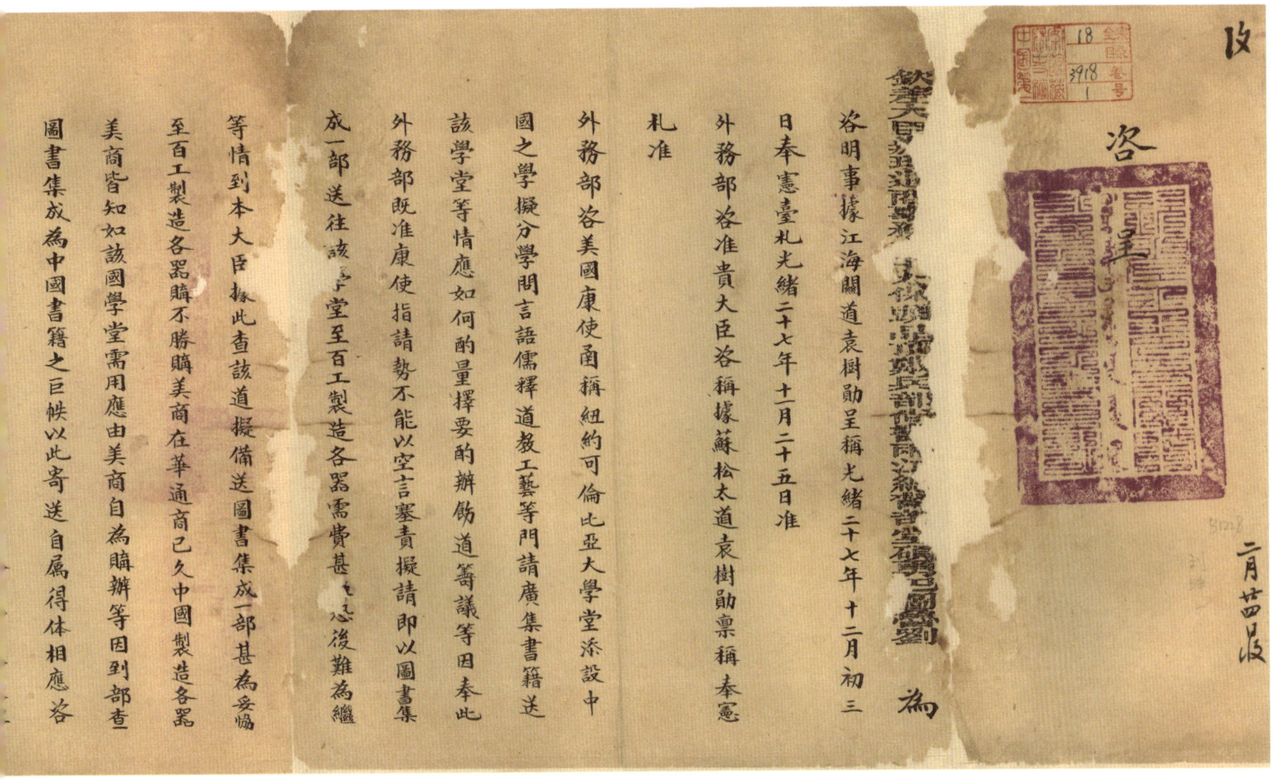
收

咨

二月廿四日

欽差大臣[illegible]劉 為

咨明事據江海關道袁樹勛呈稱光緒二十七年十二月初三

日奉憲臺札光緒二十七年十二月二十五日准

外務部咨准貴大臣咨稱據蘇松太道袁樹勛稟稱奉憲

札准

外務部咨美國康使函稱紐約可倫比亞大學堂添設中

國之學擬分學問言語儒釋道教工藝等門請廣集書籍送

該學堂等情應如何酌量擇要酌辦飭道籌議等因奉此

外務部既准康使指請勢不能以空言塞責擬請即以圖書集

成一部送往該學堂至百工製造各需費甚巨恐後難為繼

等情到本大臣據此查該道擬備送圖書集成一部甚為妥協

至百工製造各器購不勝購美商在華通商已久中國製造各器

美商皆知如該國學堂需用應由美商自為購辦等因到部查

圖書集成為中國書籍之巨帙以此寄送自屬得体相應咨

两江总督刘坤一致外务部咨呈（光绪二十八年二月二十四日）

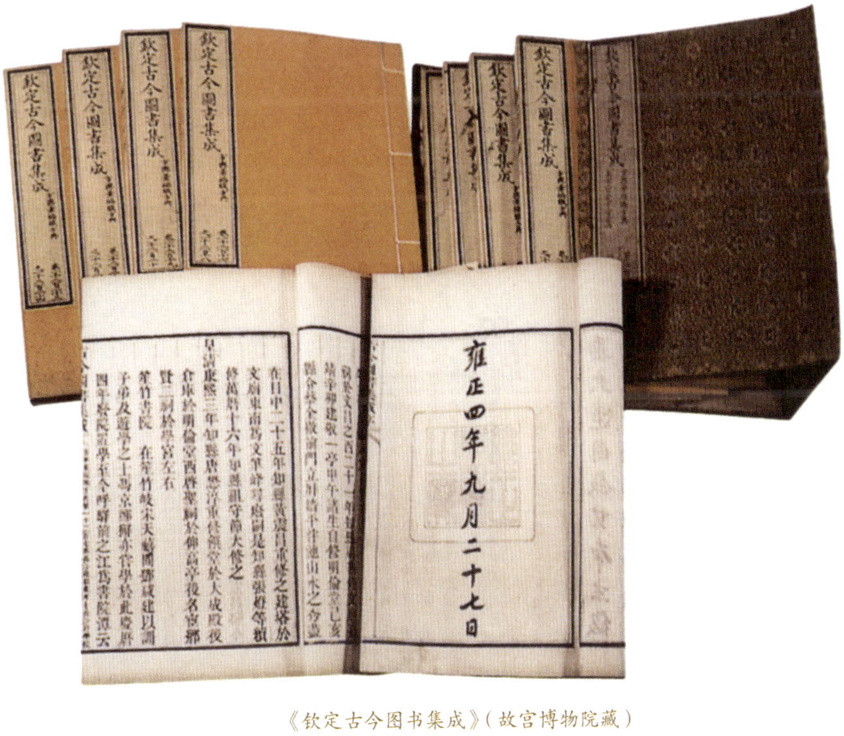

《钦定古今图书集成》（故宫博物院藏）

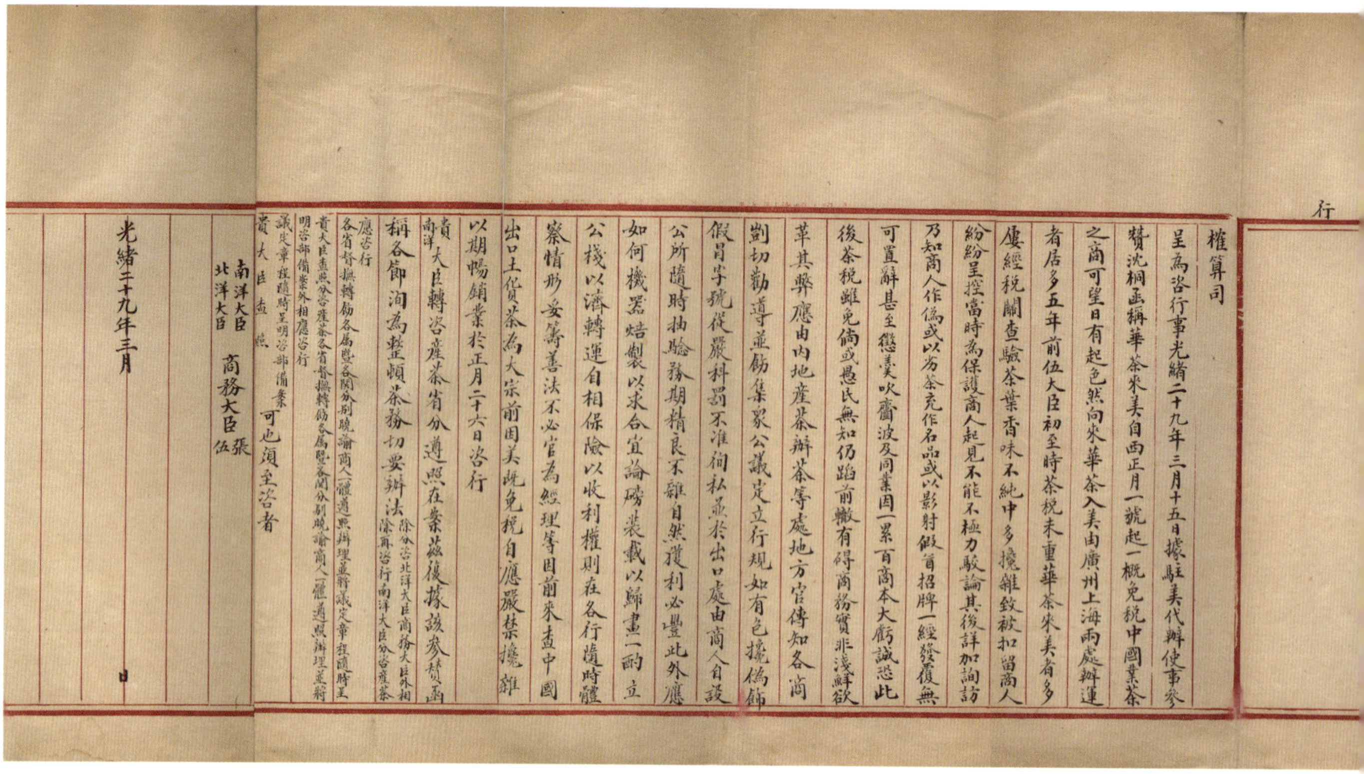

行

榷算司
呈為咨行事光緒二十九年三月十五日據駐美代辦使事參
贊沈桐函稱華茶來美自西正月一號起一概免稅中國業茶
之商可望日有起色然向來華茶入美由廣州上海兩處辦運
者居多五年前伍大臣初至時茶稅未重華茶來美者多
屢經稅關查驗茶葉香味不純中多攙雜致被扣留商人
紛紛呈控當時為保護商人起見不能不極力駁論其後詳加詢訪
乃知商人作偽或以劣茶充作名品或以影射假冒招牌一經發覆無
可置辭甚至懲羹吹齏波及同業因一累百商本大虧誠恐此
後茶稅雖免倘或愚民無知仍蹈前轍有碍商務實非淺鮮欲
革其弊應由內地產茶辦茶等處地方官傳知各商
剴切勸導並飭集眾公議定立行規如有色攙偽飾
假冒字號從嚴科罰不准徇私並於出口處由商人自設
公所隨時抽驗務期精良不雜自然獲利必豐此外應
如何機器焙製以求合宜論磅裝載以歸畫一酌立
公棧以濟轉運自相保險以收利權則在各行隨時體
察情形妥籌善法不必官為經理等因前來查中國
出口土貨茶為大宗前因美既免稅自應嚴禁攙雜
以期暢銷業於正月二十六日咨行
貴南洋大臣轉咨產茶省分遵照在案茲復據該參贊函
稱各節洵為整頓茶務切要辦法除分咨北洋大臣商務大臣外相
應再咨行南洋大臣分咨產茶
應咨行
各省督撫轉飭各屬暨各關分別曉諭商人一體遵照辦理並將議定章程隨時呈
貴大臣查照分咨產茶各省督撫轉飭各屬暨各關分別曉諭商人一體遵照辦理並將
明咨部備案外相應咨行
議定章程隨時呈明咨部備案
貴大臣查照可也須至咨者
南洋大臣
北洋大臣
商務大臣張
伍
光緒二十九年三月　日

外务部致南洋大臣咨文：

为产茶各省整顿茶务事

光绪二十九年三月二十三日（1903 年 4 月 20 日）

根据驻美参赞消息，美国自 1903 年 1 月 1 日起，对从中国进口的茶叶免税。五年前在中美茶叶争端中，为维护中国茶商利益，中方对美方“不能不极力驳论”，但事后了解到部分中国茶商也存在“作伪”现象，导致“波及同业，因一累百”。因此，转咨产茶各省，“传知各商，剀切劝导，并饬集众公议，定立行规”，如有违规，应“从严科罚”。此外，在茶叶的“焙制”和“装载”方面，也要符合规范。总之，在当时中国出口美国的商品中，“茶为大宗”“美既免税，自应严禁搀杂，以期畅销”。

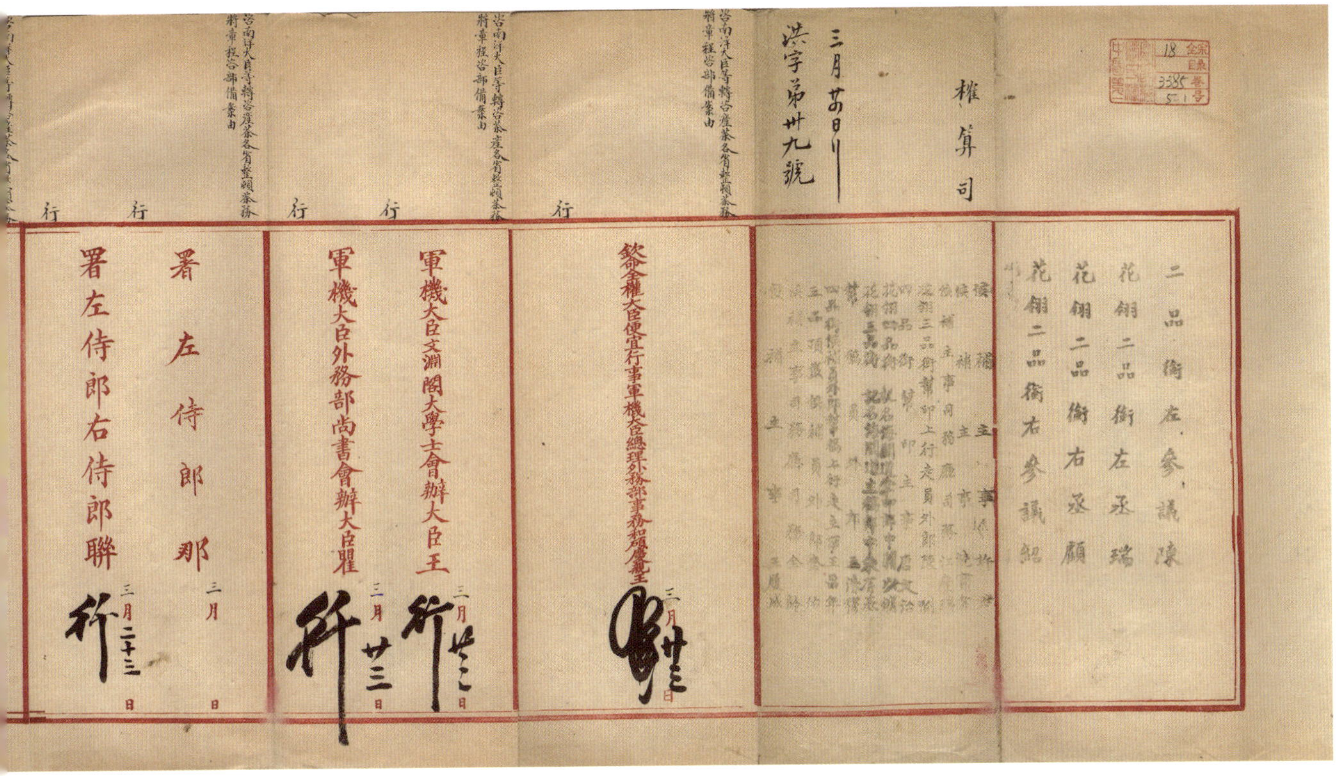

榷算司

三月廿四日

洪字第卅九號

二品銜左參議陳

花翎二品銜左丞瑞

花翎二品銜右丞顧

花翎二品銜右參議紹

欽命全權大臣便宜行事軍機大臣總理外務部事務和碩慶親王　三月　日

軍機大臣文淵閣大學士會辦大臣王　三月廿三日

軍機大臣外務部尚書會辦大臣瞿　三月廿三日

署左侍郎那　三月　日

署左侍郎右侍郎聯　三月二十三日

外务部致南洋大臣咨文之一（光绪二十九年三月二十三日）

中国的茶叶贸易油画（美国皮博迪艾塞克斯博物馆藏）

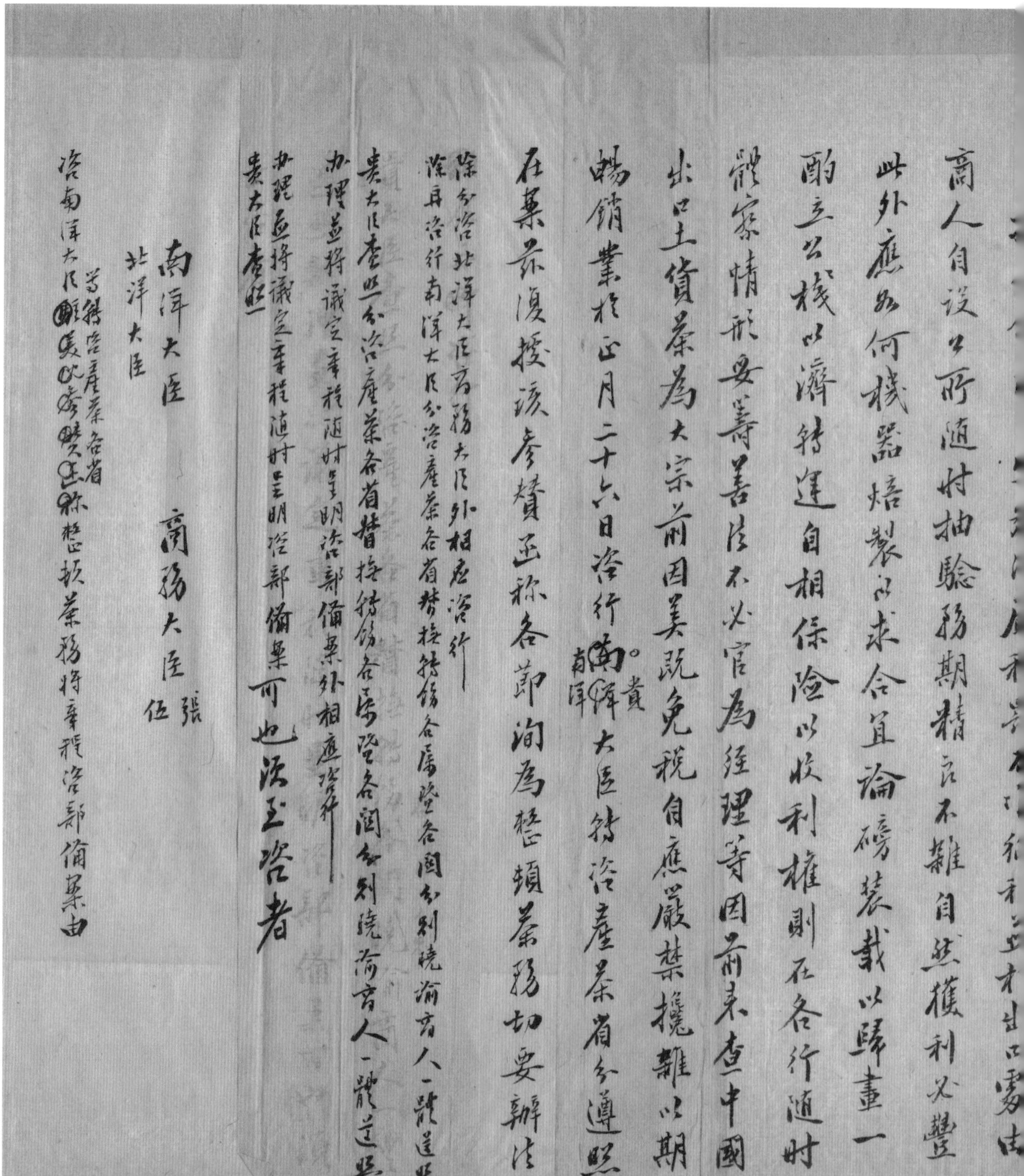
商人自設公所隨時抽驗務期精良不雜自然獲利必豐
此外應如何機器焙製以求合宜論磅裝載以歸畫一
酌立公棧以濟轉運自相保險以收利權則在各行隨時
體察情形妥籌善法不必官為經理等因前來查中國
出口土貨茶為大宗前因美既免稅自應嚴禁攙雜以期
暢銷業於正月二十六日咨行貴南洋大臣轉咨產茶省分遵照
在案茲復據該參贊函稱各節洵為整頓茶務切要辦法
除分咨北洋大臣商務大臣外相應咨行
除再咨行南洋大臣分咨產茶各省督撫轉飭各屬並各關分別曉諭商人一體遵照
貴大臣查照分咨產茶各省督撫轉飭各屬並各關分別曉諭商人一體遵照
辦理並將議定章程隨時呈明咨部備案外相應咨行
辦理並將議定章程隨時呈明咨部備案可也須至咨者
貴大臣查照
南洋大臣
商務大臣 張 伍
北洋大臣
咨南洋大臣為轉咨產茶各省駐美沈參贊函稱整頓茶務將章程咨部備案由

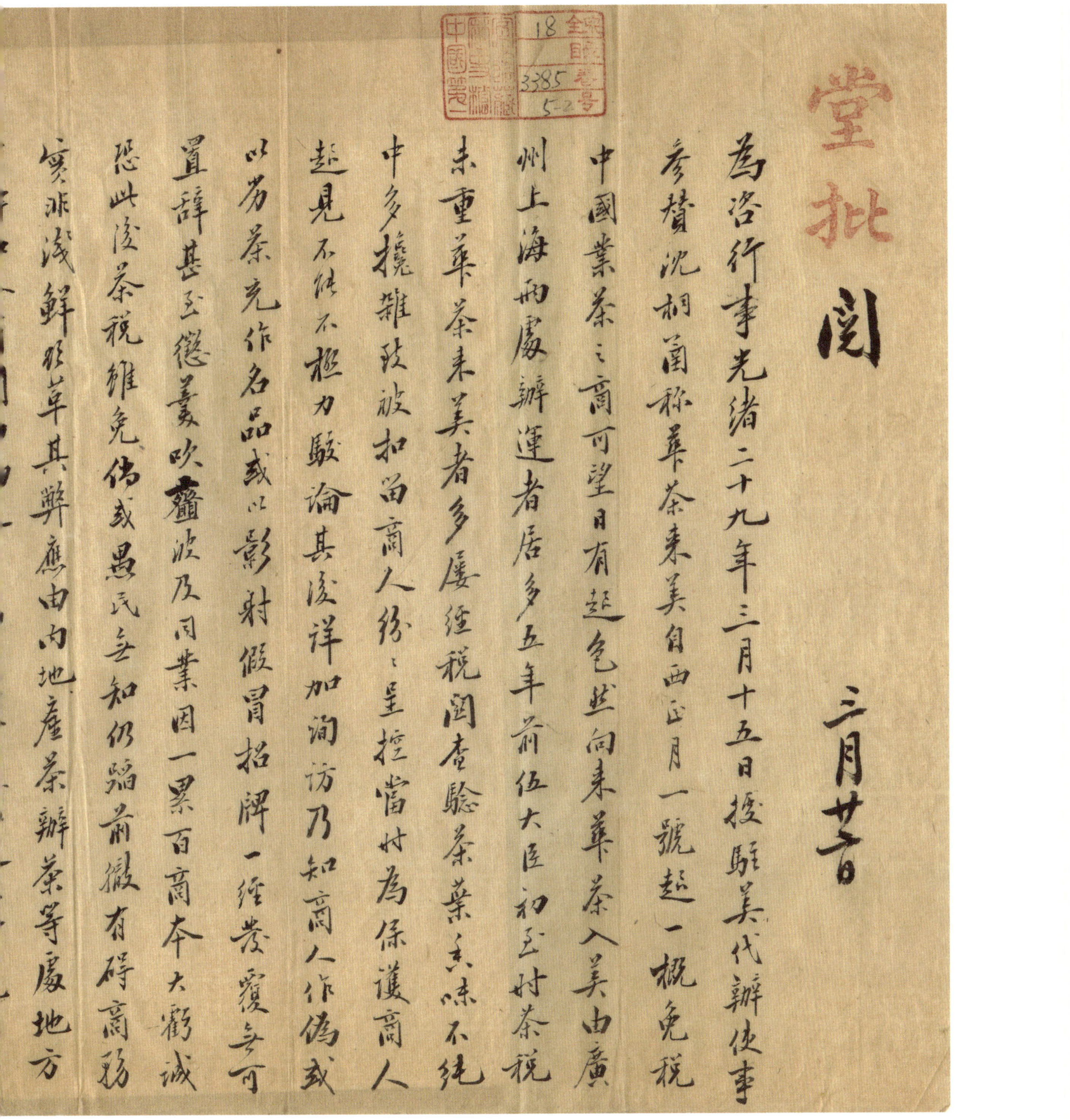

堂批 閱

三月廿三日

為咨行事光緒二十九年三月十五日接駐美代辦使事參贊沈桐函稱華茶來美自西正月一號起一概免稅中國業茶之商可望日有起色然向來華茶入美由廣州上海兩處辦運者居多五年前伍大臣初至時茶稅未重華茶來美者多屢經稅關查驗茶葉香味不純中多攙雜駁放扣留商人紛紛呈控當時為保護商人起見不能不極力駁論其後詳加詢訪乃知商人作偽或以劣茶充作名品或以影射假冒招牌一經發覺無可置辭甚至懲羹吹齏波及同業因一累百商本大虧誠恐此後茶稅雖免倘或愚民無知仍蹈前轍有碍商務實非淺鮮欲革其弊應由內地產茶辦茶等處地方

外务部致南洋大臣咨文之二（光绪二十九年三月二十三日）

《中美续议通商行船条约》

光绪二十九年八月十八日（1903 年 10 月 8 日）

光绪二十九年（1903）中美双方签订《中美续议通商行船条约》，此份档案是正式条约的印刷本。条约正文共 17 款，并附有附件 3 件、往来照会 3 件。作为一份不平等条约，中国在内河航运和开放通商口岸等方面又进一步丧失了一定的自主之权。同时，该条约也体现了中国在近代化转型中的一些特点：一是第 15 款规定了在将来中国法律制度完备时，"美国即允弃其治外法权"；二是第 8 款至第 11 款的内容涉及了诸多知识产权事宜，对之后中国在这方面的立法实践具有一定的借鉴意义。条约中第 9 款出现了"商标"一词，这是中文第一次在正式法律文件中使用该词。

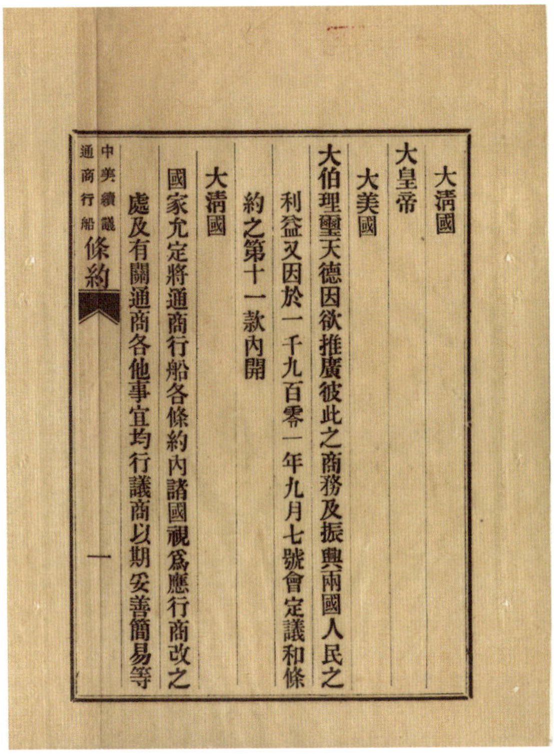
中美續議通商行船條約 一

大清國

大皇帝

大美國

大伯理璽天德因欲推廣彼此之商務及振興兩國人民之
利益又因於一千九百零一年九月七號會定議和條
約之第十一款內開

大清國

國家允定將通商行船各條約內諸國視爲應行商改之
處及有關通商各他事宜均行議商以期妥善簡易等

《中美续议通商行船条约》（光绪二十九年八月十八日）

美国商船在珠江航行油画（庭呱绘）

公平章程中國政府允由中國該管官員出示禁止中國通國人民犯用或冒用或射用或故意行銷冒仿商標之貨物所出禁示應作爲律例

第十款

美國政府允許中國人民將其創制之物在美國註册發給創造執照以保自執自用之利權中國政府今亦允將來設立專管創製衙門俟該專管衙門既設並定有創製專律之後凡有在中國合例售賣之創製各物已經美國給以執照者若不犯中國人民所先出之創

製可由美國人民繳納規費後即給以專照保護幷以所定年數爲限與所給中國人民之專照一律無異

第十一款

無論何國若以所給本國人民版權之利益一律施諸美國人民者美國政府亦允將美國版權律例之利益給與該國之人民中國政府今欲中國人民在美國境內得獲版權之利益是以允許凡專備爲中國人民所用之書籍地圖印件鐫件者或譯成華文之書籍係經美國人民所著作或爲美國人民之物業者由中國政

者亦不得免納惟抽捐爲酬神賽會等舉起見而與基督教相違背者不得向入教之民抽取

教士應不得干預中國官員治理華民之權中國官員亦不得歧視入教不入教者須照律秉公辦理使兩等人民相安度日美國教會准在中國各處租賃及永租房屋地基作爲教會公產以備傳教之用俟地方官查明地契妥當蓋印後該教士方能自行建造合宜房屋以行善事

第十五款

中國政府深欲整頓本國律例以期與各西國律例改

同一律美國允願盡力協助以成此舉一俟查悉中國律例情形及其審斷辦法並一切相關事宜皆臻妥善美國即允棄其治外法權

第十六款

美國茲允中國禁止莫啡鴉及刺入肌膚莫啡鴉之各針進口除爲醫治所必需者於進口時照則納稅應遵中國爲防有不因醫治使用起見所自定專章辦理不在此禁例此外無論由何國何地運來者均應一律禁

還稅之存票須自美國商人稟請之日起如查係應領者限於二十一日之內發給此等存票可用在發給之新關按所載數銀除船鈔一項外以抵各項貨稅至洋貨入口後三年之內轉運外洋凡執持此等存票者即准任便向發給之新關按全數領取現銀倘請發存票之人欲圖混騙一經新關查出照美國天津條約第二十一款所載懲罰影射夾帶情事之辦法辦理該貨若已運出中國界外則應由本國領事將犯事人罰一合宜款項其所罰之銀逕交中國查收

第九款

無論何國人民美國允許其在美國境內保護獨用合例商標如該國與美國立約亦允照保護美國人民之商標中國今欲中國人民在美國境內得獲保護商標之利益是以允在中國境內美國人民行舖及公司有合例商標實在美國已註册或在中國已行用或註册後即欲在中國行用者中國政府准其獨用實力保護

凡美國人民之商標在中國所設之註册局所由中國官員查察後經美國官員繳納公道規費並遵守所定

府援照所允保護商標之辦法及章程極力保護十年以註册之日爲始俾其在中國境內有印售此等書籍地圖鐫件或譯本之專利除以上所指明各書籍地圖等件不准照樣翻印外其餘均不得享此版權之利益又彼此言明不論美國人所著何項書籍地圖可聽華人任便自行繙譯華文刊印售賣

凡美國人民或中國人民爲書籍報紙等件之主筆或業主或發售之人如各該件有礙中國治安者不得以此款邀免應各按律例懲辦

第十二款

中國政府既於一千八百九十八年將船艘可以行駛之內港開爲特行註册之一切華洋輪船行駛貿易以便載運搭客及合例貨物美國人民行舖公司均可經營此項貿易其所享利益應與給予他國人民者相同嗣後無論何時或中國或美國如欲將當時內港行輪各章程再行修改視爲有益之舉應由中國查看所擬修改之處果爲貿易所必需且於中國有利則由中國政府應允和平採酌辦理

《中美续议通商行船条约》（光绪二十九年八月十八日）

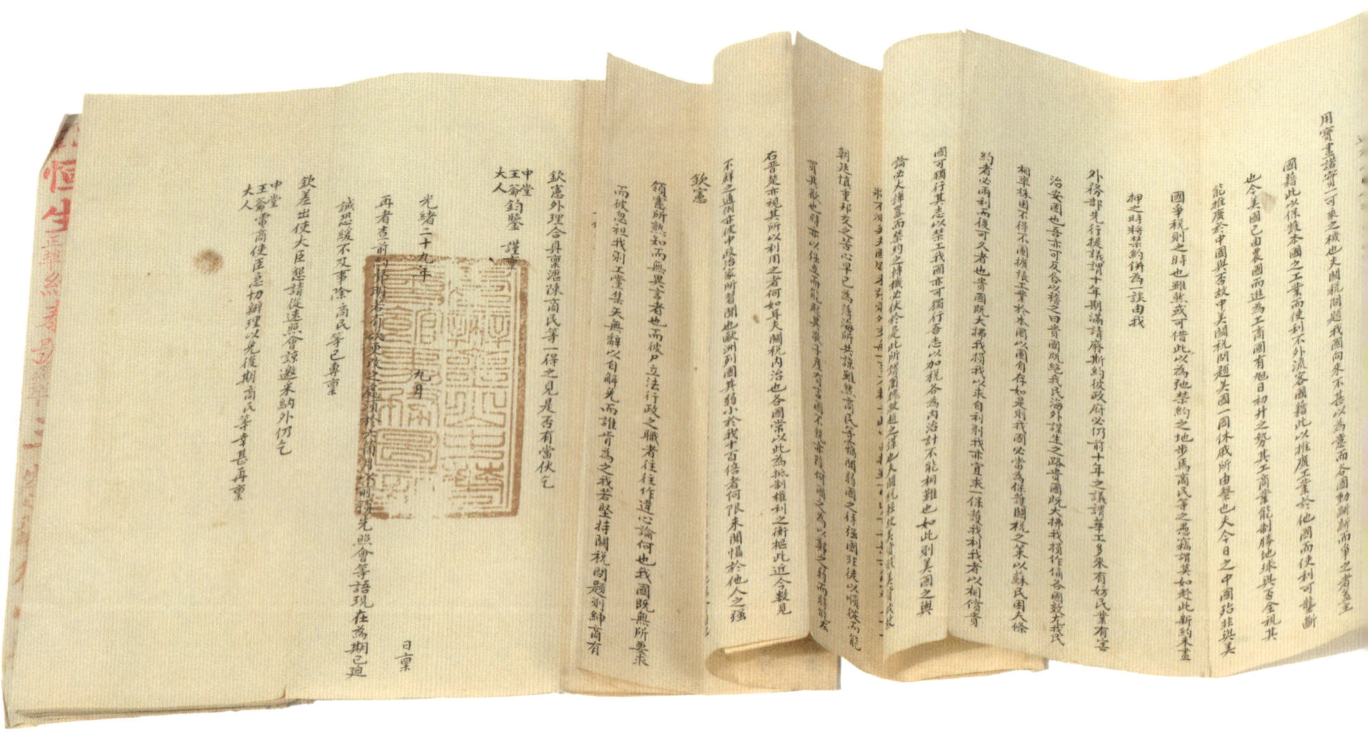

旅美华侨致清政府禀文：

为请求清政府与美国交涉废除华工条约事

旅美华侨签名及各商铺钤印

光绪二十九年十月（1903 年 11 月）

光绪十年（1884），美国与清政府签订华工条约，规定居美华工离美期限超过一年者不得再入美境，不准华人加入美国国籍；居美华人须按条约登记，期限 10 年。光绪二十年条约到期，双方又商定再延 10 年。至光绪二十九年该条约还在执行，国内舆论和各界民众纷纷要求废约，旅美华侨十万余人联名上书，要求清政府同美国交涉废约事宜。此件档案揭示了华工条约签订近 20 年来美国政府百般苛刻，法如牛毛，华侨多陷困境等状况，强烈要求清政府争回权利。各埠铺店联名钤盖图章，附于禀文后。

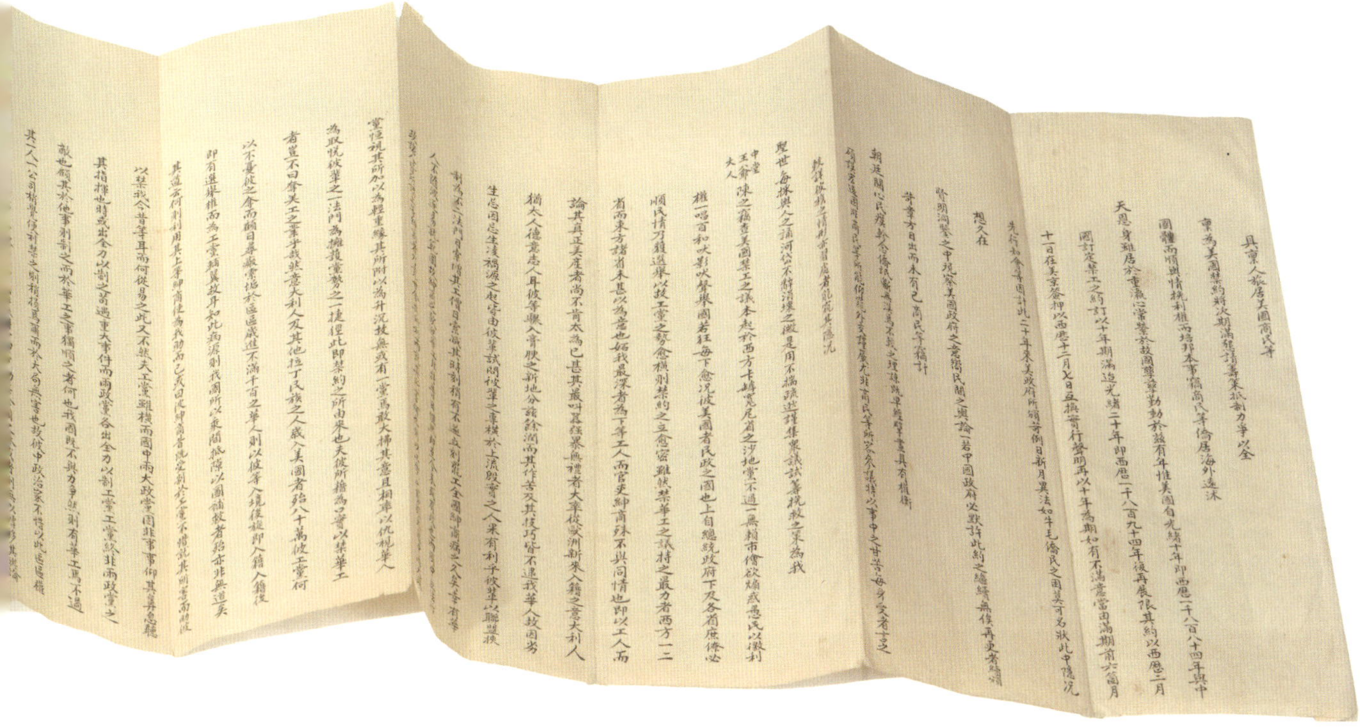

旅美华侨致清政府禀文（光绪二十九年十月）

美国旧金山唐人街的绸布店照片（美国加州大学分校图书馆藏）

朝廷官憲前來妁欲拒絕何憲無辭

此不過其一端开推原其鞠實力以

約新美國有隨時限制削華工之權所以光緒六年十月十五日北京條

一定之法律免致朝令暮改凡此等語句務請刪除准各即云畢也亦當刪

以上八條寫所請不得已而思其次地纖不能盡譲此以往則

申國今日至思暴於光得己而苦己訂明己則游堂歇歟不能譲助於

萬一若復畏之是杜絕全國之生機也應請訂明己則游堂歇歟不能助於

不能僕難兆數馬要而論之妁諳甚約之一大事也

此之八端不畏而自破若即不得己而推於區區小節相辦難馬之

是玉子所諳政飯流歇間無萬次也即能得之亦百步與五十

步耳難凈今日外交難難爲仅其有天色亦呈放過此以求備議

貨客所捐萬民困苦之狀難良之和希能盡得其情萬一所求難馬於

情伏惟

大憲良濟萬而一援手之僑民辈甚大倉辛甚抑萬民等更有一言竊

閒天下事要求其上者僅得其中而求其中者乃不足以收功效今日之

約非從大處落脈而不能行更思小小補益以蘇民困於一二似當以運

鈞爲僑議歷磨之種難保不得辛而圆程糧之權利況

美國上等神商有可以利用之道而商先父而實我甚惠賣爲

耶此則

大婦自有推衡爲侯爲民等爲詞實者更再

清聽伏惟

鈞鑒謹附片陳明派居美國商民再築

謹祐各華鋪店圓章蓋列呈

電

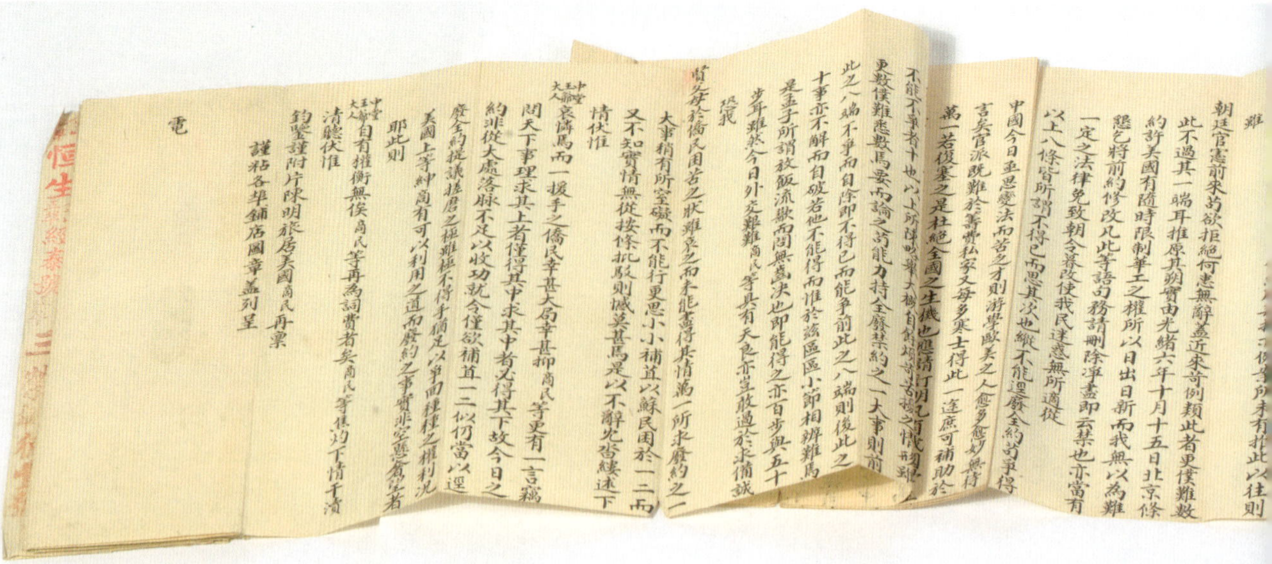

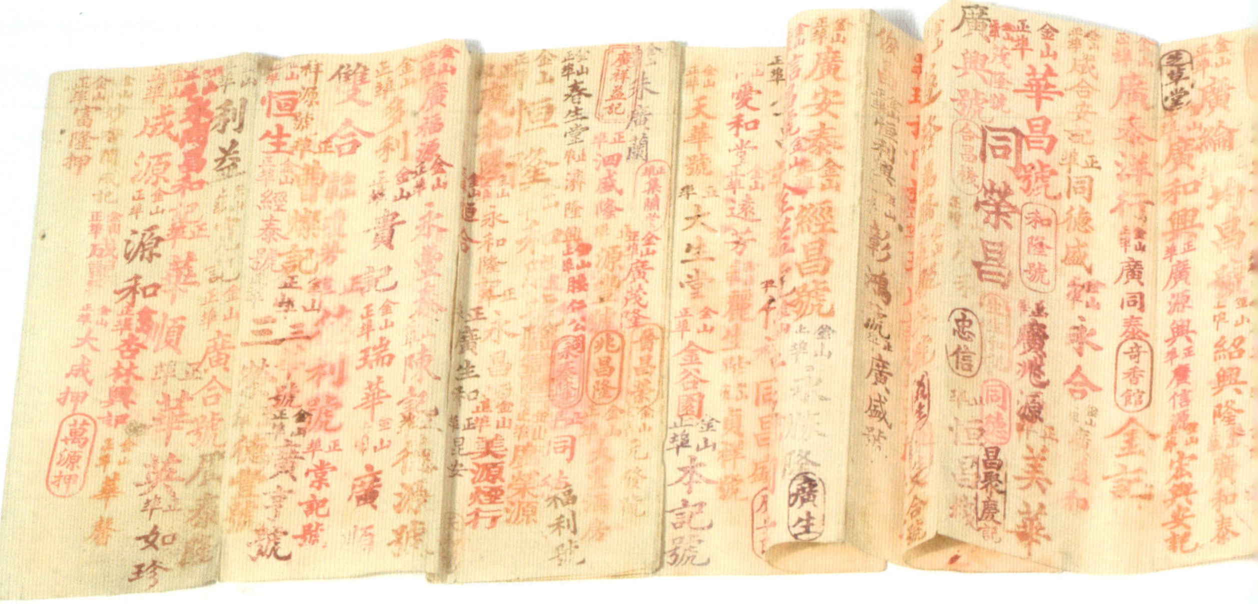

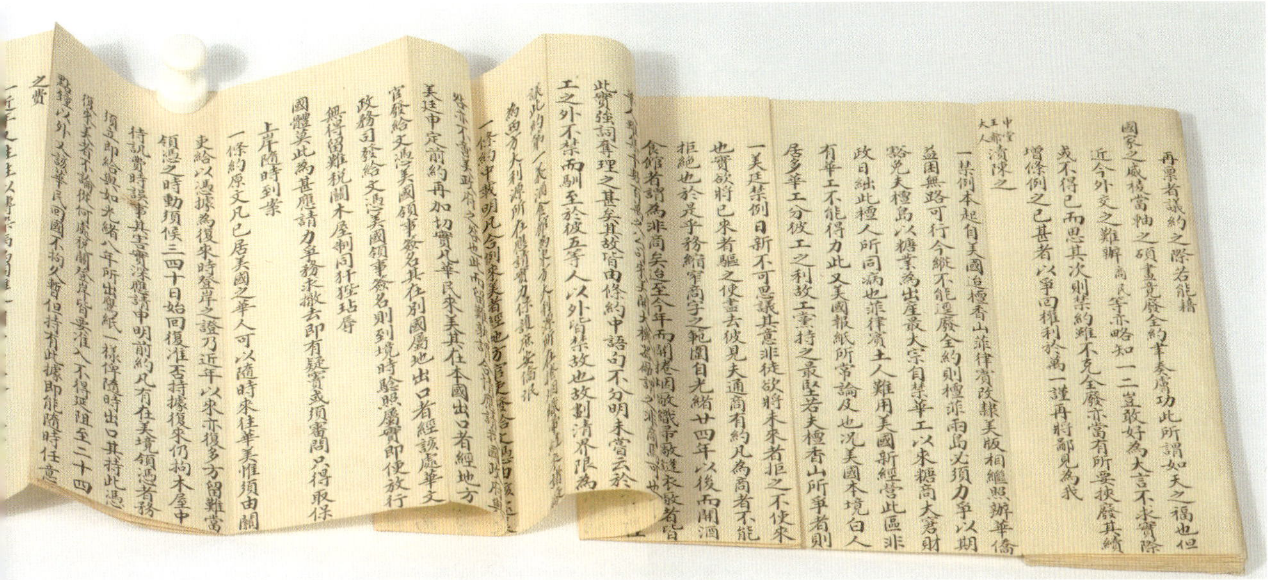

旅美华侨签名及各商铺钤印（光绪二十九年十月）

外务部奏稿：

为恭拟赴美国圣路易斯赛会监督敕书及国书事

光绪二十九年十二月十六日（1904 年 2 月 1 日）

光绪三十年（1904）三月至十月，美国为庆贺购买路易斯安那一百周年，在圣路易斯城举办了一次万国赛会（即世界博览会），并向清政府发出了参展邀请。在总税务司赫德推荐下，上海候选道黄开甲、东海关税务司美国人柯尔乐作为赛会副监督，先期前往美国督办度地、建屋、陈设货物各事宜。光绪帝特别钦派皇族宗室贝勒衔固山贝子溥伦担任正监督。晚清中国虽然参加了多次世界博览会，但展品多以农副产品、手工制品等为主，与西方先进技术相形见绌。在此份档案中，光绪帝表达出殷切希望："美洲素重商务经营，制造进步日臻，该会为物产荟萃之区，尔其加意考察，期于中华商业逐渐振兴用副委任之意。"有意思的是，这次赛会清政府还效仿欧洲诸国展示首脑画像的做法，将美国女画家凯瑟琳·卡尔所绘之慈禧太后油画肖像送至美国国家书院展出，使得众多中外人士有机会一睹当时大清帝国最高权力者的真容。

美国圣路易斯赛会中国村的牌楼照片

慈禧太后油画像（故宫博物院藏）

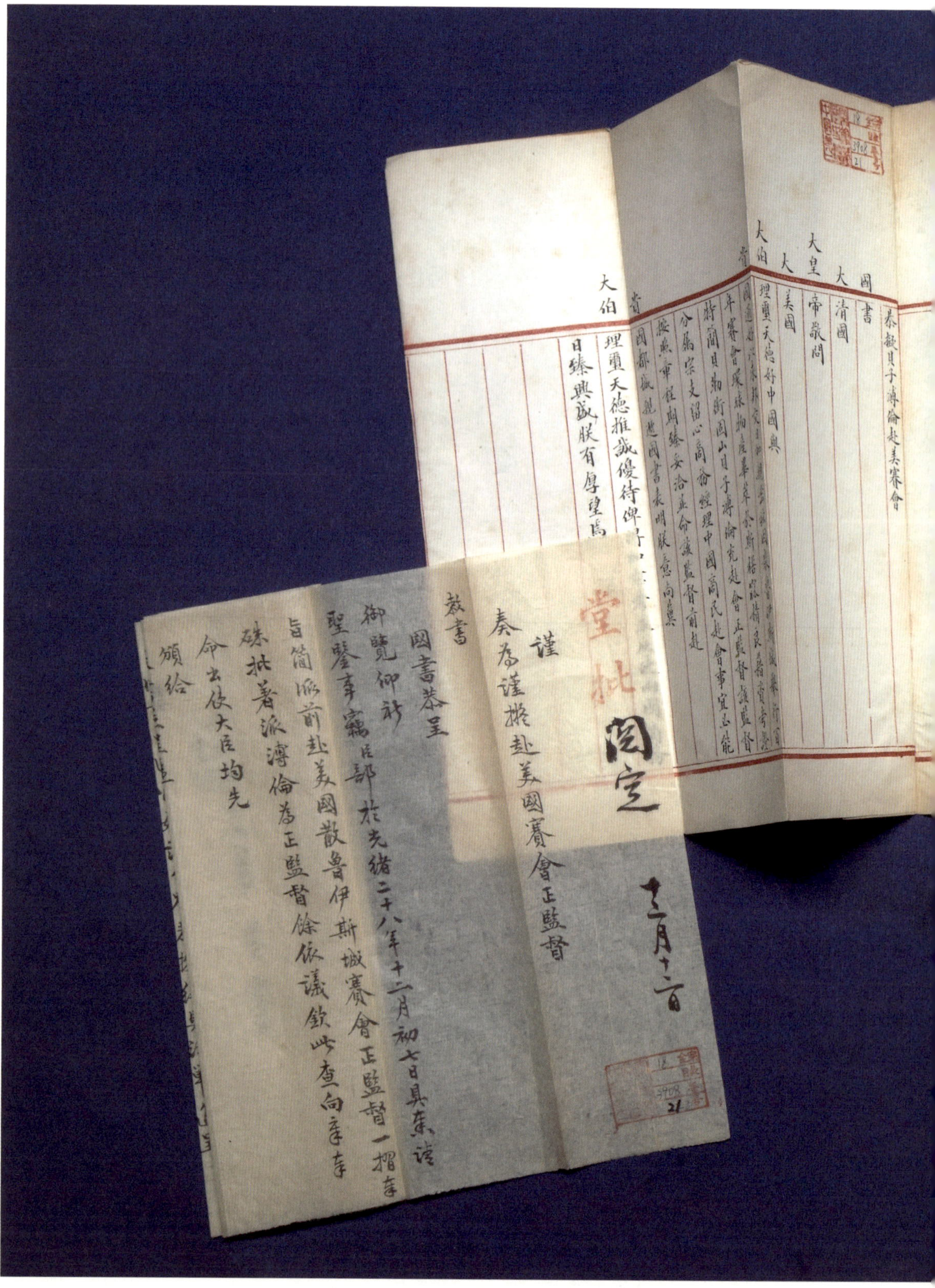
奏派貝子溥倫赴美賽會
國書
大清國
大皇帝敬問
大美國
大伯理璽天德好中國與
堂批
閱定
十二月十二日
謹
奏為謹擬赴美國賽會正監督
敕書
國書恭呈
御覽仰祈
聖鑒事竊臣部於光緒二十八年十二月初七日具奏請
旨簡派前赴美國散魯伊斯城賽會正監督一摺奉
硃批著派溥倫為正監督餘依議欽此查向章
命出使大臣均先
頒給

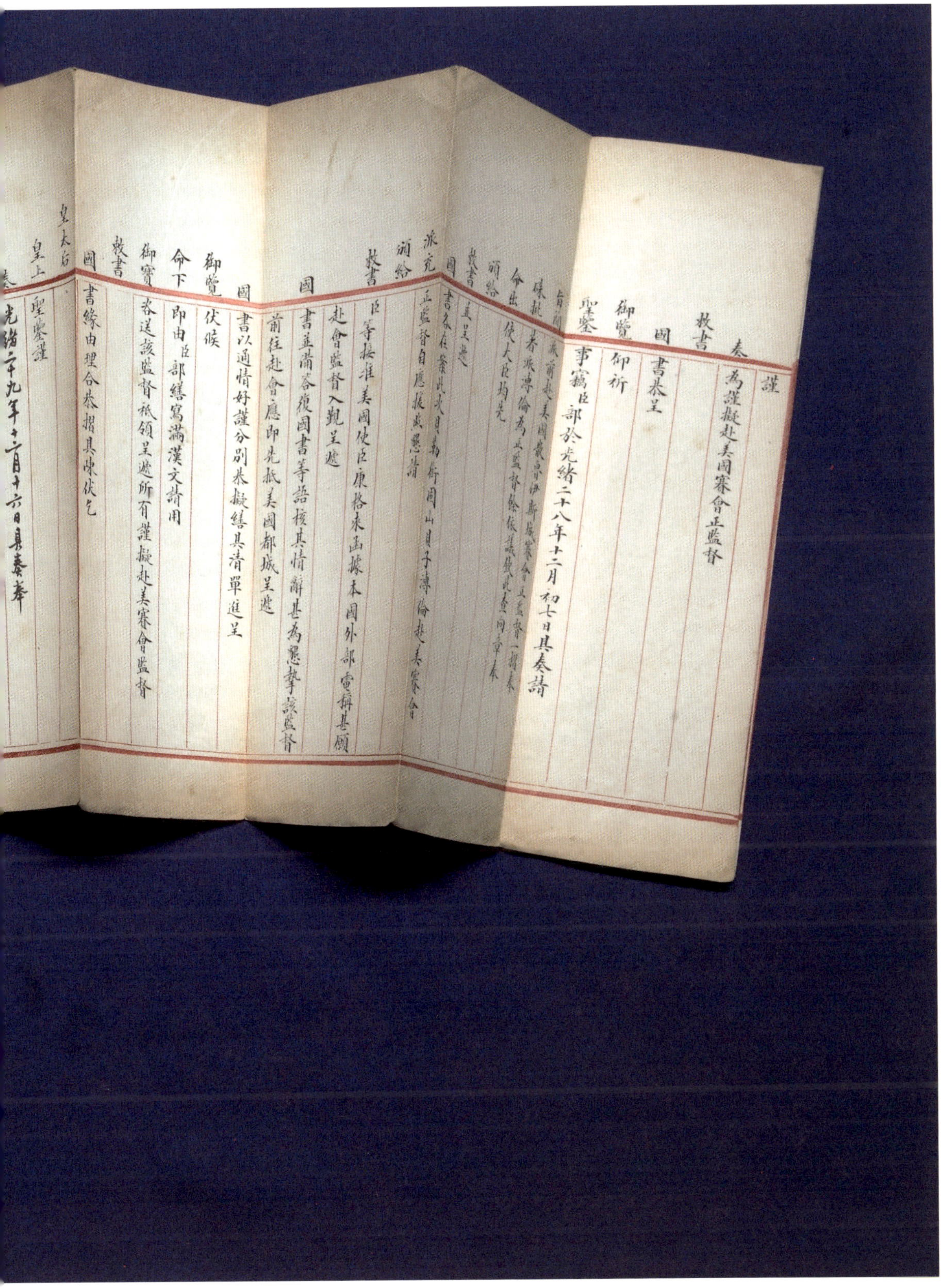

謹
奏為謹擬赴美國賽會正監督
敕書
國書恭呈
御覽仰祈
聖鑒事竊臣部於光緒二十八年十二月初七日具奏請
旨簡派前赴美國散魯伊斯賽會正監督一摺奉
硃批著派溥倫為正監督餘依議欽此查向章奏
命出使大臣均先
頒給
敕書
國書各在案此次貝勒銜固山貝子溥倫赴美賽會
派充正監督自應援照懇請
頒給
敕書臣等接准美國使臣康格來函據本國外部電稱甚願
赴會監督入覲呈遞
國書並備答復國書等語核其情辭甚為懇摯該監督
前往赴會應即先抵美國都城呈遞
國書以通情好謹分別恭擬繕具清單進呈
御覽伏候
命下即由臣部繕寫滿漢文請用
御寶咨送該監督祇領呈遞所有謹擬赴美賽會監督
敕書
國書緣由理合恭摺具陳伏乞
皇太后
皇上聖鑒謹
奏光緒二十九年十二月十六日具奏奉

外务部奏稿之一（光绪二十九年十二月十六日）

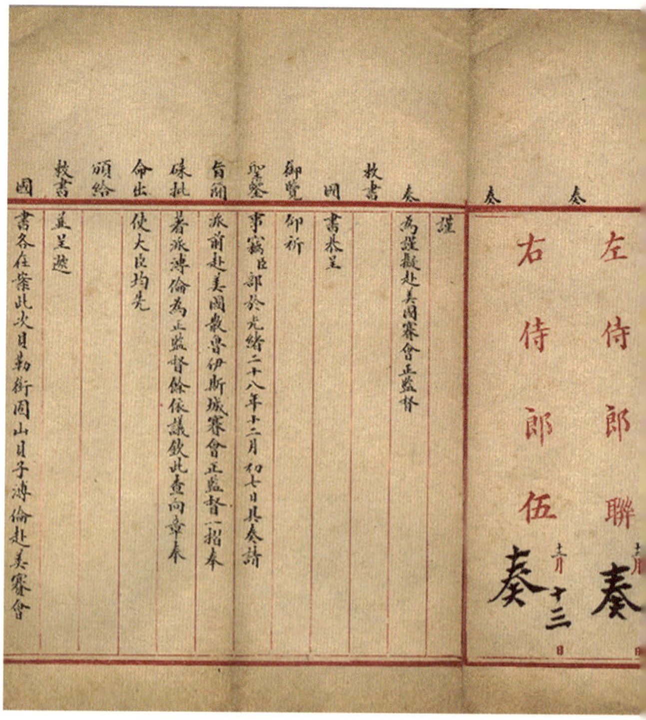

左侍郎聯 奏 十二月
右侍郎伍 奏 十二月十三日
奏
奏
奏為遵擬赴美國賽會正監督
敕書
國書恭呈
御覽仰祈
聖鑒事竊臣部於光緒二十八年十二月初七日具奏請
旨簡派前赴美國散魯伊斯城賽會正監督一摺奉
硃批著派溥倫為正監督餘依議欽此查向章奉
命出使大臣均先
頒給
敕書並呈遞
國書各在案此次貝勒銜固山貝子溥倫赴美賽會

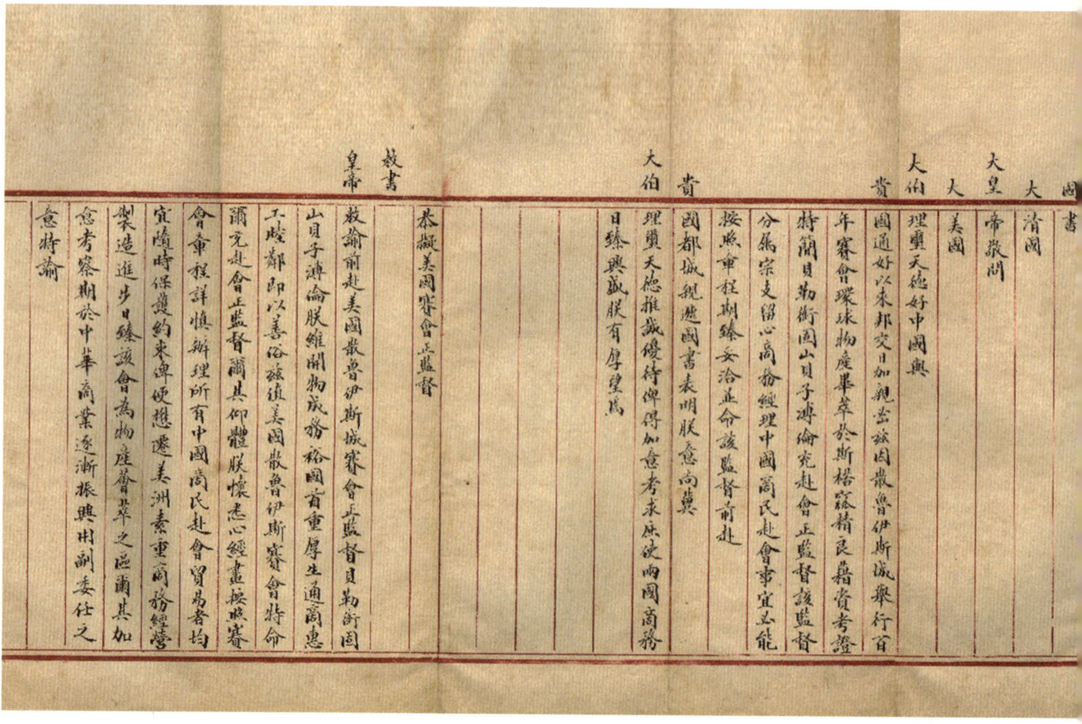

國書
大清國
大皇帝敬問
大美國
大伯理璽天德好中國與
貴國通好以來邦交日加親密茲因散魯伊斯城舉行百
年賽會環球物產畢萃於斯搜羅精良藉資考證
特簡貝勒銜固山貝子溥倫充赴會正監督該監督
分屬宗支留心商務經理中國商民赴會事宜必能
按照章程期臻妥洽並命該監督前赴
貴國都城親遞國書表明朕意尚冀
大伯理璽天德推誠優待俾得加意考求庶使兩國商務
日臻興盛朕有厚望焉

恭擬美國賽會正監督
敕書
皇帝敕諭前赴美國散魯伊斯城賽會正監督貝勒銜固
山貝子溥倫朕維開物成務裕國首重厚生通商惠
工睦鄰即以善俗茲值美國散魯伊斯賽會特命
爾充赴會正監督爾其仰體朕懷悉心經畫按照賽
會章程詳慎辦理所有中國商民赴會貿易者均
宜隨時保護約束俾便懋遷美洲素重商務經營
製造進步日臻該會為物產薈萃之區爾其加
意考察期於中華商業逐漸振興用副委任之
意特諭

外务部奏稿之二（光绪二十九年十二月十六日）

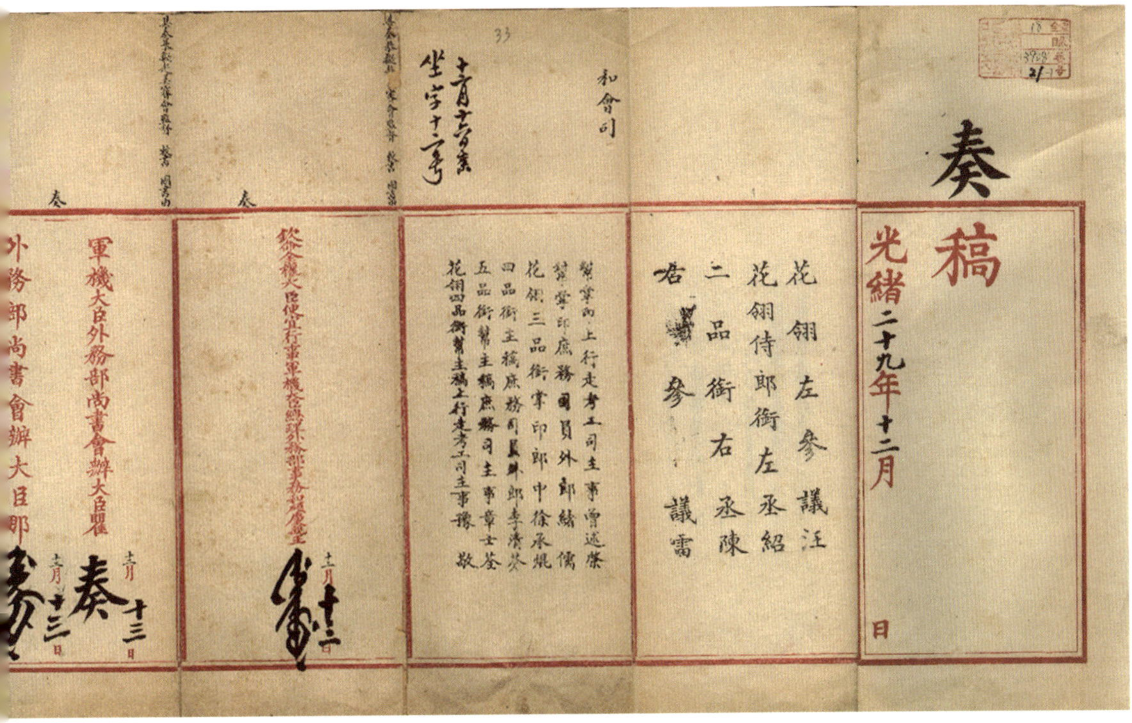
奏稿

光緒二十九年十二月 日

花翎左參議汪

花翎侍郎銜左丞紹

二品銜右丞陳

右參議雷

幫掌印上行走考工司主事曾述棨

幫掌印庶務司員外郎緒儒

花銜三品銜掌印郎中徐承焜

四品銜主稿庶務司員外郎李濟芬

五品銜幫主稿庶務司主事章士荃

花翎四品銜幫主稿上行走考工司主事豫敬

和會司

十二月十六日

欽命總理大臣便宜行事軍機大臣總理外務部事務親王奕

軍機大臣外務部尚書會辦大臣瞿

外務部尚書會辦大臣那

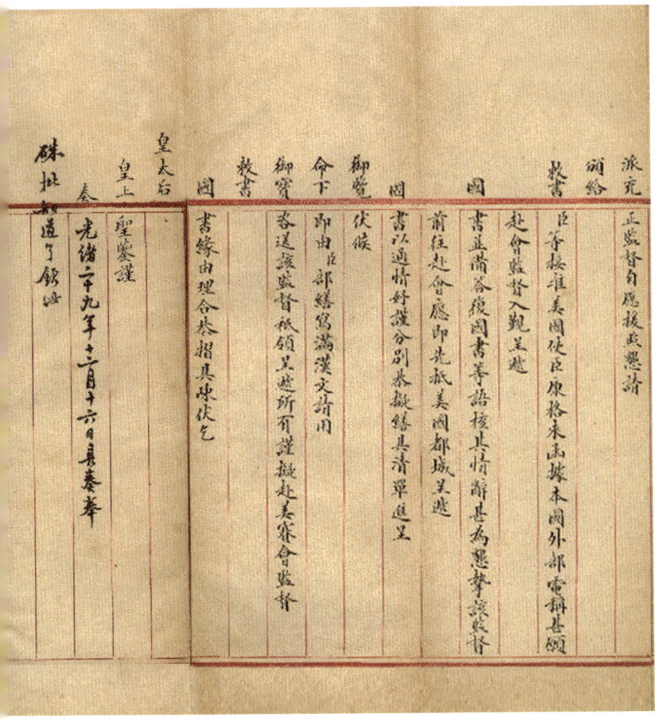
派充正監督自應援照懇請

頒給

敕書臣等接准美國使臣康格來函據本國外部電稱甚願

赴會監督入覲呈遞

國書並備答復國書等語核其情辭甚為懇摯該監督

前往赴會應即先抵美國都城呈遞

國書以通情好謹分別恭擬繕具清單進呈

御覽伏候

命下即由臣部繕寫滿漢文請用

御寶咨送該監督祇領呈遞所有謹擬赴美賽會監督

敕書

國書緣由理合恭摺具陳伏乞

皇太后

皇上聖鑒謹

奏光緒二十九年十二月十六日具奏奉

硃批知道了欽此

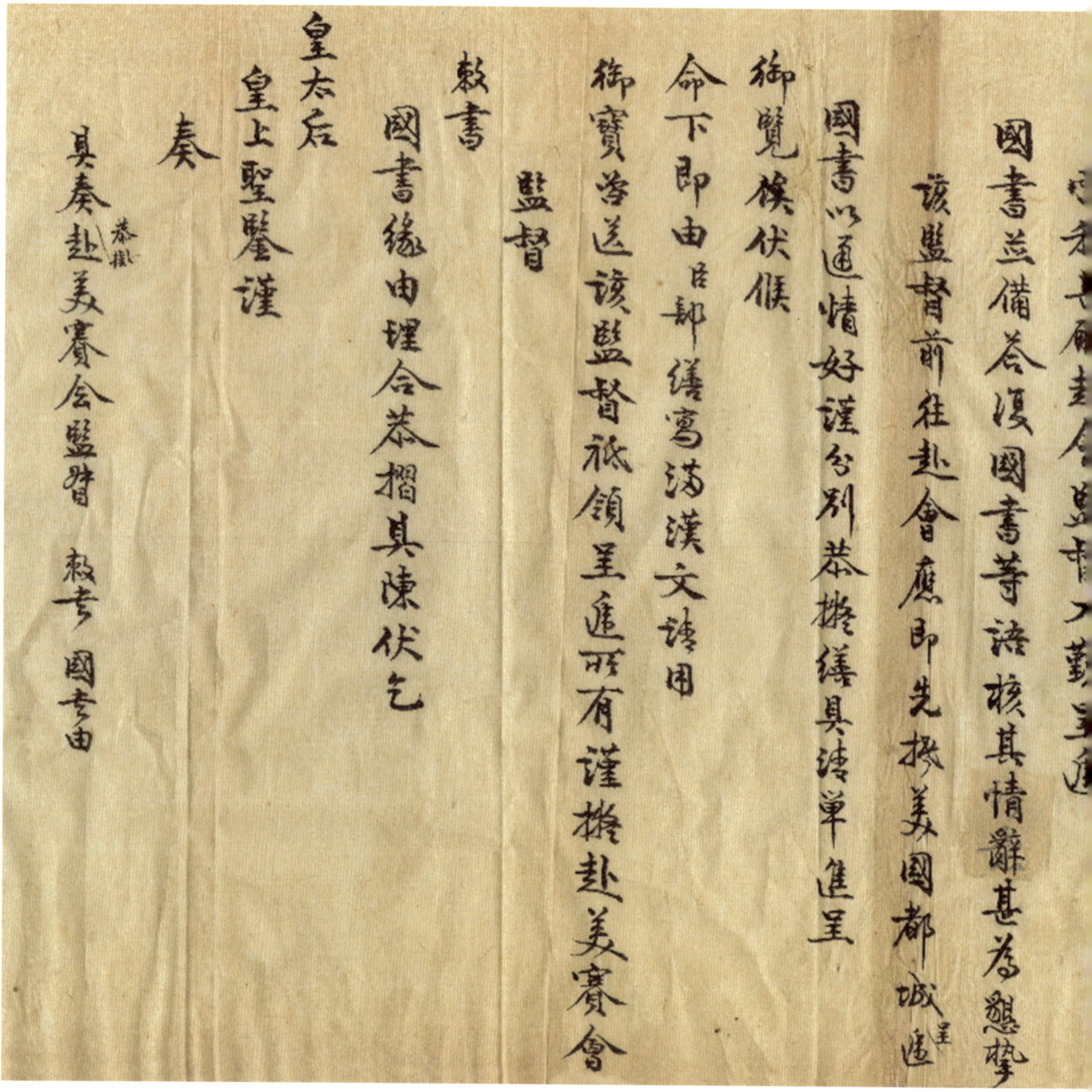
國書並備咨復國書等語核其情辭甚為懇摯
該監督前往赴會應即先抵美國都城呈遞
國書以通情好謹分別恭擬繕具清單進呈
御覽俟伏候
命下即由臣部繕寫滿漢文請用
御寶發交該監督祗領呈遞所有謹擬赴美賽會
監督
敕書
國書緣由理合恭摺具陳伏乞
皇太后
皇上聖鑒謹
奏
具奏恭擬赴美賽會監督 敕書 國書由

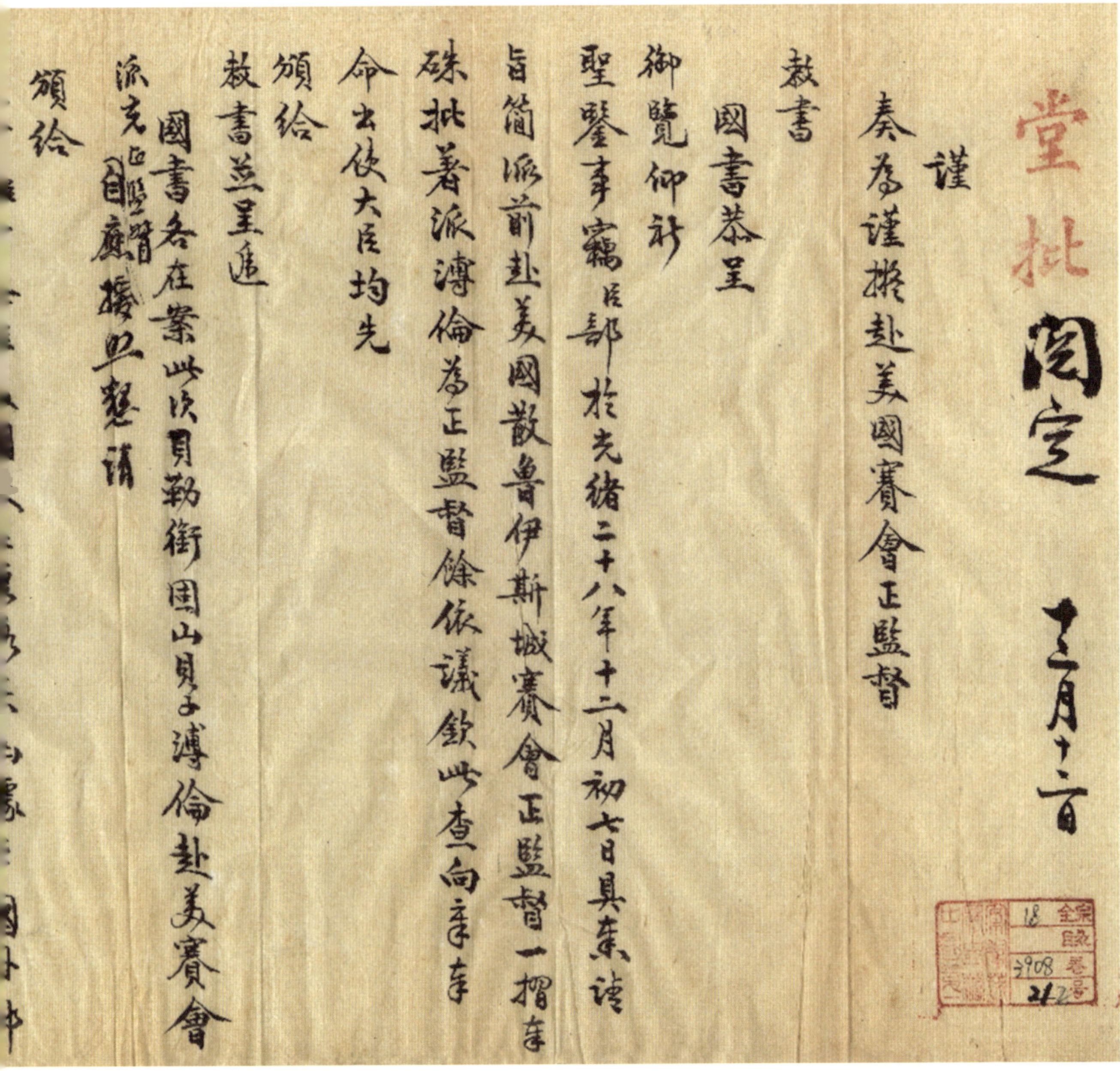
堂批 閱定 十二月十六日

謹

奏為謹擬赴美國賽會正監督

敕書

國書恭呈

御覽仰祈

聖鑒事竊臣部於光緒二十八年十二月初七日具奏請

旨簡派前赴美國散魯伊斯城賽會正監督一摺奉

硃批著派溥倫為正監督餘依議欽此查向章奉

命出使大臣均先

頒給

敕書並呈進

國書各在案此次貝勒銜固山貝子溥倫赴美賽會

派充正監督應援照懇請

頒給

外务部奏稿之三（光绪二十九年十二月十六日）

美国驻华公使致外务部庆亲王信函：

为危地马拉国批准万国邮政会章函达备案事

光绪三十年元月十一日（1904年2月16日）

中国近代邮政是在由赫德掌控的海关下创办的，虽然一定程度上推动了近代邮政业务的发展，但毕竟不是具有主权意义的国家邮政，因此当时在国内存在着“客邮”（外国在中国设立邮政机构并开展业务）现象。万国邮政联盟的成立，为解决这一问题提供了外部条件。当然，由于种种原因，在清代中国未能正式加入万国邮政联盟。不过，驻美大臣伍廷芳于光绪二十三年（1897）列席了在美国召开的万国邮政联盟大会。这次大会之后，有更多的国家加入了万国邮政联盟，中国也更加关注该组织的动向。因此，美国驻华使馆将中美洲国家危地马拉加入该组织的事项函告外务部，供中方参考。

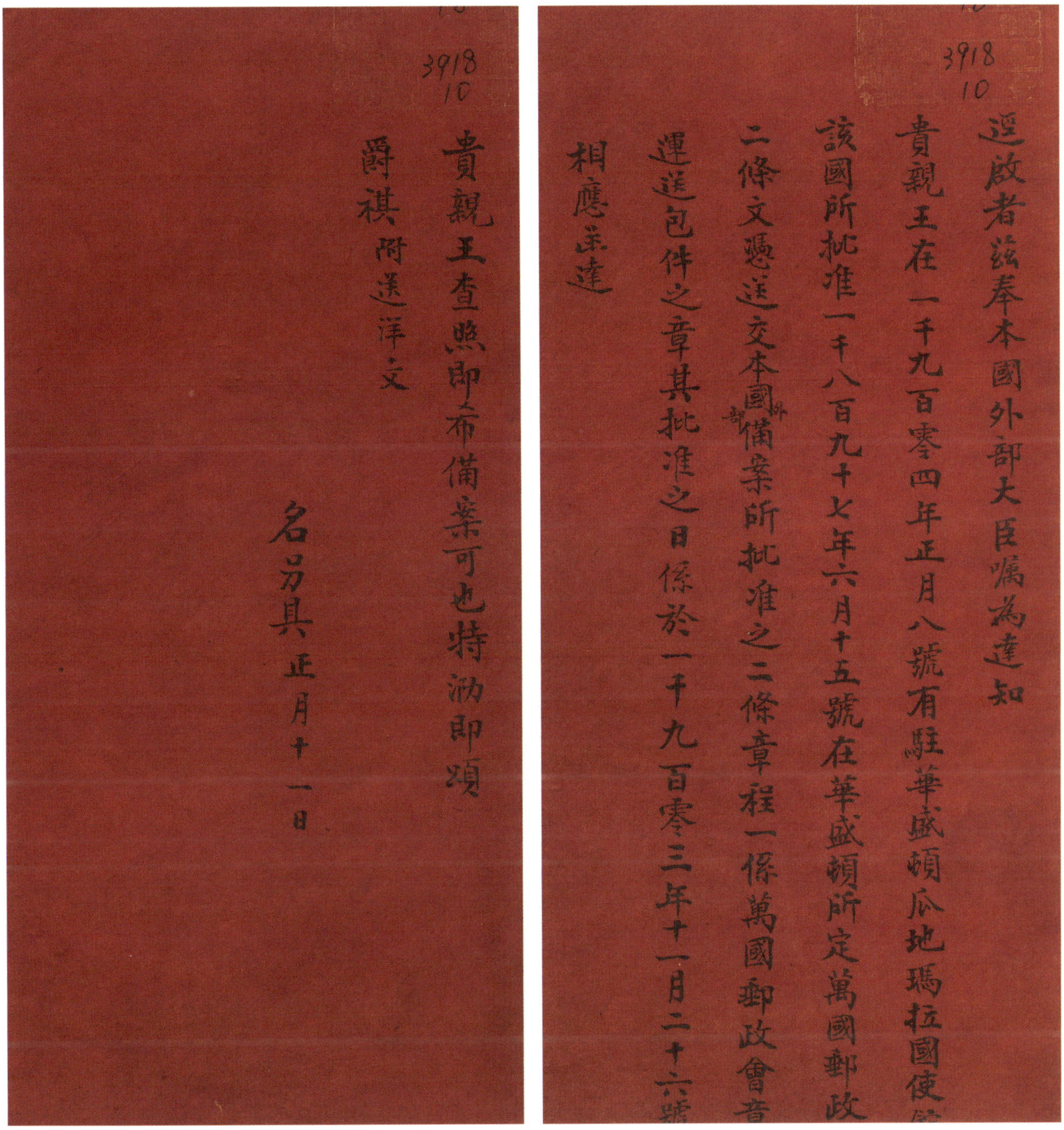

逕啟者茲奉本國外部大臣嘱為達知
貴親王在一千九百零四年正月八號有駐華盛頓瓜地瑪拉國使館
該國所批准一千八百九十七年六月十五號在華盛頓所定萬國郵政
二條文憑送交本國部備案所批准之二條章程一條萬國郵政會章
運送包件之章其批准之日係於一千九百零三年十一月二十六號
相應函達
貴親王查照即希備案可也特泐即頌
爵祺 附送洋文
名另具 正月十一日

美国驻华公使致外务部庆亲王信函（光绪三十年元月十一日）

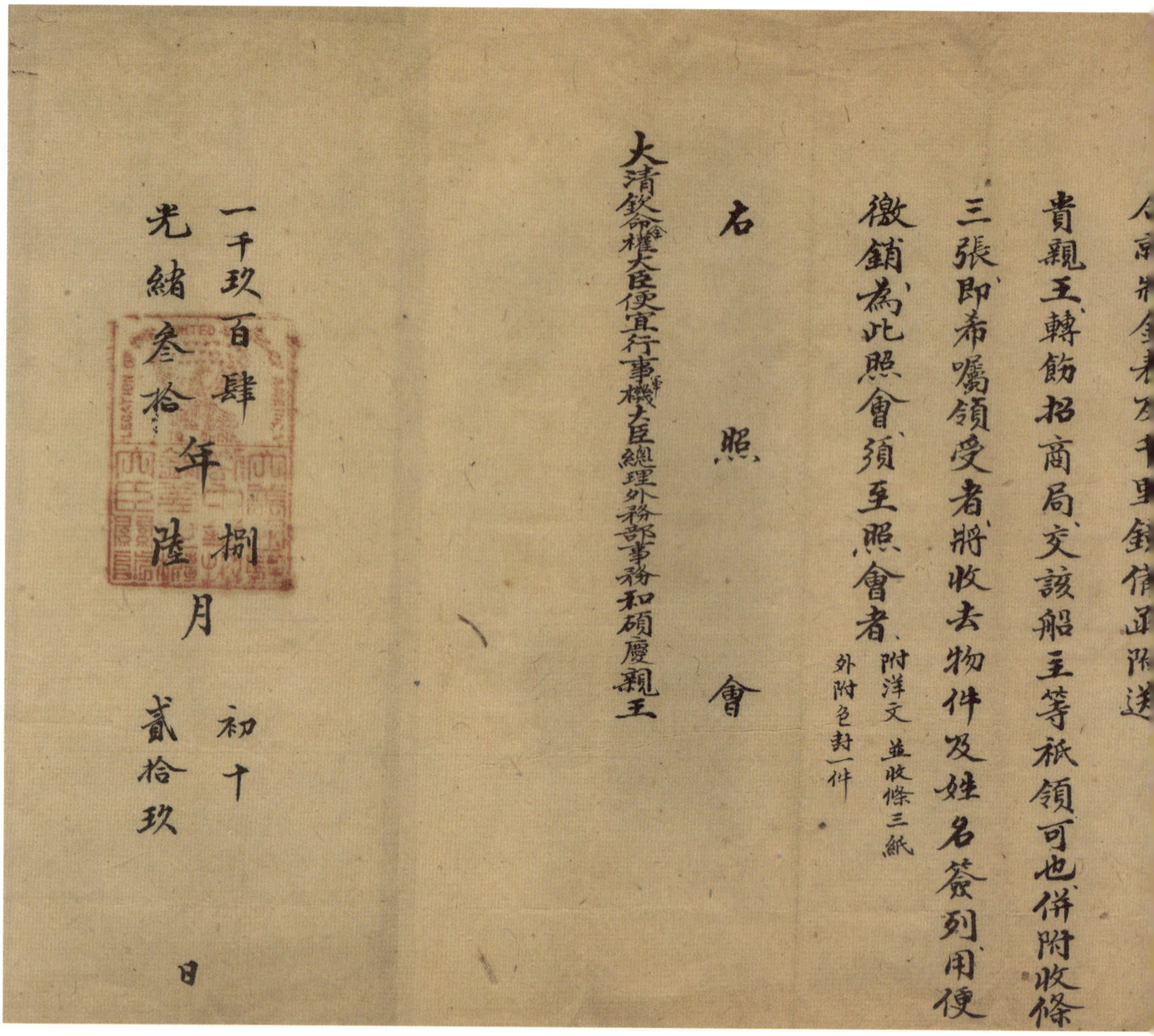

貴親王轉飭招商局交該船主等祗領可也併附收條
三張即希囑領受者將收去物件及姓名簽列用便
繳銷為此照會須至照會者
附洋文並收條三紙
外附色封一件
右照會
大清欽命全權大臣便宜行事軍機大臣總理外務部事務和碩慶親王
一千玖百肆年捌月初十日
光緒叁拾年陸月貳拾玖日

美国驻华公使康格照会：

为奖励招商局爱仁号等船救护美国商船事

光绪三十年六月二十九日（1904年8月10日）

总理衙门成立之后，设南、北洋通商事务大臣，北洋大臣的职掌除直隶省交涉事务和牛庄、天津、登州三口通商事务外，还包括“凡招商之务，则设局派员以经理之”，这份照会反映的是招商局两艘轮船救助海难之事。光绪二十九年（1903），美国商船喀里耳得甫号遭遇风暴，船身进水几近沉没，被招商局爱仁号和海安号两艘轮船救起。美国总统闻讯给予奖励，奖给爱仁号船主约翰斯和二副马拉肯金表各一枚，奖给海安号船主瓦拉思双筒千里镜一只。

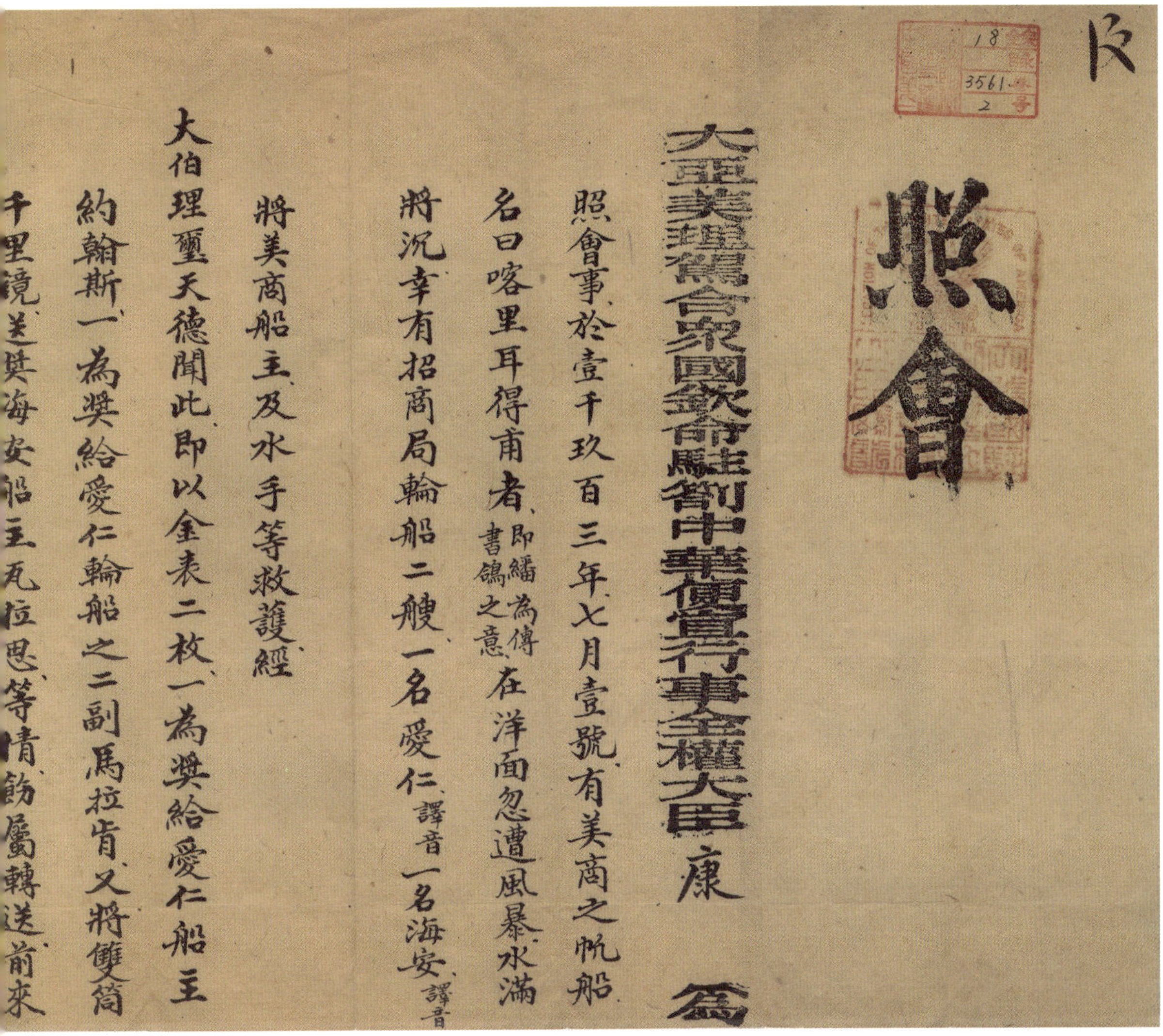
照會

大亞美理駕合衆國欽命駐劄中華便宜行事全權大臣康　為

照會事、於壹千玖百三年七月壹號、有美商之帆船名曰喀里耳得甫者、即繙為傳書鴿之意在洋面忽遭風暴、水滿將沉、幸有招商局輪船二艘、一名愛仁、譯音一名海安、譯音

將美商船主及水手等救護、經

大伯理璽天德聞此、即以金表二枚、一為奬給愛仁船主約翰斯、一為奬給愛仁輪船之二副馬拉肯、又將雙筒千里鏡送奬海安船主瓦拉思、等情、飭屬轉送前來

美国驻华公使康格照会（光绪三十年六月二十九日）

在海上遇险的美国商船油画（美国皮博迪艾塞克斯博物馆藏）

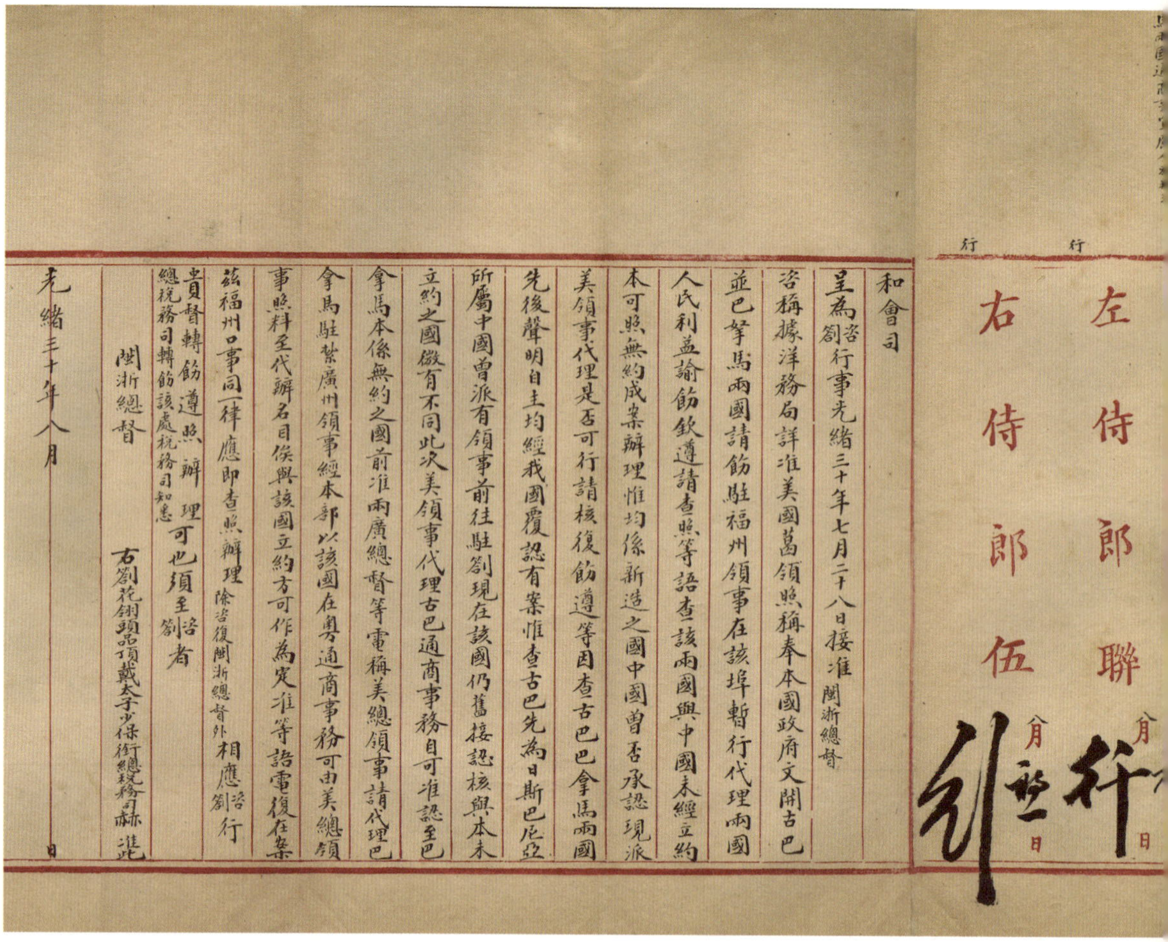
左侍郎聯
右侍郎伍
行
八月 日
八月 日

和會司
呈為咨劄行事光緒三十年七月二十八日接准閩浙總督
咨稱據洋務局詳准美國葛領照稱奉本國政府文開古巴
並巴拿馬兩國請飭駐福州領事在該埠暫行代理兩國
人民利益諭飭欽遵請查照等語查該兩國與中國未經立約
本可照無約成案辦理惟均係新造之國中國曾否承認現派
美領事代理是否可行請核復飭遵等因查古巴巴拿馬兩國
先後聲明自主均經我國覆認有案惟查古巴先為日斯巴尼亞
所屬中國曾派有領事前往駐劄現在該國仍舊接認核與本未
立約之國微有不同此次美領事代理古巴通商事務自可准認至巴
拿馬本係無約之國前准兩廣總督等電稱美總領事請代理巴
拿馬駐紮廣州領事經本部以該國在粵通商事務可由美總領
事照料至代辦名目俟與該國立約方可作為定准等語電復在案
茲福州口事同一律應即查照辦理除咨復閩浙總督外相應咨劄行
貴督轉飭遵照辦理可也須至咨劄者
總稅務司轉飭該處稅務司知悉
閩浙總督
右劄花翎頭品頂戴太子少保銜總稅務司赫 準此
光緒三十年八月 日

外务部致闽浙总督咨文：

为福州美领事代理古巴巴拿马两国通商事

光绪三十年八月初一日（1904年9月10日）

20世纪初，拉丁美洲的古巴和巴拿马分别获得独立。在与中国正式立约建交前，两国希望美国代理其在中国的领事业务，美国也接受了这一委托。闽浙总督为此事咨询外务部，外务部就古巴和巴拿马两国在华设领事事宜分别予以答复。古巴原为西班牙殖民地，独立前中国已在古巴设立总领事馆，独立后“该国仍旧接认”，因此，“此次美领事代理古巴通商事务自可准认”。但巴拿马在独立前为哥伦比亚的一部分，而哥伦比亚并未与中国建交，“巴拿马本系无约之国”，具体到委托美国驻福州领事代理一事，可参照广州之例，即巴拿马通商事务“可由美总领事照料，至代办名目俟与该国立约方可作为定准”。此件档案一并札送总税务司赫德处。

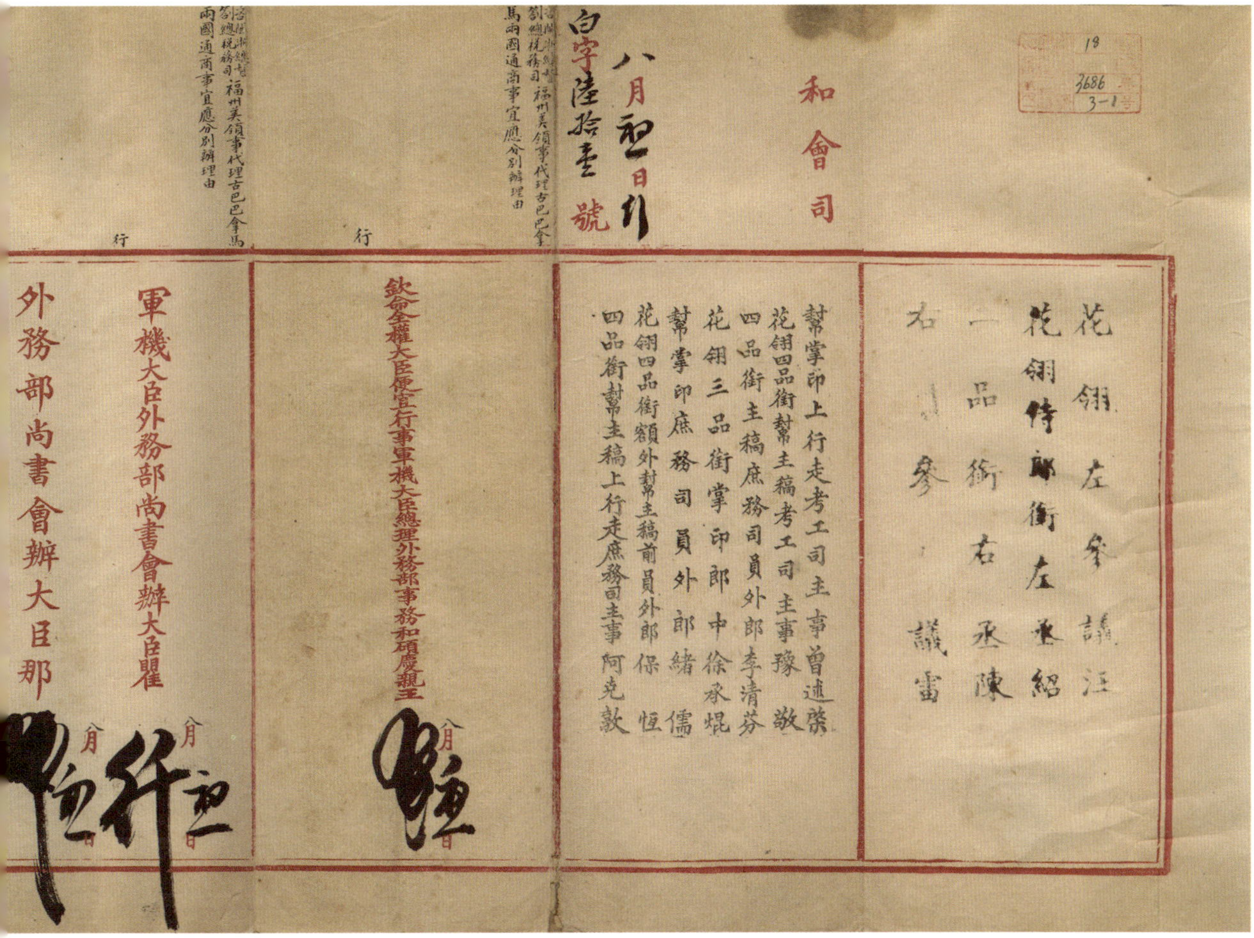

和會司

白字陸拾壹號

八月初一日 行

花翎左參議汪
花翎侍郎銜左丞紹
一品銜右丞陳
右參議雷

幫掌印上行走考工司主事曾述棨
花翎四品銜幫主稿考工司主事豫敬
四品銜主稿庶務司員外郎李清芬
花翎三品銜掌印郎中徐承焜
幫掌印庶務司員外郎緒儒
花翎四品銜額外幫主稿前員外郎保恒
四品銜幫主稿上行走庶務司主事阿克款

欽命全權大臣便宜行事軍機大臣總理外務部事務和碩慶親王

軍機大臣外務部尚書會辦大臣瞿

外務部尚書會辦大臣那

外务部致闽浙总督咨文之一（光绪三十年八月初一日）

赫德

紅

前准兩廣總督電稱美總領事代理巴拿馬駐紮廣州領

事經本部以該國在粵通商事務可由美總領事照料代辦玉

名目俟與該國立約方可作為定準等語電復查照在案茲

福州口事同一律應即查照辦理除咨復閩浙總督外相應咨劄行

貴督轉飭道照辦理可也須至咨劄者

總稅務司轉飭該處稅務司知悉可也

咨閩浙總督　福州美領事代理古巴巴拿馬兩國通商事宜

札總稅務司　應分別辦理由

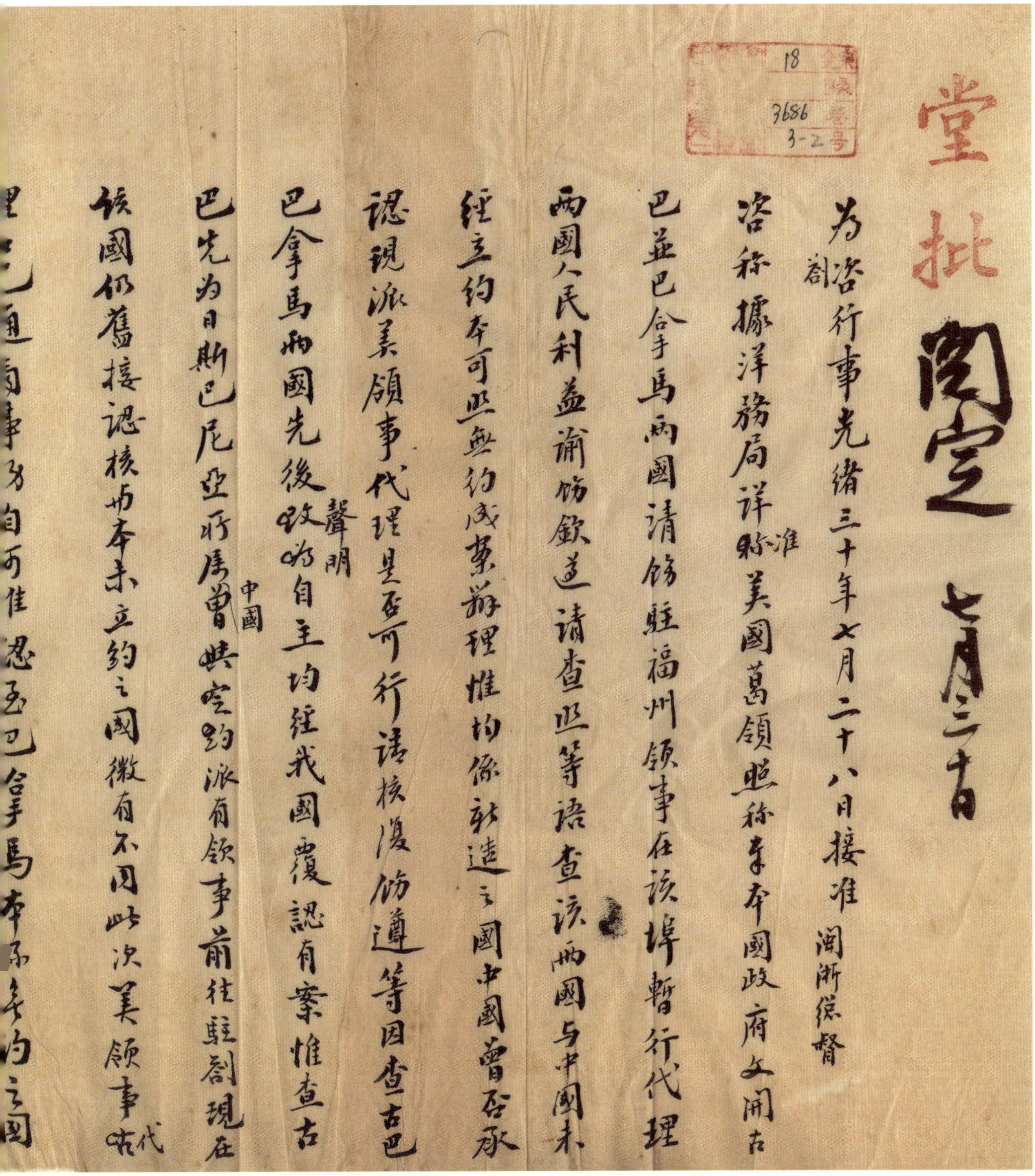

堂批

閱定 七月三十日

為咨行事光緒三十年七月二十八日接准 閩浙總督

咨稱據洋務局詳准美國葛領照稱奉本國政府文開古

巴並巴拿馬兩國請飭駐福州領事在該埠暫行代理

兩國人民利益諭飭欽遵請查照等語查該兩國與中國未

經立約本可照無約成案辦理惟均係新造之國中國曾否承

認現派美領事代理是否可行請核復飭遵等因查古巴

巴拿馬兩國先後致聲明自主均經我國覆認有案惟查古

巴先為日斯巴尼亞所屬曾與中國定約派有領事前往駐劄現在

該國仍舊接認核與本未立約之國微有不同此次美領事代

理之通商事務自可准 照巴拿馬本係新造之國

外务部致闽浙总督咨文之二（光绪三十年八月初一日）

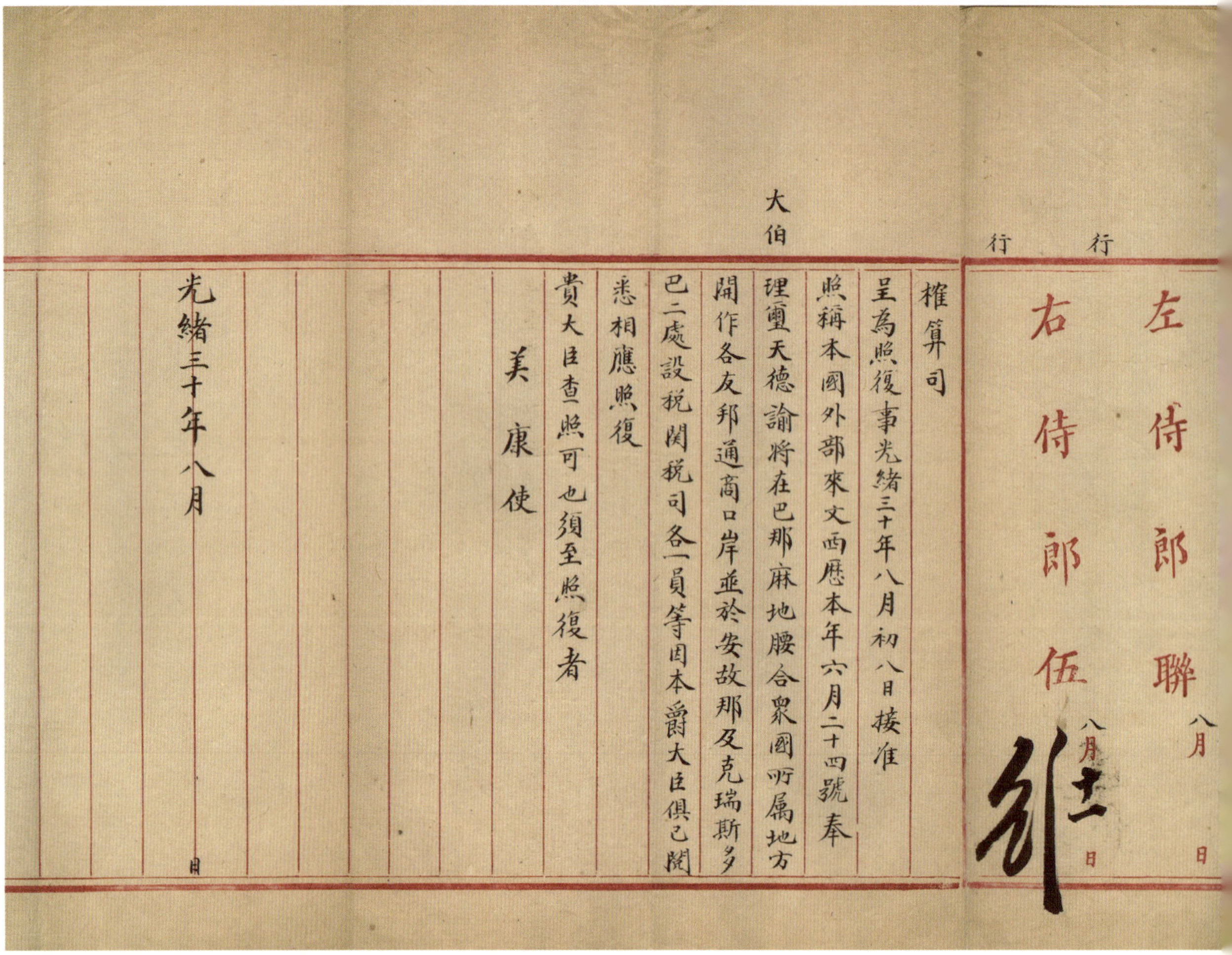
左侍郎聯 八月 日
右侍郎伍 八月十一日
行 行
榷算司
呈為照復事光緒三十年八月初八日接准
照稱本國外部來文西歷本年六月二十四號奉
大伯理璽天德諭將在巴那麻地腰合衆國所屬地方
開作各友邦通商口岸並於安故那及克瑞斯多
巴二處設税關税司各一員等因本爵大臣俱已閱
悉相應照復
貴大臣查照可也須至照復者
美康使
光緒三十年八月 日

外务部致美国驻华公使康格照会：

为巴拿马地方开作各国通商口岸已阅悉事

光绪三十年八月十一日（1904 年 9 月 20 日）

光绪二十九年（1903）巴拿马正式独立后，清政府于当年就予以承认，但双方并未立即建交或为此展开谈判。由于美国在巴拿马独立过程中的特殊作用，巴拿马在独立后的相当长时期内，美国均对其内政和外交产生重要影响。光绪三十年，“奉大伯理玺天德谕，将在巴那麻地腰合众国所属地方，开作各友邦通商口岸，并于安故那及克瑞斯多巴二处，设税关税司各一员”。美方将这一情况通过驻华公使以照会的形式告知外务部，外务部也通过照会表示知悉。实际上，清末中国和巴拿马的交往，无论是巴拿马运河开工之际的华工问题，还是两国互设领事机构事宜，都有绕不开的美国因素。

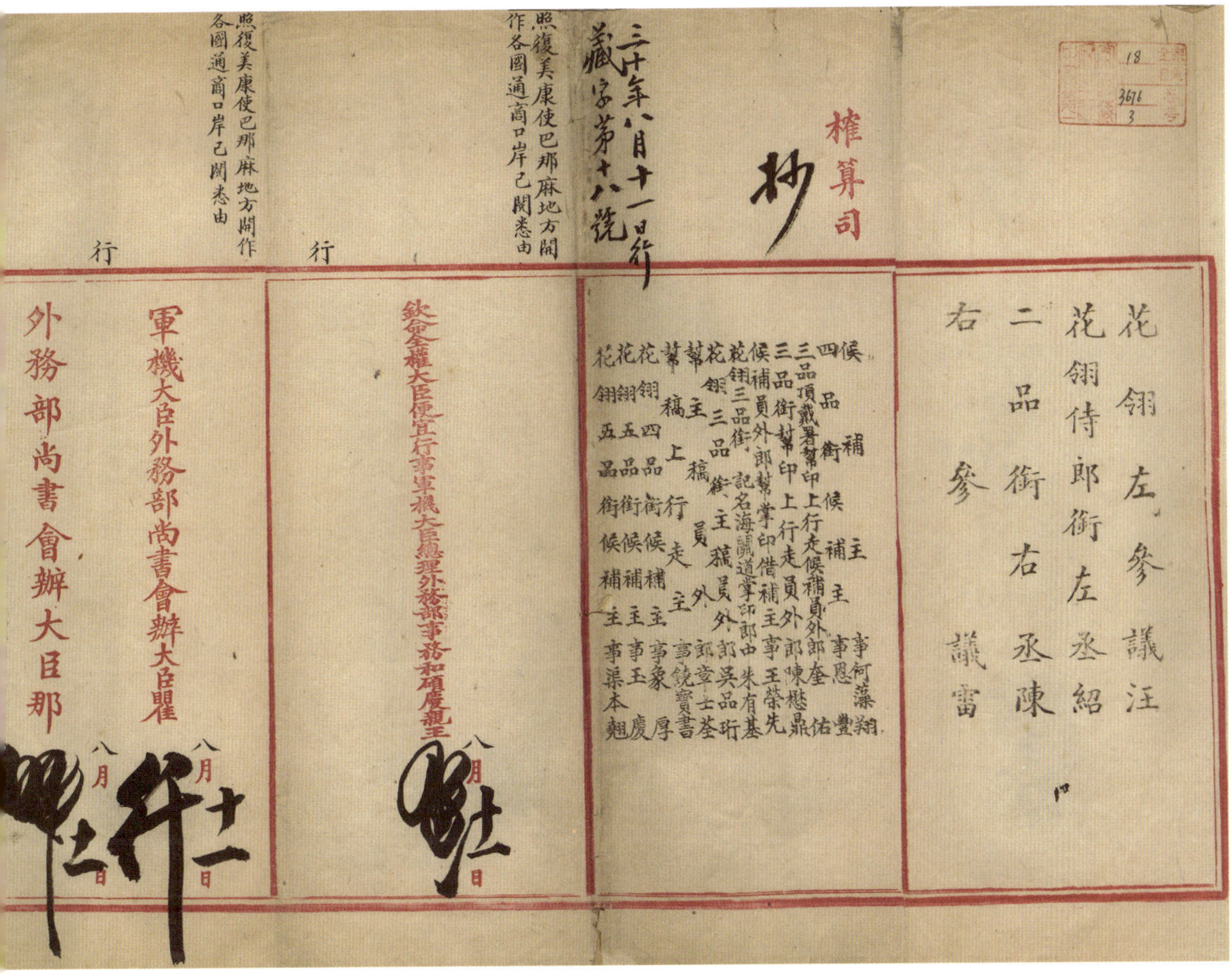

榷算司

抄

三十年八月十一日行

藏字第十八號

照復美康使巴那麻地方開作各國通商口岸已閱悉由

行

花翎左參議汪

花翎侍郎銜左丞紹

二品銜右丞陳

右參議雷

候補主事何藻翔

四品銜候補主事恩豐

三品頂戴署幫印上行走候補員外郎奎佑

三品銜幫印上行走員外郎陳懋鼎

候補員外郎幫掌印借補主事王榮先

花翎三品銜記名海關道掌印郎中朱有基

花翎三品銜主稿員外郎吳品珩

幫主稿員外郎章士荃

幫稿上行走主事饒寶書

花翎四品銜候補主事象厚

花翎五品銜候補主事玉慶

花翎五品銜候補主事渠本翹

欽命全權大臣便宜行事軍機大臣總理外務部事務和碩慶親王

八月十一日

照復美康使巴那麻地方開作各國通商口岸已閱悉由

行

行

軍機大臣外務部尚書會辦大臣瞿

八月十一日

外務部尚書會辦大臣那

八月十一日

外务部致美国驻华公使康格照会（光绪三十年八月十一日）

康格

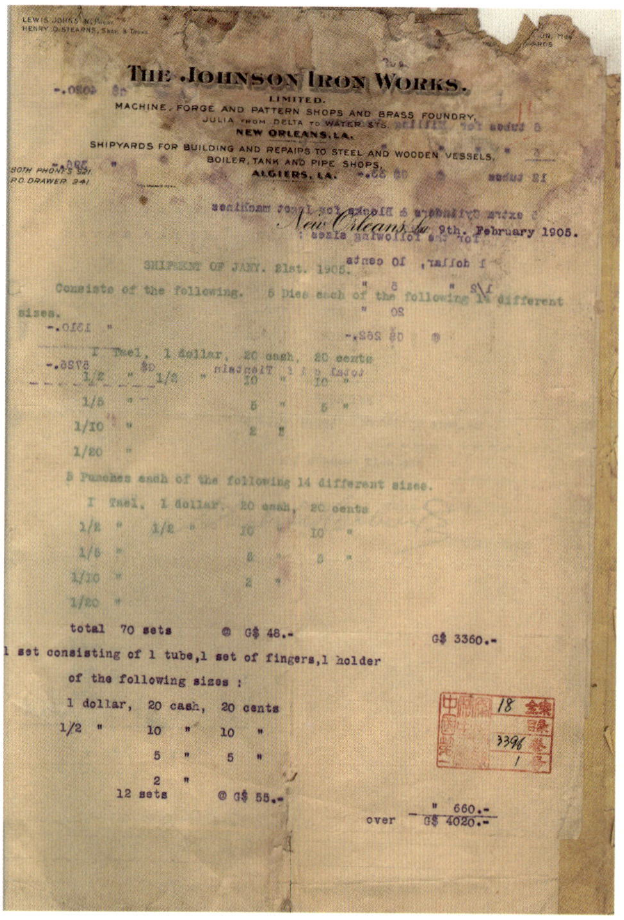

THE JOHNSON IRON WORKS.
LIMITED.
MACHINE, FORGE AND PATTERN SHOPS AND BRASS FOUNDRY.
JULIA FROM DELTA TO WATER STS.
NEW ORLEANS, LA.
SHIPYARDS FOR BUILDING AND REPAIRS TO STEEL AND WOODEN VESSELS.
BOILER, TANK AND PIPE SHOPS.
ALGIERS, LA.
BOTH PHONES 221
P.O. DRAWER 341

New Orleans, La. 9th. February 1905.

SHIPMENT OF JANY. 21st. 1905.
Consists of the following. 5 Dies each of the following 14 different sizes.

1 Tael, 1 dollar, 20 cash, 20 cents
1/2 " 1/2 " 10 " 10 "
1/5 " 5 " 5 "
1/10 " 2 "
1/20 "

5 Punches each of the following 14 different sizes.

1 Tael, 1 dollar, 20 cash, 20 cents
1/2 " 1/2 " 10 " 10 "
1/5 " 5 " 5 "
1/10 " 2 "
1/20 "

total 70 sets @ G$ 48.- G$ 3360.-

1 set consisting of 1 tube,1 set of fingers,1 holder
of the following sizes :
1 dollar, 20 cash, 20 cents
1/2 " 10 " 10 "
5 " 5 "
2 "
12 sets @ G$ 55.- " 660.-
over G$ 4020.-

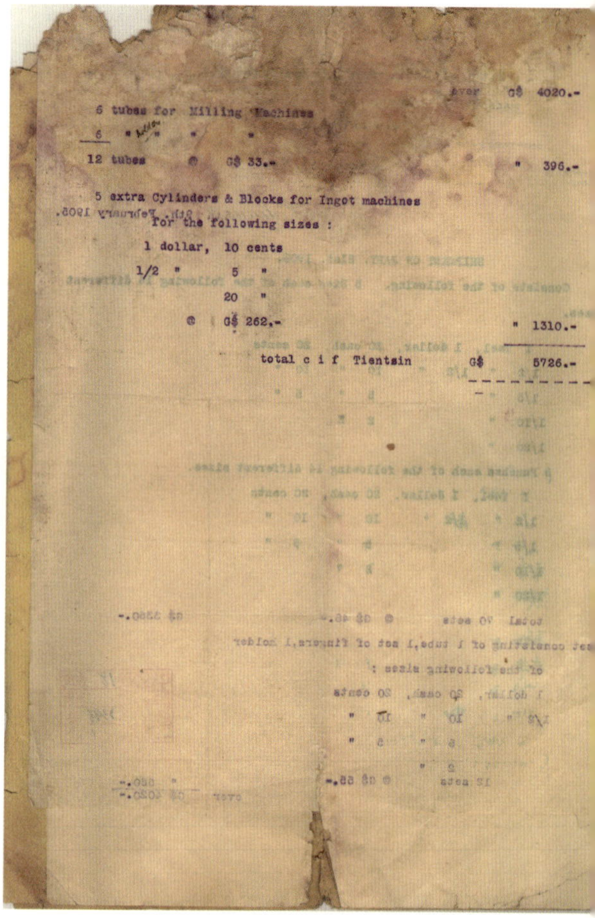

over G$ 4020.-
6 tubes for Milling Machines
6 " " "
12 tubes @ G$ 33.- " 396.-

5 extra Cylinders & Blocks for Ingot machines
for the following sizes :
1 dollar, 10 cents
1/2 " 5 "
20 "
@ G$ 262.- " 1310.-
total c i f Tientsin G$ 5726.-

清单：

向美国订购制造银铜元机器等账单

光绪三十年（1904）

19世纪末，美国通过南北战争消灭了落后的种植园奴隶制，排除了资本主义快速发展的最大内部障碍，经济走上迅速发展的崭新阶段。20世纪初，美国通过以电力革命和内燃机革命为标志的科学技术革命完成了近代工业化，赶超德国和英国成为世界头号工业大国。而维新运动

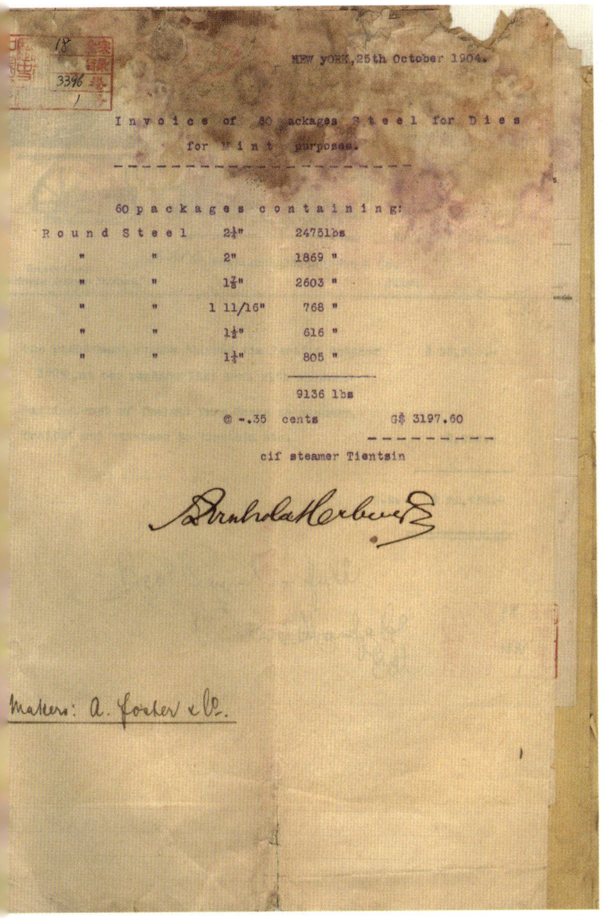

NEW YORK, 25th October 1904.

Invoice of 60 packages Steel for Dies for Mint purposes.

60 packages containing:

Round Steel		2¼"	2475 lbs
"	"	2"	1869 "
"	"	1⅞"	2603 "
"	"	1 11/16"	768 "
"	"	1½"	616 "
"	"	1¼"	805 "
			9136 lbs

@ -.35 cents G$ 3197.60

cif steamer Tientsin

November 15th. 04.

Terms Cash.

Sold to Mess. Arnhold, Karberg & Co.
City.

One right hand Engine shipped via Pacific October 1904, as per packing list sent with shipment	$ 16,500.-
Packing, cost of freight from Works to steamer, freight and expenses to Tientsin etc.	6,250.-
U.S.	$ 22,750.-

清单（光绪三十年）

后，清廷也充分认识到学习引进西方科技的重要性，于是大量从以美国为首的发达国家订购先进工业机器。这是一份中英文账单，时间约为光绪三十年（1904）左右，账单开列了中国向美国维尔德、常生、福仕德等工厂购买汽机、锅炉、撞饼机器、印花机器、印边机器、银条模管以及银元钢模坯子的数量、质量、价格等情况，清单中不仅计算了水脚、包扎、装箱、火车等费用，甚至还包括了保险费用。

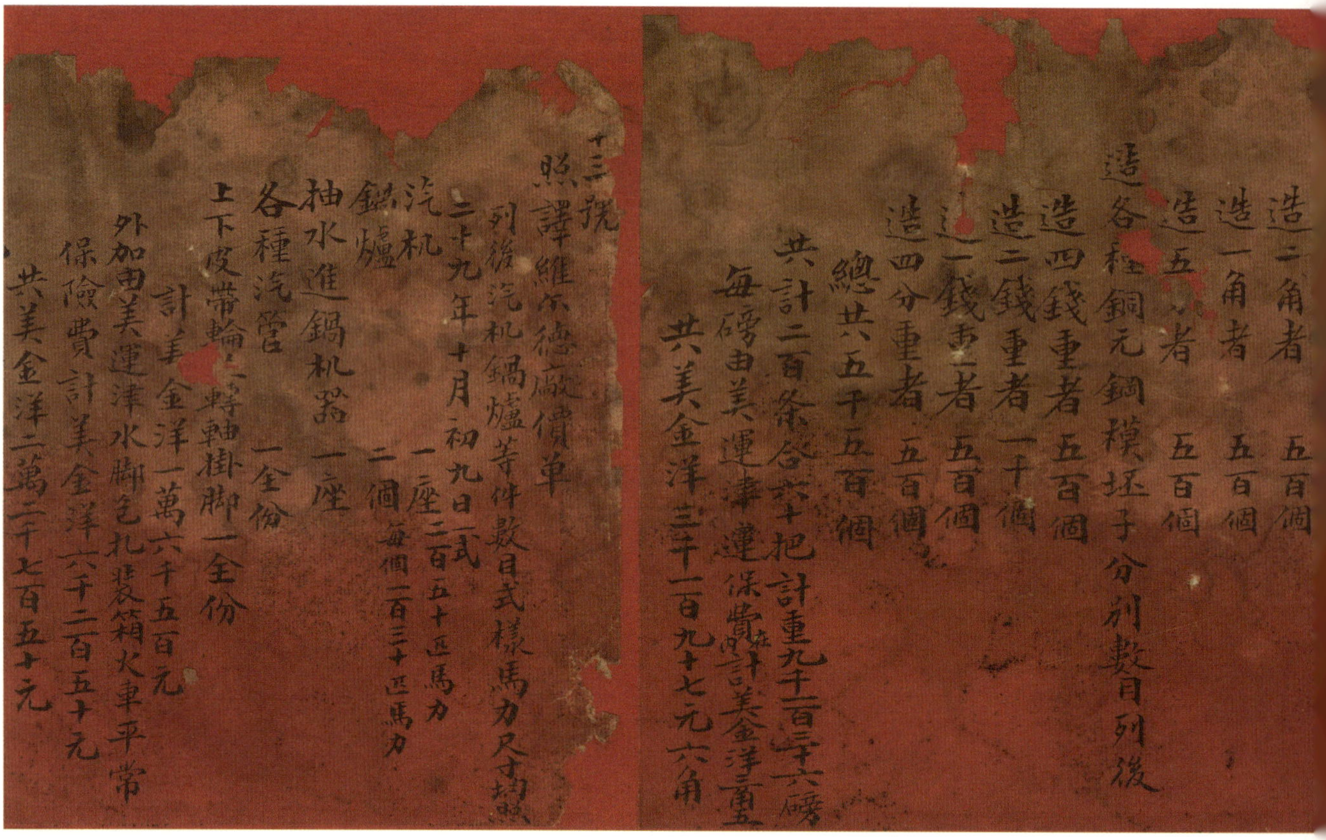

造二角者　五百個
造一角者　五百個
造五分者　五百個
造各種銅元鋼模坯子分别數目列後
造四錢重者　五百個
造二錢重者　一千個
造一錢五重者　五百個
造四分重者　五百個
總共六五千五百個
共計二百條各六十把計重九千一百三十六磅
每磅由美運津運保費在內計美金洋壹角五
共美金洋三千一百九十七元六角

十三號
照譯維林德廠價單
列後汽机鍋爐等件數目式樣馬力尺寸均照
二十九年十月初九日式
汽机　一座　二百五十匹馬力
鍋爐　二個　每個一百三十匹馬力
抽水進鍋机器　一座
各種汽管　一全份
上下皮帶輪及轉軸掛脚　一全份
計美金洋一萬六千五百元
外加由美運津水脚包扎裝箱火車平常保險費計美金洋六千二百五十元
共美金洋二萬二千七百五十元

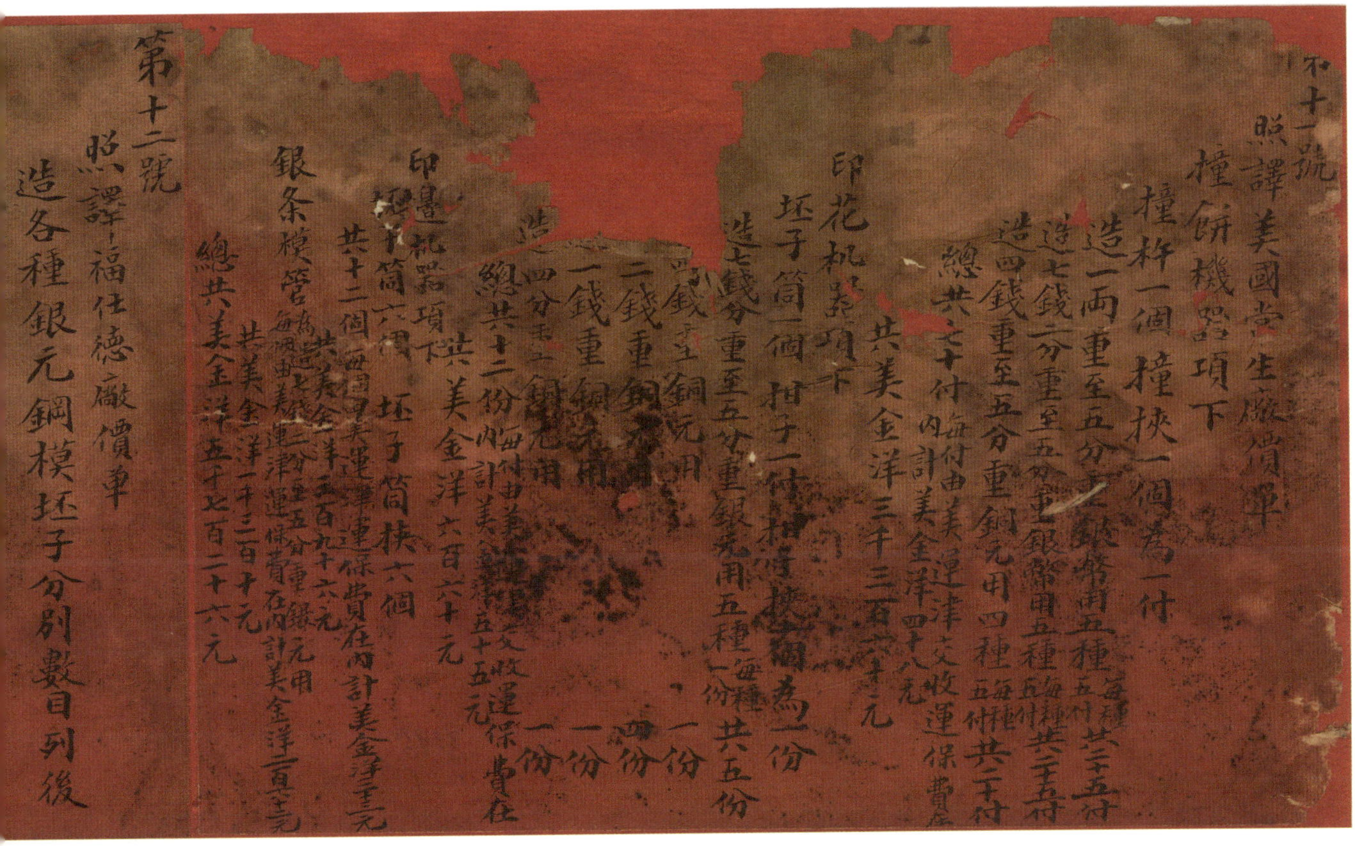

第十一號
照譯美國芸生廠價單
樁餅機器項下
樁杵一個 樁挾一個為一付
造一兩重至五分重銀幣用五種 每種五付 共二十五付
造七錢二分重至五分重銀幣用五種 每種五付 共二十五付
造四錢重至五分重銅元用四種 每種五付 共二十付
總共七十付 每付由美運津交收運保費在內計美金洋四十八元
共美金洋三千三百六十元
印花機器項下
坯子筒一個 扣子一付 [illegible]挾[illegible]為一份
造七錢二分重至五分重銀元用五種 每種一份 共五份
四錢至二錢銅元用 一份
二錢重銅元用 四份
一錢重銅元用 一份
造四分至二[illegible]銅元用 一份
總共十二份 每份由美[illegible]交收運保費在內計美[illegible]五十五元
共美金洋六百六十元
印邊機器項下
坯子筒六個 坯子筒挾六個
共十二個 每個由美運津交收運保費在內計美金洋三十三元
共美金洋三百九十六元
銀条模管 為造七錢二分至五分重銀元用 每個由美運津運保費在內計美金洋[illegible]
共美金洋一千三百十元
總共美金洋五千七百二十六元
第十二號
照譯福仕德廠價單
造各種銀元鋼模坯子分別數目列後

清单译文（光绪三十年）

驻美公使梁诚致外务部信函：

为收回美国退还庚子赔款用以遣派留学生事

光绪三十一年三月初四日（1905年4月8日）

清政府第一、二、三批庚款赴美留学生名录

宣统朝（1909—1912）

光绪二十六年（1900）八国联军侵华，次年清政府与11国签订《辛丑条约》，规定中国从海关银等关税中拿出四亿五千万两白银赔偿各国，分39年还清，史称庚子赔款。光绪三十一年，驻美公使梁诚获悉“此项赔款除美国商民、教士应领各款外，实溢美金二千二百万元”，随即“马上声告美国政府，请将此项赔款归回，以为广设学堂遣派游学之用”。宣统元年（1909），出于综合考虑，美国决议退还部分庚子赔款，清政府利用这笔资金先后派遣了三批学生赴美留学。为选拔出优秀人才，举行的是全国招考，考试分初试和复试，科目种类繁多，包括国文、英文、历史、地理、物理、化学、博物、代数、几何、三角、植物学、动物学、生理学等，同时要求考生“身体强健，性情纯正，相貌完全，身家清白”。第一批留学生名录列出了最终被录取的47名学生姓名、年龄、籍贯，其中有后来成为清华大学终身校长的梅贻琦、中国现代物理学奠基者胡刚复、中国现代化学开山者张子高等。第二批留学生名录更为详细，列出了被录取的70名学生姓名、年龄、籍贯、毕业学堂、平均分数，其中有后来新文化运动的领袖胡适、气象学家竺可桢、语言学家赵元任等。第三批留学生名录共63人，有后来的生物化学家吴宪、中国化工科技事业开拓者孙学悟等。

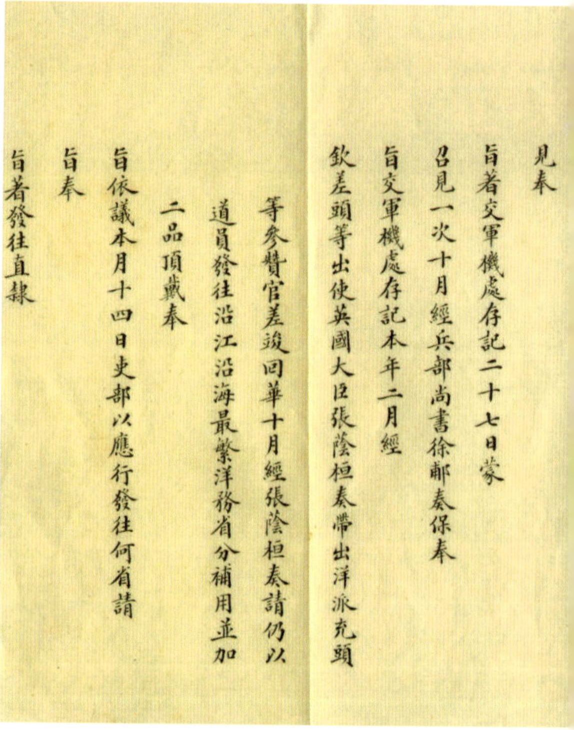
見奉
旨著交軍機處存記二十七日蒙
召見一次十月經兵部尚書徐郙奏保奉
旨交軍機處存記本年二月經
欽差頭等出使英國大臣張蔭桓奏帶出洋派充頭
等參贊官差竣回華十月經張蔭桓奏請仍以
道員發往沿江沿海最緊洋務省分補用並加
二品頂戴奉
旨依議本月十四日吏部以應行發往何省請
旨奉
旨著發往直隸

驻美公使梁诚（右三）旧照

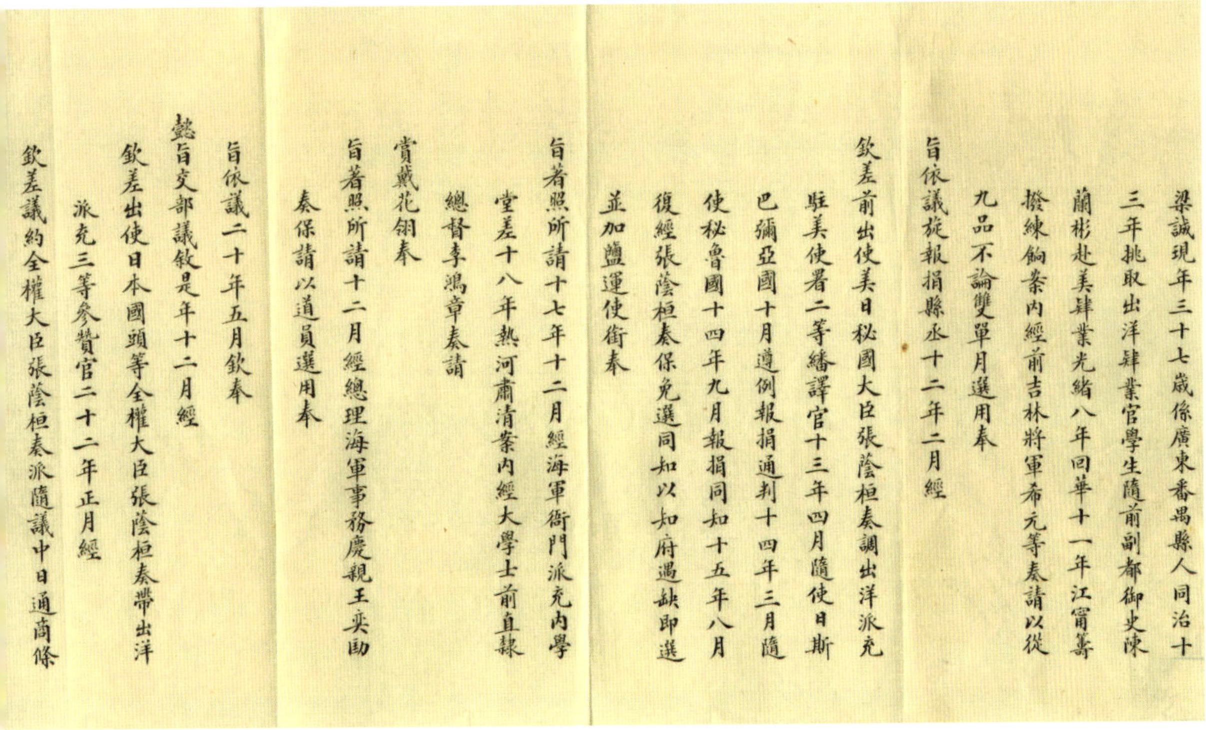

梁誠現年三十七歲係廣東番禺縣人同治十
三年挑取出洋肄業官學生隨前副都御史陳
蘭彬赴美肄業光緒八年回華十一年江甯籌
撥練餉案内經前吉林將軍希元等奏請以從
九品不論雙單月選用奉
旨依議旋報捐縣丞十二年二月經
欽差前出使美日秘國大臣張蔭桓奏調出洋派充
駐美使署二等繙譯官十三年四月隨使日斯
巴彌亞國十月遵例報捐通判十四年三月隨
使秘魯國十四年九月報捐同知十五年八月
復經張蔭桓奏保免選同知以知府遇缺即選
並加鹽運使銜奉
旨着照所請十七年十二月經海軍衙門派充内學
堂差十八年熱河肅清案内經大學士前直隸
總督李鴻章奏請
賞戴花翎奉
旨着照所請十二月經總理海軍事務慶親王奕劻
奏保請以道員選用奉
旨依議二十年五月欽奉
懿旨交部議敘是年十二月經
欽差出使日本國頭等全權大臣張蔭桓奏帶出洋
派充三等參贊官二十二年正月經
欽差議約全權大臣張蔭桓奏派隨議中日通商條

梁诚履历单（光绪二十七年）

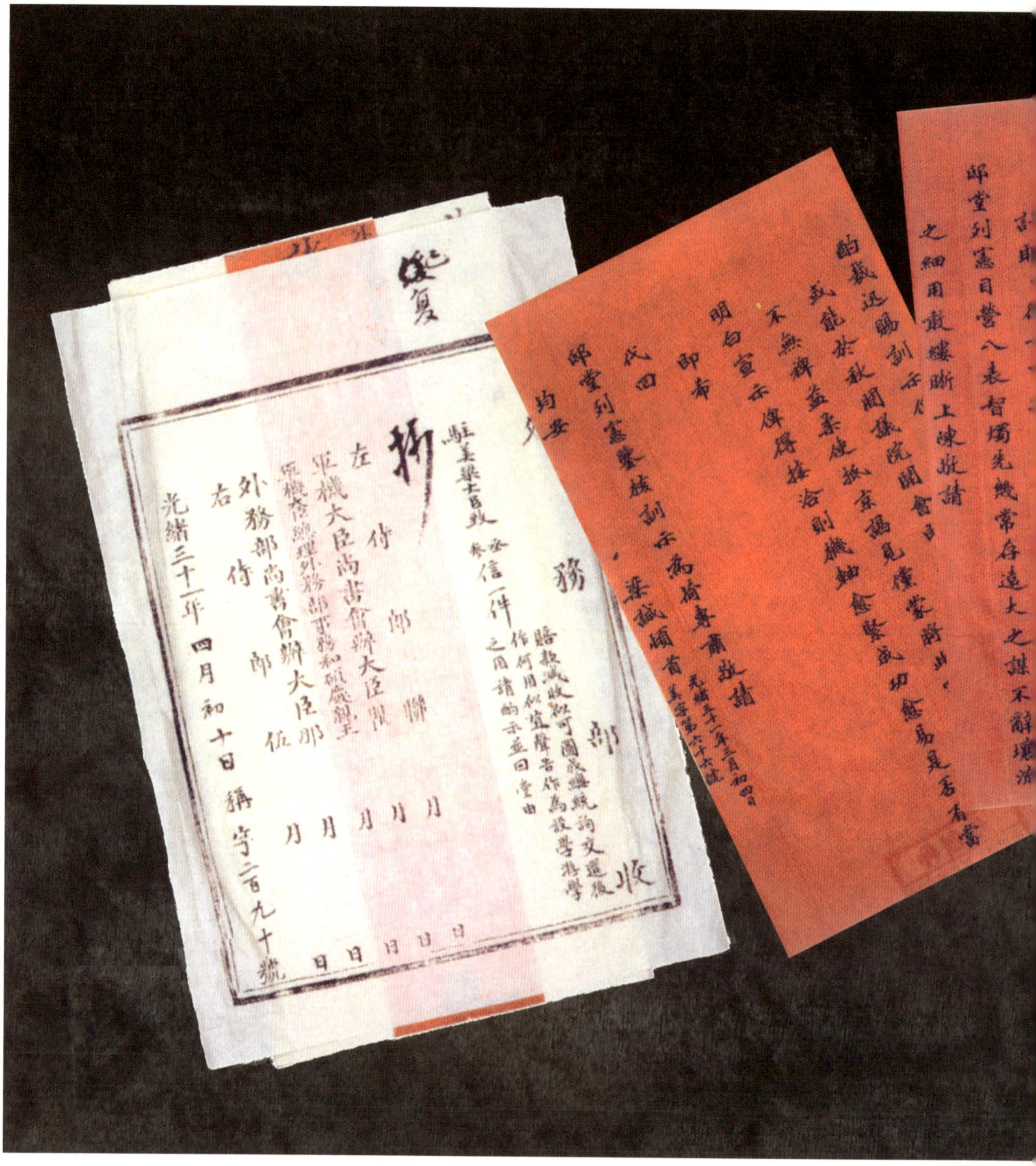
外務部收
左侍郎
右侍郎
光緒三十一年四月和十日

敬啟者二月二十九日上美字第六十五號函計荷
堂鑒美國賠款商辦收回各節經於疊次函陳在案茲查
此項賠款除美國商民教士應領各款外實溢美金
二十二百萬圓自海約翰代陳鄙意倡議減收又經誠
運動勸說近來上流議論已覺幡然改變即國執如
戶部大臣踈氏者亦不復顯然相拒覩其機兆似可
圖成美使柔克義於此舉尚表同情誠欲乘其未離
美之前與之商定大致俾承

款攤付之法中國早經籌定若果交還不知是否攤
還民間抑或移作別用誠答以交還不應得之賠款
貴國義聲足孚退還減免之項如何用法則是我國
內政不能預為宣告柔謂總統並非有心干預特欲
畧如貴國宗旨以便措詞請求議院再減雖今日列

為廣設學堂遣派遊學之用在美廷既喜得歸款之
義聲文樂觀育才之盛舉縱有少數議紳或生異議
而詞旨光大必受全國歡迎此二千二百萬金圓斷
不至竟歸他人掌握矣在我國以已出之資財造無

驻美公使梁诚致外务部信函（光绪三十一年三月初四日）

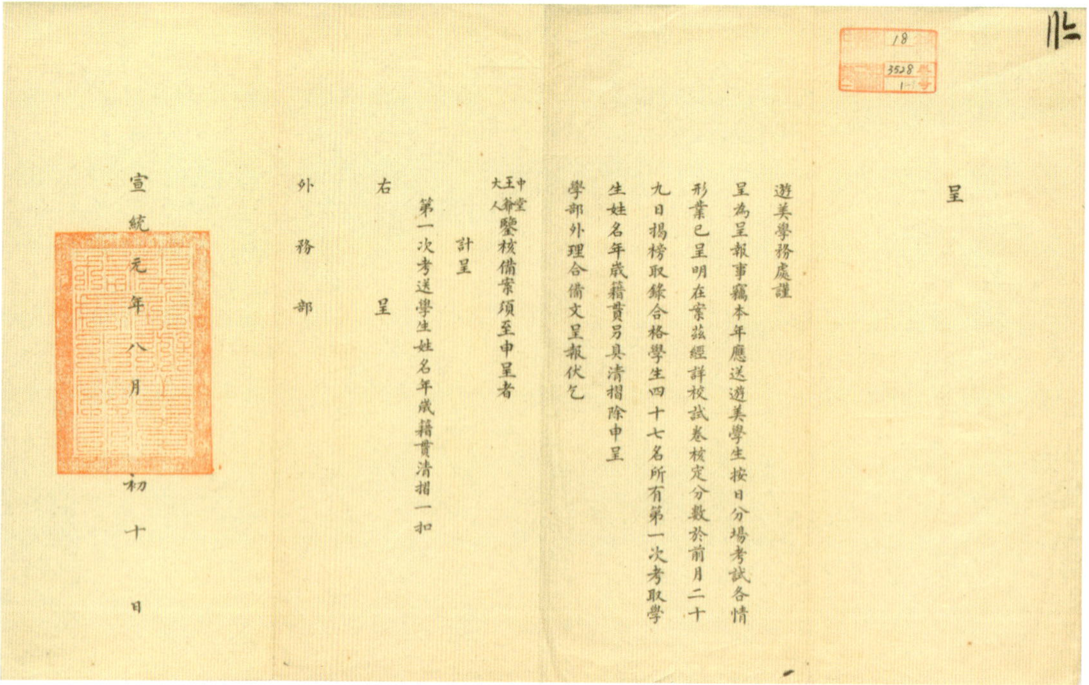

呈

遊美學務處謹

呈為呈報事竊本年應送遊美學生按日分場考試各情形業已呈明在案茲經詳校試卷核定分數於前月二十九日揭榜取錄合格學生四十七名所有第一次考取學生姓名年歲籍貫另具清摺除申呈學部外理合備文呈報伏乞

中堂王爺大人鑒核備案須至申呈者

計呈

第一次考送學生姓名年歲籍貫清摺一扣

右　呈

外務部

宣統元年八月初十日

游美学务处呈文之一（宣统元年八月初十日）

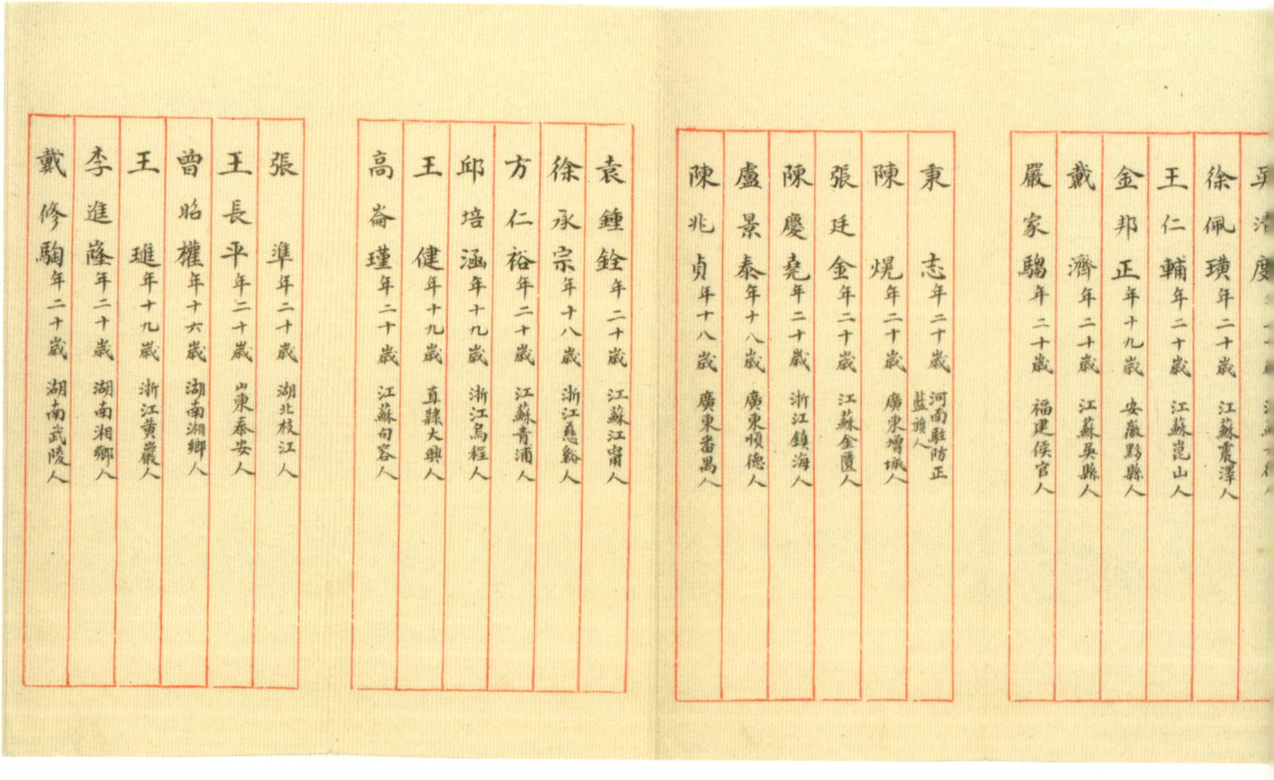

[illegible]清度

徐佩璜年二十歲　江蘇震澤人

王仁輔年二十歲　江蘇崑山人

金邦正年十九歲　安徽黟縣人

戴　濟年二十歲　江蘇吳縣人

嚴家騶年二十歲　福建侯官人

秉　志年二十歲　河南駐防正藍旗人

陳　熀年二十歲　廣東增城人

張廷金年二十歲　江蘇金匱人

陳慶堯年二十歲　浙江鎮海人

盧景泰年十八歲　廣東順德人

陳兆貞年十八歲　廣東番禺人

袁鍾銓年二十歲　江蘇江甯人

徐承宗年十八歲　浙江慈谿人

方仁裕年二十歲　江蘇青浦人

邱培涵年十九歲　浙江烏程人

王　健年十九歲　直隸大興人

高崙瑾年二十歲　江蘇句容人

張　準年二十歲　湖北枝江人

王長平年二十歲　山東泰安人

曾昭權年十六歲　湖南湘鄉人

王　璡年十九歲　浙江黄巖人

李進隆年二十歲　湖南湘鄉人

戴修駒年二十歲　湖南武陵人

第一批庚款赴美留学生合影

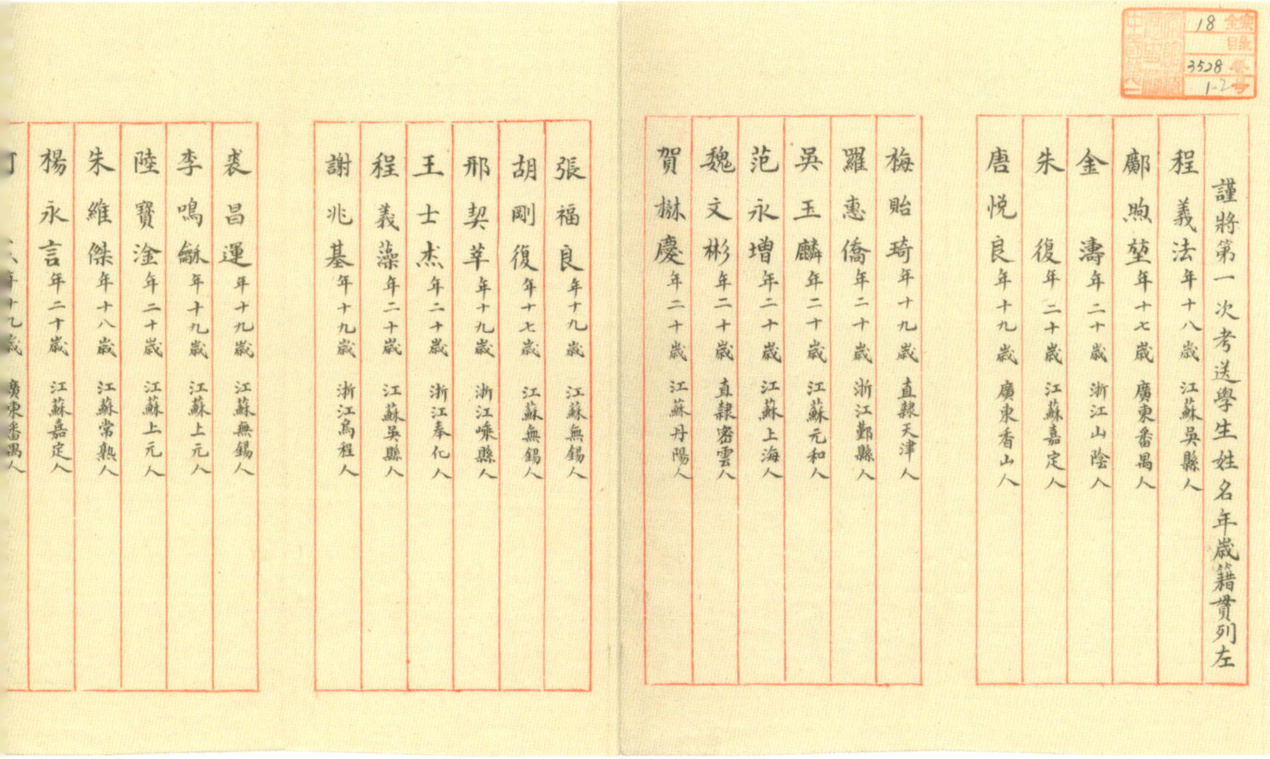

謹將第一次考送學生姓名年歲籍貫列左

程義法 年十八歲 江蘇吳縣人
鄺煦堃 年十七歲 廣東番禺人
金濤 年二十歲 浙江山陰人
朱復 年二十歲 江蘇嘉定人
唐悅良 年十九歲 廣東香山人
梅貽琦 年十九歲 直隸天津人
羅惠僑 年二十歲 浙江鄞縣人
吳玉麟 年二十歲 江蘇元和人
范永增 年二十歲 江蘇上海人
魏文彬 年二十歲 直隸密雲人
賀楙慶 年二十歲 江蘇丹陽人
張福良 年十九歲 江蘇無錫人
胡剛復 年十七歲 江蘇無錫人
邢契莘 年十九歲 浙江嵊縣人
王士杰 年二十歲 浙江奉化人
程義藻 年二十歲 江蘇吳縣人
謝兆基 年十九歲 浙江烏程人
袁昌運 年十九歲 江蘇無錫人
李鳴龢 年十九歲 江蘇上元人
陸寶淦 年二十歲 江蘇上元人
朱維傑 年十八歲 江蘇常熟人
楊永言 年二十歲 江蘇嘉定人
丁 年十九歲 廣東番禺人

第一批庚款赴美留学生名单（宣统元年）

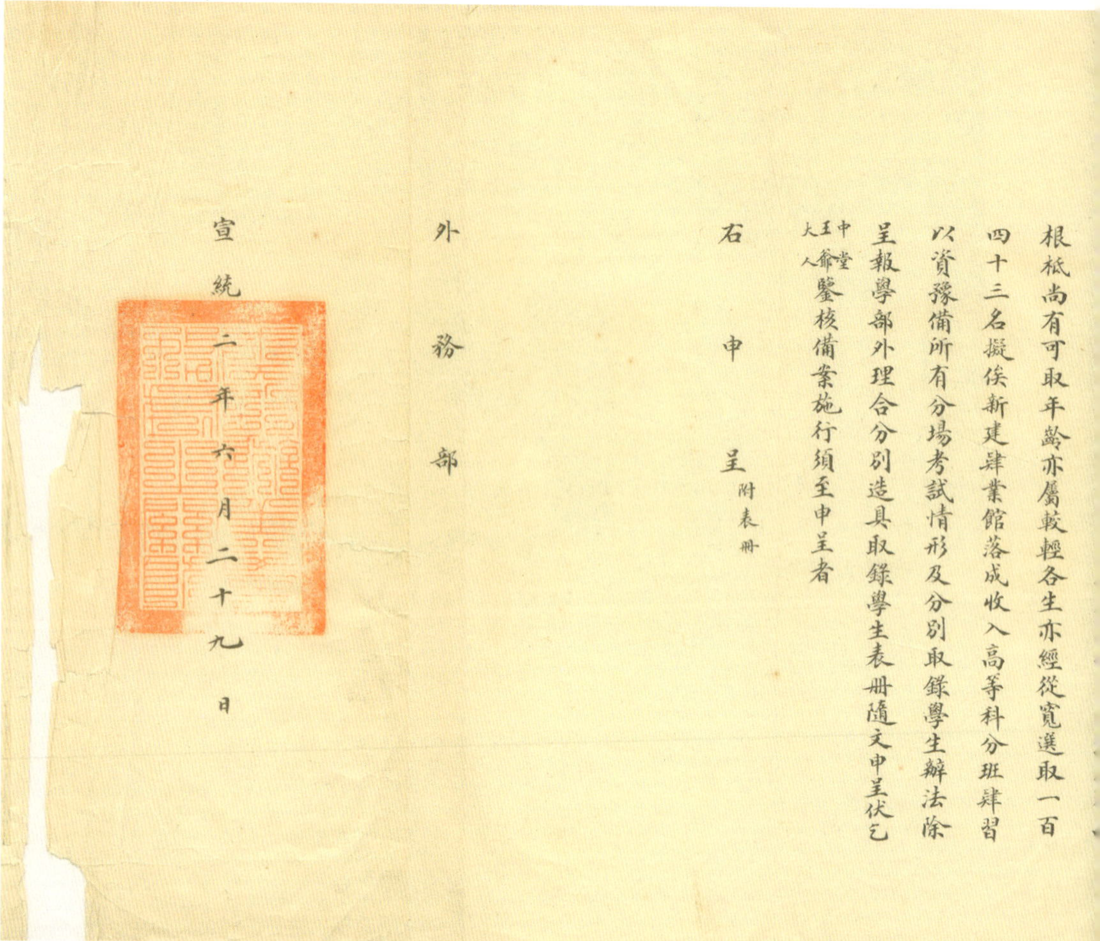

根柢尚有可取年齡亦屬較輕各生亦經從寬選取一百
四十三名擬俟新建肄業館落成收入高等科分班肄習
以資豫備所有分場考試情形及分別取錄學生辦法除
呈報學部外理合分別造具取錄學生表冊隨文申呈伏乞
中堂王爺大人鑒核備案施行須至申呈者

右　申　呈　附表冊

外務部

宣統二年六月二十九日

美国杂志上描绘退还庚款留学事件的漫画

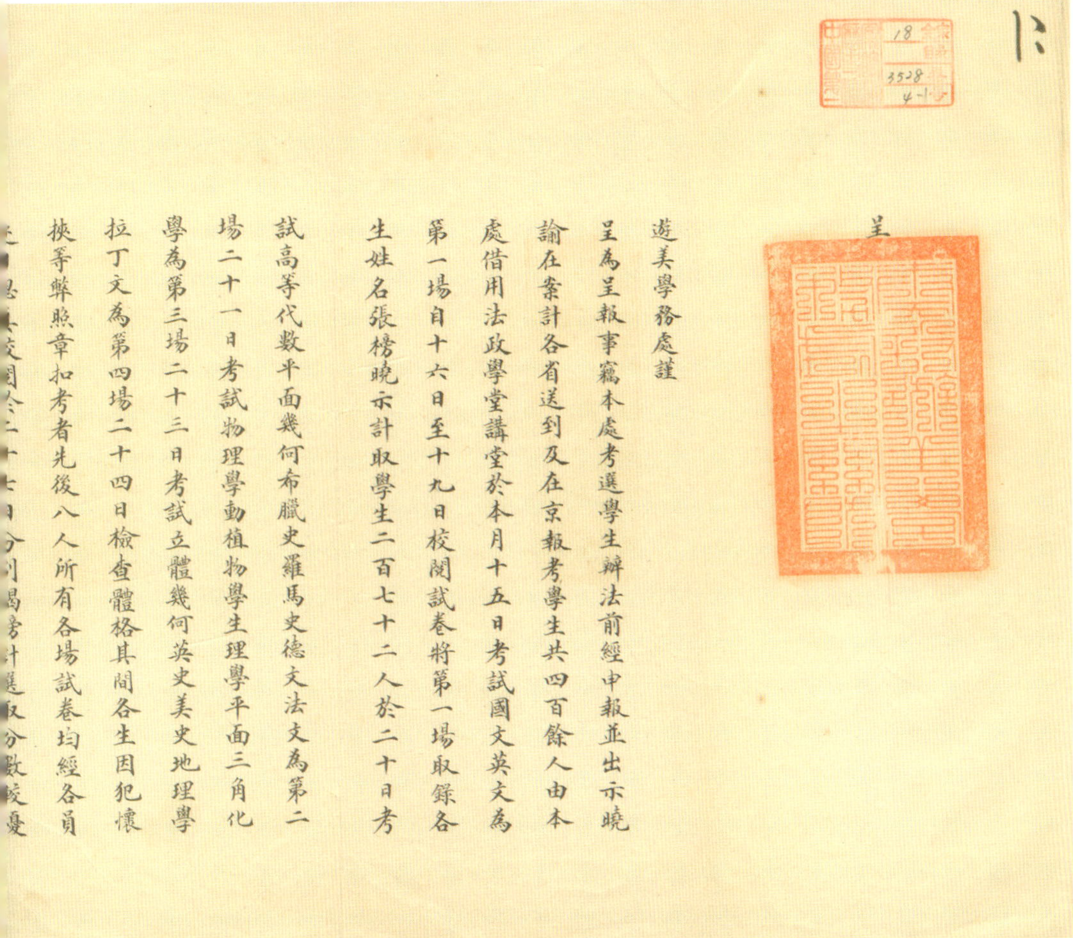

遊美學務處謹

呈為呈報事竊本處考選學生辦法前經申報並出示曉
諭在案計各省送到及在京報考學生共四百餘人由本
處借用法政學堂講堂於本月十五日考試國文英文為
第一場自十六日至十九日校閱試卷將第一場取錄各
生姓名張榜曉示計取學生二百七十二人於二十日考
試高等代數平面幾何希臘史羅馬史德文法文為第二
場二十一日考試物理學動植物學生理學平面三角化
學為第三場二十三日考試立體幾何英史美史地理學
拉丁文為第四場二十四日檢查體格其間各生因犯懷
挾等弊照章扣考者先後八人所有各場試卷均經各員

游美学务处呈文之二（宣统二年六月二十九日）

第二批庚款赴美留学生合影

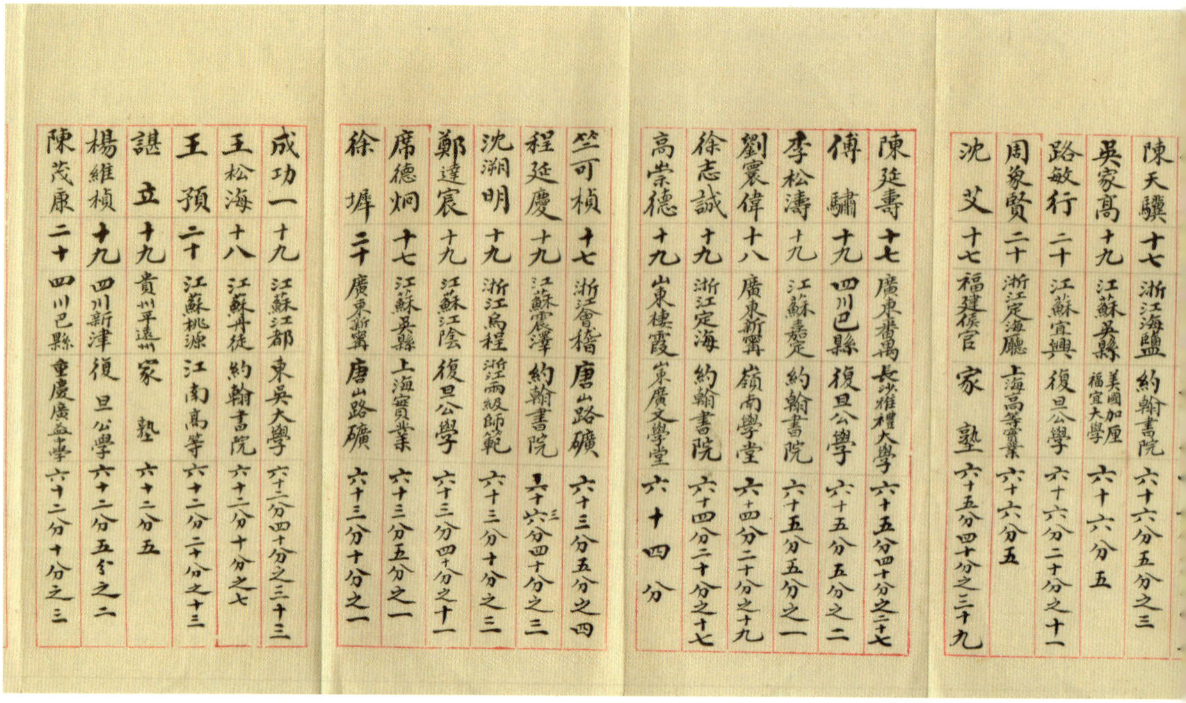

陳天驥	十七	浙江海鹽	約翰書院	六十六分五分之三
吳家高	十九	江蘇吳縣	美國加厘福宜大學	六十六分五
路敏行	二十	江蘇宜興	復旦公學	六十六分二十分之十一
周象賢	二十	浙江定海廳	上海高等實業	六十六分五
沈艾	十七	福建侯官	家塾	六十五分四十分之三十九
陳廷壽	十七	廣東番禺	長沙雅禮大學	六十五分四十分之二十七
傅驌	十九	四川巴縣	復旦公學	六十五分五分之二
李松濤	十九	江蘇嘉定	約翰書院	六十五分五分之一
劉寰偉	十八	廣東新寧	嶺南學堂	六十四分二十分之十九
徐志誠	十九	浙江定海	約翰書院	六十四分二十分之十七
高崇德	十九	山東棲霞	山東廣文學堂	六十四分
竺可楨	十七	浙江會稽	唐山路礦	六十三分五分之四
程延慶	十九	江蘇震澤	約翰書院	五十六分四十分之三
沈溯明	十九	浙江烏程	浙江兩級師範	六十三分十分之三
鄭達宸	十九	江蘇江陰	復旦公學	六十三分四十分之十一
席德炯	十七	江蘇吳縣	上海實業	六十三分五分之一
徐墀	二十	廣東新寧	唐山路礦	六十三分十分之一
成功一	十九	江蘇江都	東吳大學	六十二分四十分之三十三
王松海	十八	江蘇丹徒	約翰書院	六十二分十分之七
王預	二十	江蘇桃源	江南高等	六十二分二十分之十三
諶立	十九	貴州平遠州	家塾	六十二分五
楊維楨	十九	四川新津	復旦公學	六十二分五分之二
陳茂康	二十	四川巴縣	重慶廣益學	六十二分十分之三

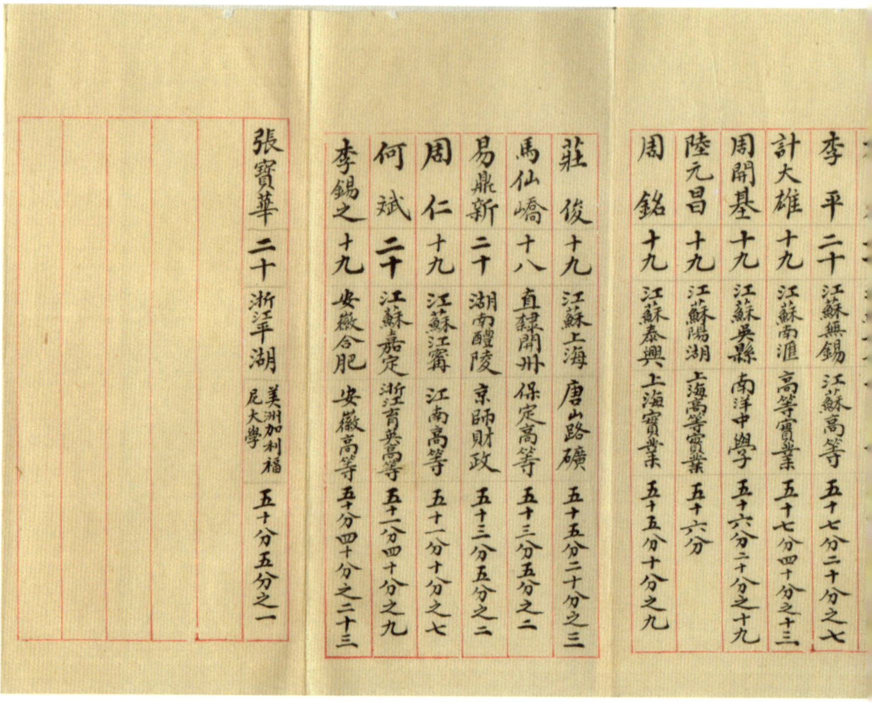

李平	二十	江蘇無錫	江蘇高等	五十七分二十分之七
計大雄	十九	江蘇南滙	高等實業	五十七分四十分之十三
周開基	十九	江蘇吳縣	南洋中學	五十六分二十分之十九
陸元昌	十九	江蘇陽湖	上海高等實業	五十六分
周銘	十九	江蘇泰興	上海實業	五十五分十分之九
莊俊	十九	江蘇上海	唐山路礦	五十五分二十分之三
馬仙嶠	十八	直隸開州	保定高等	五十三分五分之二
易鼎新	二十	湖南醴陵	京師財政	五十三分五分之二
周仁	十九	江蘇江甯	江南高等	五十一分十分之七
何斌	二十	江蘇嘉定	浙江育英高等	五十一分四十分之九
李錫之	十九	安徽合肥	安徽高等	五十分四十分之二十三
張寶華	二十	浙江平湖	美洲加利福尼大學	五十分五分之一

第二批庚款赴美留学生名单（宣统二年）

鈞鑒

謹將考取第二次遣派赴美學生姓名年歲籍貫等項開具一覽表恭呈

姓名	年歲	籍貫	學堂	平均分數
楊錫仁	十八	江蘇震澤	南洋中學	七十九分二十分之七
趙元任	十九	江蘇陽湖	江南高等	七十三分五分之二
王紹礽	十九	廣東南海	唐山路礦	七十一分二十分之十七
張謨實	十九	浙江鄞縣	約翰書院	六十九分四分之三
徐志鄉	十八	浙海定海	約翰書院	六十九分四十分之二十七
譚頌瀛	二十	廣西蒼梧	南洋中學	六十九分十分之一
朱籙	十九	江蘇金匱	東吳大學	六十八分五分之二
王鴻卓	十九	直隸天津	家塾	六十八分二十分之七
胡繼賢	十八	廣東番禺	嶺南學堂	六十七分二十分之十七
張彭春	十八	直隸天津	天津私立中學	六十七分五分之四
周厚坤	二十	江蘇無錫	唐山路礦	六十七分四十分之二十九
鄧鴻宜	十八	廣東東莞	嶺南學堂	六十七分四十分之十九
沈祖偉	十八	浙江歸安	約翰書院	六十六分四十分之二十三
區其偉	十八	廣東新會	嶺南學堂	六十六分十分之九
朱進	二十	江蘇金匱	東吳大學	六十二分八分之一
施贊元	二十	浙江錢塘	約翰書院	六十二分
胡宣明	十九	福建龍溪	約翰書院	六十一分二十分之十七
胡憲生	二十	江蘇無錫	京師譯學館	六十一分四十分之十九
郭守純	二十	廣東潮陽	約翰書院	六十三分四分之一
毛文鍾	十九	江蘇吳縣	直隸高等工業	六十分十分之九
霍炎昌	二十	廣東南海	嶺南學堂	六十分十分之九
陳福習	十八	福建閩縣	福建高等	六十分二十分之十三
殷源之	十九	安徽合肥	江南高等	六十分二分之一
符宗朝	十八	江蘇江都	兩淮中學	六十分五分之二
王裕震	二十	江蘇上海	美国加利福尼大學	六十分二十分之七
孫恒	十九	浙江仁和	杭州育英書院	五十九分四十分之二十五
柯成楙	十七	浙江平湖	上海南洋中學	五十九分二十分之十一
過憲先	十九	江蘇金匱	上海高等實業	五十九分二十分之七
鄺翼堃	十九	廣東番禺	約翰書院	五十九分四分之一
胡適	十九	安徽績溪	中國新公學	五十九分四十分之七
許先甲	二十	貴州貴筑	四川高等	五十八分四分之一

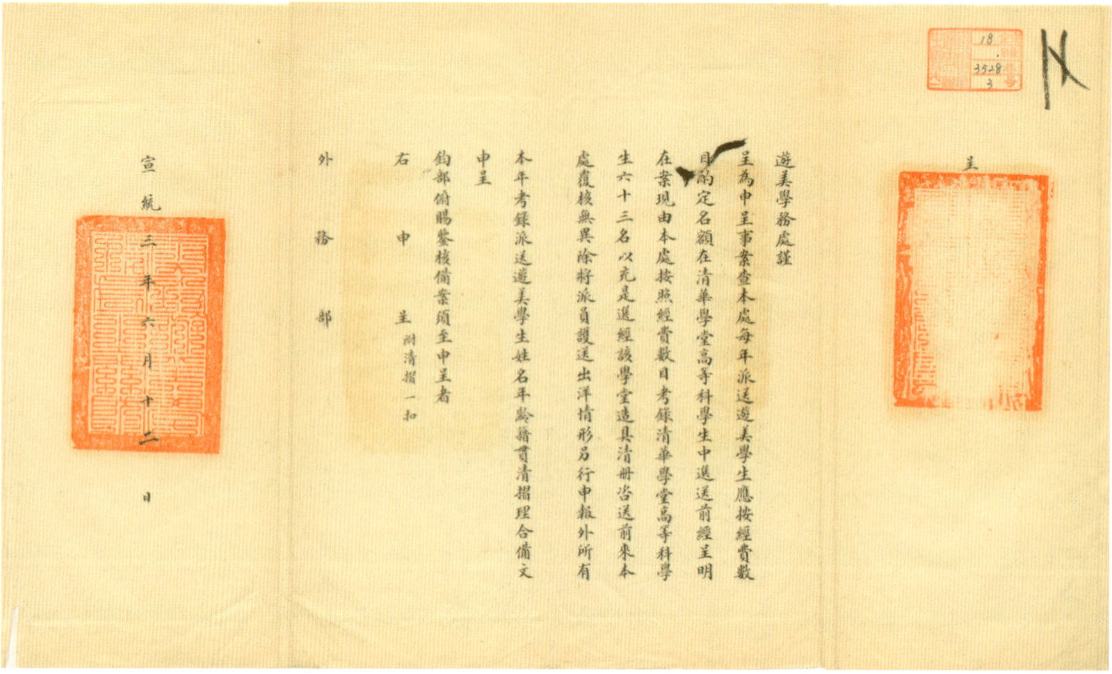
呈

遊美學務處謹
呈為申呈事案查本處每年派送遊美學生應按經費數
目酌定名額在清華學堂高等科學生中選送前經呈明
在案現由本處按照經費數目考錄清華學堂高等科學
生六十三名以充是選經該學堂造具清冊咨送前來本
處覆核無異除將派員護送出洋情形另行申報外所有
本年考錄派送遊美學生姓名年齡籍貫清摺理合備文
申呈
鈞部俯賜鑒核備案須至申呈者
右　　申　　呈　附清摺一扣
外　務　部
宣統三年六月十二日

游美学务处呈文之三（宣统三年六月十二日）

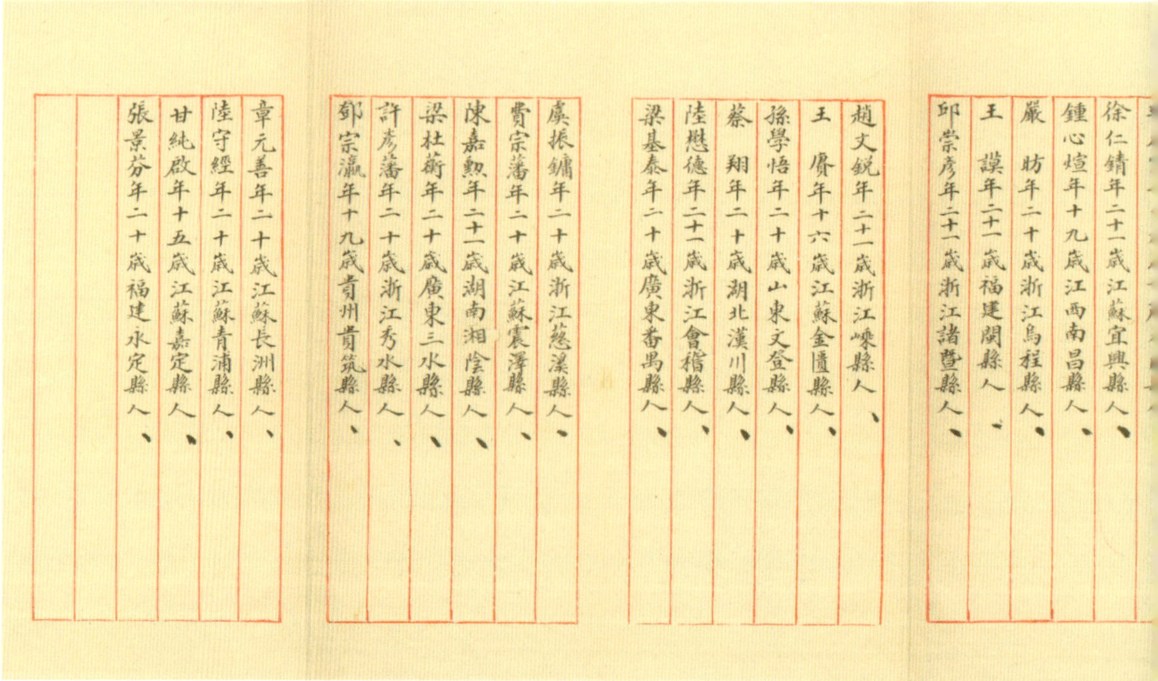
徐仁錆年二十一歲江蘇宜興縣人
鍾心煊年十九歲江西南昌縣人
嚴　昉年二十歲浙江烏程縣人
王　謨年二十一歲福建閩縣人
邱崇彥年二十一歲浙江諸暨縣人
趙文銳年二十一歲浙江嵊縣人
王　賡年十六歲江蘇金匱縣人
孫學悟年二十歲山東文登縣人
蔡　翔年二十歲湖北漢川縣人
陸懋德年二十一歲浙江會稽縣人
梁基泰年二十歲廣東番禺縣人
虞振鏞年二十歲浙江慈溪縣人
費宗藩年二十歲江蘇震澤縣人
陳嘉勳年二十一歲湖南湘陰縣人
梁杜蘅年二十歲廣東三水縣人
許彥藩年二十歲浙江秀水縣人
鄧宗瀛年十九歲貴州貴筑縣人
章元善年二十歲江蘇長洲縣人
陸守經年二十歲江蘇青浦縣人
甘純啟年十五歲江蘇嘉定縣人
張景芬年二十歲福建永定縣人

第三次遣派遊美學生姓名年歲籍貫清摺

黃國棟年十九歲福建同安縣人、
周明玉年二十歲浙江鎮海縣人、
張福運年二十歲山東福山縣人、
司徒堯年二十歲廣東開平縣人、
吳　憲年二十一歲福建侯官縣人、
顧宗林年十九歲浙江上虞縣人、
江山壽年二十歲江蘇嘉定縣人、
高大綱年二十歲浙江仁和縣人、
朱起蟄年二十歲浙江錢塘縣人、
陳德芬年二十歲浙江嘉善縣人、
張貽志年二十歲安徽全椒縣人、
衛挺生年十九歲湖北棗陽縣人、
周倫元年二十歲浙江鄞縣人、
史　宣年二十歲廣東番禺縣人、
姜蔣佐年二十一歲浙江平陽縣人、
張傳薪年十九歲福建邵武縣人、
吳　康年二十歲江蘇吳縣人、

譚其蓁年十八歲四川滎經縣人、
黃明道年二十一歲廣東香山縣人、
陳長蘅年二十一歲四川榮昌縣人、
劉崇勤年二十一歲福建閩縣人、
陳承栻年二十一歲福建閩縣人、
徐　書年二十歲江蘇金匱縣人、
鮑錫藩年二十歲浙江歸安縣人、
崔有濂年十九歲安徽太平縣人、
鄭輔華年二十一歲福建永定縣人、
史譯宣年二十歲山東福山縣人、
龍　夷年十九歲四川榮縣人、
梅光迪年十九歲安徽宣城縣人、
楊光弼年十九歲直隸天津縣人、
孫繼丁年二十一歲山東蓬萊縣人、
陳明壽年二十一歲江蘇元和縣人、
胡博淵年二十一歲江蘇陽湖縣人、
宋建勲年二十歲福建莆田縣人、
羅邦杰年十九歲江蘇上海縣人、
顧惟精年二十歲江蘇無錫縣人、
楊孝述年二十一歲江蘇華亭縣人、
裘維瑩年十九歲江蘇金匱縣人、
何慶曾年二十一歲廣東順德縣人、
陸鴻棠年二十歲江蘇上海縣人、
黃宗發年二十一歲安徽無為縣人、

第三批庚款赴美留学生名单（宣统三年）

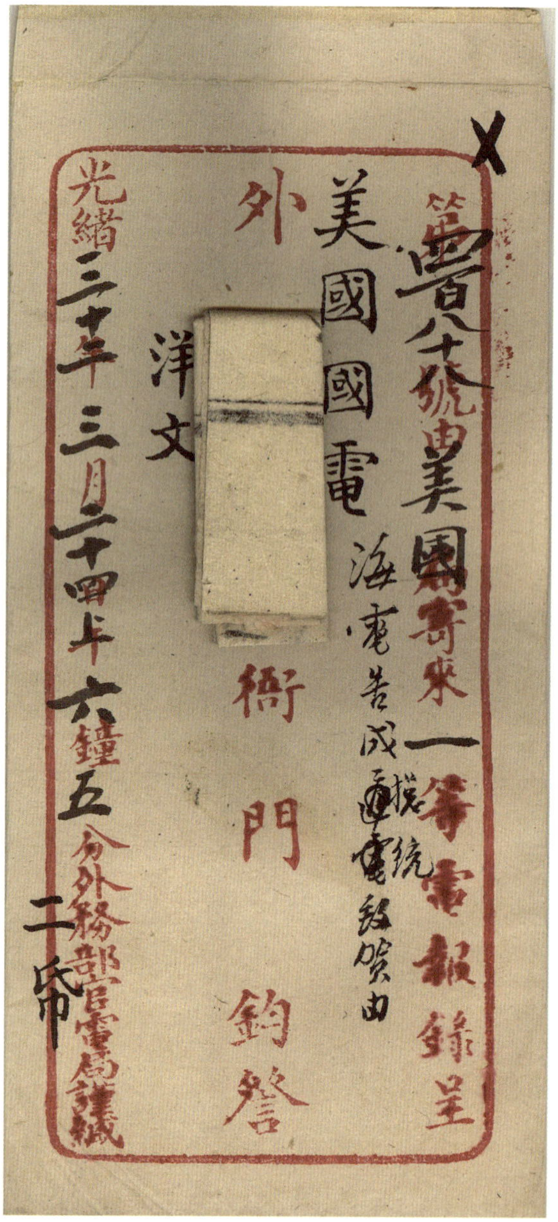

美国总统罗斯福致清政府贺电：

为申贺中美海线告成事

光绪三十二年三月二十四日（1906 年 4 月 17 日）

光绪三十二年，太平洋海底线路铺设完毕并与华连通成功，美国总统罗斯福给慈禧太后和光绪皇帝发来贺电，“中美之邦交并两国人民从此得以益加亲密矣”。

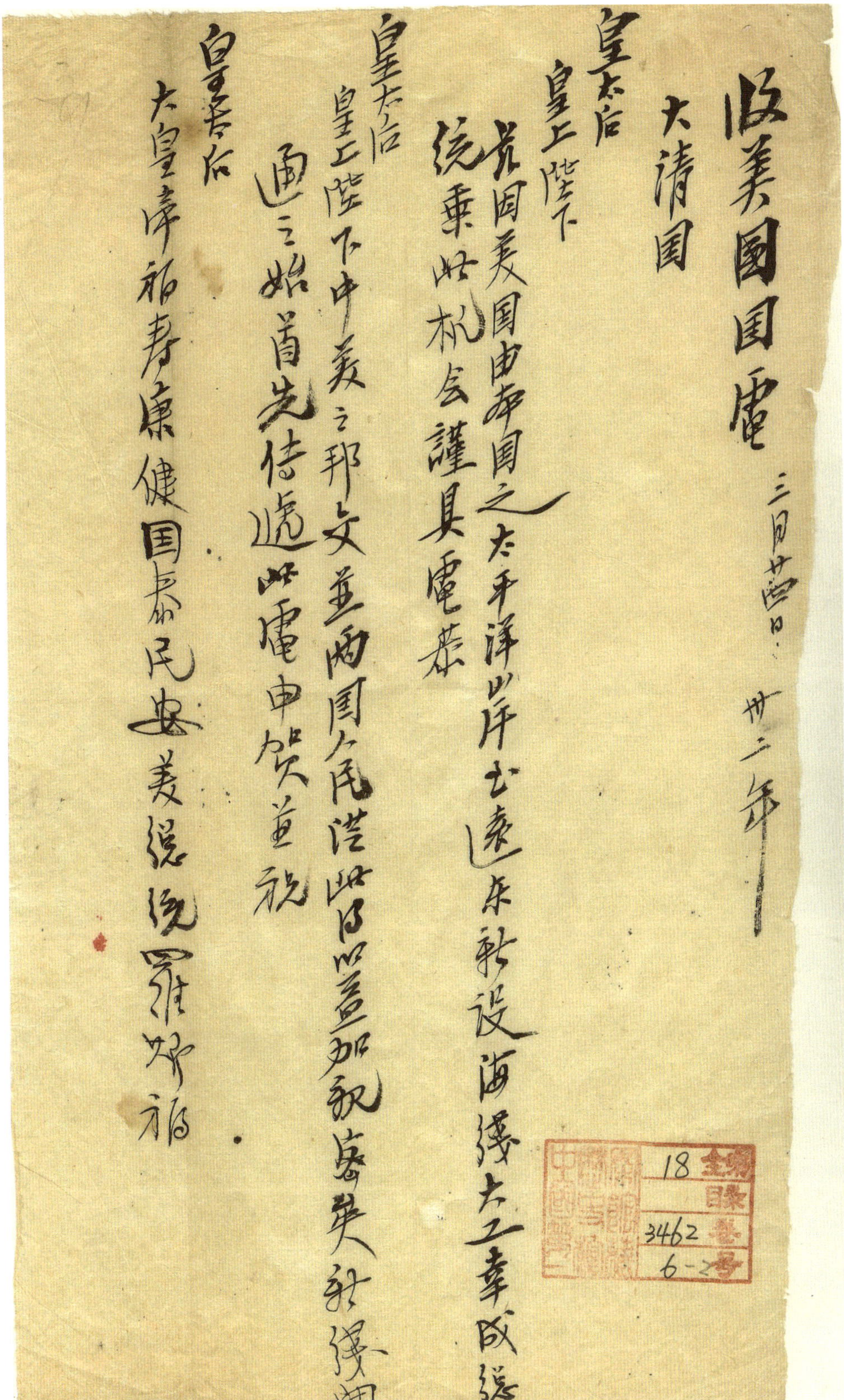

收美國國電 三月廿四日 卅二年

大清國

皇太后

皇上陛下

前因美國由本國之太平洋岸至遠東新設海綫大工幸成總

統乘此機会謹具電恭

皇太后

皇上陛下中美之邦交並兩國人民從此日以益加親密矣新綫開

通之始首先傳遞此電申賀並祝

皇太后

大皇帝福壽康健國泰民安 美總統羅斯福

外务部电报（光绪三十二年三月二十四日）

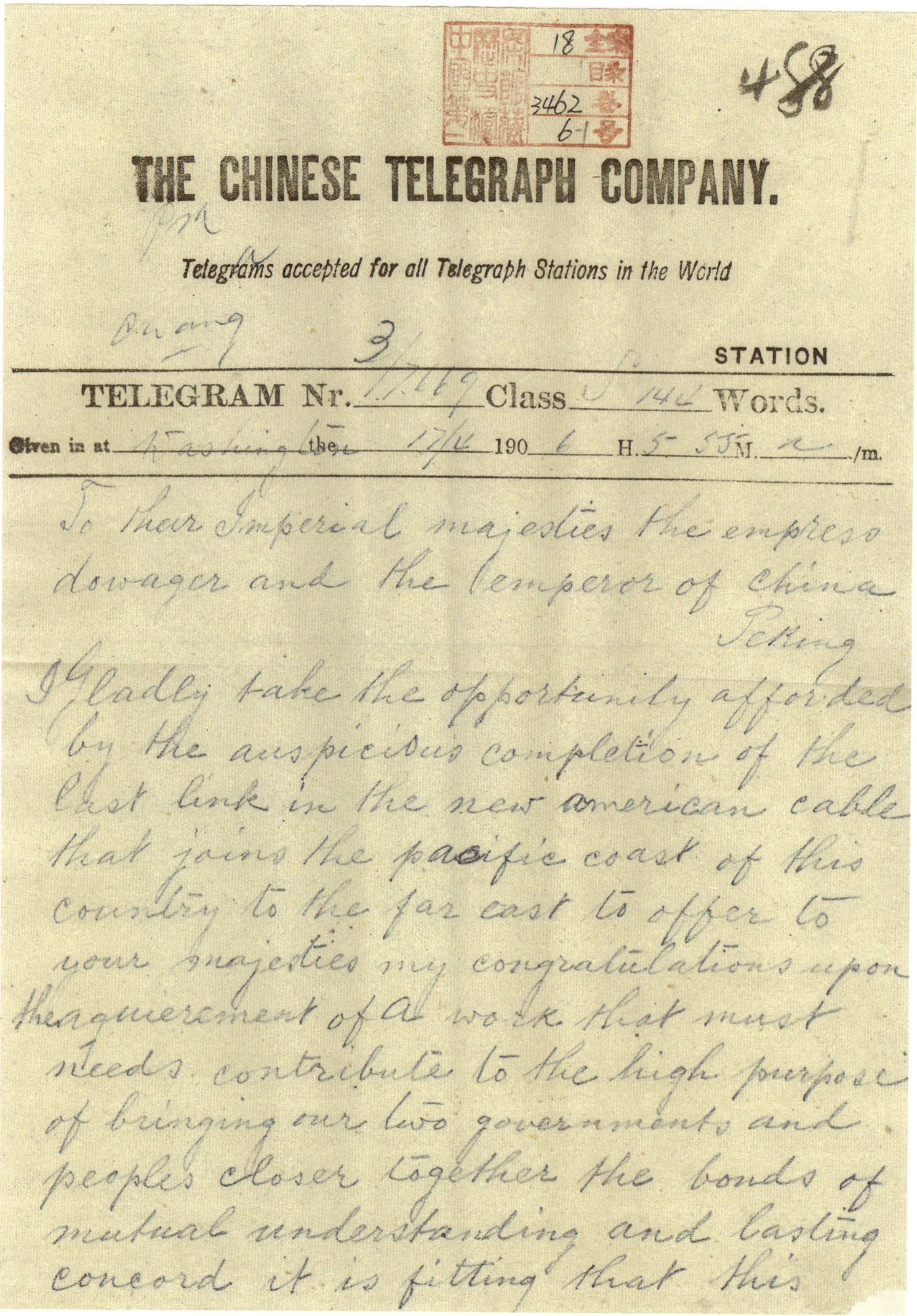

18 全宗 目錄 3462 卷 6-1 號

488

THE CHINESE TELEGRAPH COMPANY.

Telegrams accepted for all Telegraph Stations in the World

3 STATION

TELEGRAM Nr. 1/169 Class S 140 Words.

Given in at Washington the 17/4 1906 H. 5 55 M. a /m.

To their Imperial majesties the empress dowager and the emperor of China
Peking

I gladly take the opportunity afforded by the auspicious completion of the last link in the new american cable that joins the pacific coast of this country to the far east to offer to your majesties my congratulations upon the aquierement of a work that must needs contribute to the high purpose of bringing our two governments and peoples closer together the bonds of mutual understanding and lasting concord it is fitting that this

美国总统贺电原件（光绪三十二年三月二十四日）

488

THE CHINESE TELEGRAPH COMPANY.

Telegrams accepted for all Telegraph Stations in the World

STATION

TELEGRAM Nr.________ Class________ Words.

Given in at________ the________ 190____ H.____ M.____ /m.

fresh tie between western and eastern
continents should begin its happy
service by bearing a message of
good will and I voice the earnest
earnest wish of this government
and of my countrymen for the
happiness and welfare of your
majesties and for the continued
prosperity of the chinese empire
and of your great people
Theodor roosevelt

南洋大臣周馥致外务部咨呈：
为咨送发给华人赴美护照样式事

光绪三十二年六月初八日（1906年7月28日）

“护照”一词，早在中俄《尼布楚条约》中就已出现。近代以来，随着中外人员交往的增加，越来越多的中国人开始使用护照。这份赴美人员的护照用中英文标明了持照人姓名、出生地、住址、出国事由等信息，并且也要“驻沪美总领事官查验明确，盖印证实”。这已经具备了现代护照的雏形。不过，与现在的护照相比，清代的护照颁发机构和格式上还不够统一，更为重要的是，当时的护照还是具体事项的“单人单纸”形式，例如这份护照的文字部分重在说明持照人符合美国的入境规定，不在“限制华工条例”之内，保证“该领照之人，确不在禁约之列”。

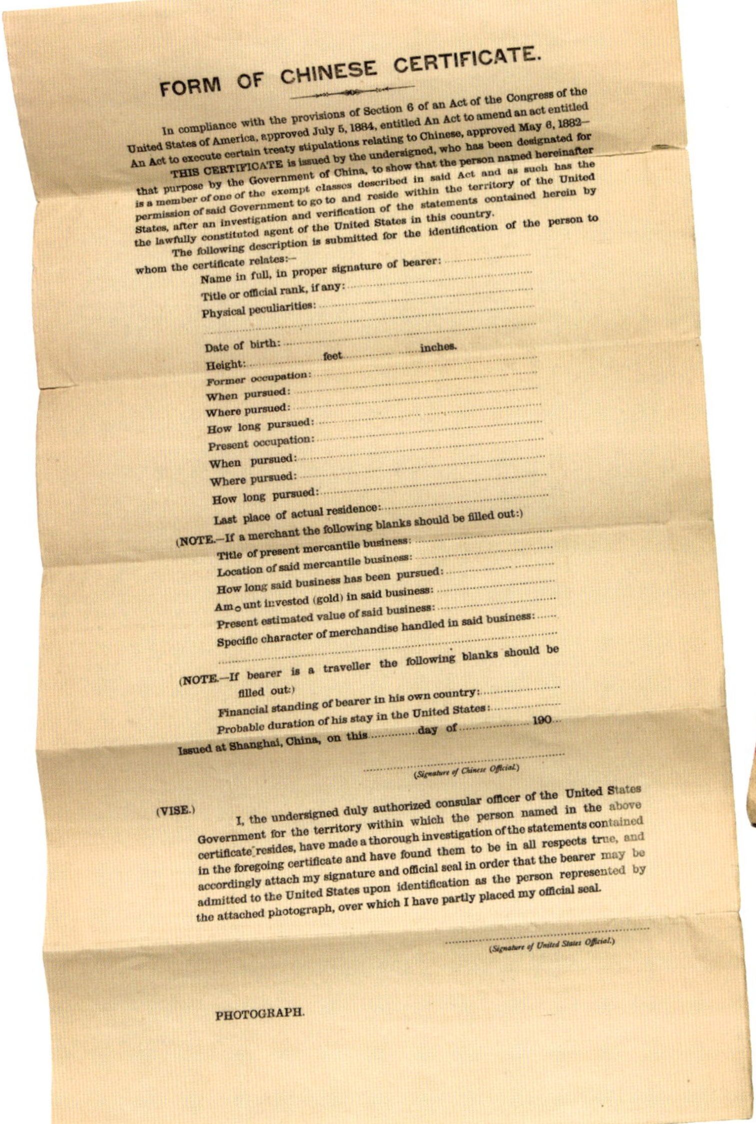

FORM OF CHINESE CERTIFICATE.

In compliance with the provisions of Section 6 of an Act of the Congress of the United States of America, approved July 5, 1884, entitled An Act to amend an act entitled An Act to execute certain treaty stipulations relating to Chinese, approved May 6, 1882—

THIS CERTIFICATE is issued by the undersigned, who has been designated for that purpose by the Government of China, to show that the person named hereinafter is a member of one of the exempt classes described in said Act and as such has the permission of said Government to go to and reside within the territory of the United States, after an investigation and verification of the statements contained herein by the lawfully constituted agent of the United States in this country.

The following description is submitted for the identification of the person to whom the certificate relates:—

Name in full, in proper signature of bearer: ……

Title or official rank, if any: ……

Physical peculiarities: ……

……

Date of birth: ……

Height: …… feet …… inches.

Former occupation: ……

When pursued: ……

Where pursued: ……

How long pursued: ……

Present occupation: ……

When pursued: ……

Where pursued: ……

How long pursued: ……

Last place of actual residence: ……

(NOTE.—If a merchant the following blanks should be filled out:)

Title of present mercantile business: ……

Location of said mercantile business: ……

How long said business has been pursued: ……

Amount invested (gold) in said business: ……

Present estimated value of said business: ……

Specific character of merchandise handled in said business: ……

……

(NOTE.—If bearer is a traveller the following blanks should be filled out:)

Financial standing of bearer in his own country: ……

Probable duration of his stay in the United States: ……

Issued at Shanghai, China, on this …… day of …… 190..

……

(*Signature of Chinese Official.*)

(VISE.)

I, the undersigned duly authorized consular officer of the United States Government for the territory within which the person named in the above certificate resides, have made a thorough investigation of the statements contained in the foregoing certificate and have found them to be in all respects true, and accordingly attach my signature and official seal in order that the bearer may be admitted to the United States upon identification as the person represented by the attached photograph, over which I have partly placed my official seal.

……

(*Signature of United States Official.*)

PHOTOGRAPH.

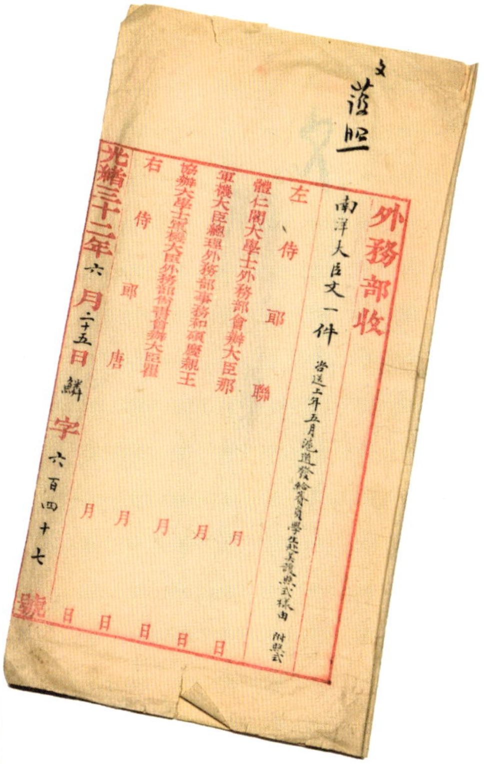

华人赴美护照样式（光绪三十二年）

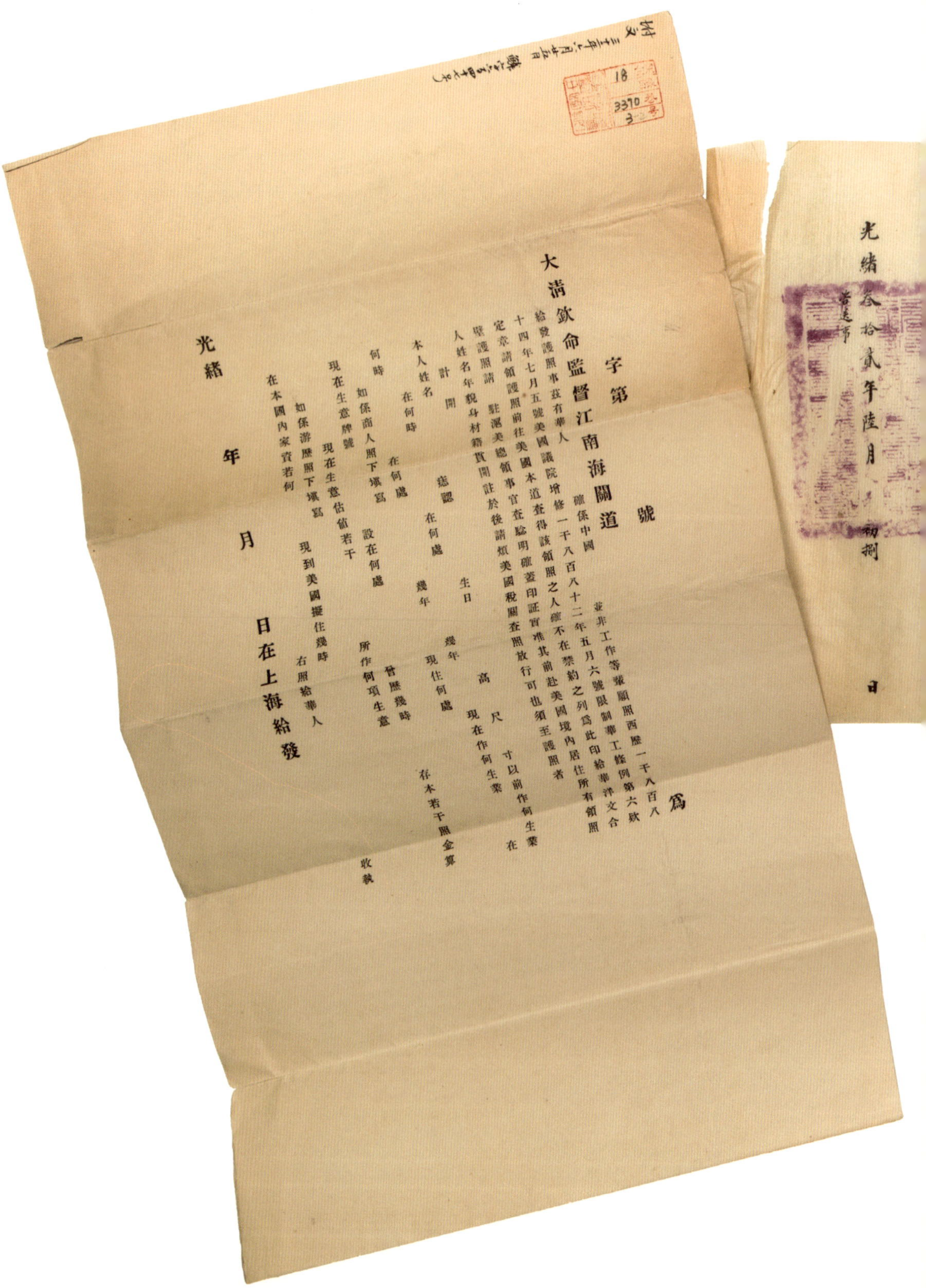
字第　號　爲
大清欽命監督江南海關道
給發護照事玆有華人　確係中國　並非工作等輩願照西歷一千八百八
十四年七月五號美國議院增修一千八百八十二年五月六號限制華工條例第六欵合
定章請領護照前往美國本道查得該領照之人確不在禁約之列爲此印給華洋文合
璧護照請　駐滬美總領事官查驗明確蓋印証實准其前赴美國境內居住所有領照
人姓名年貌身材籍貫開註於後請煩美國稅關查照放行可也須至護照者
計開
本人姓名　痣認　生日　高　尺　寸以前作何生業　在
在何時　在何處　幾年　幾年　現住何處　現在作何生業
何時　如係商人照下填寫　在何處　設在何處　所作何項生意　曾歷幾時　存本若干照金算
現在生意牌號　現在生意估値若干
在本國内家資若何　如係游歷照下填寫　現到美國擬住幾時　右照給華人　收執
光緒　年　月　日在上海給發

光緒叁拾貳年陸月　初捌日

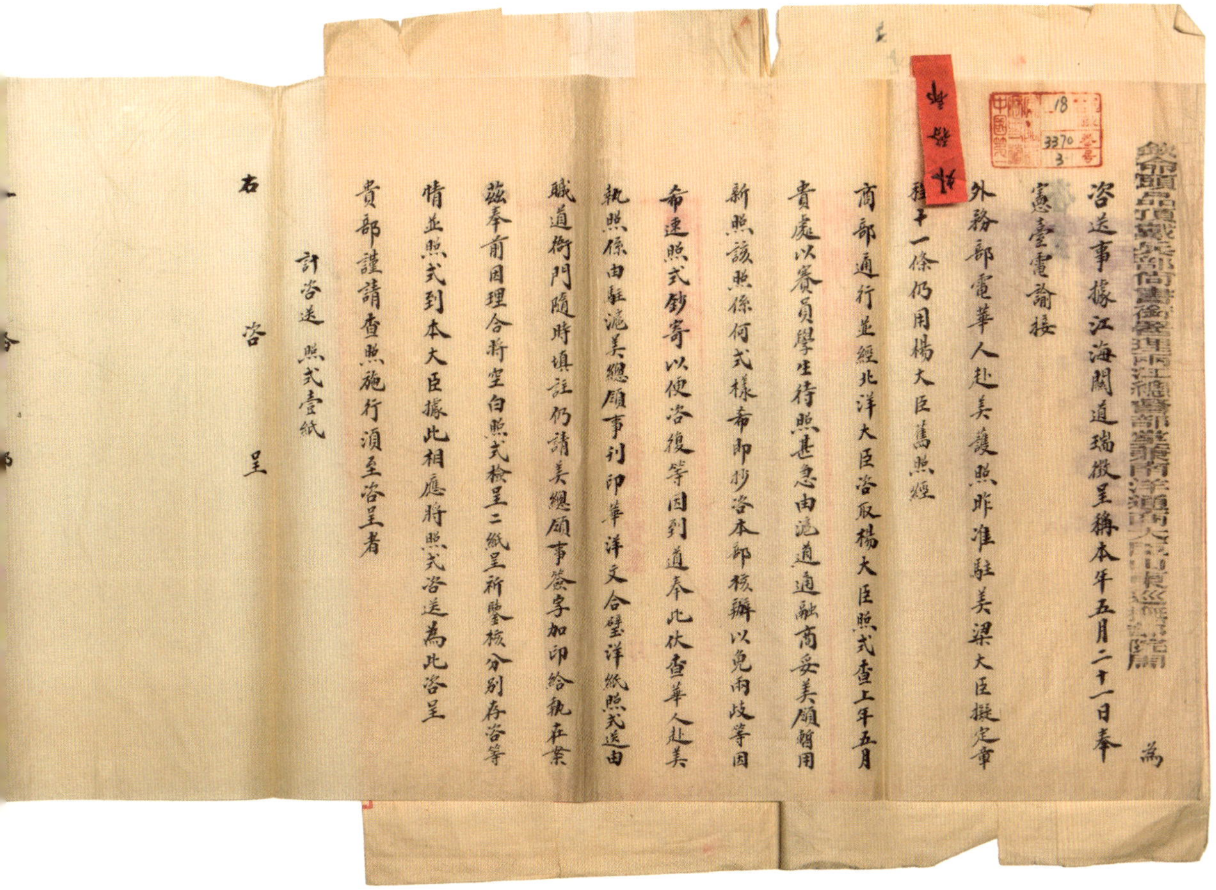
欽命頭品頂戴兵部尚書銜署理兩江總督部堂兼南洋通商大臣江蘇巡撫部院周 為
咨送事據江海關道瑞澂呈稱本年五月二十一日奉
憲臺電諭接
外務部電華人赴美護照昨准駐美梁大臣擬定章
程十一條仍用楊大臣舊照經
商部通行並經北洋大臣咨取楊大臣照式查上年五月
貴處以賽員學生待照甚急由滬道適融商妥美領暫用
新照該照係何式樣希即抄咨本部核辦以免兩歧等因
希速照式鈔寄以便咨復等因到道奉此伏查華人赴美
執照係由駐滬美總領事刊印華洋文合璧洋紙照式送由
職道衙門隨時填註仍請美總領事簽字加印給執在案
茲奉前因理合將空白照式檢呈二紙呈祈鑒核分別存咨等
情並照式到本大臣據此相應將照式咨送為此咨呈
貴部謹請查照施行須至咨呈者
計咨送 照式壹紙
右 咨 呈

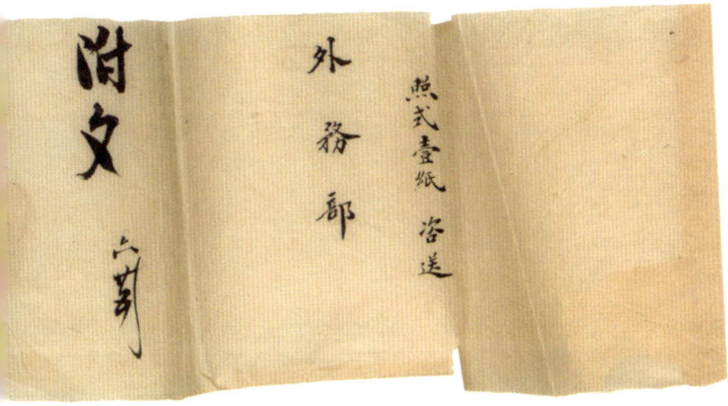
照式壹紙 咨送
外務部
附文
六

南洋大臣周馥致外务部咨呈（光绪三十二年六月初八日）

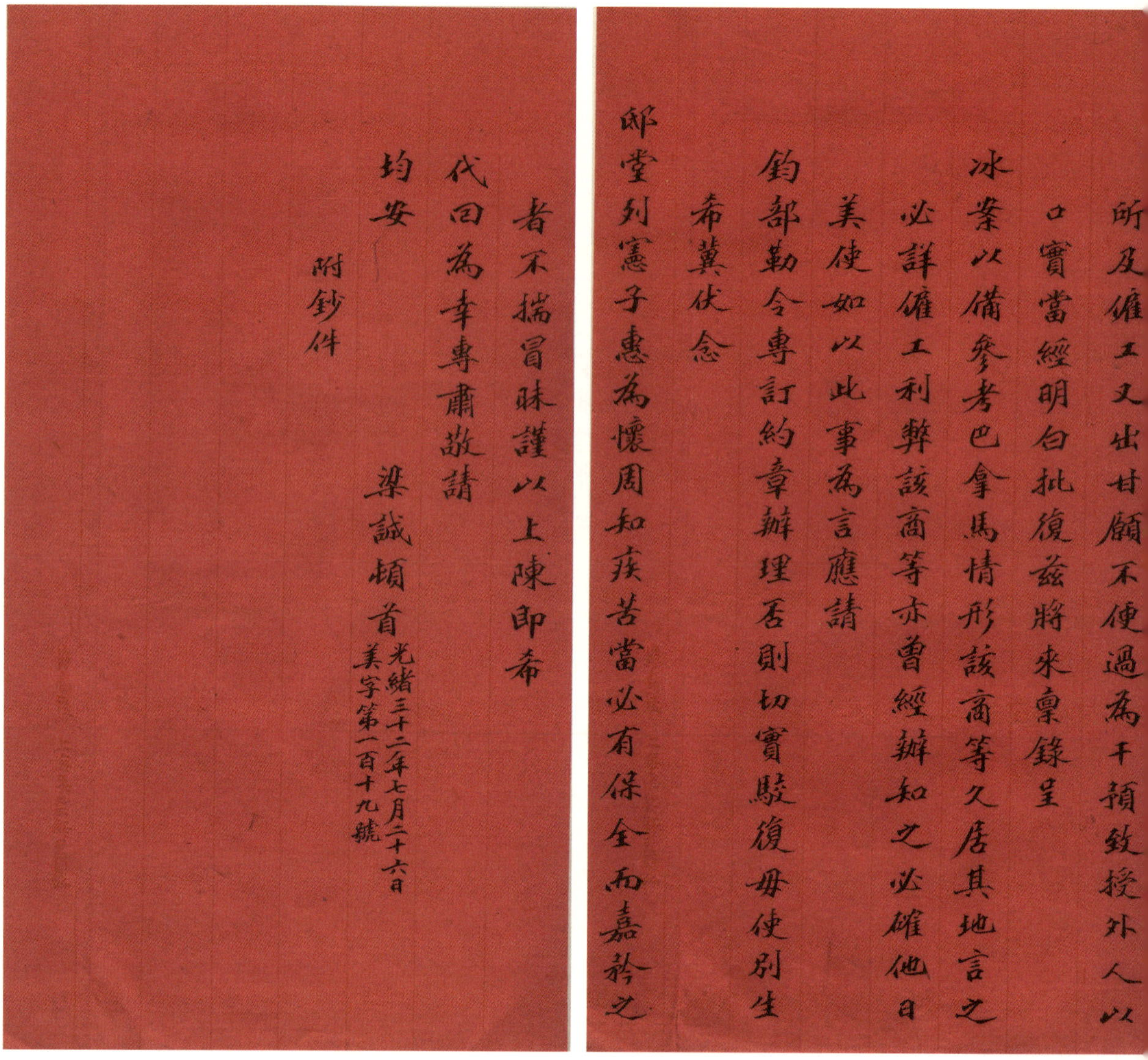

所及僱工又出甘願不便過為干預致授外人以
口實當經明白批復茲將來稟錄呈
冰案以備參考巴拿馬情形該商等久居其地言之
必詳僱工利弊該商等亦曾經辦知之必確他日
美使如以此事為言應請
鈞部勒令專訂約章辦理否則切實駁復毋使別生
希冀伏念
邸堂列憲子惠為懷周知疾苦當必有保全而嘉矜之

者不揣冒昧謹以上陳即希
代回為幸專肅敬請
均安
梁誠頓首
光緒三十二年七月二十六日
美字第一百十九號
附鈔件

驻美大臣致外务部信函：

为巴拿马开河招用华工该地华商呈请设法阻止事

光绪三十二年七月二十六日（1906年9月14日）

巴拿马独立后，美国通过与其签订专约，获得了巴拿马运河开凿权。在运河开工之际，驻美大臣梁诚根据巴拿马华商禀文，致函外务部，建议与美国和巴拿马“订立专

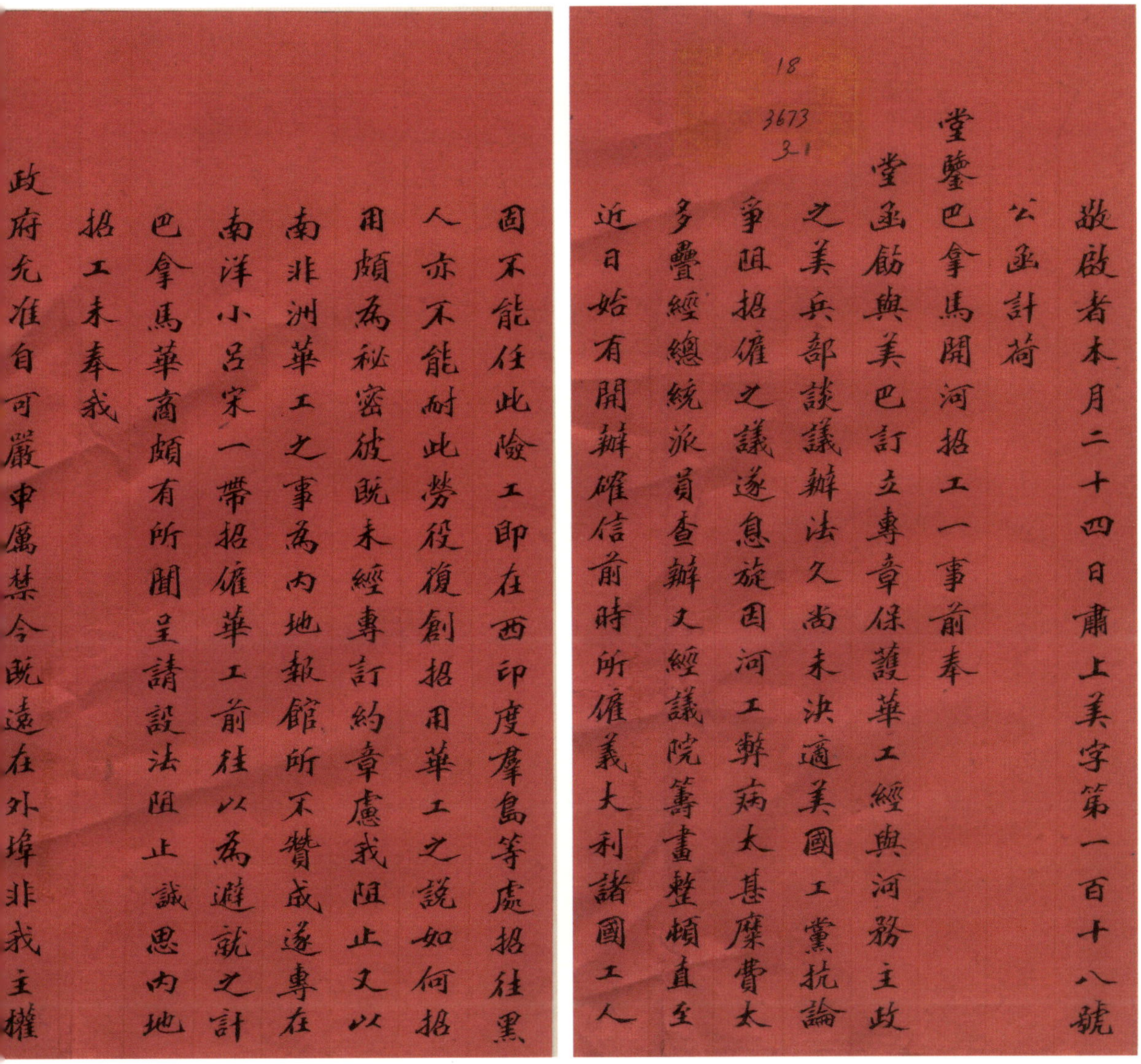
敬啟者本月二十四日肅上美字第一百十八號
公函計荷
堂鑒巴拿馬開河招工一事前奉
堂函飭與美巴訂立專章保護華工經與河務主政
之美兵部談議辦法久尚未決適美國工黨抗論
爭阻招僱之議遂息旋因河工弊病太甚糜費太
多疊經總統派員查辦又經議院籌畫整頓直至
近日始有開辦確信前時所僱義大利諸國工人
固不能任此險工即在西印度羣島等處招往黑
人亦不能耐此勞役復創招用華工之說如何招
用頗為秘密彼既未經專訂約章慮我阻止又以
南非洲華工之事為內地報館所不贊成遂專在
南洋小呂宋一帶招僱華工前往以為避就之計
巴拿馬華商頗有所聞呈請設法阻止誠恐內地
招工未奉我
政府允准自可嚴申厲禁今既遠在外埠非我主權

驻美大臣致外务部信函（光绪三十二年七月二十六日）

章、保护华工”。但是，订约程序甚为繁琐，而报纸已经披露有为开凿运河招募华工之事，且巴拿马运河开凿的气候和施工环境非常恶劣，“即在西印度群岛等处招往黑人亦不能耐此劳役”。正是在这种情况下，当地有了“复创招用华工之说”。为此，梁诚建议在国内特别是东南沿海，应“严申禁令”，而对于远在海外（主要指东南亚）的华侨，由于“非我主权所及”，只要出于自愿，则“不便过于干预”。

之策不勝待命之至蓋華工到後美人苛虐固不煩言而該處風土惡劣熱度逾常即現在小販僑民亦感而生病面目黃瘠見者惻然況於炎天烈日之中操畚鍬以從事耶況當開鑿之際山嵐瘴毒宣洩於一時耶前屆法人所招者大半盡填溝壑吾國百度維新日以保種為務忍復蹈此故轍乎彼曾向各國招工皆聞而裹足勢不得不設術以餌我華人倘再入其牢籠必有呼籲無門之一日前車既覆後軫方遒用敢覼縷瀆陳伏維矜鑒

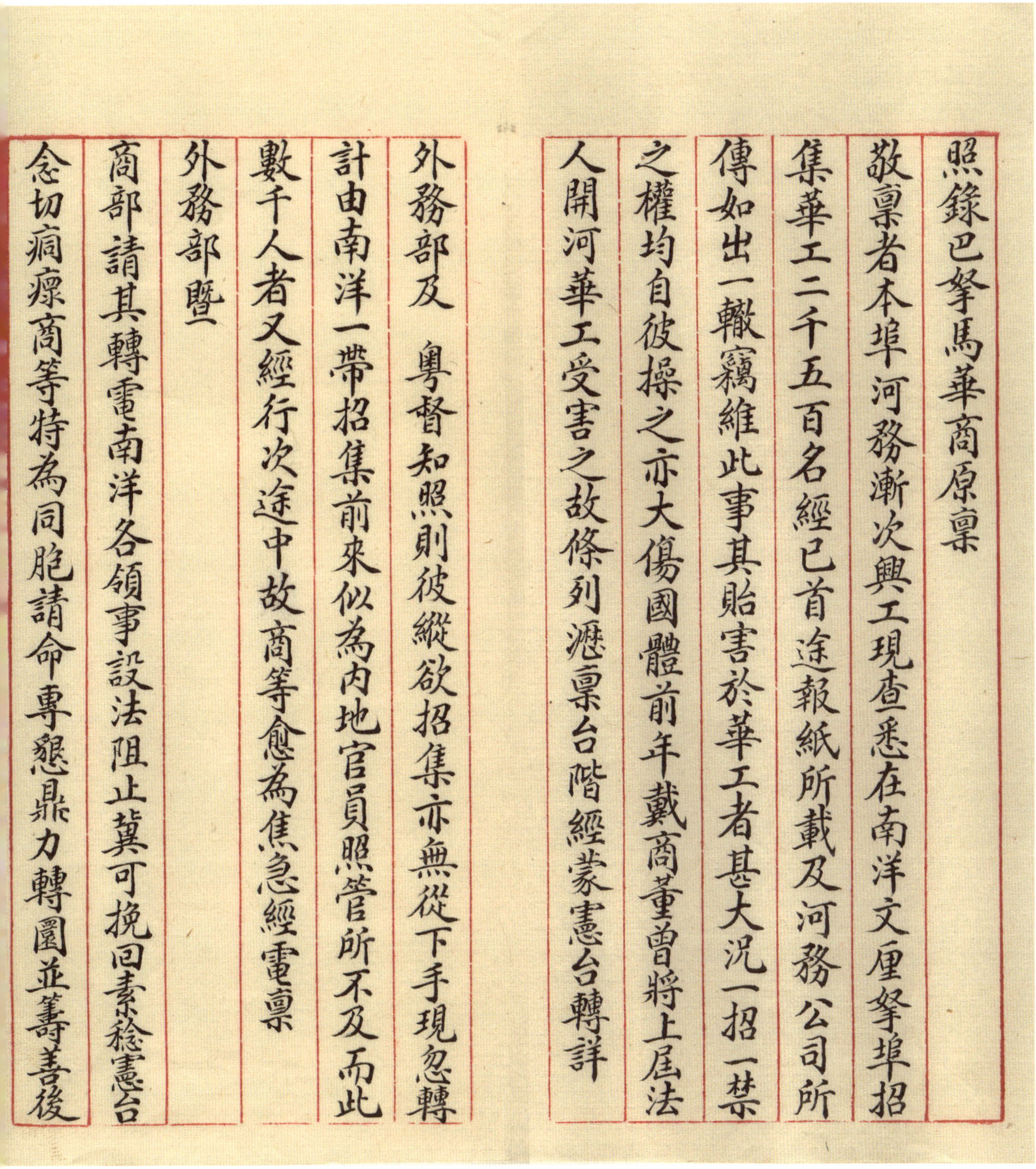

照錄巴拏馬華商原稟

敬稟者本埠河務漸次興工現查悉在南洋文厘拏埠招集華工二千五百名經已首途報紙所載及河務公司所傳如出一轍竊維此事其貽害於華工者甚大況一招一禁之權均自彼操之亦大傷國體前年戴商董曾將上屆法人開河華工受害之故條列瀝稟台階經蒙憲台轉詳

外務部及　粵督知照則彼縱欲招集亦無從下手現忽轉計由南洋一帶招集前來似為內地官員照管所不及而此數千人者又經行次途中故商等愈為焦急經電稟

外務部暨

商部請其轉電南洋各領事設法阻止冀可挽回素稔憲台

念切痌瘝商等特為同胞請命專懇鼎力轉圜並籌善後

巴拿马华商禀文（光绪三十二年）

巴西外交部致清政府外务部照会：

为新任总统阿芳素披那莅任致清朝皇帝国书事

光绪三十二年九月二十九日（1906 年 11 月 15 日）

光绪七年（1881），中国和巴西签订《和好通商条约》，正式建立外交关系。此时，巴西尚在帝制时期。此后，巴西发生共和国革命，并最终于光绪十七年成立巴西联邦共和国。但是，巴西政体的变革并未影响中国和巴西的外交关系。到阿芳素披那（阿方索·佩纳）当选时，已是巴西第六任总统。阿芳素披那在任期的第一天写的这封国书，以照会的形式在第一时间由巴西外交部呈送清政府外务部，表示愿继续维持两国友好邦交。

巴西外交部致清政府外务部照会信封（光绪三十二年九月二十九日）

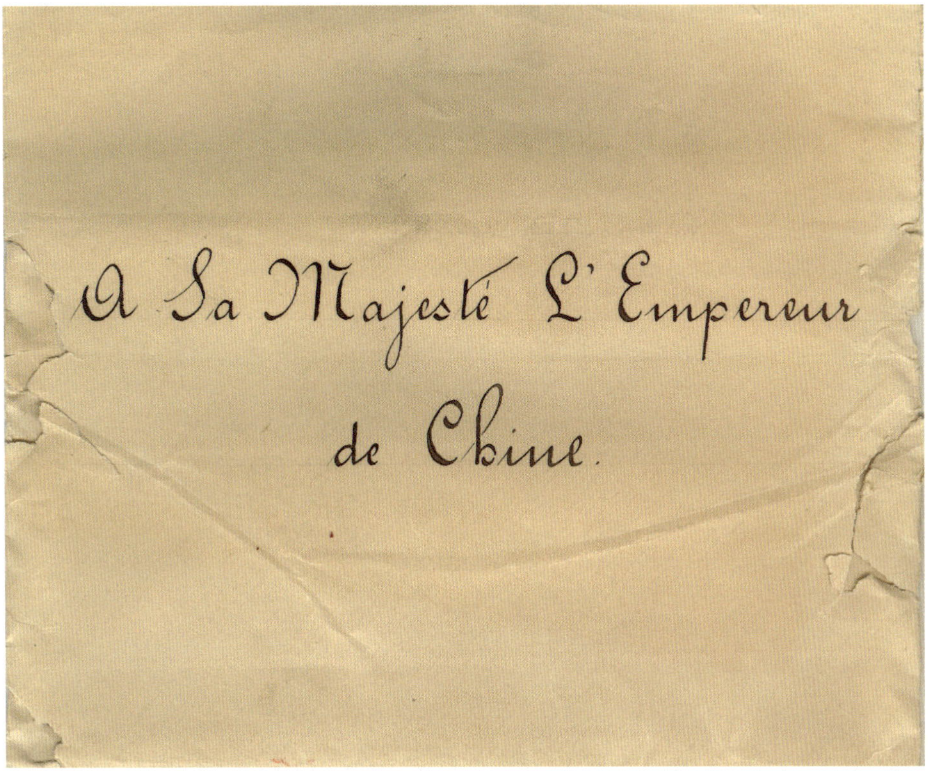

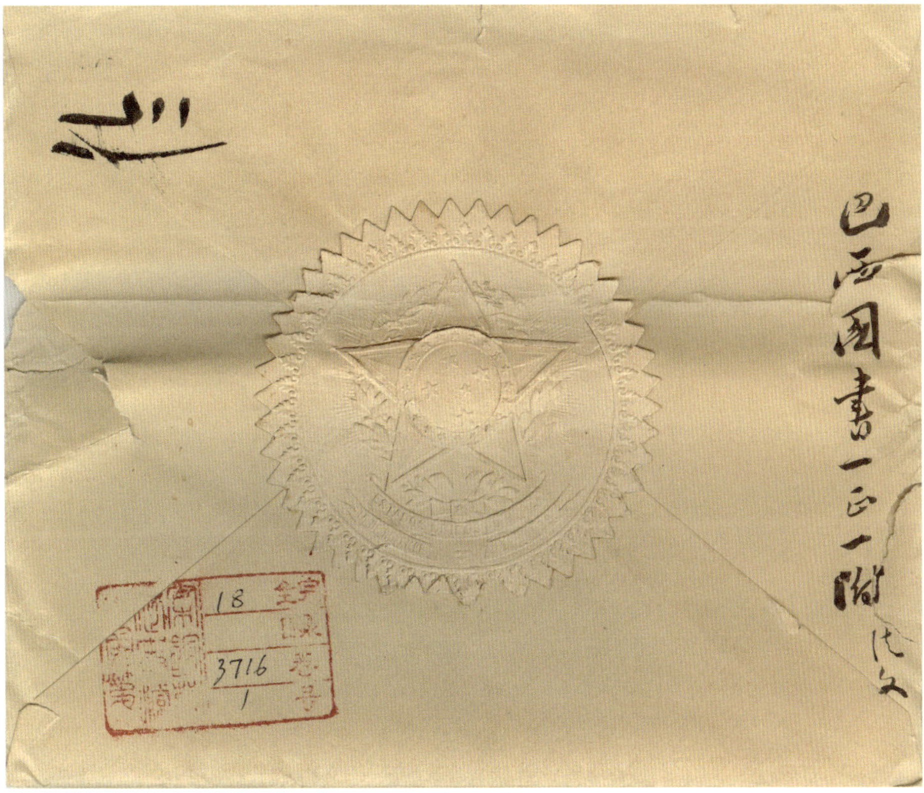

巴西总统国书信封（光绪三十二年九月二十九日）

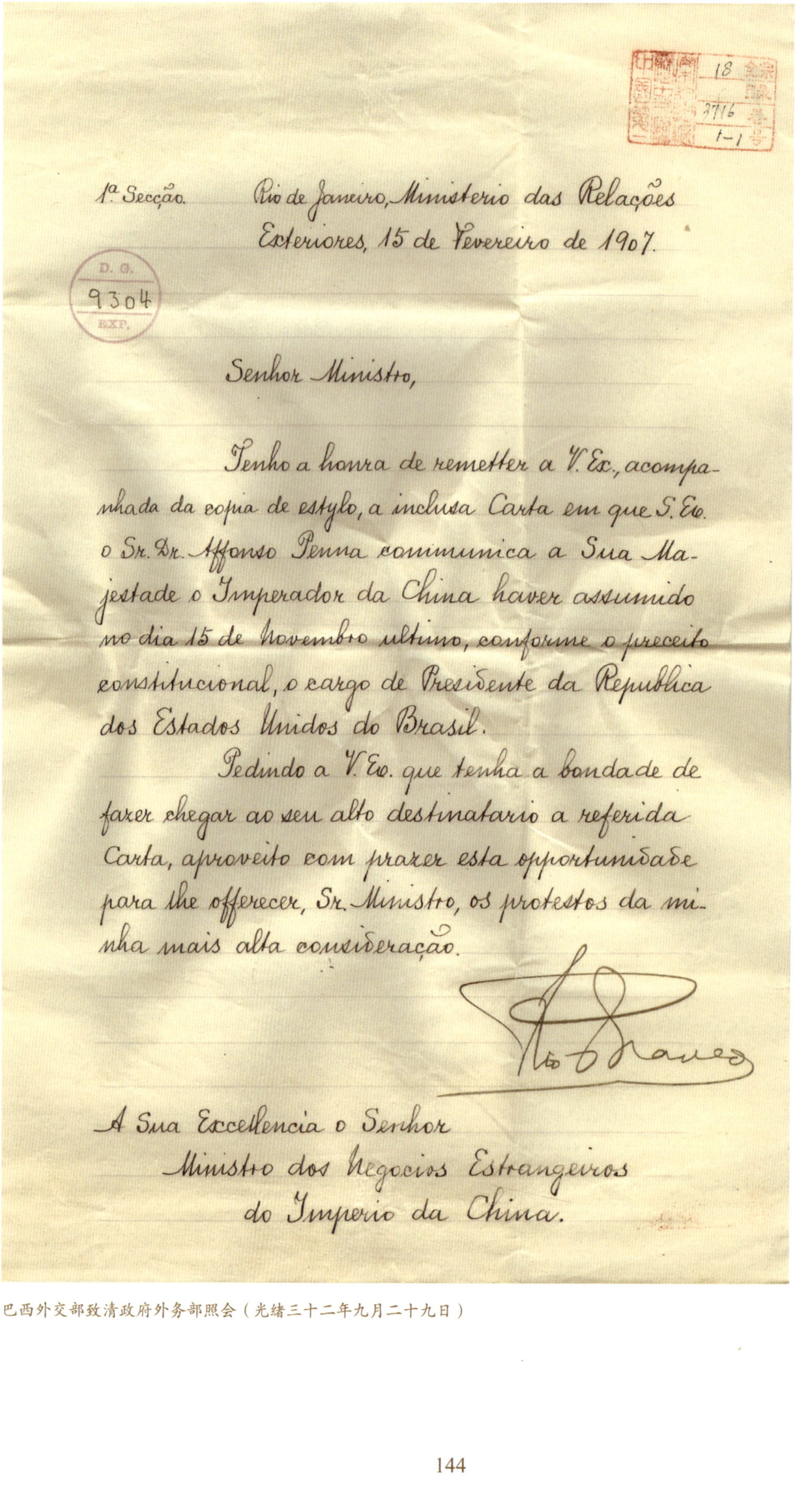

18
3716
1-1

1ª Secção.   Rio de Janeiro, Ministerio das Relações Exteriores, 15 de Fevereiro de 1907.

D. G.
9304
EXP.

Senhor Ministro,

Tenho a honra de remetter a V. Ex., acompanhada da copia de estylo, a inclusa Carta em que S. Ex. o Sr. Dr. Affonso Penna communica a Sua Majestade o Imperador da China haver assumido no dia 15 de Novembro ultimo, conforme o preceito constitucional, o cargo de Presidente da Republica dos Estados Unidos do Brasil.

Pedindo a V. Ex. que tenha a bondade de fazer chegar ao seu alto destinatario a referida Carta, aproveito com prazer esta opportunidade para lhe offerecer, Sr. Ministro, os protestos da minha mais alta consideração.

Rio Branco

A Sua Excellencia o Senhor
Ministro dos Negocios Estrangeiros
do Imperio da China.

巴西外交部致清政府外务部照会（光绪三十二年九月二十九日）

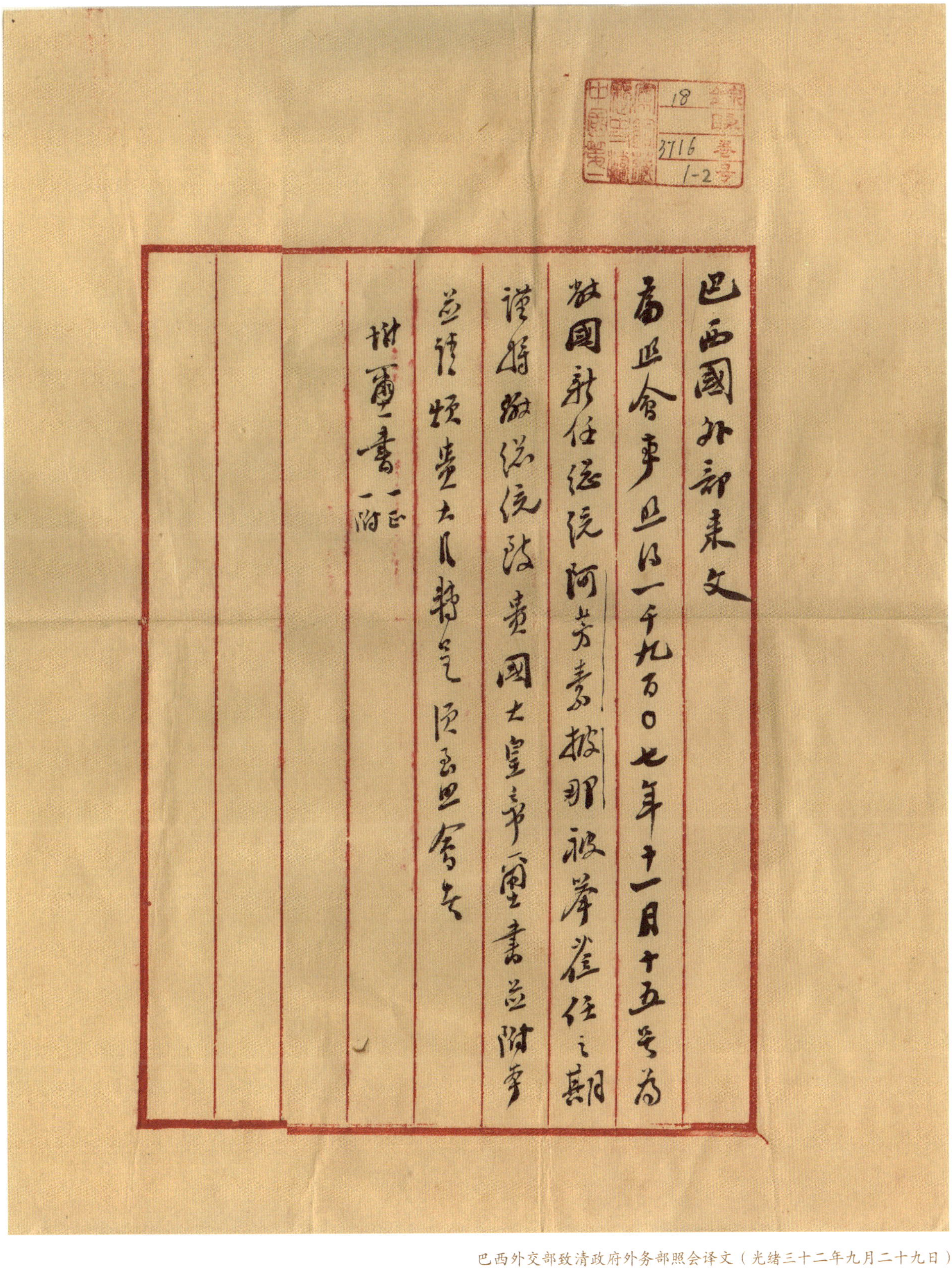

巴西國外部來文
為照會事照得一千九百〇七年十一月十五號為
敝國新任總統阿芳素披那被舉莅任之期
謹將敝總統致貴國大皇帝國書並附事
並請煩貴大臣轉呈須至照會者
計國書一件 一正 一附

巴西外交部致清政府外务部照会译文（光绪三十二年九月二十九日）

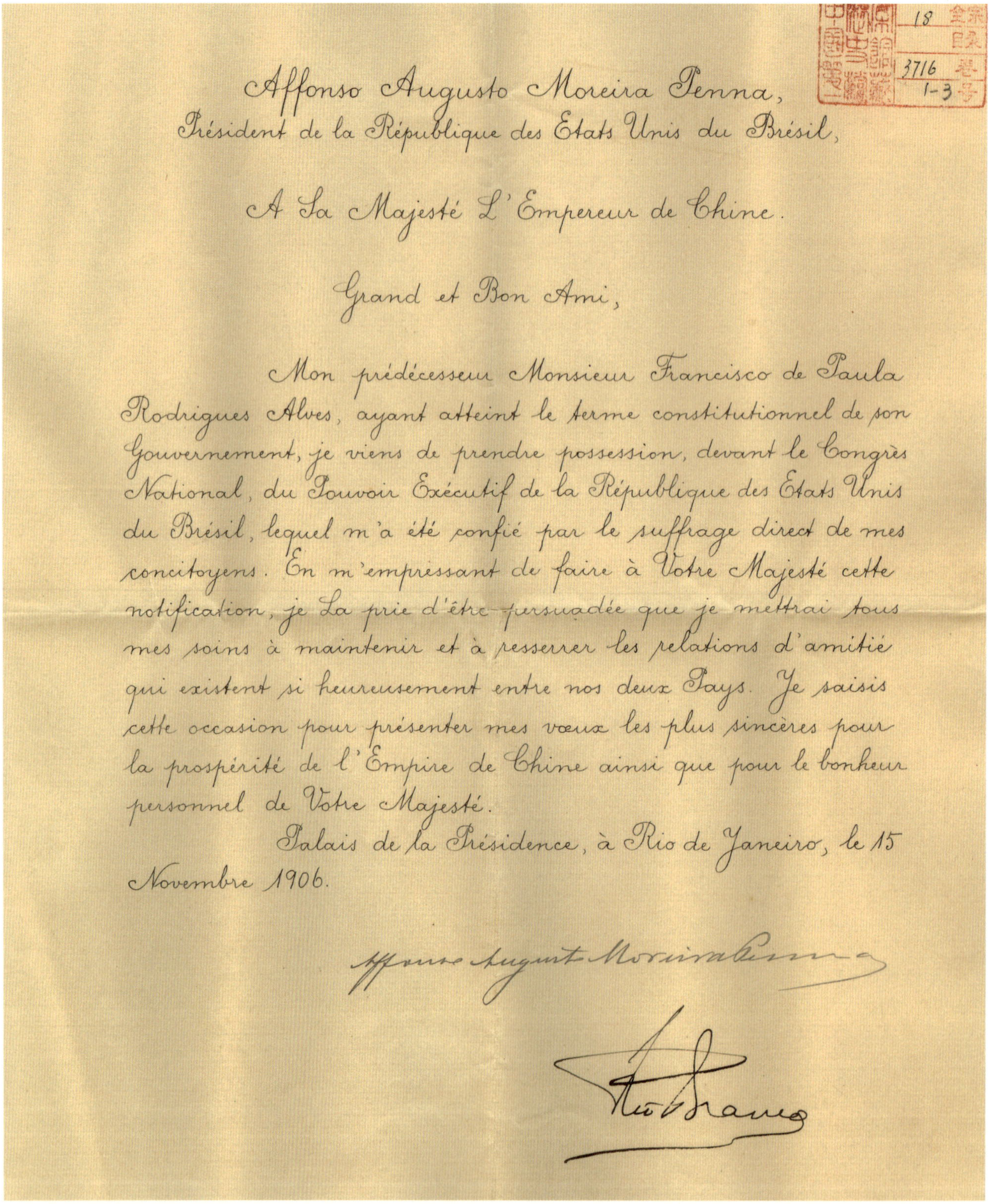

Affonso Augusto Moreira Penna,
Président de la République des Etats Unis du Brésil,

A Sa Majesté L'Empereur de Chine.

Grand et Bon Ami,

Mon prédécesseur Monsieur Francisco de Paula Rodrigues Alves, ayant atteint le terme constitutionnel de son Gouvernement, je viens de prendre possession, devant le Congrès National, du Pouvoir Exécutif de la République des Etats Unis du Brésil, lequel m'a été confié par le suffrage direct de mes concitoyens. En m'empressant de faire à Votre Majesté cette notification, je La prie d'être persuadée que je mettrai tous mes soins à maintenir et à resserrer les relations d'amitié qui existent si heureusement entre nos deux Pays. Je saisis cette occasion pour présenter mes vœux les plus sincères pour la prospérité de l'Empire de Chine ainsi que pour le bonheur personnel de Votre Majesté.

Palais de la Présidence, à Rio de Janeiro, le 15 Novembre 1906.

Affonso Augusto Moreira Penna

Rio Branco

巴西总统国书（光绪三十二年九月二十九日）

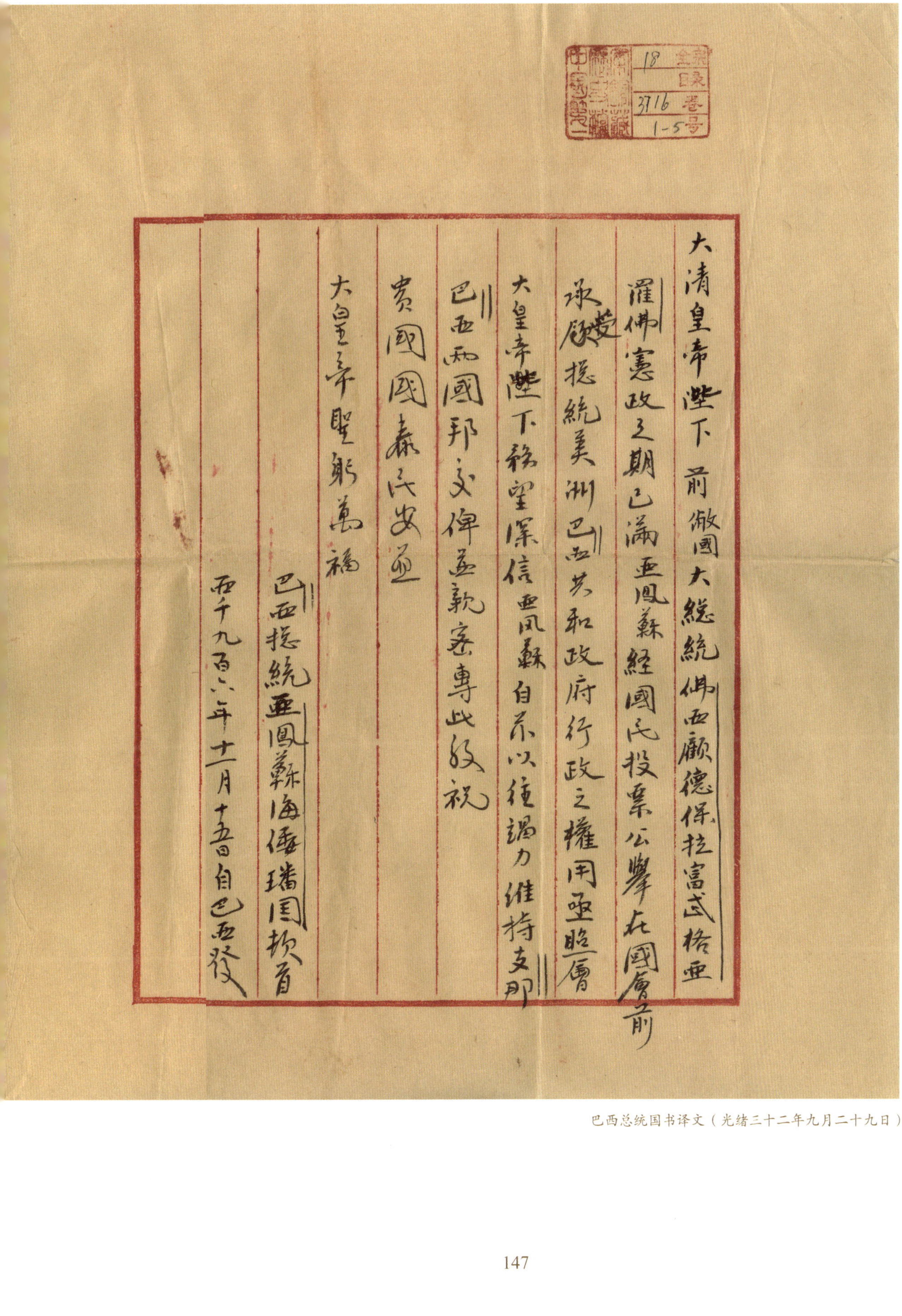

大清皇帝陛下 前敝國大總統佛西顧德保拉富武格亞
羅佛憲政之期已滿亞風蘇經國民投票公舉在國會前
承受總統美洲巴西共和政府行政之權用亟照會
大皇帝陛下務望深信亞風蘇自今以往竭力維持支那
巴西兩國邦交俾益親密專此致祝
貴國國泰民安並
大皇帝聖躬萬福
巴西總統亞風蘇海倭瑞圖拜首
西千九百六年十一月十五日自巴西發

巴西总统国书译文（光绪三十二年九月二十九日）

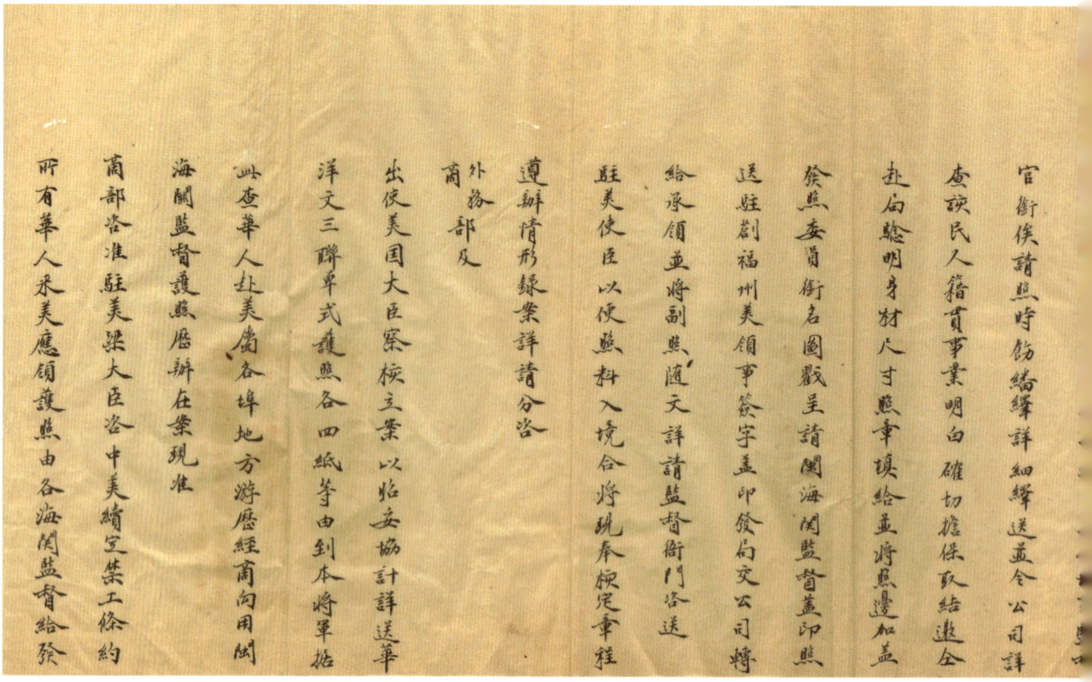
官銜俟請照時飭繕繹詳細繹送並令公司詳
查該民人籍貫事業明白確切擔保取結邀仝
赴局驗明身材尺寸照章填給並將照邊加蓋
發照委員銜名圖戳呈請閩海關監督蓋印照
送駐劄福州美領事簽字蓋印發局交公司轉
給承領並將副照隨文詳請監督衙門咨送
駐美使臣以便照料入境合將現奉核定章程
遵辦情形錄案詳請分咨
外務部及
商
出使美国大臣察核立案以昭妥協計詳送華
洋文三聯單式護照各四紙等由到本將軍據
此查華人赴美屬各埠地方游歷經商向用閩
海關監督護照歷辦在案現准
商部咨准駐美梁大臣咨中美續定禁工條約
所有華人來美應領護照由各海關監督給發

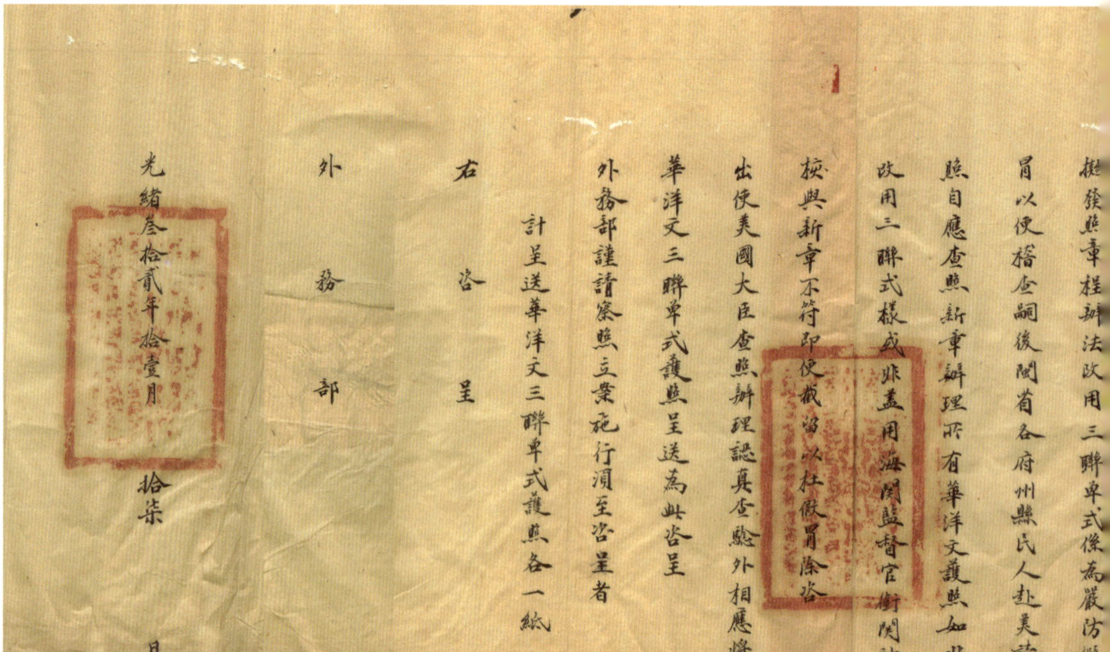
擬發照章程辦法改用三聯單式係為嚴防假
冒以便稽查嗣後閩省各府州縣民人赴美請
照自應查照新章辦理所有華洋文護照如非
改用三聯式樣或非蓋用海關監督官銜關防
核與新章不符即使截留以杜假冒除咨
出使美國大臣查照辦理認真查驗外相應將
華洋文三聯單式護照呈送為此咨呈
外務部謹請察照立案施行須至咨呈者
計呈送華洋文三聯單式護照各一紙
右咨呈
外務部
光緒叁拾貳年拾壹月拾柒日

署理闽浙总督崇善致外务部咨呈（光绪三十二年十一月十七日）

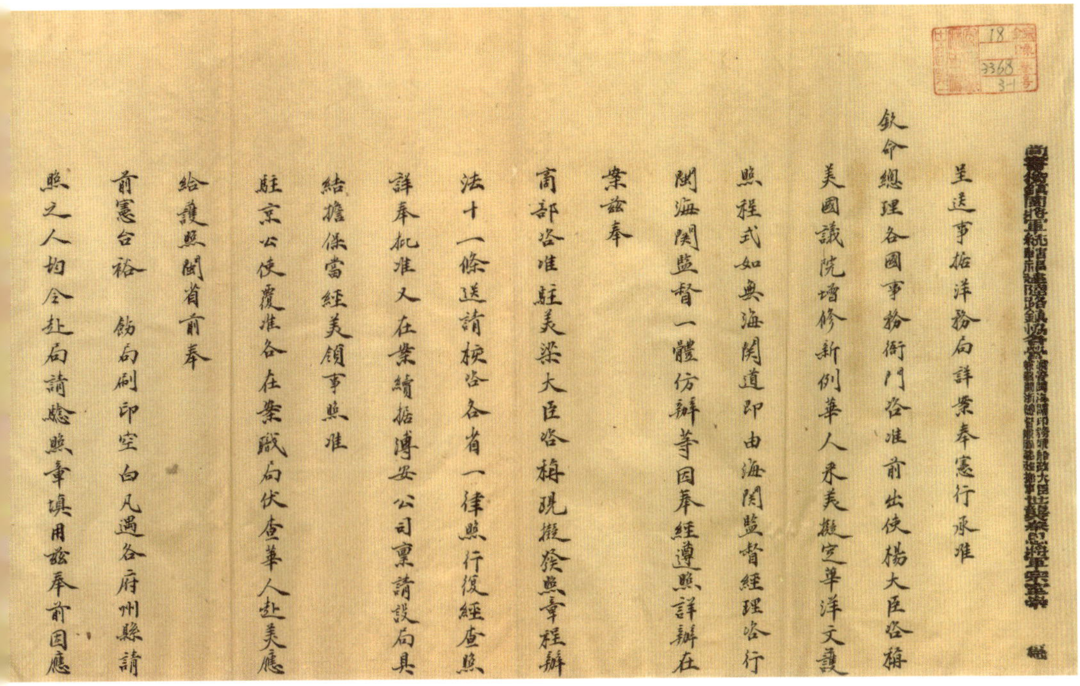
呈送事據洋務局詳案奉憲行承准
欽命總理各國事務衙門咨准前出使楊大臣咨稱
美國議院增修新例華人來美擬定華洋文護
照程式如與海関道即由海関監督經理咨行
閩海関監督一體仿辦等因奉經遵照詳辦在
案茲奉
商部咨准駐美梁大臣咨梅現擬發照章程辦
法十一條送請核咨各省一律照行復經查照
詳奉批准又在案續據溥安公司稟請設局具
結擔保當經美領事照准
駐京公使覆准各在案職局伏查華人赴美應
給護照閩省前奉
前憲台諭　飭局刷印空白凡遇各府州縣請
照之人均令赴局請驗照章填用茲奉前因應

署理闽浙总督崇善致外务部咨呈：

为华商赴美执照改用三联单式请立案事

光绪三十二年十一月十七日（1907 年 1 月 1 日）

自 19 世纪末美国制定排华政策以来，赴美务工华人的入境条件日趋严格，在具体的护照格式上也有所体现。光绪三十二年（1906）初拟定的赴美护照格式，重在核验持照人是否符合入境规定。而这份闽浙总督崇善的咨呈则对福建省各府州县民赴美护照做了更严格的规定，在形式上“刊刷三联单式，选择坚细洁白照纸编列号数”，在内容上注明“籍贯事业”、验明“身材尺寸”等，在流程上“加盖发照委员衔名图戳，呈请闽海关监督盖印，照送驻扎福州美领事签字盖印”，最后由溥安公司下设的职局担保取结，确保“严防假冒，以便稽查”。档案后附有执照式样，用中英文标明了持照人姓名、出生地、住址、出国事由等信息，一式三份。

No. H. **ORIGINAL.**

商人執照

Merchant's Certificate.

Form of Chinese Certificate.

In compliance with the provisions of Section 6 of An Act of the Congress of the United States of America, approved July 5, 1884, entitled An Act to amend an Act to execute certain Treaty stipulations relating to Chinese, approved May 6, 1882-

This certificate is issued by the undersigned, who has been designated for that purpose by the Government of ________ to show that the person named hereinafter is a member of one of the exempt classes described in said Act and as such has the permission of said Government to go to and reside within the territory of the United States, after in investigation and verification of the statements contained herein by the lawfully constituted agent of the United States in the country,

The following description is submitted for the identification of the person to whom the certificate relates :

Name in full, in proper signature of bearer : ________

Title or official rank, if any : ________

Physical peculiarities : ________

____

Date of birth : ________

Height : ________ feet ________ inches.

Former occupation : ________

When pursued : ________

Where pursued : ________

How long pursued : ________

Present occupation : ________

When pursued : ________

Where pursued : ________

How long pursued : ________

Last place of actual residence : ________

(Note. If a merchant, the following blanks should be filled out)

Title of present mercantile business : ________

Location of said mercantile business : ________

How long said business has been pursued : ________

Amount invested (gold) in said business : ________

Present estimated value of said business : ________

Specific character of merchandise handled in said business : ________

____

(Note.-If bearer is a traveler the following blanks should be filled out)

Financial standing of bearer in his own country, ________

Probable duration of his stay in the United States : ________

Issued at ________ on this ________ day ________ of ________

____

Signature of Chinese official.

(Vise)

I, the undersigned duly authorized diplomatic (or consular) officer of the United States Government for the territory within which the person named in the above certificate resides, have made a thorough investigation of the statements contained in the foregoing certificate and have found them to be in all respects true, and accordingly attach my signature and official seal in order that the bearer may be admitted to the United States upon identification as the person represented by the attached photograph, over which I have partly placed my official seal.

____

Signature of United States official.

Photograph.

、华商赴美护照样式（光绪三十二年）

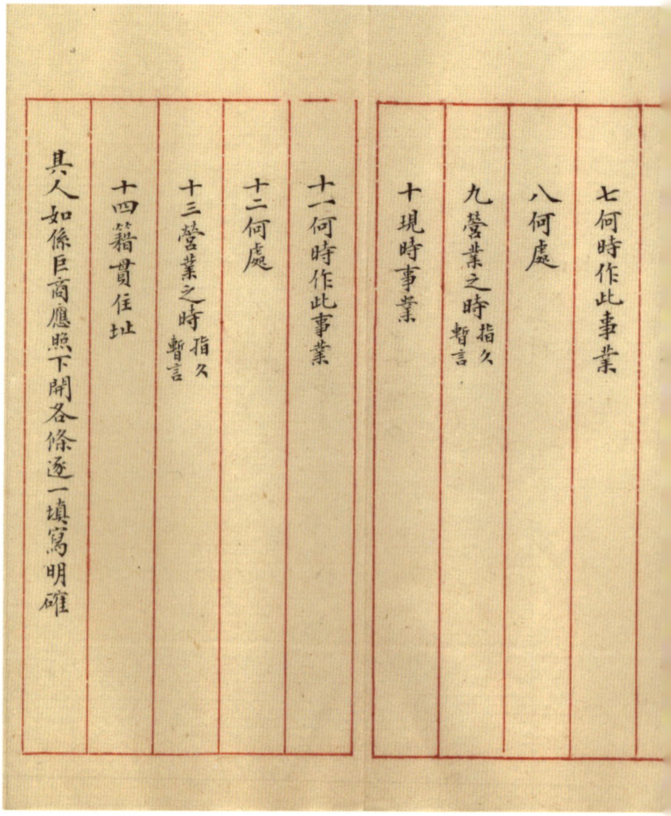

七何時作此事業
八何處
九營業之時指久暫言
十現時事業
十一何時作此事業
十二何處
十三營業之時指久暫言
十四籍貫住址
其人如係巨商應照下開各條逐一填寫明確

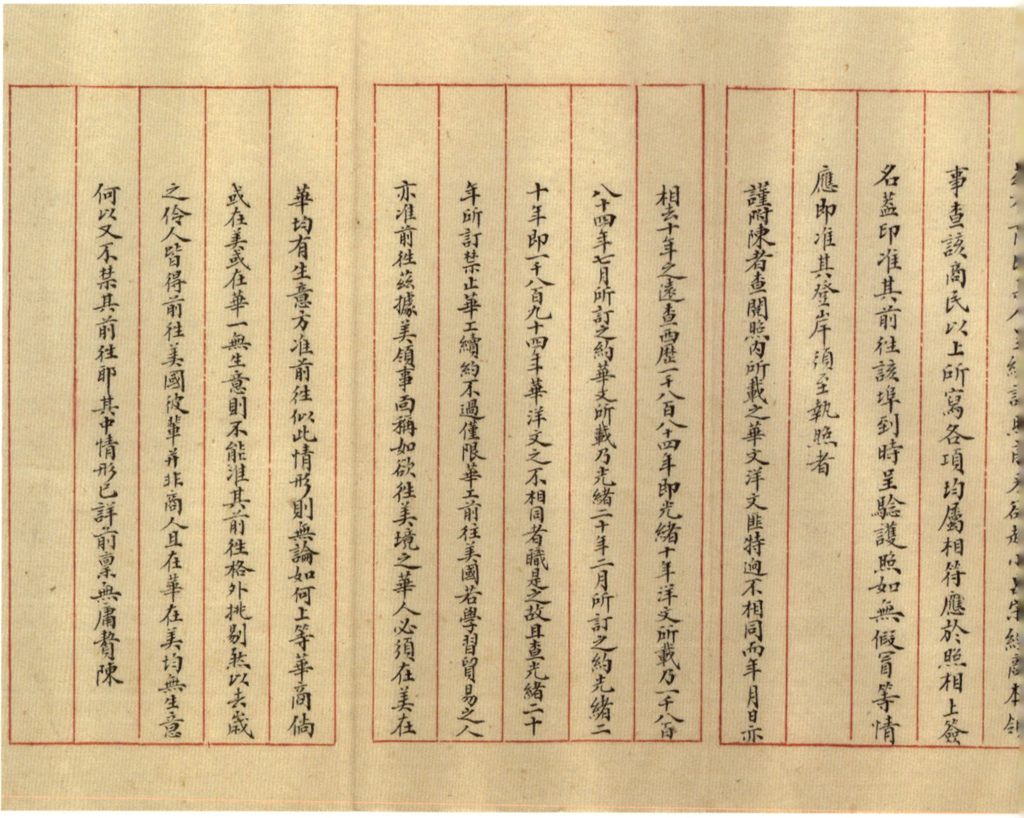

事查該商民以上所寫各項均屬相符應於照相上簽
名蓋印准其前往該埠到時呈驗護照如無假冒等情
應即准其登岸須至執照者
謹附陳者查閱照內所載之華文洋文壓特迥不相同而年月日亦
相去十年之遠查西歷一千八百八十四年即光緒十年洋文所載乃一千八百
八十四年七月所訂之約華文所載乃光緒二十年二月所訂之約光緒二
十年即一千八百九十四年華洋文之不相同者職是之故且查光緒二十
年所訂禁止華工續約不過僅限華工前往美國若學習貿易之人
亦准前往茲據美領事函稱如欲往美境之華人必須在美在
華均有生意方准前往似此情形則無論如何上等華商倘
或在美或在華一無生意則不能准其前往格外挑剔無以去歲
之伶人皆得前往美國彼輩并非商人且在華在美均無生意
何以又不禁其前往即其中情形已詳前稟無庸贅陳

华商赴美护照译文（光绪三十二年）

附文　廿三年八月初六日　服字一百九十二号

謹將護照洋文譯呈

鈞覽

為發給護照事案照　美國議政院於西歷一千八百八十四年七月五號訂立新例頒之日此例乃改訂一千八百八十二年五月六號所訂之例為奉行華人入境約章而設其中第六款專指發給執照而言照約中國地方官有發給護照之權故給此照以證明後開之人係不在禁例之內已經本國政府允許函詳照例可在美國居住仍候美國派來代表官員將此照內開列各條逐條考驗屬實方可前往須至護照者

計開

一領照人姓名　由本人親寫

二其人有何官銜

三其人有何異相

四生年月日

一該商字號

二在何處

三開張幾年

四開張資本　以美金計

五該號生理估值若干

六該號作何生理

其人如係游歷應照下開各條逐一填寫明確

一其人在原籍家道是否殷實

二擬在小呂宋游歷久暫

華歷　年　月　日在厦門發

北洋大臣袁世凯致外务部咨呈：

为转送中国水师兵舰各等旗帜图式事

光绪三十三年二月二十五日（1907 年 4 月 7 日）

光绪三十二年（1906）七月，清王朝派出考察各国政治的载沣等五大臣回国，开始着手预备立宪和厘定官制。九月改兵部为陆军部，次年四月设立海军处，由陆军处兼管。宣统二年（1910）十一月，海军部成立。这份咨呈表现的正是海军处设立之前的准备工作，清政府“将中国水师兵舰各等旗帜绘成图式，注明颜色、大小、尺寸”附送给美国海军部门，由其转交“美国亚西亚舰队照当用之旗先行预备”。这份咨呈后面附了六面“已经颁行海军各旗帜”的图式，分别为国旗、一等提督旗、二等提督旗、三等提督旗、代统旗和队长旗，“每面旗长七尺二寸、阔四尺八寸”，除队长旗外，其他各旗均绘有盘龙图案，颜色以红、黄、蓝、白为主。

清朝的水师船照片

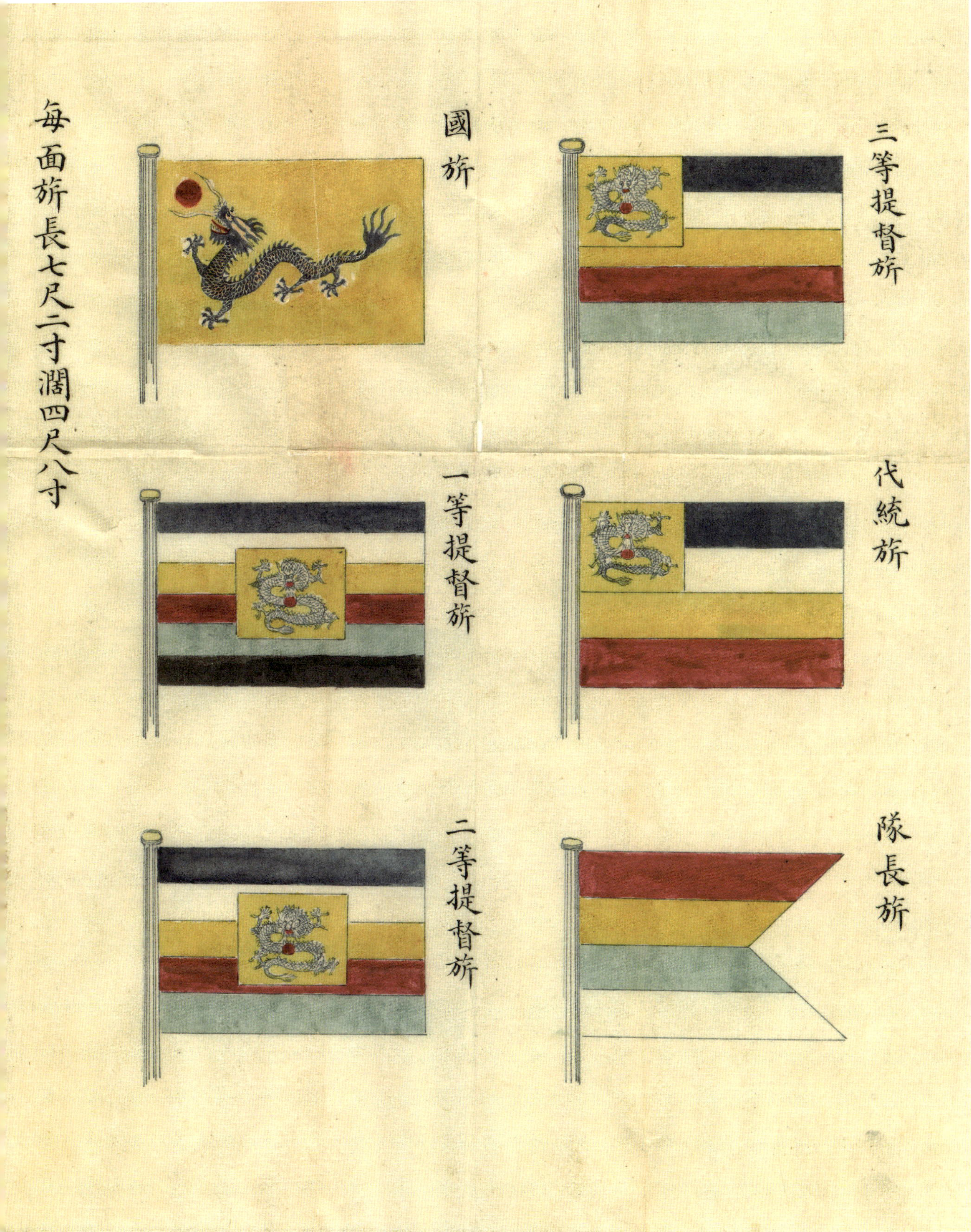

清朝水师兵舰各等旗帜图示（光绪三十三年）

[illegible]近年因奉此查中國海軍旗幟前經英國外部繪畫稿

本附錄說帖問題請為照答曾奉宮保咨行考核見復當

經提督詳核具復在案嗣因各項旗幟尚多未備復經提

督恭擬

皇上專旗暨京外大員各旗式呈請宮保並

前署南洋大臣周　核定頒行俾資遵守均尚未蒙核示

茲奉前因謹將已經頒行海軍各旗式照繪一份註明顏

色尺寸備文呈請察核等情到本大臣據此相應咨呈

貴部謹請查照施行須至咨呈者

計咨呈　旗圖一紙

右　咨　呈

外　務　部

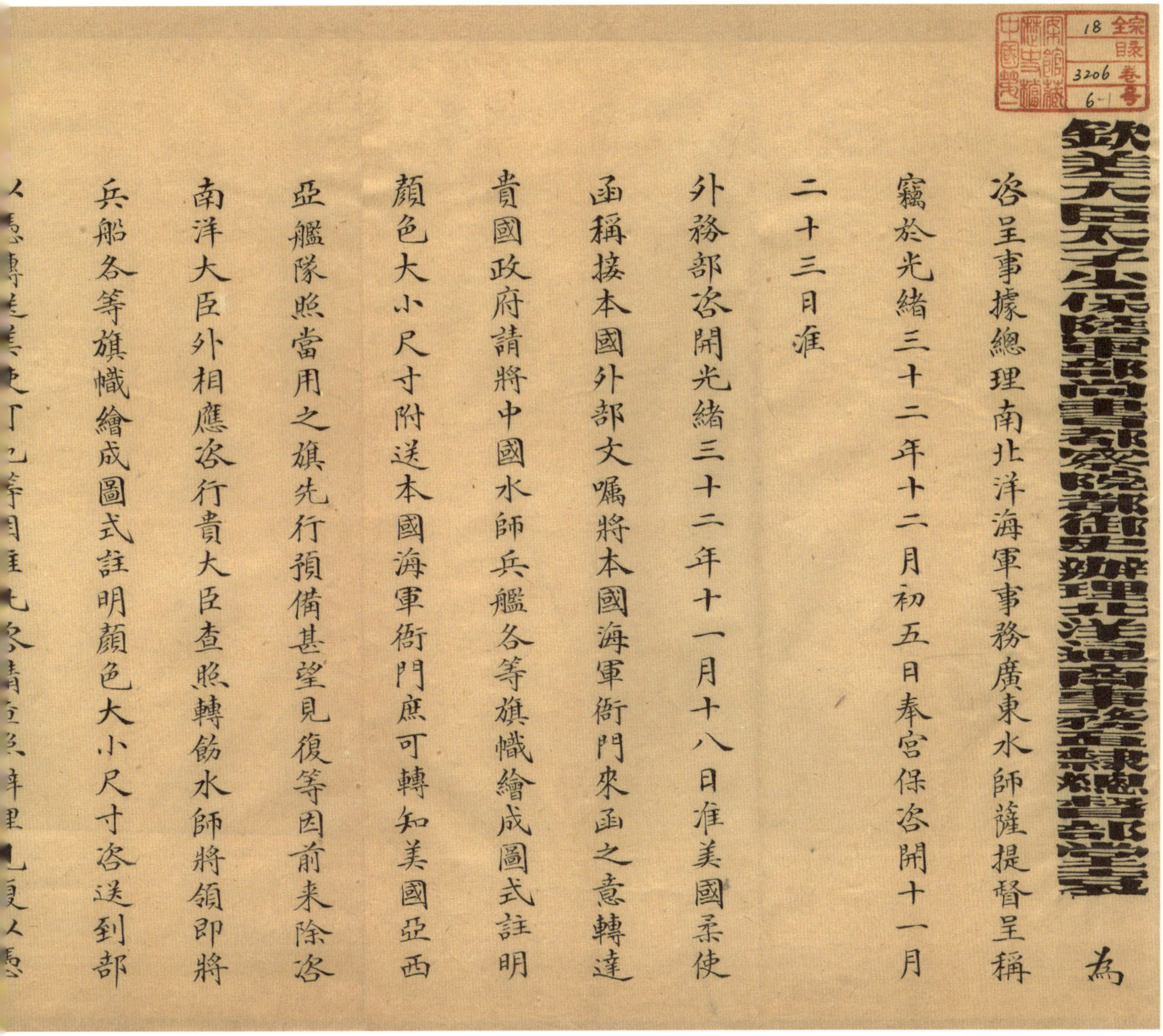

欽差大臣太子少保陸軍部尚書都察院都御史辦理北洋通商事務直隸總督部堂袁　為
咨呈事據總理南北洋海軍事務廣東水師薩提督呈稱
竊於光緒三十二年十二月初五日奉宮保咨開十一月
二十三日准
外務部咨開光緒三十二年十一月十八日准美國柔使
函稱接本國外部文囑將本國海軍衙門來函之意轉達
貴國政府請將中國水師兵艦各等旗幟繪成圖式註明
顏色大小尺寸附送本國海軍衙門庶可轉知美國亞西
亞艦隊照當用之旗先行預備甚望見復等因前來除咨
南洋大臣外相應咨行貴大臣查照轉飭水師將領即將
兵船各等旗幟繪成圖式註明顏色大小尺寸咨送到部

北洋大臣袁世凯致外务部咨呈（光绪三十三年二月二十五日）

古巴驻华代办致外务部函：

为函送本国国旗律例事

光绪三十三年四月初四日（1907年5月15日）

19世纪末“美西战争”（美国为夺取西班牙在拉丁美洲和亚洲的殖民地而引发的战争）后，古巴脱离西班牙的殖民统治，并于光绪二十八年（1902）正式宣布独立。清政府在此前已与古巴的前宗主国西班牙建立外交关系，并在古巴设立领事馆。古巴建国不久，清政府就承认了古巴独立，并将中国驻古巴领事馆升格为公使馆；古巴也向中国派驻了使领人员。这是古巴驻华第二位代办（从古巴独立到清朝灭亡，古巴未正式任命驻华公使）根据“本国新订旗子之律例”致函外务部，将其用于两国外交活动。

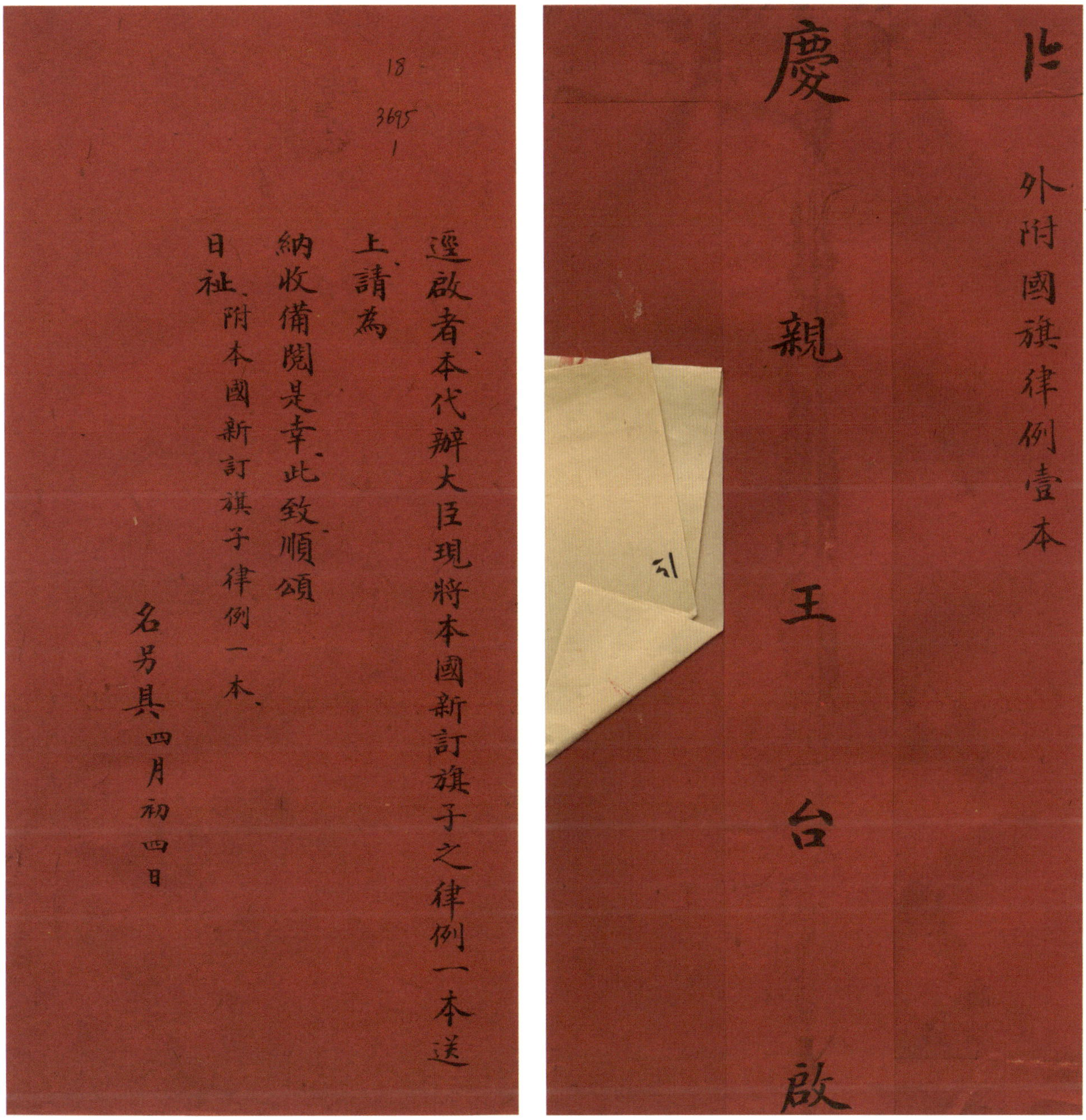
外附國旗律例壹本

慶親王台啟

逕啟者本代辦大臣現將本國新訂旗子之律例一本送
上請為
納收備閱是幸此致順頌
日祉附本國新訂旗子律例一本
名另具 四月初四日

古巴驻华代办致外务部函（光绪三十三年四月初四日）

外务部致南洋大臣咨文：

为转交美国农部赠植物子粒事

光绪三十四年三月二十三日（1908 年 4 月 23 日）

明清时期是中国第二个“粮食生产革命”时期，美洲三大农作物玉米、番薯和马铃薯被引进，并在全国范围内传播推广，到清中后期已在粮食作物中占据主导地位，由于单位种植面积产量高，直接导致清朝人口大量增加。此份档案是光绪末年，美国驻华公使柔克义发函致外务部，要求南洋大臣将美国农部寄送的一袋植物子粒转送给南京工业学堂田道台（音译）。

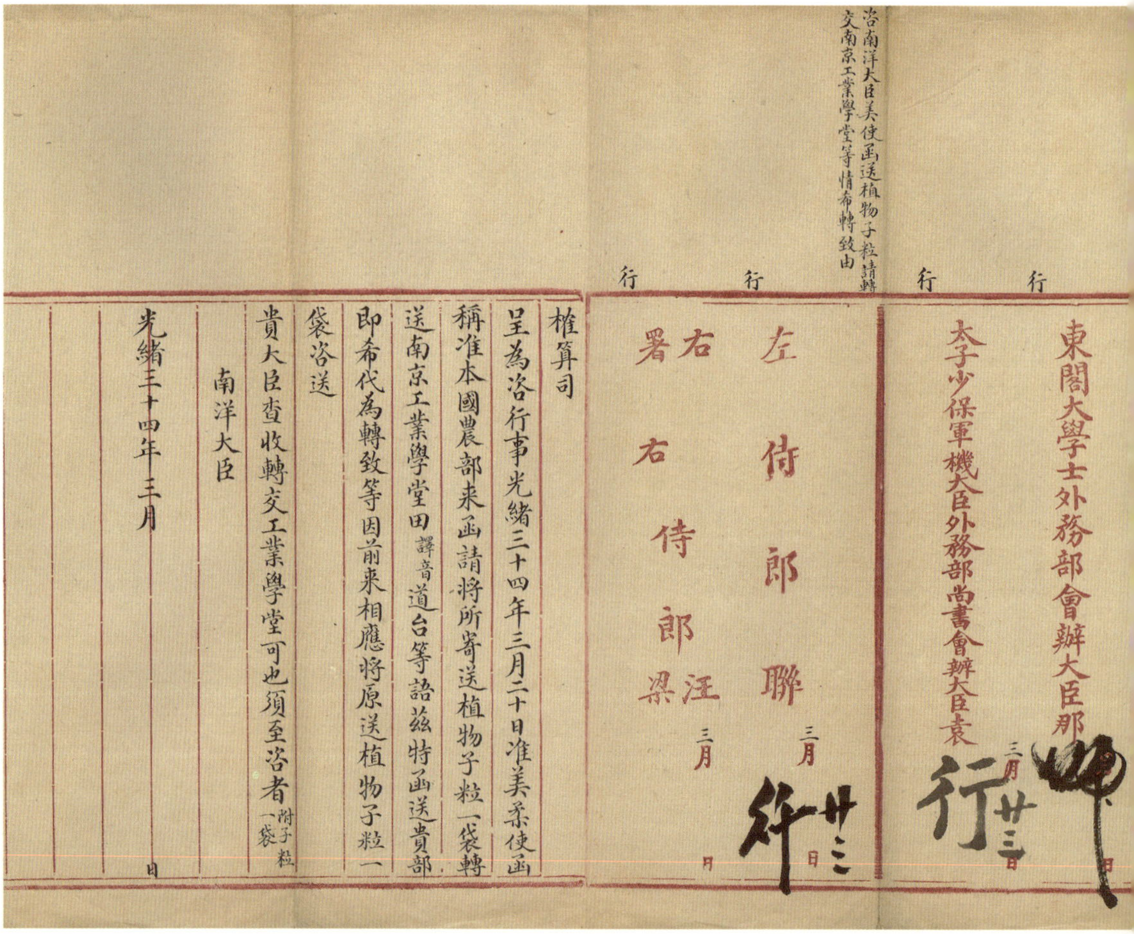
咨南洋大臣美使函送植物子粒請轉交南京工業學堂等情希轉致由
行 行 行 行
東閣大學士外務部會辦大臣那
太子少保軍機大臣外務部尚書會辦大臣袁
左侍郎聯
右侍郎汪
署右侍郎梁
三月廿三日 三月廿三日 三月 日 三月 日
榷算司
呈為咨行事光緒三十四年三月二十日准美柔使函
稱准本國農部來函請將所寄送植物子粒一袋轉
送南京工業學堂田譯音道台等語茲特函送貴部
即希代為轉致等因前來相應將原送植物子粒一
袋咨送
貴大臣查收轉交工業學堂可也須至咨者 附子粒一袋
南洋大臣
光緒三十四年三月 日

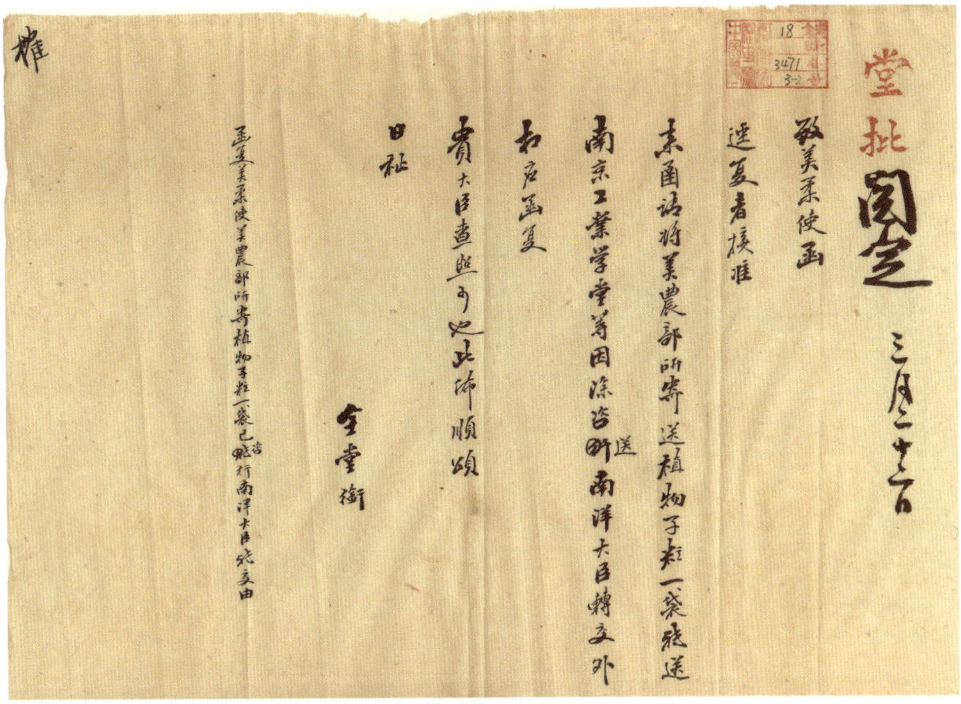

權

堂批 閱定 三月二十二日

致美柔使函

逕復者接准

來函語將美農部所寄送植物子粒一袋飭送

南京工業學堂等因除咨送行南洋大臣轉交外

相應函復

貴大臣查照可也此佈順頌

日祉

全堂銜

函復美柔使美農部所寄植物子粒一袋已咨行南洋大臣飭交由

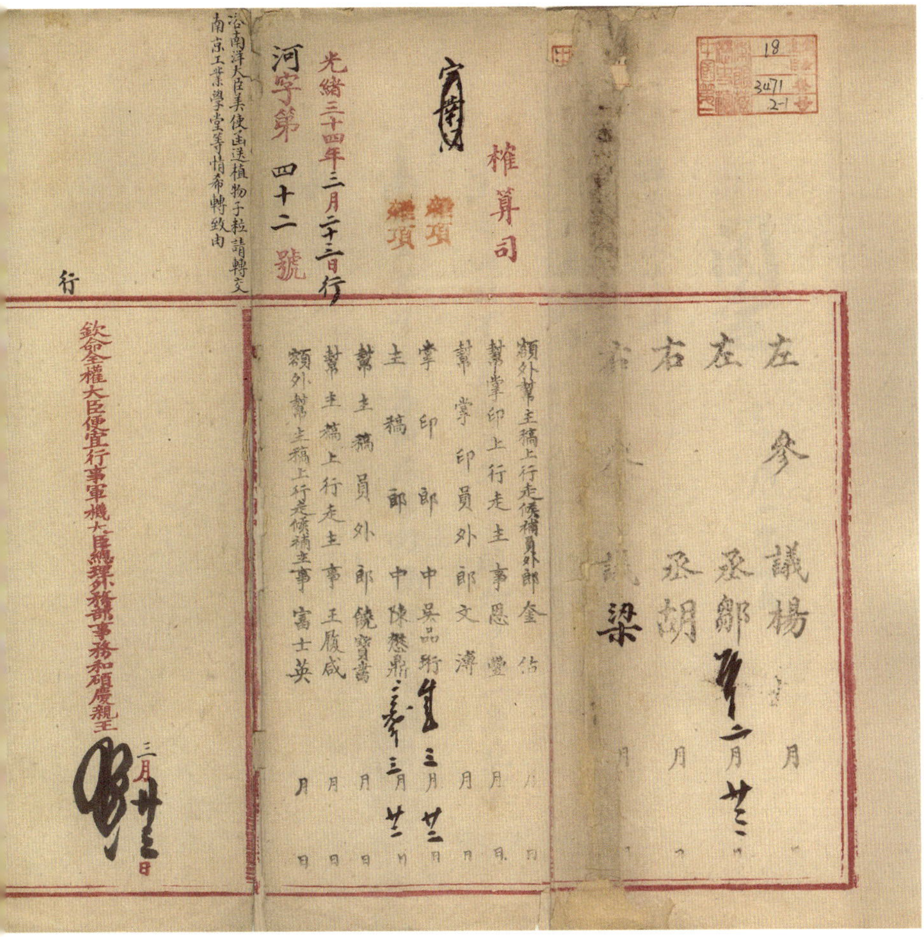

權算司

光緒三十四年三月二十三日行

河字第四十二號

咨南洋大臣美使函送植物子粒請轉交南京工業學堂等情希轉致由

行

左參議楊 月 日

左丞鄒 二月廿二

右丞胡 月 日

右參議梁 月 日

額外幫主稿上行走候補員外郎金佑 月 日

幫掌印上行走主事恩豐 月 日

幫掌印員外郎文濤 月 日

掌印郎中吳品珩 三月廿二日

主稿郎中陳懋鼎 三月廿二日

幫主稿員外郎饒寶書 月 日

幫主稿上行走主事王履咸 月 日

額外幫主稿上行走候補主事富士英 月 日

欽命全權大臣便宜行事軍機大臣總理外務部事務和碩慶親王 三月廿三日

外务部致南洋大臣咨文
（光绪三十四年三月二十三日）

法国驻华公使巴斯德致外务部照会：

为柏略矿物公司招募华工赴墨西哥工作事

光绪三十四年八月初七日（1908年9月2日）

光绪二十五年（1899），中国和墨西哥正式建交，墨西哥成为晚清时期第三个与中国建交的拉丁美洲国家。在全球排华势力蔓延之际，也传来了当地的柏略公司华工受虐的消息。柏略矿物公司是一家法国公司，因在墨西哥开矿而在中国招募工人。得知此消息后，中、法、墨三国为此事进行了漫长的外交交涉，这是法国驻华公使巴斯德的照会，内称“足见实无如来文所称该公司酷暴华工之情形”，但这与中方在宣统二年（1910）对此事最终的调查结果相去甚远。

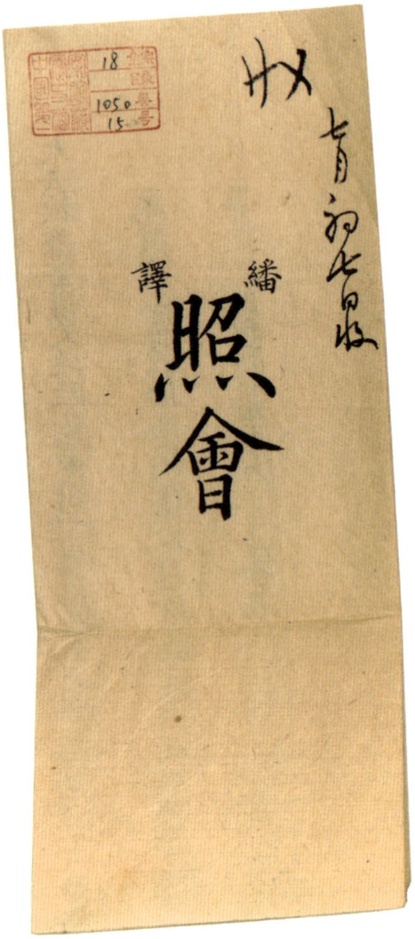

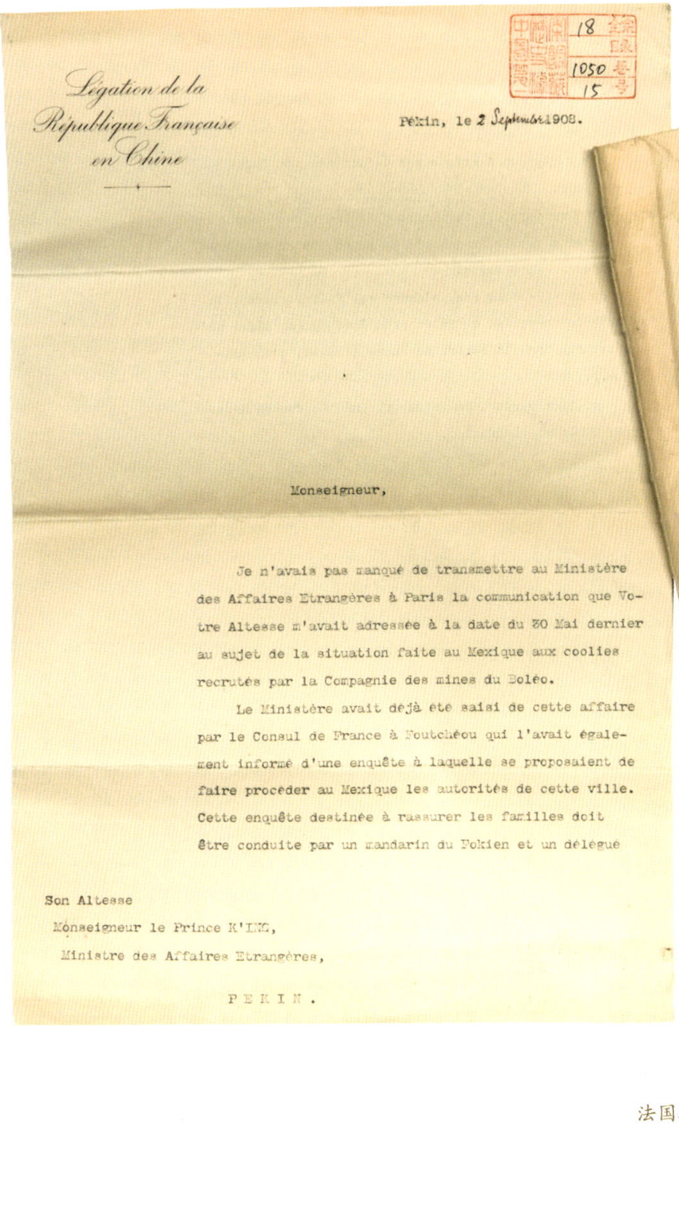

Légation de la République Française en Chine

Pékin, le 2 Septembre 1908.

Monseigneur,

Je n'avais pas manqué de transmettre au Ministère des Affaires Etrangères à Paris la communication que Votre Altesse m'avait adressée à la date du 30 Mai dernier au sujet de la situation faite au Mexique aux coolies recrutés par la Compagnie des mines du Boléo.

Le Ministère avait déjà été saisi de cette affaire par le Consul de France à Foutchéou qui l'avait également informé d'une enquête à laquelle se proposaient de faire procéder au Mexique les autorités de cette ville. Cette enquête destinée à rassurer les familles doit être conduite par un mandarin du Fokien et un délégué

Son Altesse

Monseigneur le Prince K'ING,

Ministre des Affaires Etrangères,

PEKIN.

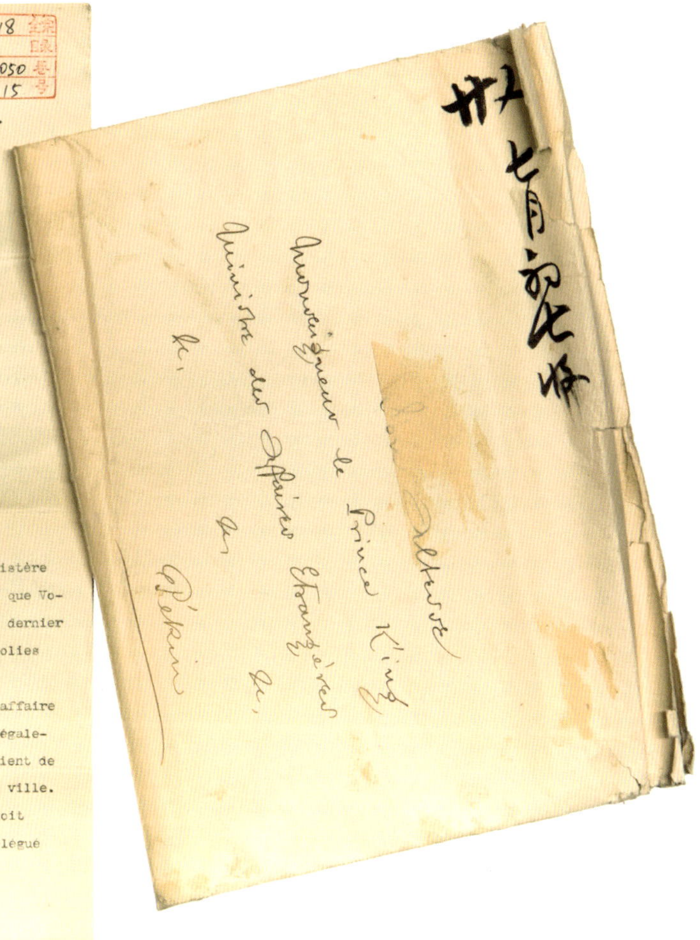

法国驻华公使巴斯德致外务部照会之一（光绪三十四年八月初七日）

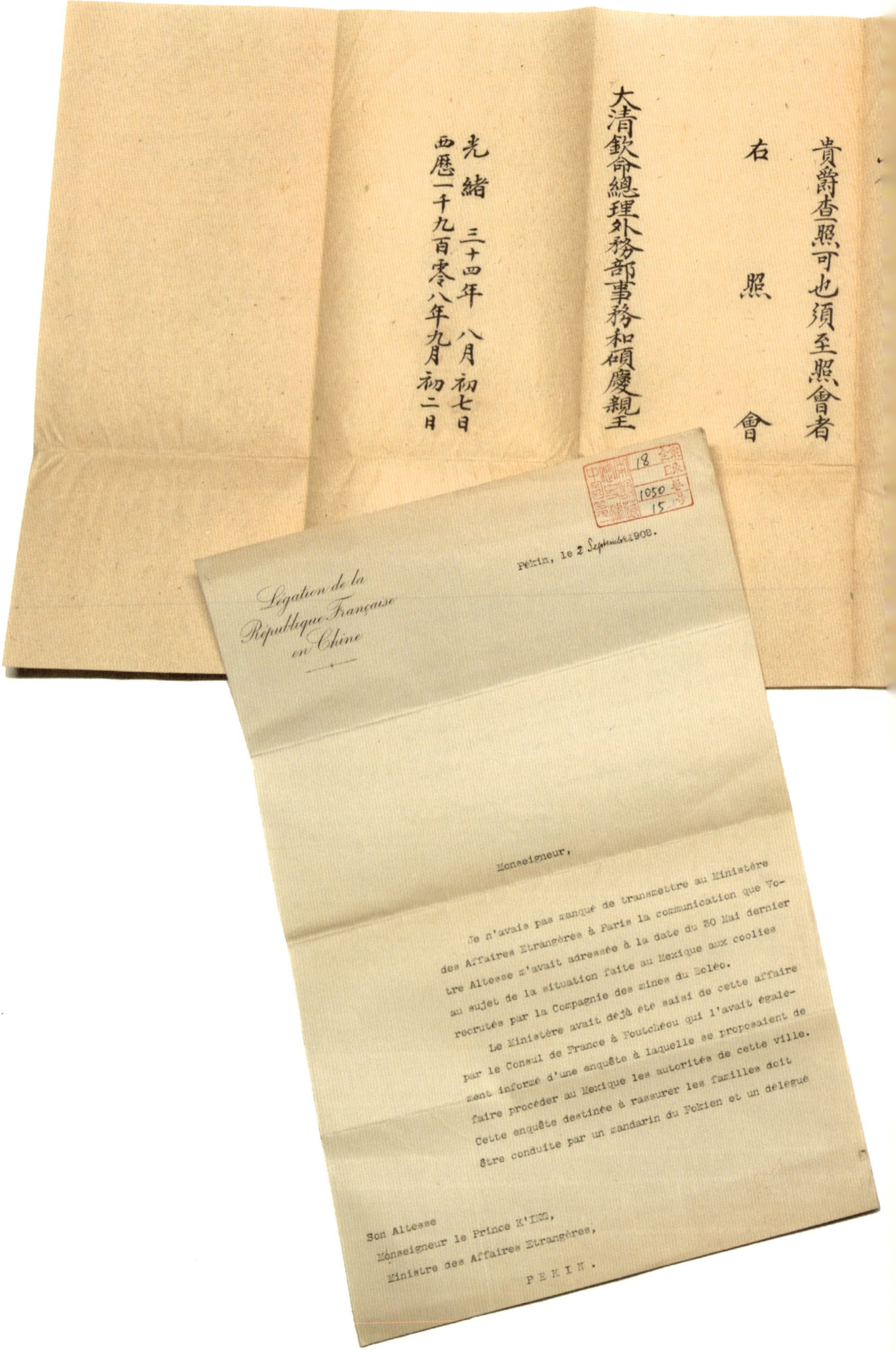

貴爵查照可也須至照會者

右照會

大清欽命總理外務部事務和碩慶親王

光緒三十四年八月初七日

西歷一千九百零八年九月初二日

18
1050
15

Légation de la République Française en Chine

Pékin, le 2 Septembre 1908.

Monseigneur,

Je n'avais pas manqué de transmettre au Ministère des Affaires Etrangères à Paris la communication que Votre Altesse m'avait adressée à la date du 30 Mai dernier au sujet de la situation faite au Mexique aux coolies recrutés par la Compagnie des mines du Boléo.

Le Ministère avait déjà été saisi de cette affaire par le Consul de France à Foutchéou qui l'avait également informé d'une enquête à laquelle se proposaient de faire procéder au Mexique les autorités de cette ville. Cette enquête destinée à rassurer les familles doit être conduite par un mandarin du Fokien et un délégué

Son Altesse
Monseigneur le Prince K'ING,
Ministre des Affaires Etrangères,
PEKIN.

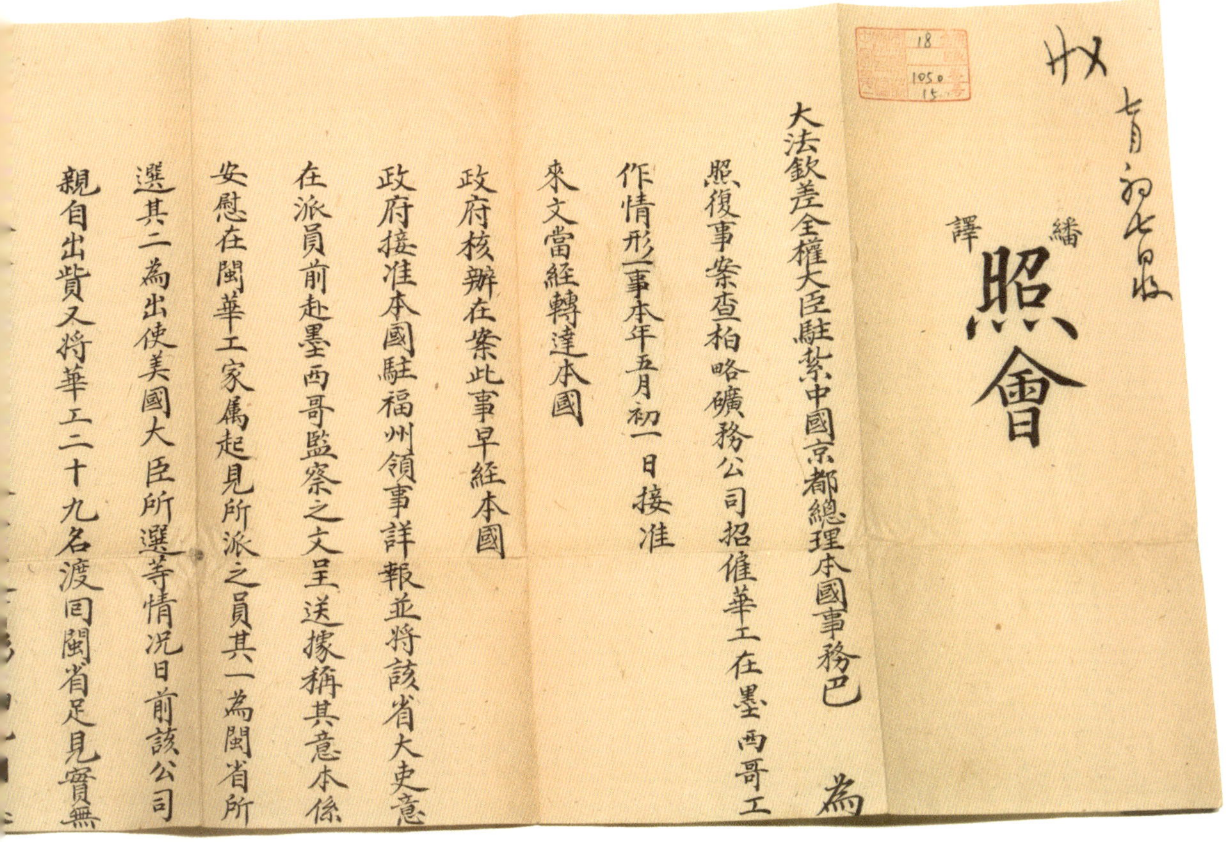

繙譯
照會

大法欽差全權大臣駐紮中國京都總理本國事務巴　為
照復事案查柏略礦務公司招僱華工在墨西哥工
作情形一事本年五月初一日接准
來文當經轉達本國
政府核辦在案此事早經本國
政府接准本國駐福州領事詳報並將該省大吏意
在派員前赴墨西哥監察之文呈送據稱其意本係
安慰在閩華工家屬起見所派之員其一為閩省所
選其二為出使美國大臣所選等情況日前該公司
親自出貲又將華工二十九名渡回閩省足見實無

Son Altesse
Monseigneur le Prince King
Ministre des Affaires Etrangères
&c. &c. &c.
Pékin

法国驻华公使巴斯德致外务部照会之二（光绪三十四年八月初七日）

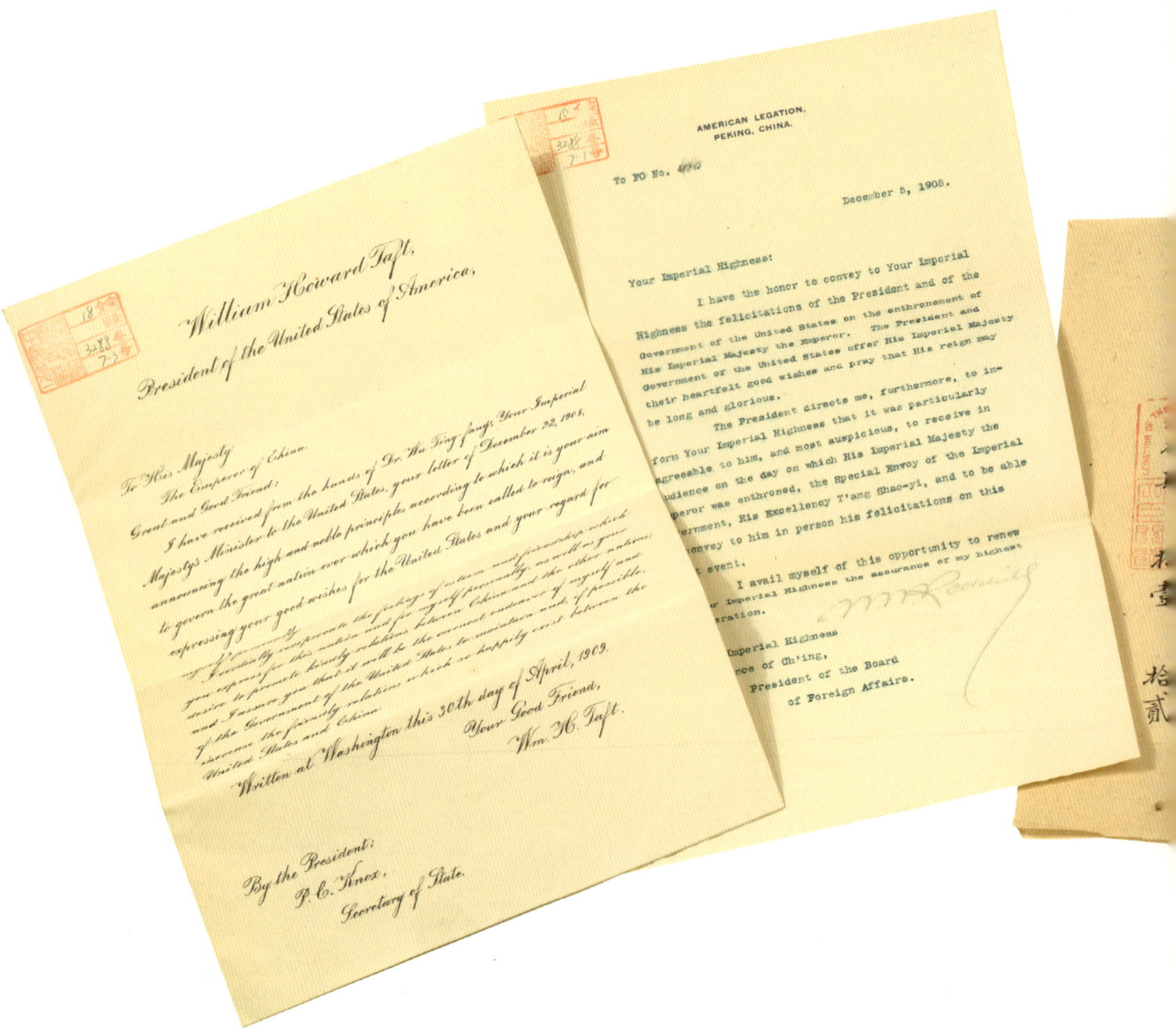

William Howard Taft,
President of the United States of America,

To His Majesty
The Emperor of China
Great and Good Friend:

I have received from the hands of Dr. Wu Ting-fang, Your Imperial Majesty's Minister to the United States, your letter of December 22, 1908, announcing the high and noble principles according to which it is your aim to govern the great nation over which you have been called to reign, and expressing your good wishes for the United States and your regard for myself personally.

I cordially reciprocate the feelings of esteem and friendship which you express for this nation and for myself personally, as well as your desire to promote kindly relations between China and the other nations; and I assure you that it will be the earnest endeavor of myself and of the Government of the United States to maintain and, if possible, increase the friendly relations which so happily exist between the United States and China.

Written at Washington this 30th day of April, 1909.

Your Good Friend,
Wm. H. Taft.

By the President:
P. C. Knox,
Secretary of State.

AMERICAN LEGATION,
PEKING, CHINA.

To FO No. 490

December 5, 1908.

Your Imperial Highness:

I have the honor to convey to Your Imperial Highness the felicitations of the President and of the Government of the United States on the enthronement of His Imperial Majesty the Emperor. The President and Government of the United States offer His Imperial Majesty their heartfelt good wishes and pray that His reign may be long and glorious.

The President directs me, furthermore, to in-form Your Imperial Highness that it was particularly agreeable to him, and most auspicious, to receive in audience on the day on which His Imperial Majesty the Emperor was enthroned, the Special Envoy of the Imperial Government, His Excellency T'ang Shao-yi, and to be able to convey to him in person his felicitations on this event.

I avail myself of this opportunity to renew to Your Imperial Highness the assurance of my highest consideration.

W. W. Rockhill

His Imperial Highness
Prince of Ch'ing,
President of the Board
of Foreign Affairs.

美国驻华公使致外务部照会：

为美国总统罗斯福恭贺中国皇帝登极事

光绪三十四年十一月十二日（1908 年 12 月 5 日）

光绪三十四年（1908），宣统帝溥仪登极。时任美国总统罗斯福发来贺电，美国驻华使馆以照会形式转达了该贺电的内容。除了总统本人及其政府阁员对中国皇帝登极的美好祝愿外，此份档案中还特别提及“适于此日觐见贵国唐使，得以面祝登极贺词”，这是指当时适逢唐绍仪作为特使访问美国，并与罗斯福会见，因此罗斯福能够通过唐绍仪当面表示了祝贺。出于两国的文化差异，照会中的中文部分对美国总统与中国特使的会面也称为“觐见”，而在英文部分对会面的表达则使用了没有等级意味的“receive”一词。

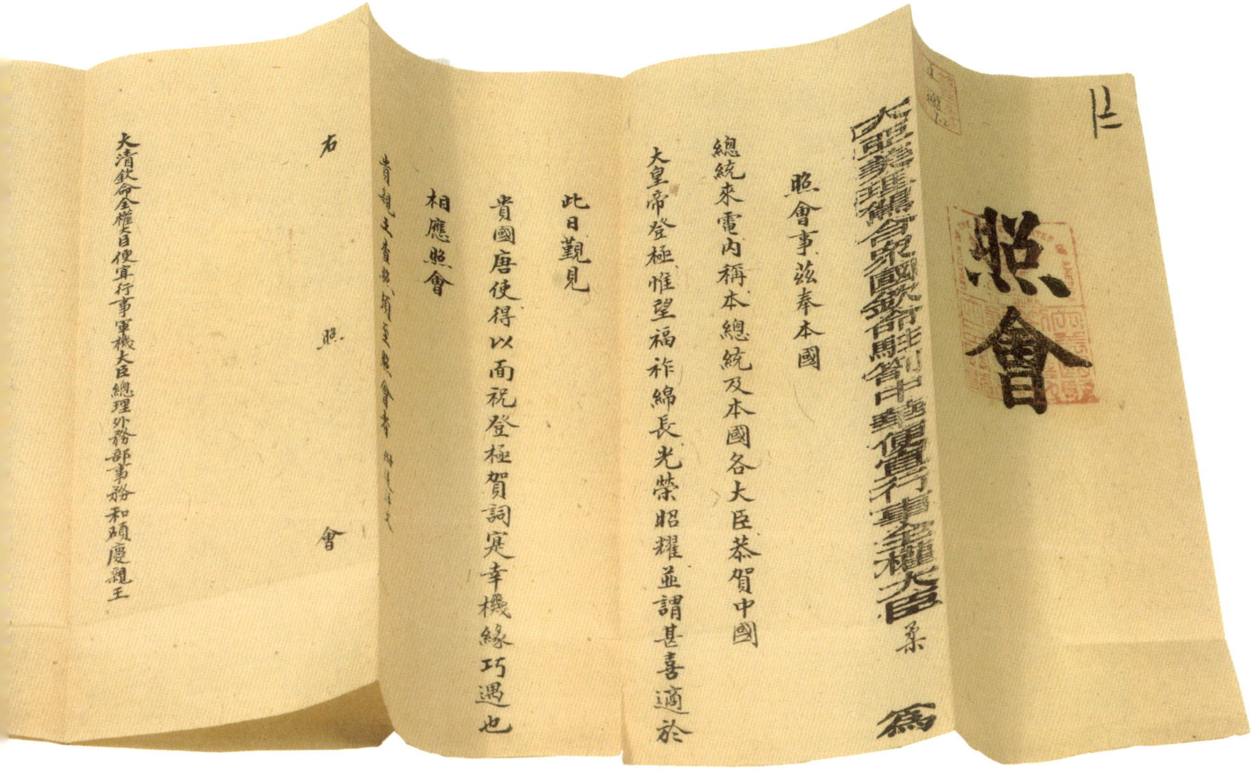

照會

大亞美理駕合眾國欽命駐劄中華便宜行事全權大臣柔 為

照會事茲奉本國

總統來電內稱本總統及本國各大臣恭賀中國

大皇帝登極惟望福祚綿長光榮昭耀並謂甚喜適於

此日覲見

貴國唐使得以面祝登極賀詞寔幸機緣巧遇也

相應照會

貴親王查照須至照會者

右照會

大清欽命全權大臣便宜行事軍機大臣總理外務部事務和碩慶親王

美国驻华公使致外务部照会（光绪三十四年十一月十二日）

西奥多·罗斯福

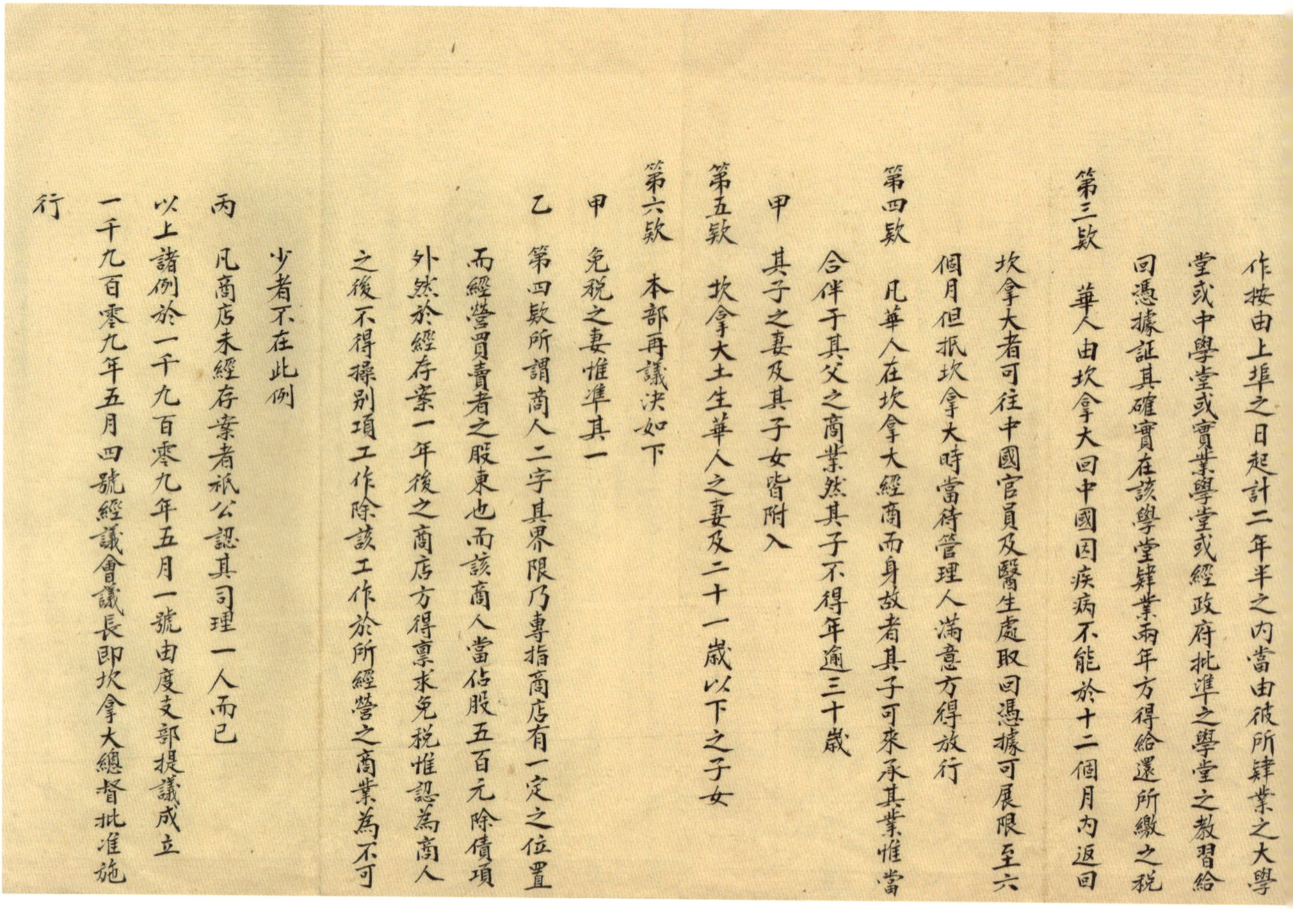

作按由上岸之日起計二年半之內當由彼所肄業之大學
堂或中學堂或實業學堂或經政府批准之學堂之教習給
回憑據証其確實在該學堂肄業兩年方得給還所繳之稅
第三款　華人由坎拿大回中國因疾病不能於十二個月內返回
坎拿大者可往中國官員及醫生處取回憑據可展限至六
個月但抵坎拿大時當待管理人滿意方得放行
第四款　凡華人在坎拿大經商而身故者其子可來承其業惟當
合伴于其父之商業然其子不得年逾三十歲
甲　其子之妻及其子女皆附入
第五款　坎拿大土生華人之妻及二十一歲以下之子女
第六款　本部再議決如下
甲　免稅之妻惟準其一
乙　第四款所謂商人二字其界限乃專指商店有一定之位置
而經營買賣者之股東也而該商人當佔股五百元除債項
外然於經存案一年後之商店方得稟求免稅惟認為商人
之後不得操別項工作除該工作於所經營之商業為不可
少者不在此例
丙　凡商店未經存案者祇公認其司理一人而已
以上諸例於一千九百零九年五月一號由度支部提議成立
一千九百零九年五月四號經議會議長即坎拿大總督批准施
行

驻英大臣李经方呈文：

为呈加拿大政府议定改良华人入境新例六条译稿事

宣统元年三月十五日（1909年5月4日）

在加拿大的历史上，华人是不可或缺的一页。咸丰十一年（1861），在美国受排挤的第一批华人北上加拿大淘金。光绪七年，横贯加拿大的太平洋铁路开始修建，亟需劳动力，大量华工涌入。光绪十一年铁路完工后，加拿大政府却开始控制中国移民，实行《中国移民全面注册法案》，要求华人入境时额外缴纳人头税。此后随着法案不断修订，

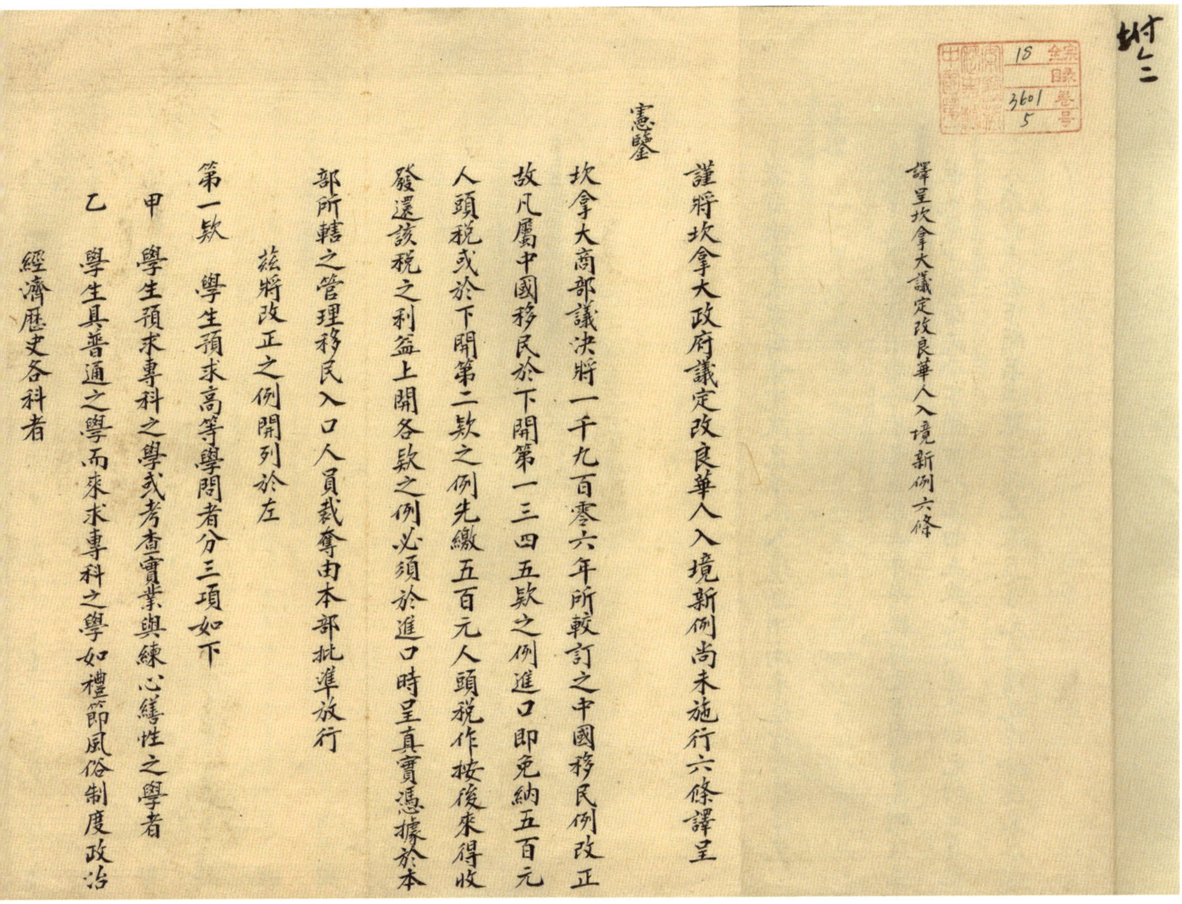
附二

譯呈坎拿大議定改良華人入境新例六條

謹將坎拿大政府議定改良華人入境新例尚未施行六條譯呈

憲鑒

坎拿大商部議決將一千九百零六年所較訂之中國移民例改正故凡屬中國移民於下開第一三四五款之例進口即免納五百元人頭稅或於下開第二款之例先繳五百元人頭稅作按後來得收發還該稅之利益上開各款之例必須於進口時呈真實憑據於本部所轄之管理移民入口人員裁奪由本部批準放行

茲將改正之例開列於左

第一款　學生預求高等學問者分三項如下

甲　學生預求專科之學或考查實業與練心繕性之學者

乙　學生具普通之學而來求專科之學如禮節風俗制度政治經濟歷史各科者

驻英大臣李经方呈文（宣统元年三月十五日）

人头税数额成倍上涨，最高峰时相当于华工在加工作10年的存款。此份档案是宣统元年加拿大修订华人入境的六条新例，规定了免纳人头税的几种条件，包括“学生预求高等学问者”“华人由加拿大回中国因疾病不能于十二个月内返回者”“华商身故其子承其业者”“加拿大土生华人之妻及二十一岁以下子女”等。但条例对这些免税情况做了苛刻的限制，比如学生来加如手续不全必须先行纳税、华商后人继业不得超过30岁、华商必须店有定址且占股达五百元等。

哥斯达黎加外交部大臣倭聊致外务部照会：

为派李福利充驻上海名誉领事事

宣统元年四月初十日（1909 年 5 月 28 日）

哥斯达黎加位于中美洲，在清末与中国有了官方的交往。宣统元年（1909），哥斯达黎加外交部照会清政府外务部，拟派李福利为驻上海名誉领事。近代外交实践中，在两国交往较少但又有必要保持一定接触时，派驻名誉领事是其中的一个做法。名誉领事一般不是派驻国人，而是由当地人或第三国公民充当。实际上，李福利（Charles Rieveley）是美国人，美国驻华公使也为此事专门照会清政府外务部。与阿根廷情况类似，由于两国尚未立约建交，清政府外务部希望哥斯达黎加驻沪代表称为商务委员，但由于李福利为第三国公民，后来文献中还是将清末哥斯达黎加驻沪代表称为名誉领事。

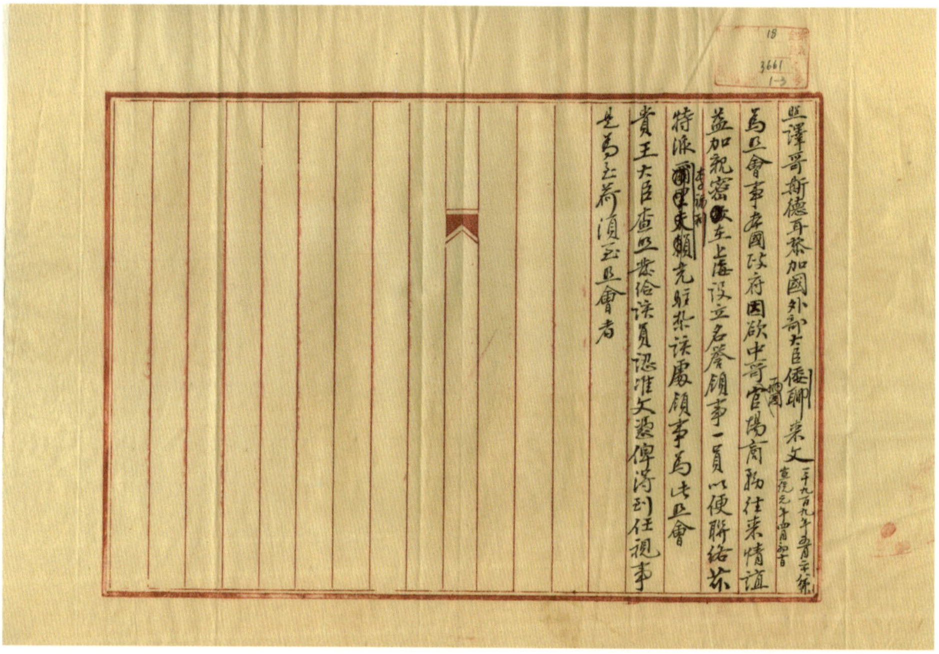

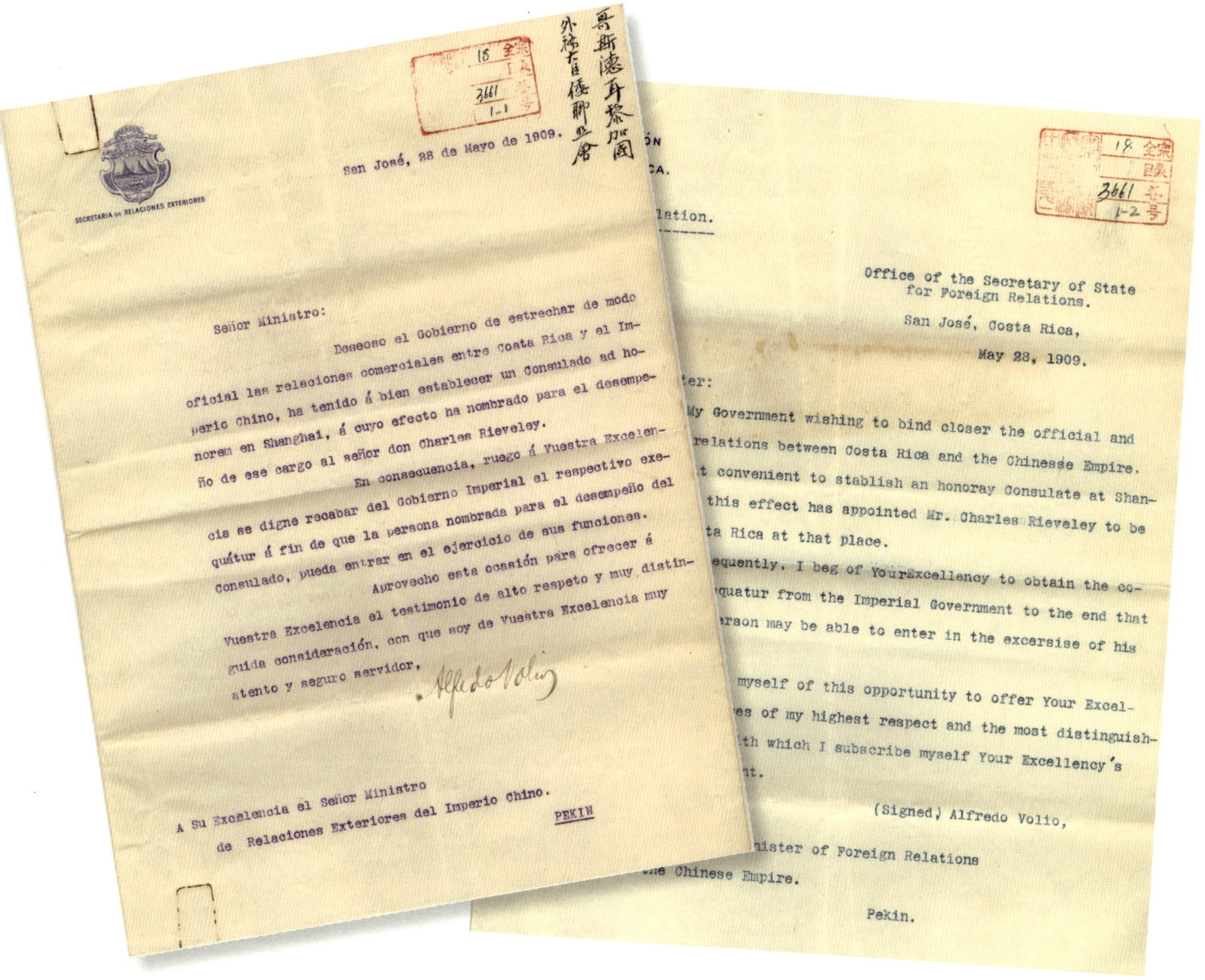

哥斯達黎加國
外務大臣倭聊照會

18 全宗 3661 1-1

SECRETARÍA DE RELACIONES EXTERIORES

San José, 28 de Mayo de 1909.

Señor Ministro:

Deseoso el Gobierno de estrechar de modo oficial las relaciones comerciales entre Costa Rica y el Imperio Chino, ha tenido á bien establecer un Consulado ad honorem en Shanghai, á cuyo efecto ha nombrado para el desempeño de ese cargo al señor don Charles Rieveley.

En consecuencia, ruego á Vuestra Excelencia se digne recabar del Gobierno Imperial el respectivo exequátur á fin de que la persona nombrada para el desempeño del Consulado, pueda entrar en el ejercicio de sus funciones.

Aprovecho esta ocasión para ofrecer á Vuestra Excelencia el testimonio de alto respeto y muy distinguida consideración, con que soy de Vuestra Excelencia muy atento y seguro servidor,

Alfredo Volio

A Su Excelencia el Señor Ministro de Relaciones Exteriores del Imperio Chino.
PEKIN

---

18 全宗 3661 1-2

...ÓN
...CA.
...lation.

Office of the Secretary of State
for Foreign Relations.
San José, Costa Rica,
May 28, 1909.

...ter:

My Government wishing to bind closer the official and ...relations between Costa Rica and the Chinesse Empire, ...t convenient to stablish an honoray Consulate at Shan... this effect has appointed Mr. Charles Rieveley to be ...ta Rica at that place.

...equently, I beg of YourExcellency to obtain the co... equatur from the Imperial Government to the end that ...erson may be able to enter in the excersise of his ...

... myself of this opportunity to offer Your Excel...es of my highest respect and the most distinguish-...ith which I subscribe myself Your Excellency's ...nt.

(Signed) Alfredo Volio,

...nister of Foreign Relations
...he Chinese Empire.
Pekin.

哥斯达黎加外交部大臣倭聊致外务部照会（宣统元年四月初十日）

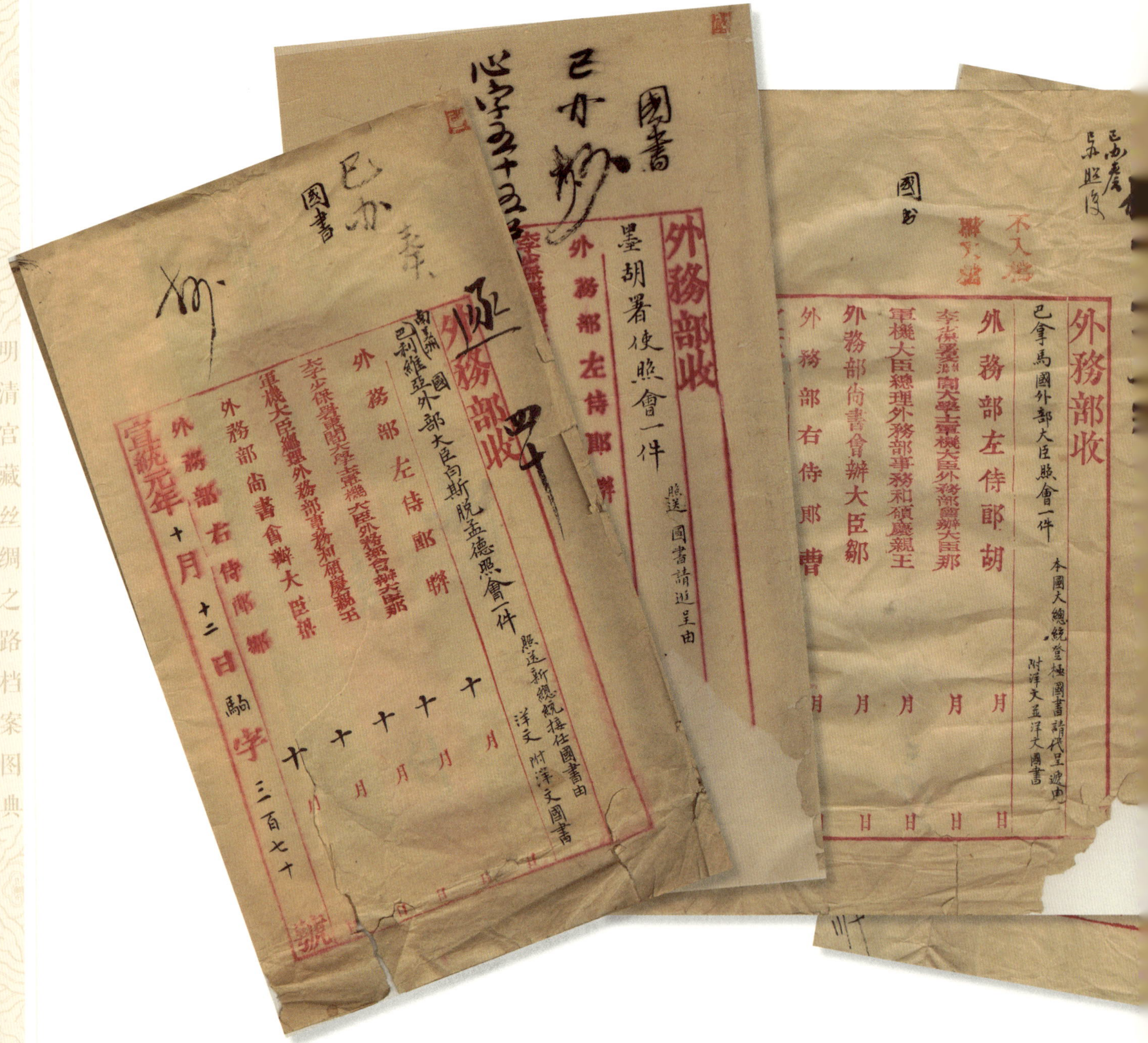

巴拿马等国致外务部照会（宣统朝）

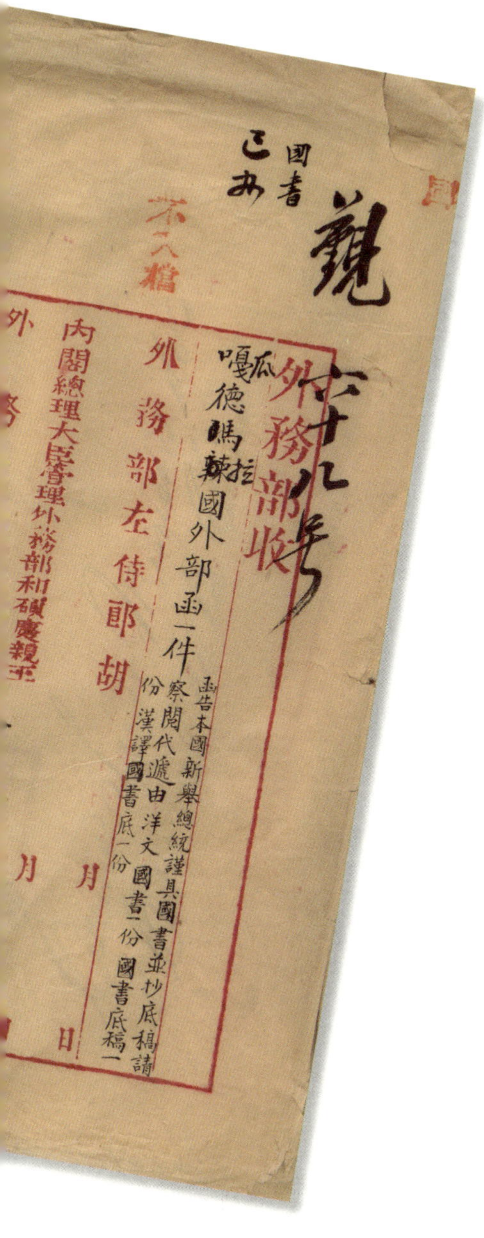

墨西哥为庆贺宣统帝登极事致清朝皇帝国书

宣统元年六月二十二日（1909 年 8 月 7 日）

玻利维亚为新总统接任事致清朝皇帝国书

宣统元年六月二十七日（1909 年 8 月 12 日）

巴拿马为总统孟多萨继任事致清朝皇帝国书

宣统二年二月初五日（1910 年 3 月 15 日）

危地马拉为本国新举总统事致清朝皇帝国书

宣统三年四月十七日（1911 年 5 月 15 日）

广义上说，国书是一国国家元首致另一国国家元首的正式文书。在现代外交意义上，国书一般用于派遣和召回大使。总体而言，近代以来外交礼节由繁到简，国书的使用范围也逐渐缩小。晚清时期，除了使节派遣，国书还经常在国家元首变更时使用。本组档案中呈现的是四个拉丁美洲国家致清朝皇帝的国书，既有建交国（墨西哥、巴拿马），又有非建交国（玻利维亚、危地马拉）的国书；既有关于宣统帝即位的（墨西哥），也有对方接任总统（巴拿马、玻利维亚、危地马拉）的国书。虽然这些国书主要是礼节性的，但从一个侧面反映了中国在近代外交的广度。

Porfirio Díaz,

Presidente de los Estados Unidos Mexicanos,

á Su Majestad Hsüan-Tung,

Emperador de China.

Grande y Buen Amigo:

He tenido la honra de recibir la carta de Vuestra Majestad, fechada el 12 de diciembre de 1908, en que se sirve comunicarme su exaltación al Trono del Imperio y los deseos de que se conserven y afiancen los lazos amistosos que felizmente han unido hasta ahora á este país y al de Vuestra Majestad.

Crea Vuestra Majestad que por parte del pueblo y del Gobierno de México habrá de procurarse la mejor harmonia para con el el pueblo y el Gobierno de China, y que en el cumplimiento de tan grata tarea sin reservas he de ayudar á Vuestra Majestad en cuanto esté en mi mano.

Gustoso aprovecho esta ocasión para felicitar á Vuestra Majestad por haber ascendido dignamente al Trono de Sus Mayores, y dándole las gracias por los parabienes que me dirige, hago los mejores votos por la felicidad del pueblo chino y por la dicha personal de Su Emperador.

De Vuestra Majestad,

Leal Amigo.

Porfirio Díaz

Dada en el Palacio Nacional de México, á 3 de agosto de 1909.

Ygno. Mariscal

墨西哥总统致清帝国书（宣统元年六月二十二日）

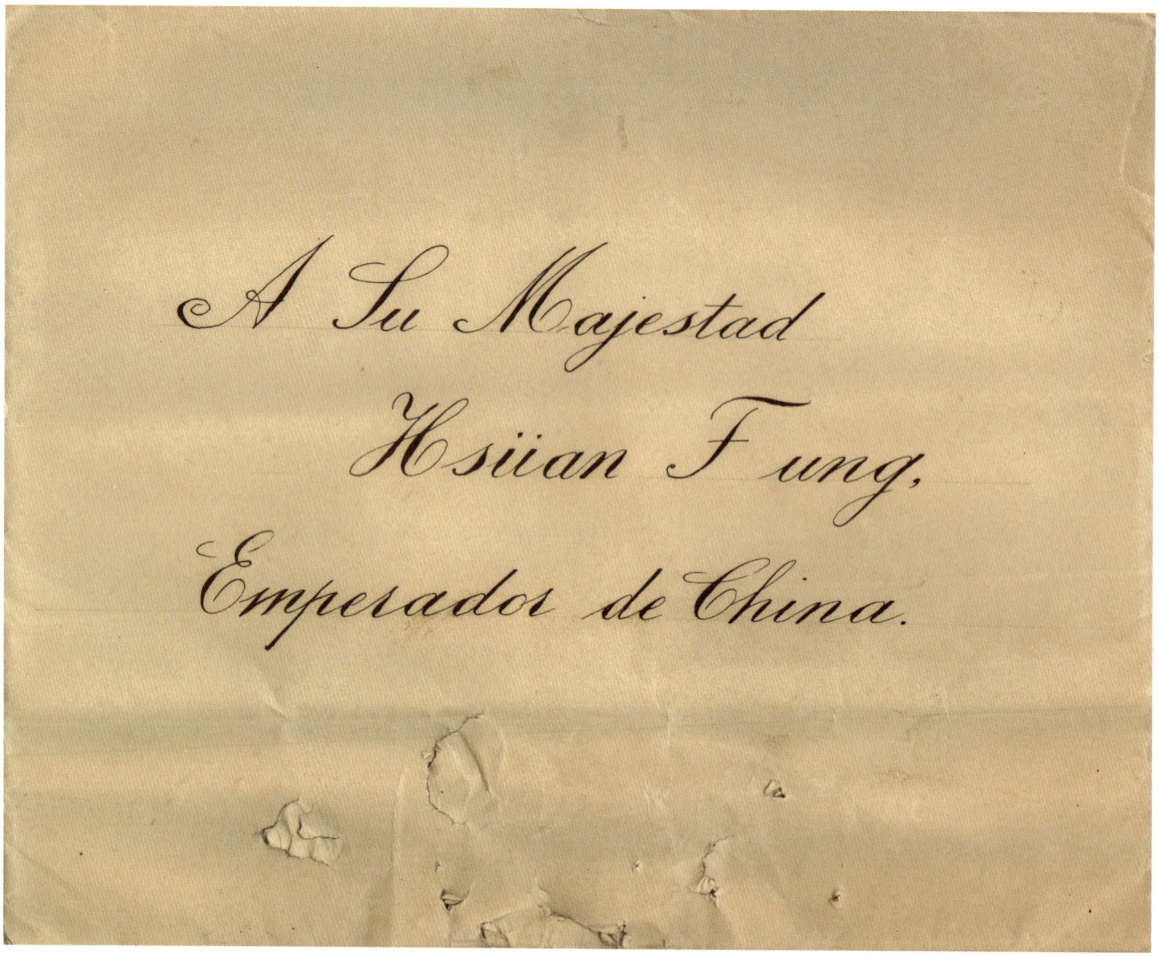

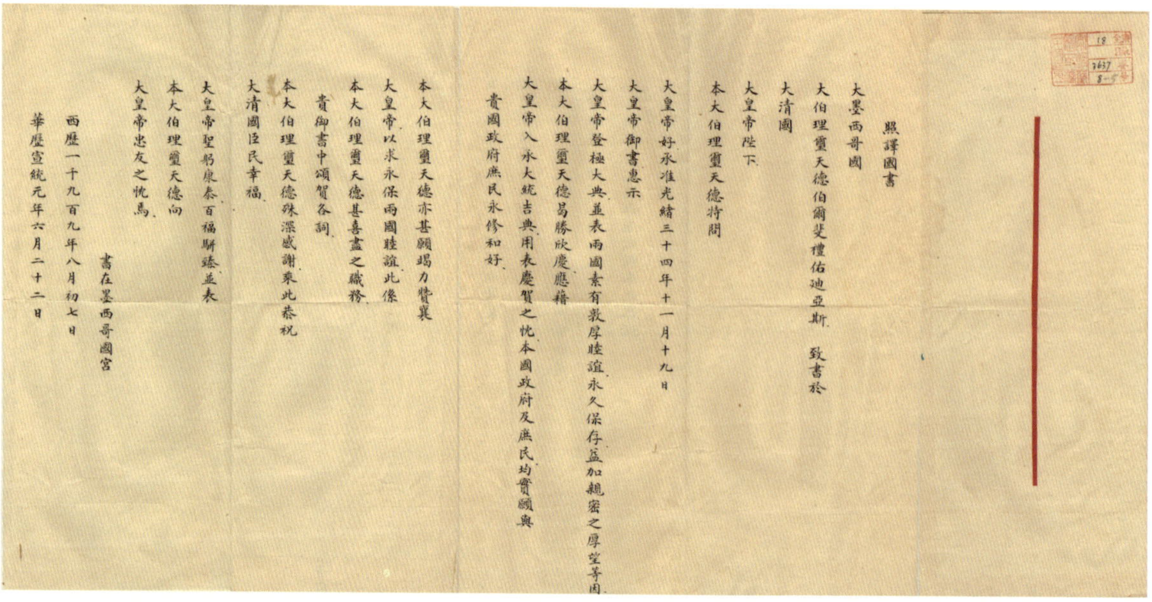

照譯國書

大墨西哥國
大伯理璽天德伯爾斐禮佑迪亞斯 致書於
大清國
大皇帝陛下
本大伯理璽天德特閱
大皇帝好承准光緒三十四年十一月十九日
大皇帝御書惠示
大皇帝登極大典並表兩國素有敦厚睦誼永久保存益加親密之厚望等因
本大伯理璽天德曷勝欣慶應藉
大皇帝入承大統吉典用表慶賀之忱本國政府及庶民均賞願與
貴國政府庶民永修和好
本大伯理璽天德亦甚願竭力贊襄
大皇帝以求永保兩國睦誼此係
本大伯理璽天德甚喜盡之職務
貴御書中頌賀各詞
本大伯理璽天德殊深感謝秉此恭祝
大清國臣民幸福
大皇帝聖躬康泰百福駢臻並表
本大伯理璽天德向
大皇帝忠友之忱焉
書在墨西哥國宮
西曆一千九百九年八月初七日
華曆宣統元年六月二十二日

墨西哥总统致清帝国书信封及译文（宣统元年六月二十二日）

Legación
de los
Estados Unidos Mexicanos

18
3637
8-1

Pekín, Octubre 5 de 1909.

Señor,

Tengo la honra de enviar á Vuestra Alteza Imperial, acompañada de la copia de estilo, una carta de Su Excelencia el Presidente de los Estados Unidos Mexicanos contestando la que le dirigió Su Majestad el Emperador de China comunicándole su exaltación al Trono.

Ruego á Vuestra Alteza Imperial haga llegar dicha carta á su alto destino y aprovecho la oportunidad para renovarle las seguridades de mi más alta consideración.

A Su Alteza Imperial
el Príncipe K'ing,
Presidente del Ministerio de Negocios Extranjeros,
etc., etc., etc.

墨西哥致外务部照会（宣统元年八月二十二日）

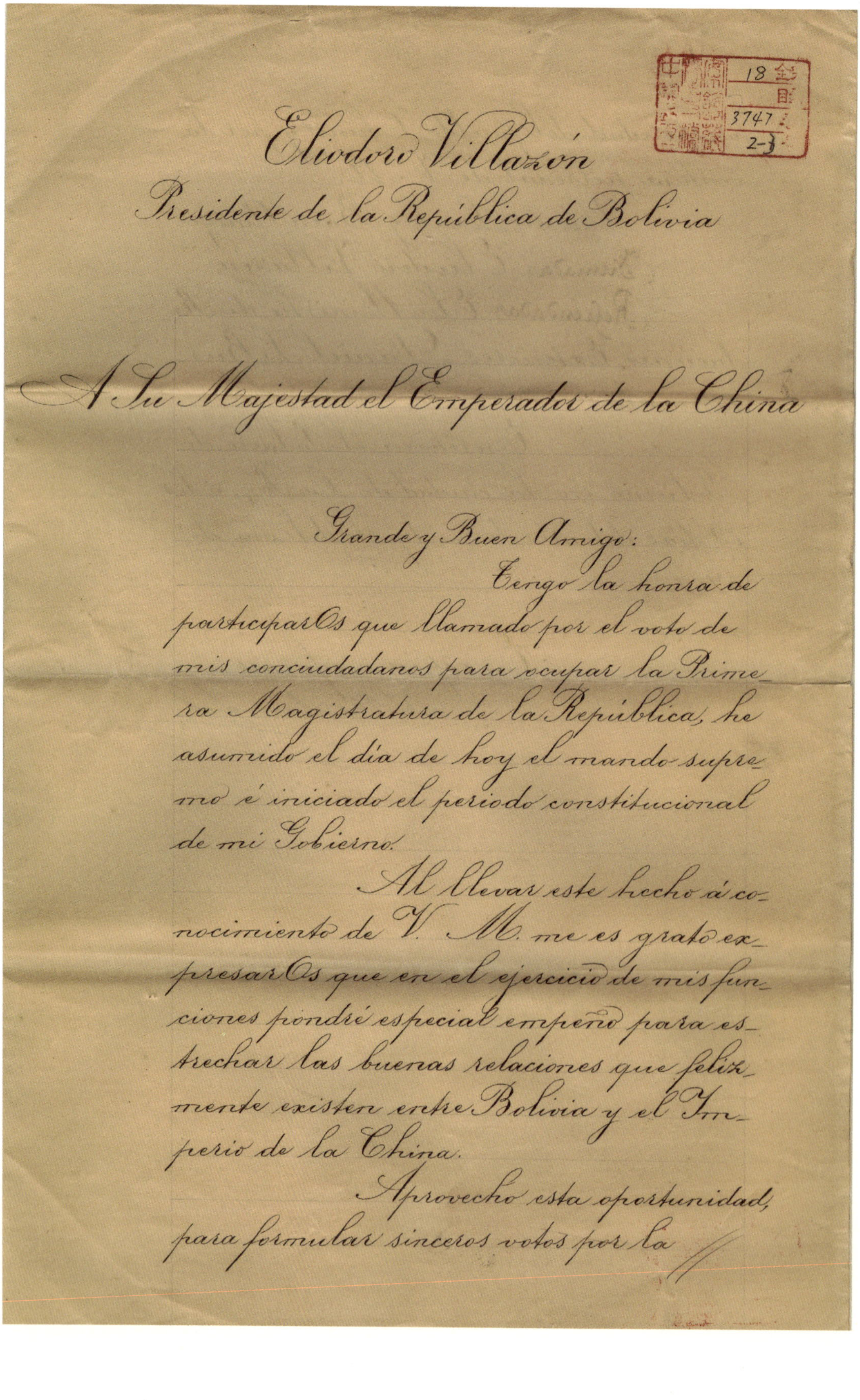

Eliodoro Villazón
Presidente de la República de Bolivia

A Su Majestad el Emperador de la China

Grande y Buen Amigo:

Tengo la honra de participarOs que llamado por el voto de mis conciudadanos para ocupar la Primera Magistratura de la República, he asumido el día de hoy el mando supremo é iniciado el periodo constitucional de mi Gobierno.

Al llevar este hecho á conocimiento de V. M. me es grato expresarOs que en el ejercicio de mis funciones pondré especial empeño para estrechar las buenas relaciones que felizmente existen entre Bolivia y el Imperio de la China.

Aprovecho esta oportunidad, para formular sinceros votos por la //

prosperidad del pueblo Chino y por la ventura personal de V. M.

Vuestro Leal y Buen Amigo.

(Firmada) Eliodoro Villazón

(Refrendada) El Ministro de Relaciones Exteriores. - Daniel S. Bustamante.

Escrita en el Palacio de Gobierno en la ciudad de La Paz, á los 12 días del mes de Agosto del año de 1.909.

Es copia conforme.

玻利维亚总统致清帝国书（宣统元年六月二十七日）

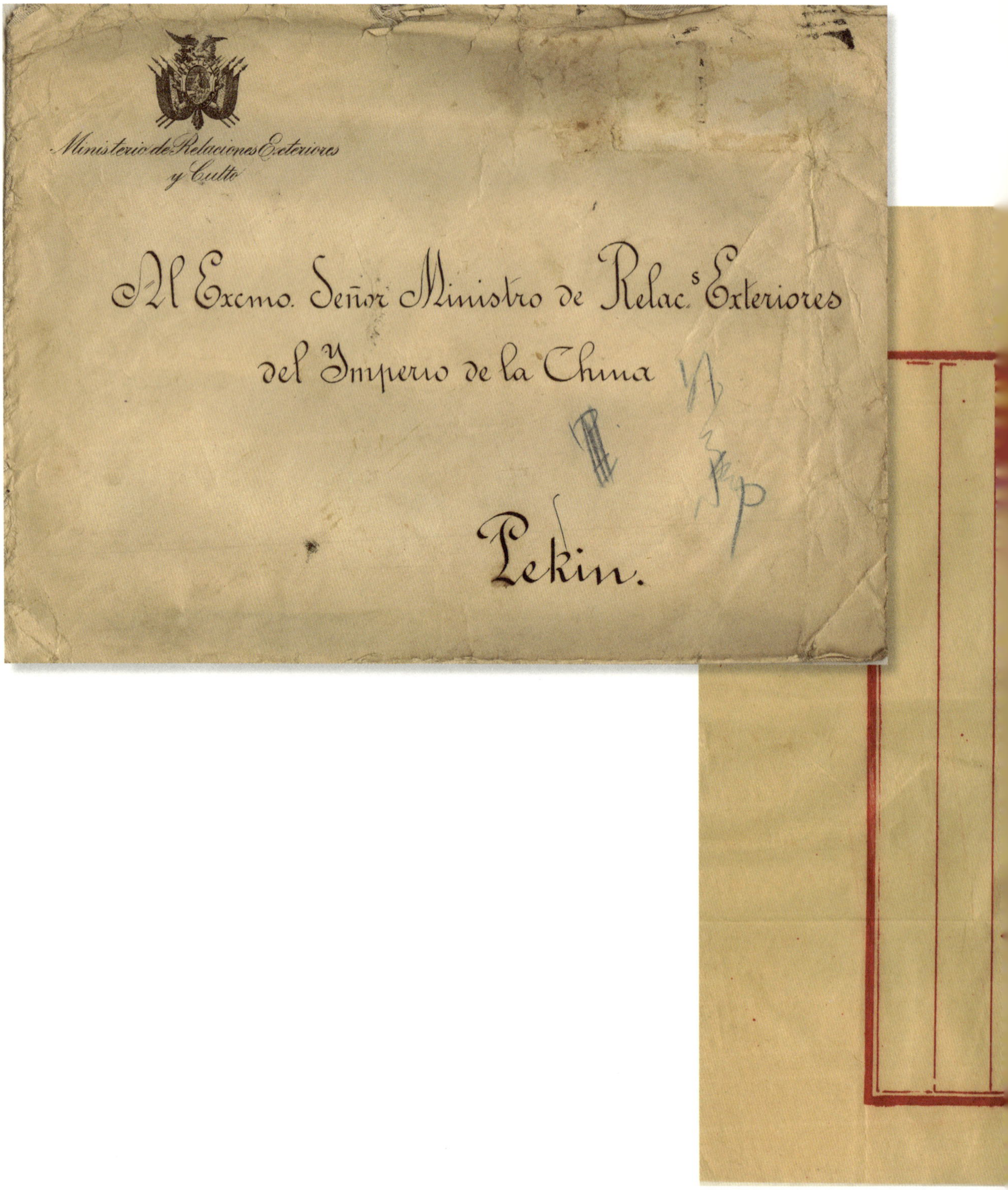
Ministerio de Relaciones Exteriores y Culto
Al Excmo. Señor Ministro de Relac.s Exteriores
del Imperio de la China
Pekin.

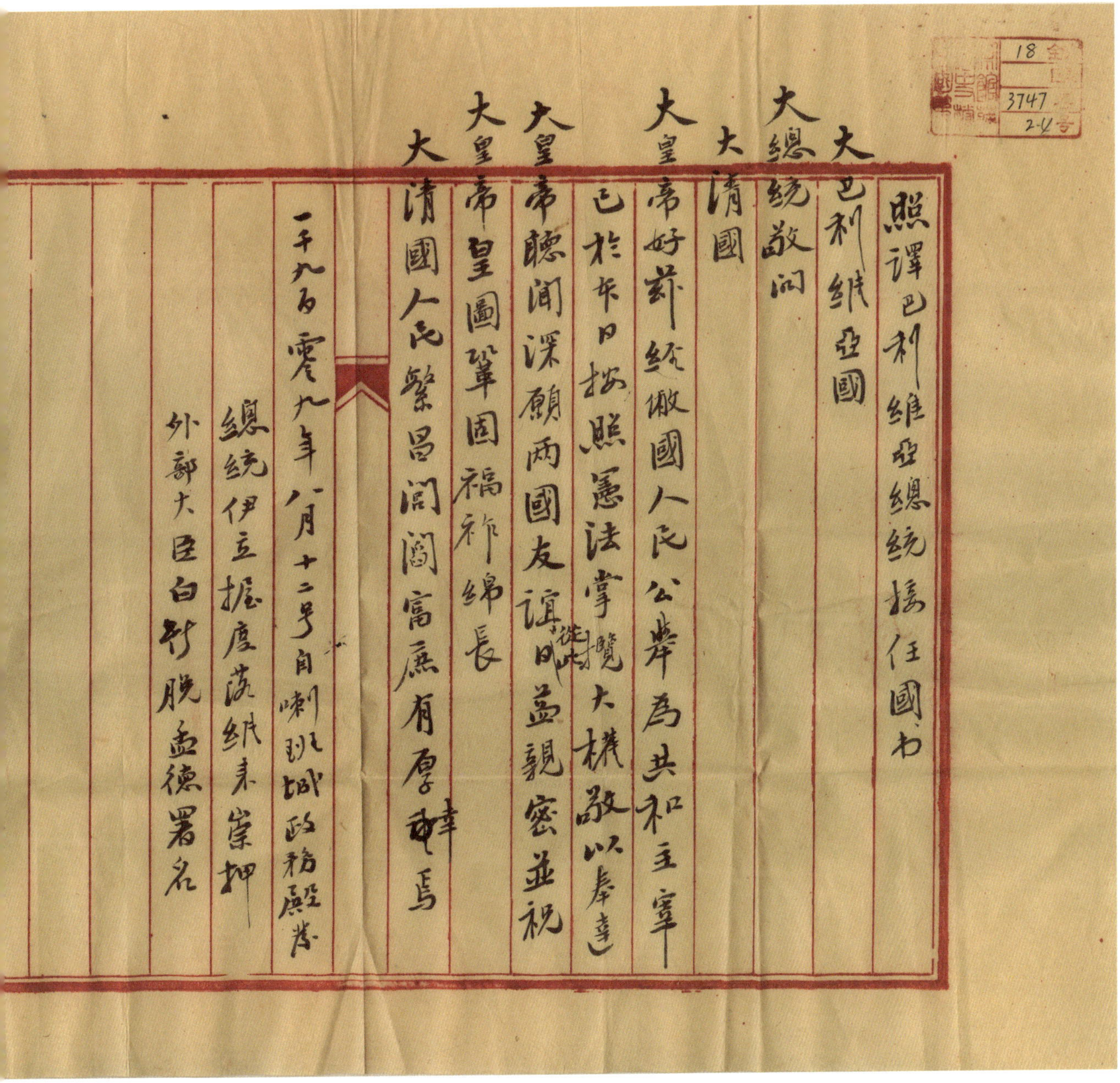
照譯巴利維亞總統接任國書

大巴利維亞國
大總統敬問
大清國
大皇帝好茲經敝國人民公舉為共和主宰
已於本日按照憲法掌攬大權敬以奉達
大皇帝聽聞深願兩國友誼從此益親密並祝
大皇帝皇圖鞏固福祚綿長
大清國人民繁昌閭閻富庶有厚幸焉

一千九百零九年八月十二號自喇巴斯城政務殿發
總統伊立握度蒙紙未棠押
外部大臣白斯脫孟德署名

玻利维亚总统致清帝国书信封及译文（宣统元年六月二十七日）

SECRETARIA DE RELACIONES EXTERIORES

No. 2352 Panamá, Junio 14 de 1910.

EXCELENCIA:-

Tengo el honor de remitir á V.E. junto con la copia de estilo, la Carta Autógrafa dirigida por el Excelentísimo doctor CARLOS A. MENDOZA, Encargado del Poder Ejecutivo de esta República, á S.M. SUN TUNG, Emperador de la China, etc., etc., por la cual le anuncia su exaltación á la Primera Magistratura de la Nación.

Suplico á V.E. se sirva hacer llegar el pliego mencionado á manos de su alto destinatario y aceptar por ello mis más expresivas gracias.

Aprovecho la oportunidad para reiterar á V.E. las seguridades de mi más alta y distinguida consideración.

A Lewis

-Dos documentos adjuntos.-

A S.E. EL MINISTRO DE RELACIONES EXTERIORES DEL IMPERIO CHINO,

PEKING.

巴拿马致外务部照会（宣统二年五月初八日）

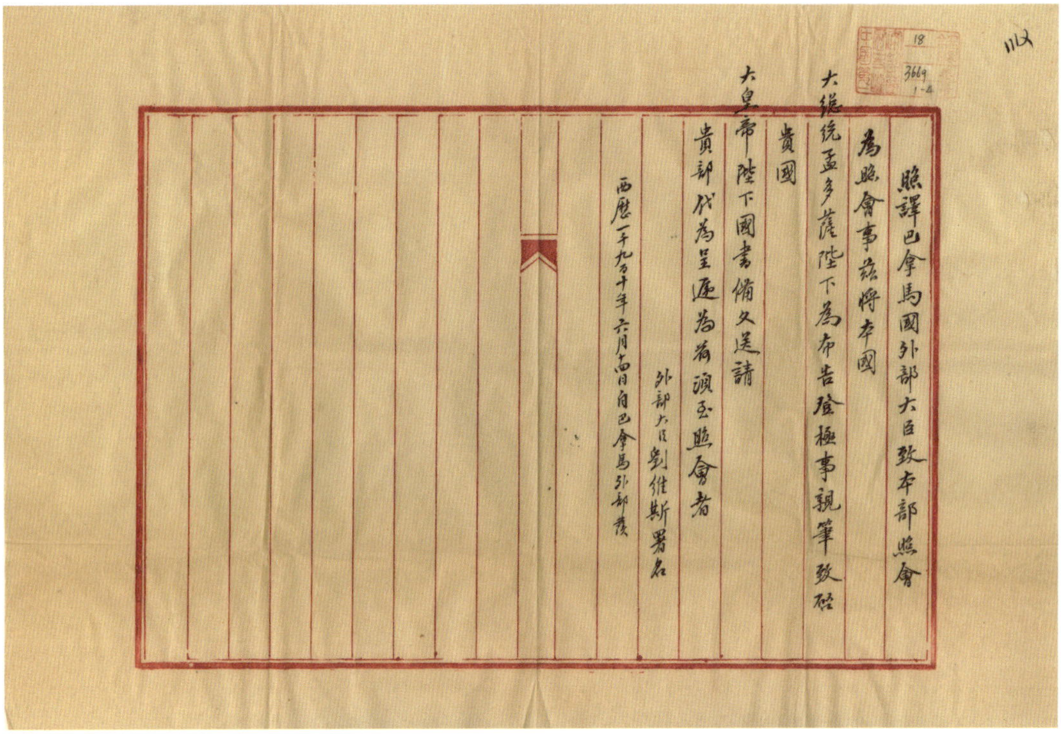

收

18
3669
1-4

照譯巴拿馬國外部大臣致本部照會
為照會事茲將本國
大總統孟多薩陛下為布告登極事親筆致函
貴國
大皇帝陛下國書備文送請
貴部代為呈遞為荷須至照會者
外部大臣劉維斯署名
西歷一千九百十年六月十四日自巴拿馬外部發

巴拿马致外务部照会译文（宣统二年五月初八日）

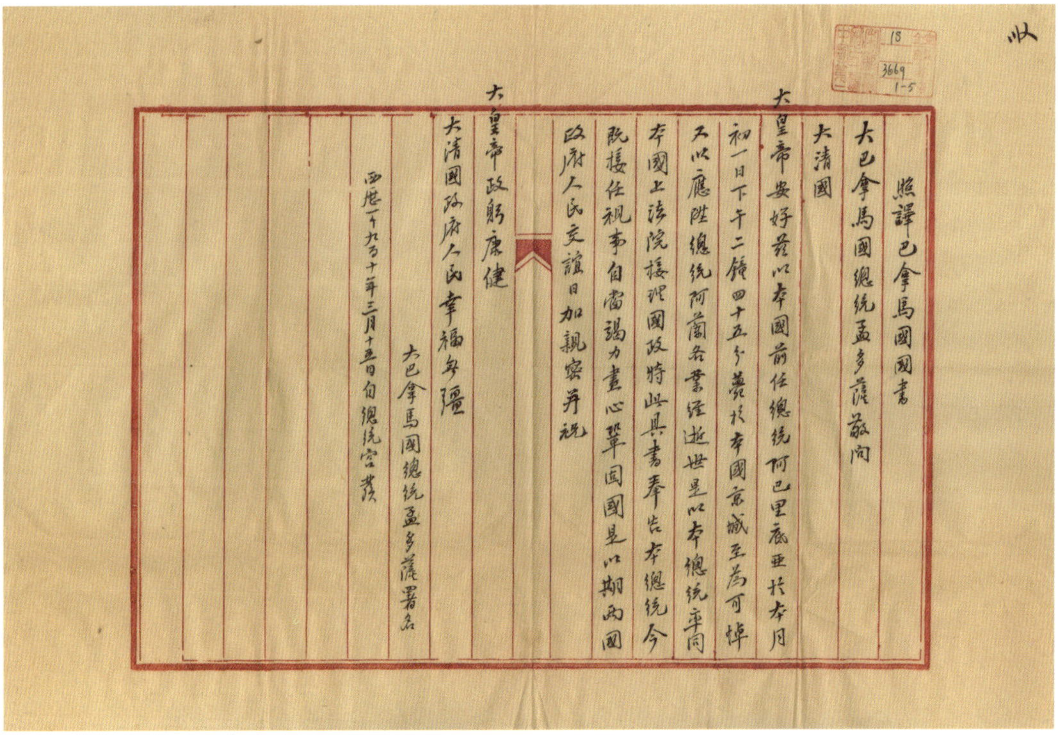

收

18
3669
1-5

照譯巴拿馬國國書
大巴拿馬國總統孟多薩敬問
大清國
大皇帝安好茲以本國前任總統阿巴里底亞於本月
初一日下午二鐘四十五分薨於本國京城至為可悼
又以應陞總統阿蘭各業經逝世是以本總統率同
本國上議院接理國政特此具書奉告本總統今
既接任視事自當竭力盡心鞏固國是以期兩國
政府人民交誼日加親密并祝
大皇帝政躬康健
大清國政府人民幸福無疆
大巴拿馬國總統孟多薩署名
西歷一千九百十年三月十五日自總統宮發

巴拿马总统致清帝国书译文（宣统二年二月初五日）

Carlos A. Mendoza,

Encargado del Poder Ejecutivo de la República de Panamá.

A S. M.

Sun Tung,

Emperador de la China &a

Grande y Buen Amigo:

Tengo el honor de comunicar á V. M. que á las 2.45 p.m. del día primero del actual, falleció en esta capital el Excelentísimo señor don José Domingo de Obaldía Presidente Constitucional de la República, y que con motivo de tan infausto como lamentable acontecimiento asumí y tomé posesión, dicho día, de la Primera Magistratura de la República, ante la Corte Suprema de Justicia de la Nación, en mi carácter de segundo Designado, por la sensible é irreparable muerte del ilustre don José A. Arango (Q.D.D.G.), primer Designado.

A la vez me es altamente placentero, significar á V. M. que en el ejercicio de ese elevado Cargo, tengo el firme propósito de no omitir esfuerzo alguno, para acrecentar y consolidar las cordiales relaciones de amistad existentes

entre nuestros Estados y Gobiernos, á fin de que éllas sean cada dia más estrechas.

Hago sinceros votos por el engrandecimiento del Pueblo y Gobierno del Imperio de la China y por la ventura personal de V. M.

Grande y Buen Amigo,

Carlos A. Mendoza

Refrendada,

S. Lewis

REPUBLICA DE PANAMA
SECRETARIA DE RELACIONES EXTERIORES

Es copia,

S. Lewis

Palacio Presidencial
Panamá 15 de Marzo de 1910.

巴拿马总统致清帝国书（宣统二年二月初五日）

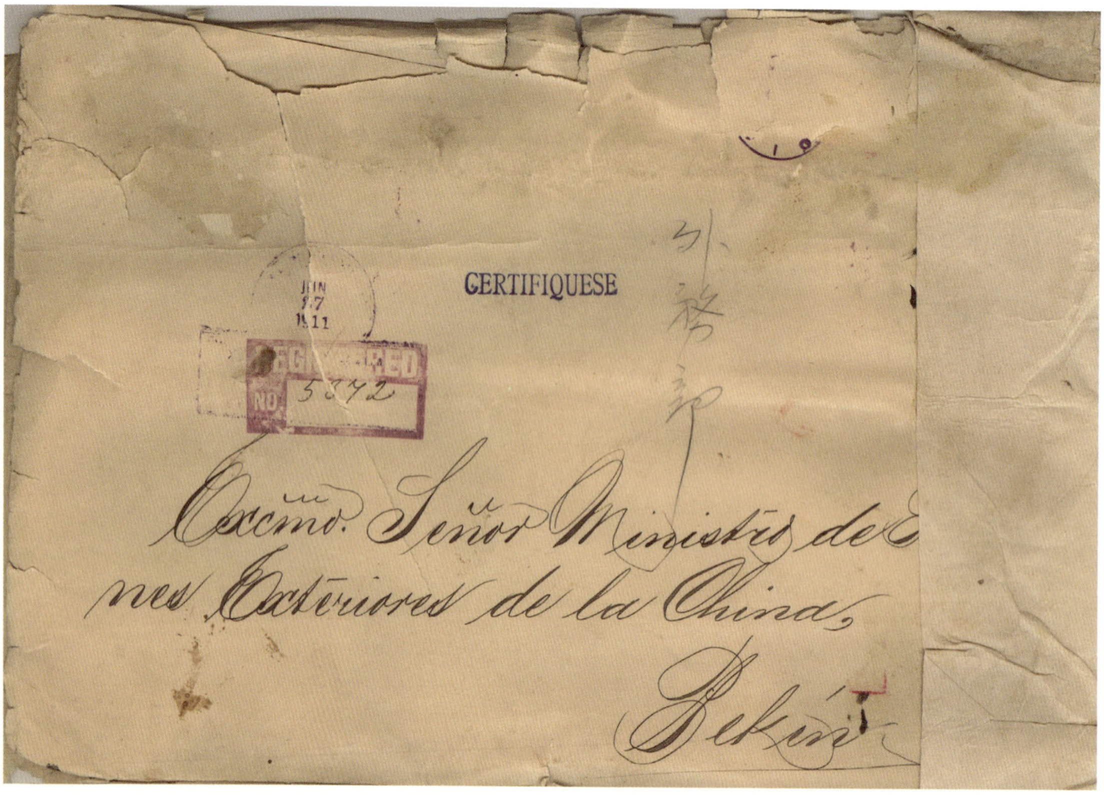

瓜德馬拉

照譯嘎德瑪辣國書
嘎德瑪辣民主國總統馬奴霎尔敬致書于
大清國
大皇帝陛下本總統現被國民選舉為嘎德瑪辣國總統期至一千九百十七年五月十五日滿任受職以來日夜兢惕惟顧不負國務之重以愜輿情至本國與
貴國交誼素敦自茲以往益當竭誠盡力俾得更加親睦謹此順祝
大清國運祚蕃昌
大皇帝聖躬康泰　總統親筆簽名
一千九百十一年五月十五日書于嘎德瑪辣國宮中
外務大臣署名

危地马拉总统致清帝国书信封及译文（宣统三年四月十七日）

Manuel Estrada Cabrera,

Presidente Constitucional de la República de Guatemala,

A Su Majestad
el Emperador de la China

Grande y Buen Amigo:

Tengo el honor de participar á Vuestra Majestad, que electo por el voto de mis conciudadanos para ejercer la Presidencia de la República por el período constitucional que terminará el 15 de marzo de 1917, he tomado posesión de ese alto cargo el día de hoy, ante la Asamblea Nacional Legislativa.

Al comunicarlo á Vuestra Majestad, me es altamente satisfactorio asegurarle que en el ejercicio de mis funciones será mi constante empeño estrechar y hacer cada día más francas y cordiales las amistosas relaciones que felizmente existen entre la República de Guatemala y la China

Aprovecho con singular agrado esta oportunidad para expresar á Vuestra Majestad los votos que hago por la creciente prosperidad y grandeza de la China
y la personal ventura de Vuestra Majestad, de quien me honra suscribirme, con mi alta y distinguida consideración,

Leal Amigo,
(f.) Manuel Estrada C.

(r.) Luis Toledo Herrarte.

Palacio Nacional: Guatemala 15 de marzo de 1911.

Es copia conforme:

危地马拉总统致清帝国书（宣统三年四月十七日）

外务部致驻美大臣伍廷芳电报：

为厄瓜多尔华侨被逐请美国驻厄大臣代为辩论事

宣统元年八月初四日（1909 年 9 月 17 日）

晚清时期，中国和厄瓜多尔没有立约建交，双方也没有互设任何领事机构，但当地也有一定数量的华侨。这些华侨除了从中国直接移居，还有不少人是从厄瓜多尔的邻国移民而来。前任驻美大臣（同时兼任驻拉丁美洲相关国家大臣）张荫桓、崔国因等曾途经厄瓜多尔，并在其日记中记录了当地华侨主动寻求英国领事保护的情形。伍廷芳任驻美大臣（同时兼任驻拉丁美洲相关国家大臣）时，已托“美使保护”在厄瓜多尔的华侨，但这种保护是“寻常身命财产”的保护，而此时厄瓜多尔有议员却提议“拟逐华侨，并禁后来”。面对这种情况，外务部正式“特颁训条”，专门委托美国驻厄瓜多尔公使“代向该国交涉”。

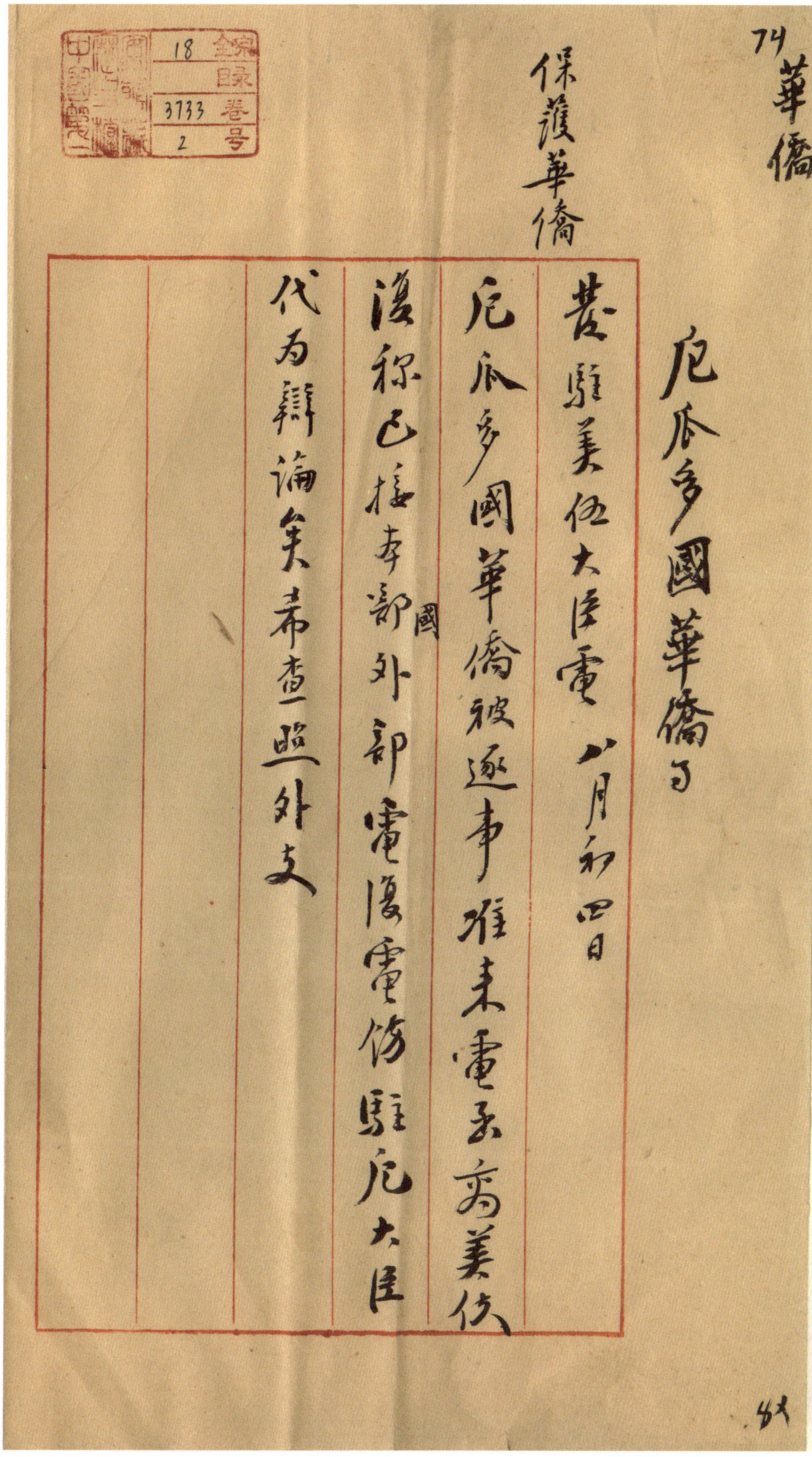
74 華僑

保護華僑

厄瓜多國華僑事

華駐美伍大臣電 八月初四日

厄瓜多國華僑被逐事，惟未電至，為美使復稱已接本國外部電，復電飭駐厄大臣代為辯論矣，希查照。外支

外务部致驻美大臣伍廷芳电报（宣统元年八月初四日）

驻美大臣伍廷芳致外务部丞参信函：

为劝巴拿马优待华侨并设领事事

宣统元年八月初五日（1909年9月18日）

光绪二十九年（1903），巴拿马从哥伦比亚正式独立。宣统元年（1909），驻美国大臣伍廷芳（同时兼任驻墨西哥、古巴和秘鲁大臣）在赴秘鲁递交国书期间，途经巴拿马，拜会了巴拿马总统。在会晤中，针对两国尚未立约建交和在巴华侨无法得到有效保护的情况，伍廷芳“规劝其优待华侨，庶几两国商务均大裨益，并微讽以我国亦应通好设领”。同时，由于中国此前并未与巴拿马的母国哥伦比亚建交，没有在巴拿马设立领事机构，伍廷芳在致外务部函中建议在处理与巴拿马外交关系时，应“先行派官（指驻巴拿马领事人员），继乃立约”，这也是借鉴欧美国家在巴拿马独立后的普遍做法。

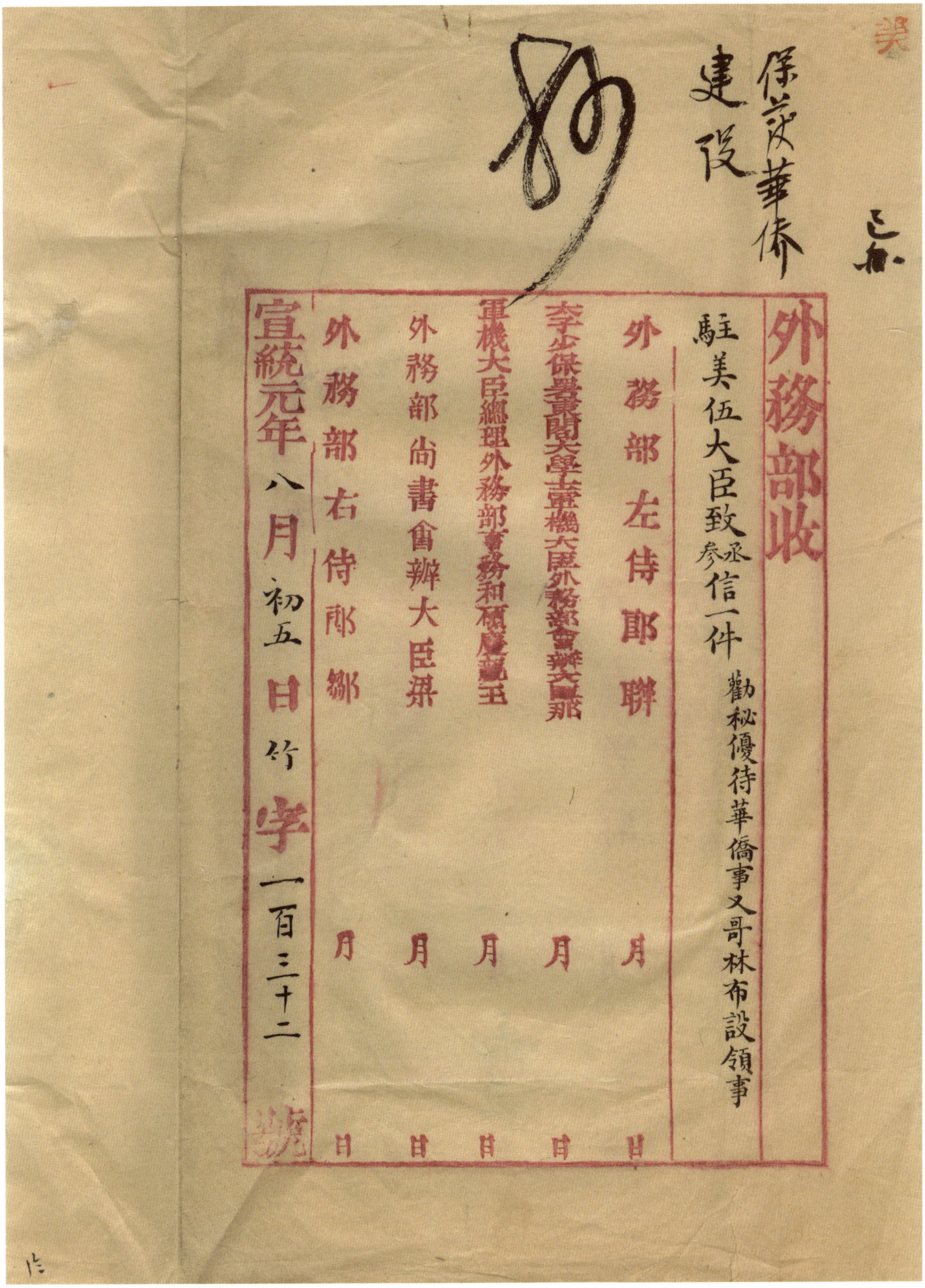
外務部收
駐美伍大臣致丞參信一件
勸秘優待華僑事又哥林布設領事
外務部左侍郎聯 月 日
太子少保署東閣大學士軍機大臣外務部會辦大臣那 月 日
軍機大臣總理外務部事務和碩慶親王 月 日
外務部尚書會辦大臣梁 月 日
外務部右侍郎鄒 月 日
宣統元年八月初五日竹字一百三十二號
保護華僑
建設

駐美大臣伍廷芳致外务部丞参信函（宣统元年八月初五日）

深思熟考前奉
鈞部真電據粵督咨以該處能否設領抑或另有保護辦法飭查明
核覆廷芳竊意沿現在各國尚未立約先行派使之慣例先與之通
好設領徐商訂約亦未嘗非簡捷辦法否則將來美國勢力日益
擴張不免如往者檀香山前事吾國未與訂約修好今歸美屬土
後其一切華人利益竟為美國苛例所牽掣又況此間華民三千
咸作貿易鮮有為工人者華民習海便商競爭營業均遠出土
人上故土人亦深忌之今兩埠僑民呼籲正切因利而與知
堂憲亦以為然謹此縷陳一俟歸途詳細考查辦法更當敬攄管
見伏祈
代回
堂憲是荷專此再叩
勛安　廷芳再頓首

敬再啓者廷芳此次道經巴拿馬國因美使介紹謁見該國總統該總統嘗充巴國美都駐使精熟英語一見如故極承優禮接洽廷芳因規勸其優待華僑庶幾兩國商務均大有裨益並微諷以我國亦應通好設領各節渠對以若我國有意時可與外部大臣商酌辦理時該大臣與內閣大臣均同在也廷芳查得該國運河現歸美國訂約開辦約五六年可以成功嘗偕其河道總理親詣考察見其所有布置及所用機工均出於往者法人遠甚五六年之期非虛語也以故比來政策之趨向羅斯福及達輔兩總統均全神萃集於此並於河壖畫得租地而內政外交一切均不免少有干預蓋巴國與哥林布分離獨立時得美助為多也廷芳並查得美巴條約現時猶未能妥訂以是之故巴與列國若英若法仍不能不觀望以待美約之先成惟列國雖未立約業已遣派駐使設有領事但各國與巴之毋國哥林布原為有約之國視我國與

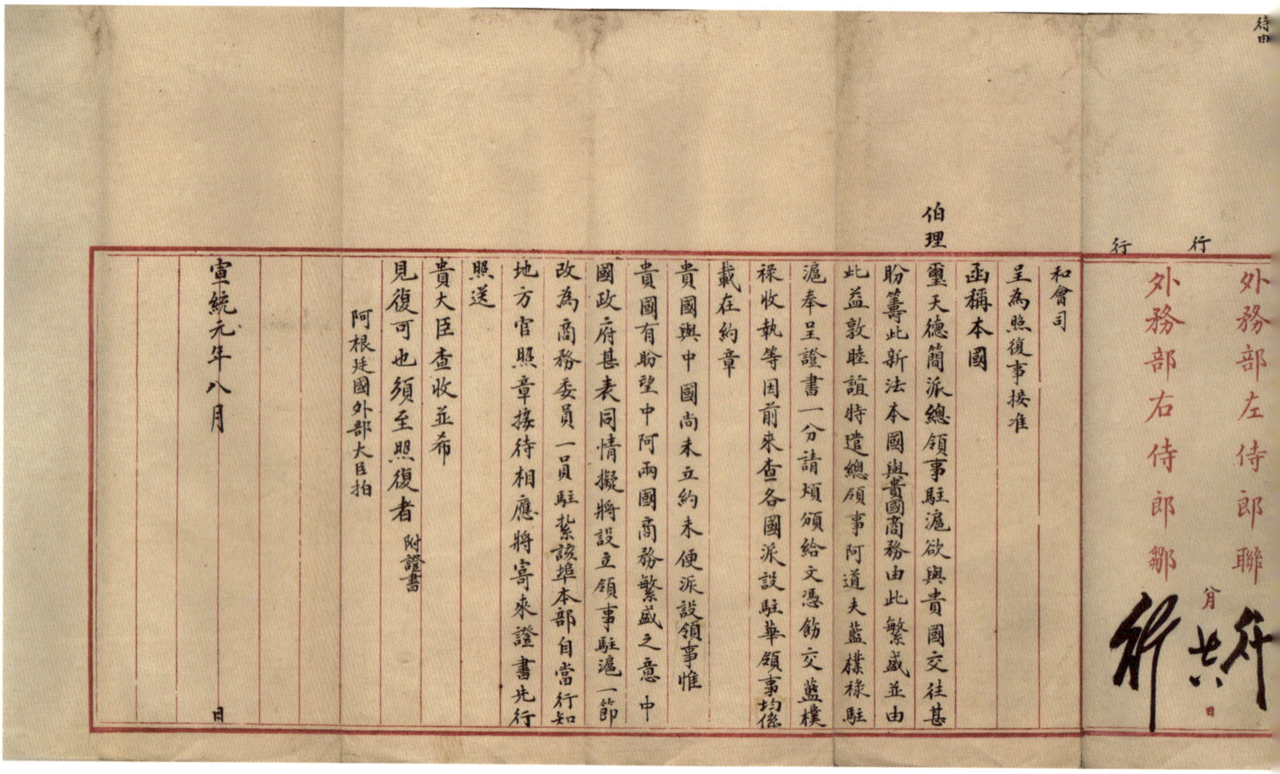

外務部左侍郎聯
外務部右侍郎鄒
行 行
和會司
呈為照復事接准
函稱本國
伯理
璽天德簡派總領事駐滬欲與貴國交往甚
盼籌此新法本國與貴國商務由此繁盛並由
此益敦睦誼特遣總領事阿道夫藍樸祿駐
滬奉呈證書一分請煩頒給文憑飭交藍樸
祿收執等因前來查各國派設駐華領事均係
載在約章
貴國與中國尚未立約未便派設領事惟
貴國有盼望中阿兩國商務繁盛之意中
國政府甚表同情擬將設立領事駐滬一節
改為商務委員一員駐紮該埠本部自當行知
地方官照章接待相應將寄來證書先行
照送
貴大臣查收並希
見復可也須至照復者 附證書
阿根廷國外部大臣拍
宣統元年八月 日

外务部致阿根廷外部大臣柏纳萨照会：

为中阿尚未立约如设商务委员可以接待事

宣统元年八月二十七日（1909 年 10 月 10 日）

晚清时期，中国和阿根廷开始有了贸易往来。当时阿方在一份照会中提及从中国进口的商品种类，主要有茶、制造料品、爆炸品和杂货等。鉴于贸易的需要，阿根廷政府希望“简派总领事驻沪”“与贵国商务由此繁盛，并由此益敦睦谊”。但是，此时阿根廷尚未与中国立约建交，而“各国派设驻华领事，均系载在约章”，但对于推动“两国商务繁盛之意”“中国政府甚表同情”，因此外务部建议将阿根廷驻沪总领事改称商务委员，同时“知照地方官照章接待”。

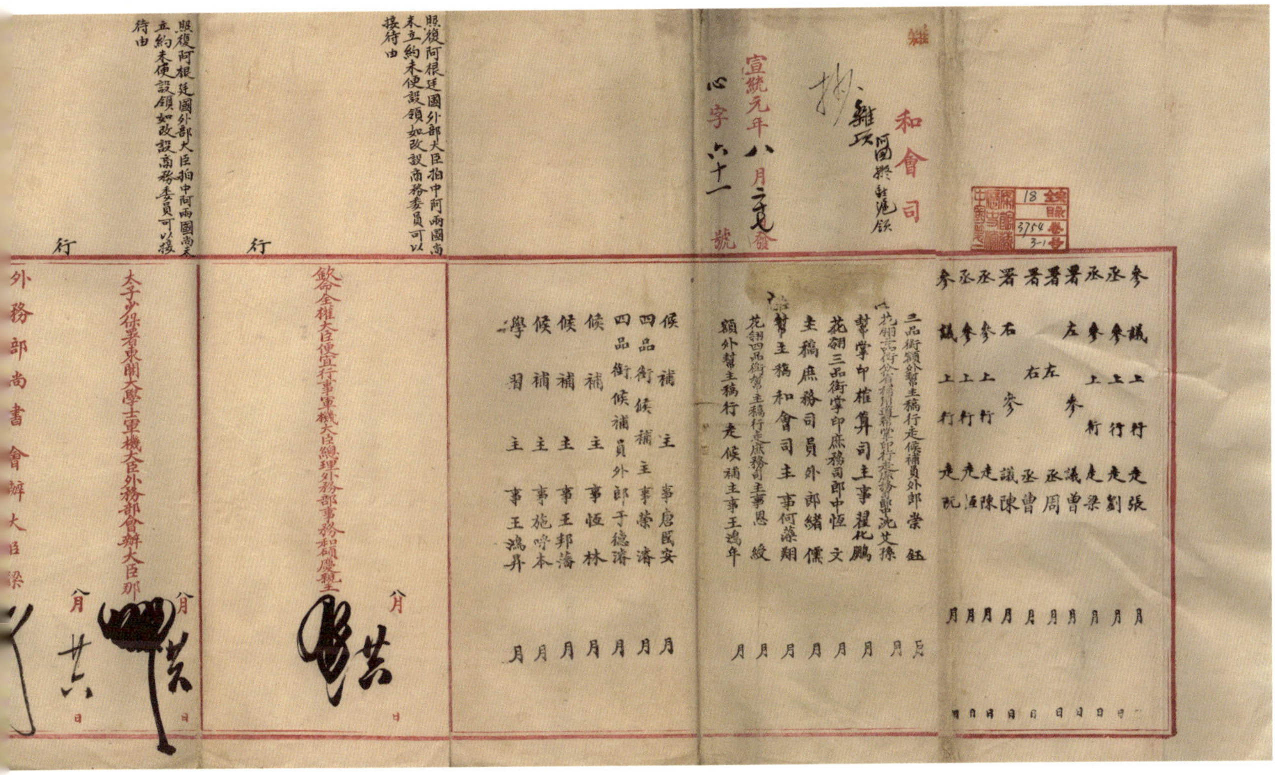

和會司

雜 阿國擬設滬領

宣統元年八月二十七日發

心字六十一號

參議上行走張
丞參上行走劉
丞參上行走梁
署左參議曾
署左丞周
署右丞曹
署右參議陳
丞參上行走陳
參議上行走汪
參議上行走阮

三品銜額外幫主稿行走候補員外郎崇鈺
花翎二品銜欽加二品銜掌印行走庶務司郎中沈艾孫
幫掌印榷算司主事瞿化鵬
花翎三品銜掌印庶務司郎中恆文
主稿庶務司員外郎緒儒
幫主稿和會司主事何藻翔
花翎四品銜幫主稿行走庶務司主事恩綬
額外幫主稿行走候補主事王鴻年

候補主事唐國安
四品銜候補主事榮濬
四品銜候補員外郎于德濬
候補主事恆林
候補主事王邦藩
候補主事施啓本
學習主事王鴻昇

照復阿根廷國外部大臣柏中阿兩國尚未立約未便設領如改設商務委員可以接待由

行

欽命全權大臣便宜行事軍機大臣總理外務部事務和碩慶親王

照復阿根廷國外部大臣柏中阿兩國尚未立約未便設領如改設商務委員可以接待由

行

太子少保署東閣大學士軍機大臣外務部會辦大臣那

外務部尚書會辦大臣梁

外务部致阿根廷外部大臣柏纳萨照会（宣统元年八月二十七日）

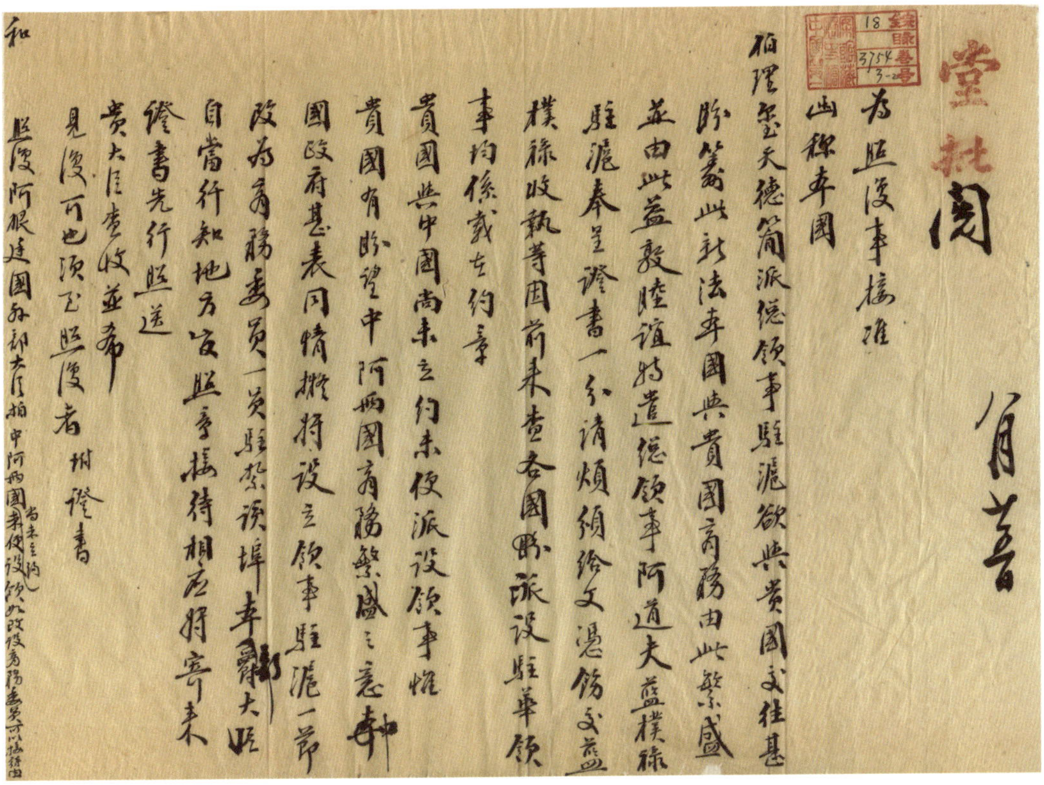

堂批 閱

為照復事據准
函稱本國
柏理璽天德簡派總領事駐滬欲與貴國交往甚
盼篤此新法本國與貴國商務由此繁盛
並由此益敦睦誼特遣總領事阿道夫蓋樸
駐滬奉呈證書一分請煩須給文憑飭交蓋
樸孫收執等因前來查各國所派設駐華領
事均係載在約章
貴國與中國尚未立約未便派設領事惟
貴國有盼望中阿兩國商務繁盛之意本部
國政府甚表同情擬將設立領事駐滬一節
改為商務委員一員駐紮該埠本部大臣
自當行知地方官照章接待相應將寄來
證書先行照送
貴大臣查收並希
見復可也須至照復者 附證書

照復阿根廷國外部大臣柏中阿兩國尚未立約未便設領如改設商務委員可以接待由

和

外务部致阿根廷外部大臣照会（宣统元年八月二十七日）

阿根廷驻沪总领事林布鹿致外务部照会：
为呈送本国景物图画事

宣统元年九月三十日（1909年11月12日）

晚清时期，中国和拉丁美洲国家的关系得到了一定的发展，秘鲁、巴西、墨西哥、古巴和巴拿马五个国家在这一时期正式与中国建交。随着贸易联系的增多，其他一些拉丁美洲国家，如阿根廷、智利、哥斯达黎加等也开始和中国有了官方的接触。亚氈太吴国（阿根廷）于宣统元年向上海派驻总领事，此份档案是其总领事向清政府外务部通报赠送阿根廷景物图画的照会。值得注意的是，由于当时中阿两国尚未正式建交，双方商订在签署建交条约前，阿根廷驻沪总领事改称商务委员。当然，两国尚未正式建交谈判，清朝就灭亡了，而在清政府外务部最后的存续期内，出于当时的外交惯例，也接受了阿根廷以驻沪总领事名义发来的照会。

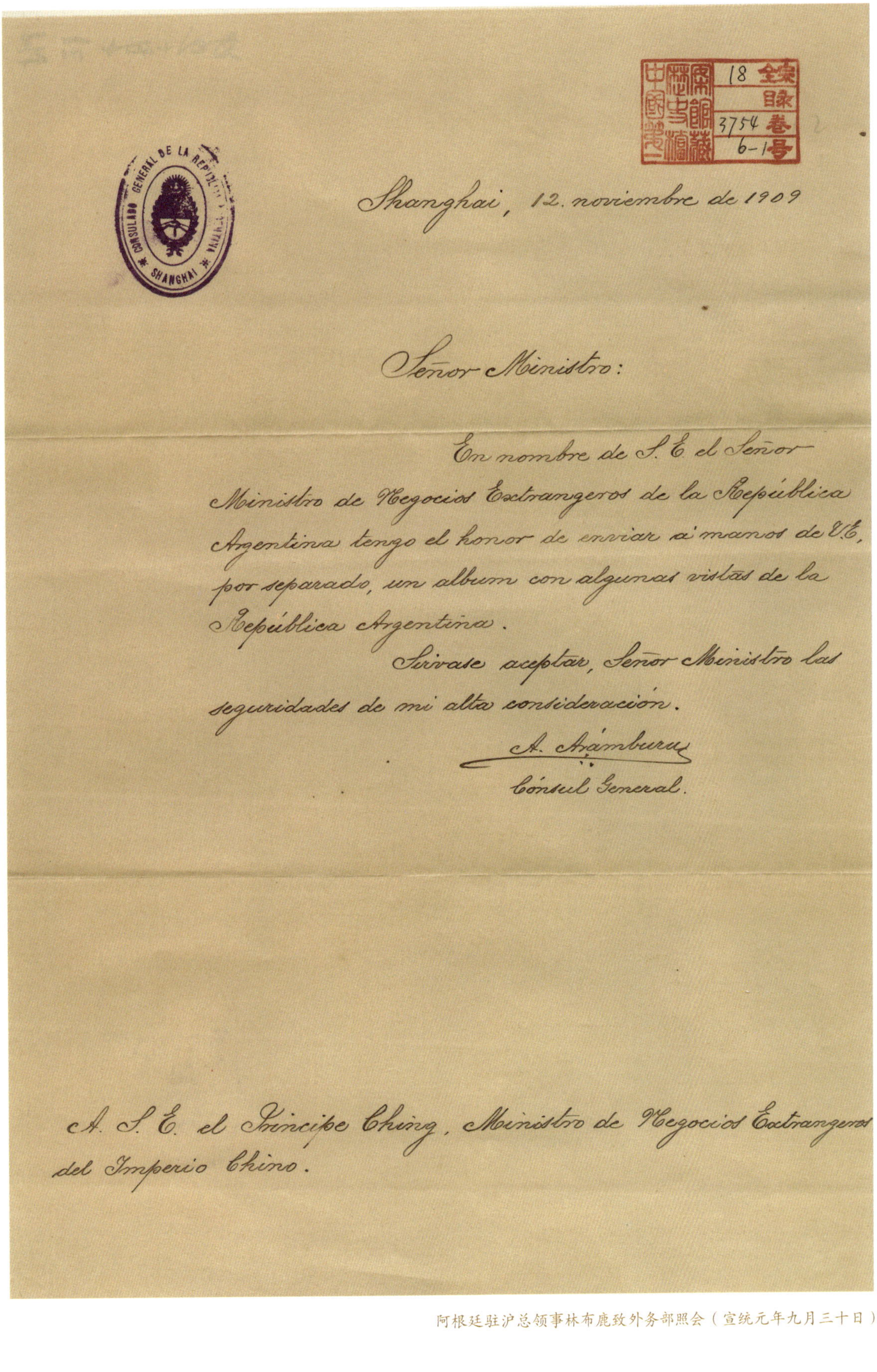

Shanghai, 12 noviembre de 1909

Señor Ministro:

En nombre de S. E. el Señor Ministro de Negocios Extrangeros de la República Argentina tengo el honor de enviar á manos de V. E., por separado, un album con algunas vistas de la República Argentina.

Sírvase aceptar, Señor Ministro las seguridades de mi alta consideración.

A. Arámburu

Cónsul General.

A. S. E. el Príncipe Ching, Ministro de Negocios Extrangeros del Imperio Chino.

阿根廷驻沪总领事林布鹿致外务部照会（宣统元年九月三十日）

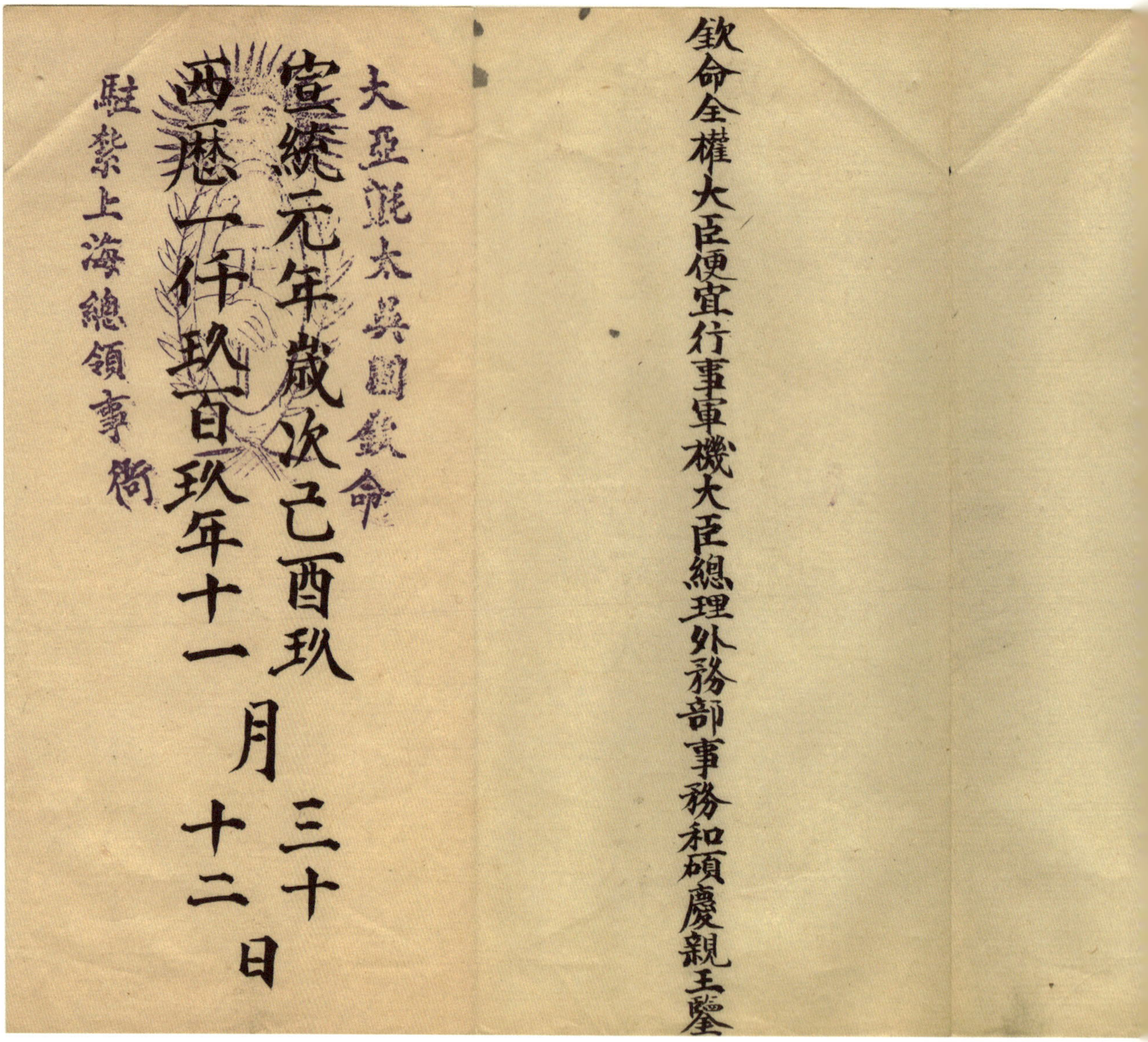

欽命全權大臣便宜行事軍機大臣總理外務部事務和碩慶親王鑒

大亞毘太呉國欽命

宣統元年歲次己酉玖月三十日

西歷一仟玖百玖年十一月十二日

駐紮上海總領事衙

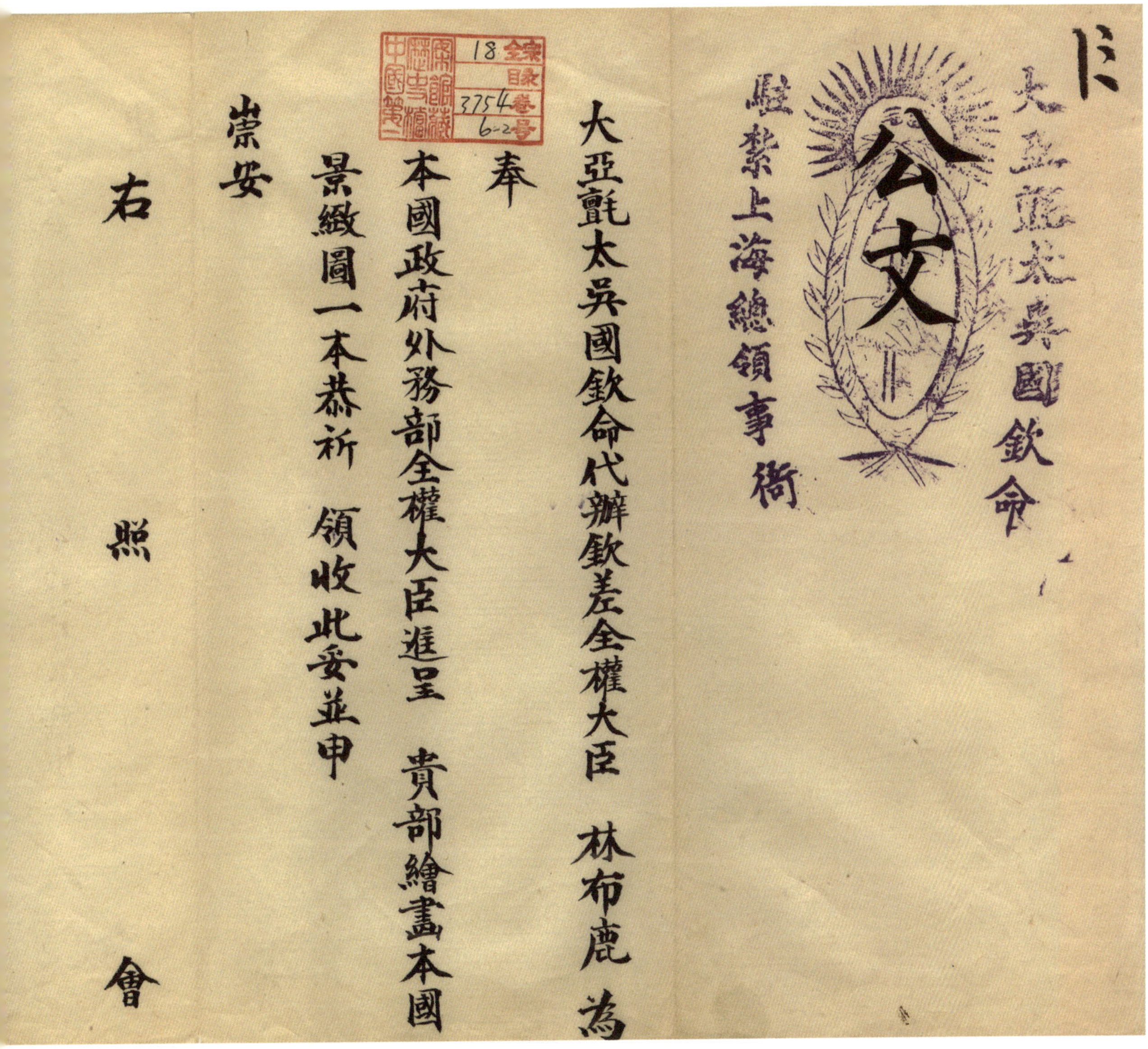

大亞氈太吳國欽命
駐紮上海總領事衙

大亞氈太吳國欽命代辦欽差全權大臣　林布鹿　為
奉
本國政府外務部全權大臣進呈　貴部繪畫本國
景緻圖一本恭祈　領收此妥並申
崇安
右　照　會

阿根廷驻沪总领事林布鹿致外务部照会译文（宣统元年九月三十日）

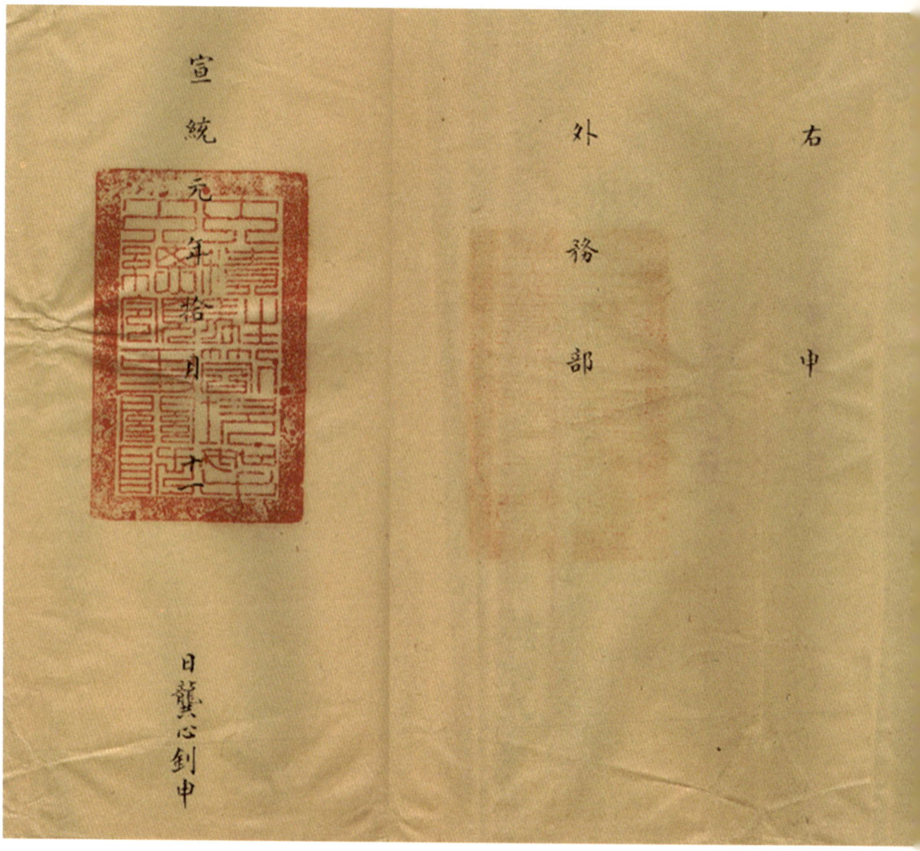

署加拿大总领事龚心钊致外务部申文：

为呈宣统元年加拿大商务报告事

宣统元年十月十一日（1909年11月23日）

宣统元年（1909）初，外务部奏定出使报告制度，各驻外使臣开始陆续向外务部呈递出使报告。外务部接到报告整合后向皇帝奏报，并分类编纂，咨行各相关京内衙门。光绪三十四年（1908）末，清政府派龚心钊出任驻加拿大第一任总领事，龚心钊于宣统元年五月到任，并于当年十月呈送了第一份报告。这份档案“详细报告坎境（加拿大境内）新设领馆于其政体、宪法、关税、财政之源

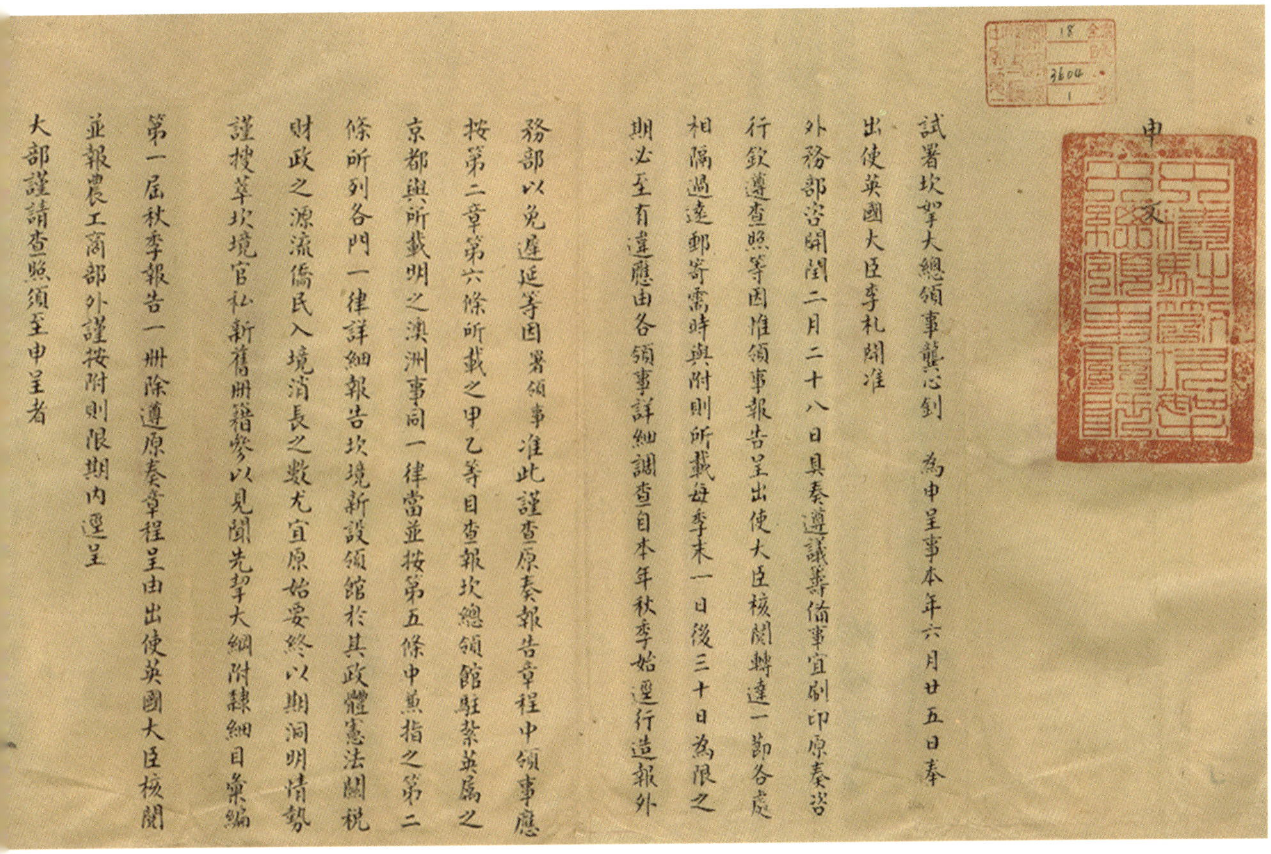

申文

試署坎拏大總領事龔心釗 為申呈事本年六月廿五日奉
出使英國大臣李札開准
外務部咨開閏二月二十八日具奏遵議籌備事宜刷印原奏咨
行欽遵查照等因准領事報告呈出使大臣核閱轉達一節各處
相隔過遠郵寄需時與附則所載每季末一日後三十日為限之
期必至有違應由各領事詳細調查自本年秋季始逕行造報外
務部以免遲延等因署領事准此謹查原奏報告章程中領事應
按第二章第六條所載之甲乙等目查報坎總領館駐紮英屬之
京都與所載明之澳洲事同一律當並按第五條中兼指之第二
條所列各門一律詳細報告坎境新設領館於其政體憲法關稅
財政之源流僑民入境消長之數尤宜原始要終以期洞明情勢
謹搜萃坎境官私新舊冊籍參以見聞先挈大綱附隸細目彙編
第一屆秋季報告一冊除遵原奏章程呈由出使英國大臣核閱
並報農工商部外謹按附則限期內逕呈
大部謹請查照須至申呈者

署加拿大总领事龚心钊致外务部申文（宣统元年十月十一日）

流，侨民之入境消长之数……谨搜萃坎境官私新旧册籍参以见闻，先拿大纲附隶细目汇编第一届秋季报告一册”。报告清册详细载明加拿大与华进出口货物、金银、船舶情况，侨民往来人数和其国风俗，加拿大进出款和公债、关税税率和抽税办法、货币汇率，以及加拿大银行、工艺、农业、交通等情形。清册最后附有政治报告、军务报告、学务报告等三份报告。这些报告为清廷全面了解加拿大提供了精准详细的第一手资料，达到了“(数据)尤宜原始，要终以期洞明情势”的目的。

军机处致外务部信函：

为抄录伍廷芳奏旋美日期并巴拿马商业情形奏折事

宣统元年十一月十五日（1909年12月27日）

宣统元年（1909），驻美国大臣伍廷芳（同时兼任驻墨西哥、古巴和秘鲁大臣）在完成了一系列在拉丁美洲的外交行程后，回到常驻地美国，向外务部多次致函，汇报此次外交行程成果，其中之一就是这份关于巴拿马情形的档案。19世纪以来，很多华侨已在巴拿马定居，在一些商埠“华人商店密如繁星”。但巴拿马从哥伦比亚独立出来后，尚未与中国建交，因此对当地华侨只能委托美国驻巴拿马外交机构“代为保护”。这种办法“虽稍资得力，然假手他人，终虞隔膜”，伍廷芳建议与巴拿马应尽早“通好设领”，再“徐商订约”。在伍廷芳的大力呼吁和推动下，外务部于宣统二年在巴拿马设立总领事馆。

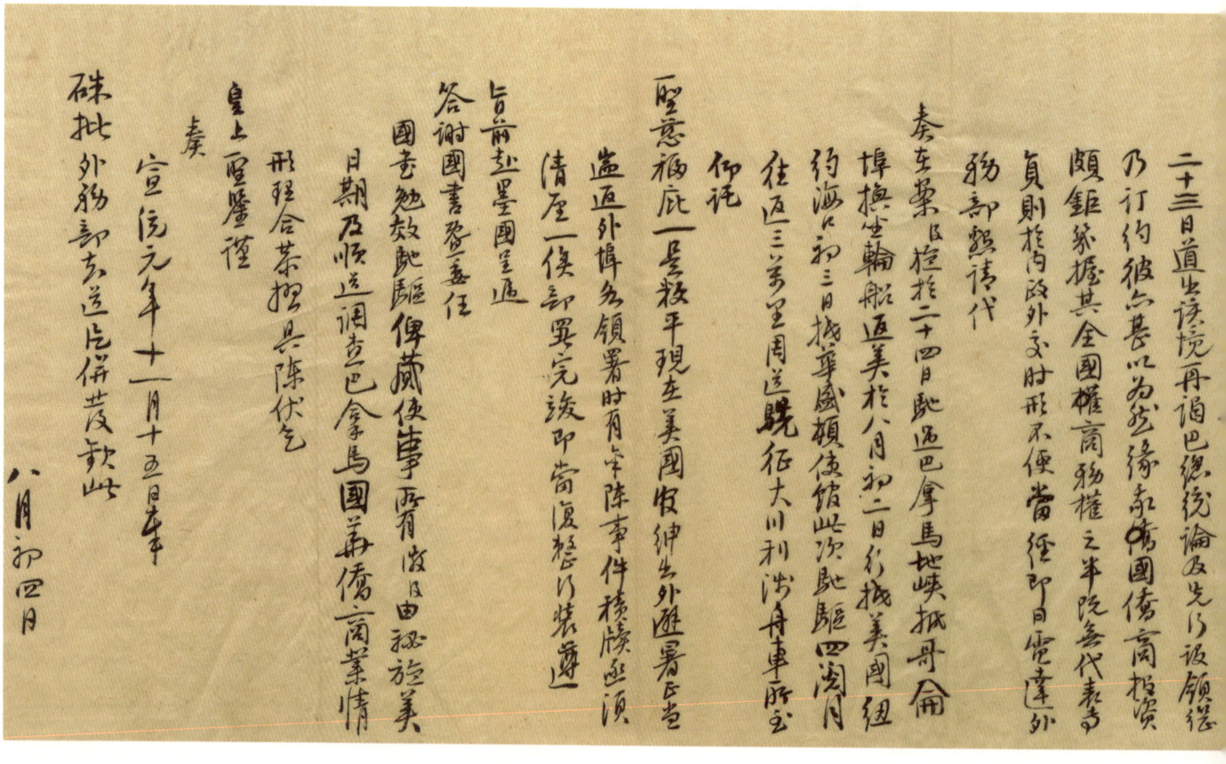
二十三日道出該境再詣巴總統論及先行設領從
乃訂約彼亦甚以為然緣該處僑商擁資
頗鉅兼握其全國權商務權之半既無代表事
負則於內政外交時形不便當經即日電達外
務部懇請代
奏在案臣擬於二十四日啟返巴拿馬地峽抵哥倫
埠換坐輪船返美於八月初二日行抵美國紐
約海口初三日抵華盛頓使館此次馳驅四閱月
往返三萬里周道曉征大川利涉舟車所至
仰託
聖意福庇一是敉平現在美國官紳出外避暑臣查
巡返外埠各領署時有未陳事件核牘亟須
清厘一俟部署完竣即當復整行裝遵
旨前赴墨國呈遞
答謝國書藉盡任
國書勉效馳驅俾蔵使事所有微臣由秘旋美
日期及順道調查巴拿馬國華僑商業情
形理合恭摺具陳伏乞
皇上聖鑒謹
奏
宣統元年十一月十五日奉
硃批外務部知道欽此
八月初四日

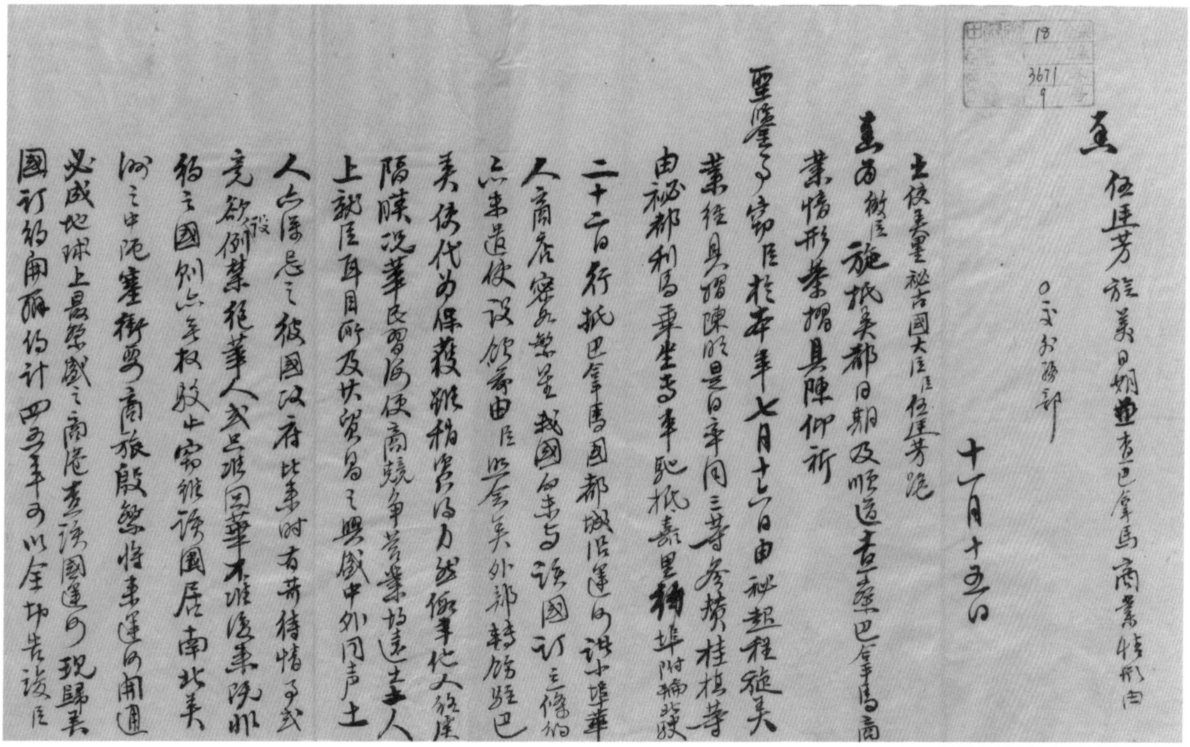

逕 伍廷芳：旋美日期並查巴拿馬商業情形由
〇交外務部
十一月十五日
出使美墨秘古國大臣臣伍廷芳跪
奏為微臣旋抵美都日期及順道查察巴拿馬商
業情形恭摺具陳仰祈
聖鑒事竊臣於本年七月十七日由秘起程旋美
由秘都利馬乘坐火車馳抵嘉里約埠附輪啟碇
業經具摺陳明是日率同三等參贊桂植等
二十二日行抵巴拿馬國都城僑居該城小埠華
人商民突然聚會我國向未與該國訂立條約
亦未遣使設館前由臣照會美外部轉飭駐巴
美使代為保護雖稍資得力然衛華化人終虞
隔膜況華民習俗便商競爭營業於遠土土人
上訴臣耳目所及其貿易之興盛中外同聲土
人亦深忌之彼國政府比來時有苛待情事或
竟欲倣例禁絕華人或只准同華人不准後來既非
約之國則亦無權阻止竊維該國居南北美
洲之中阨塞衛要商旅殷繁將來運河開通
必成地球上最繁盛之商港查該國運河現歸美
國訂約開辦約計四五年可以全功告竣臣

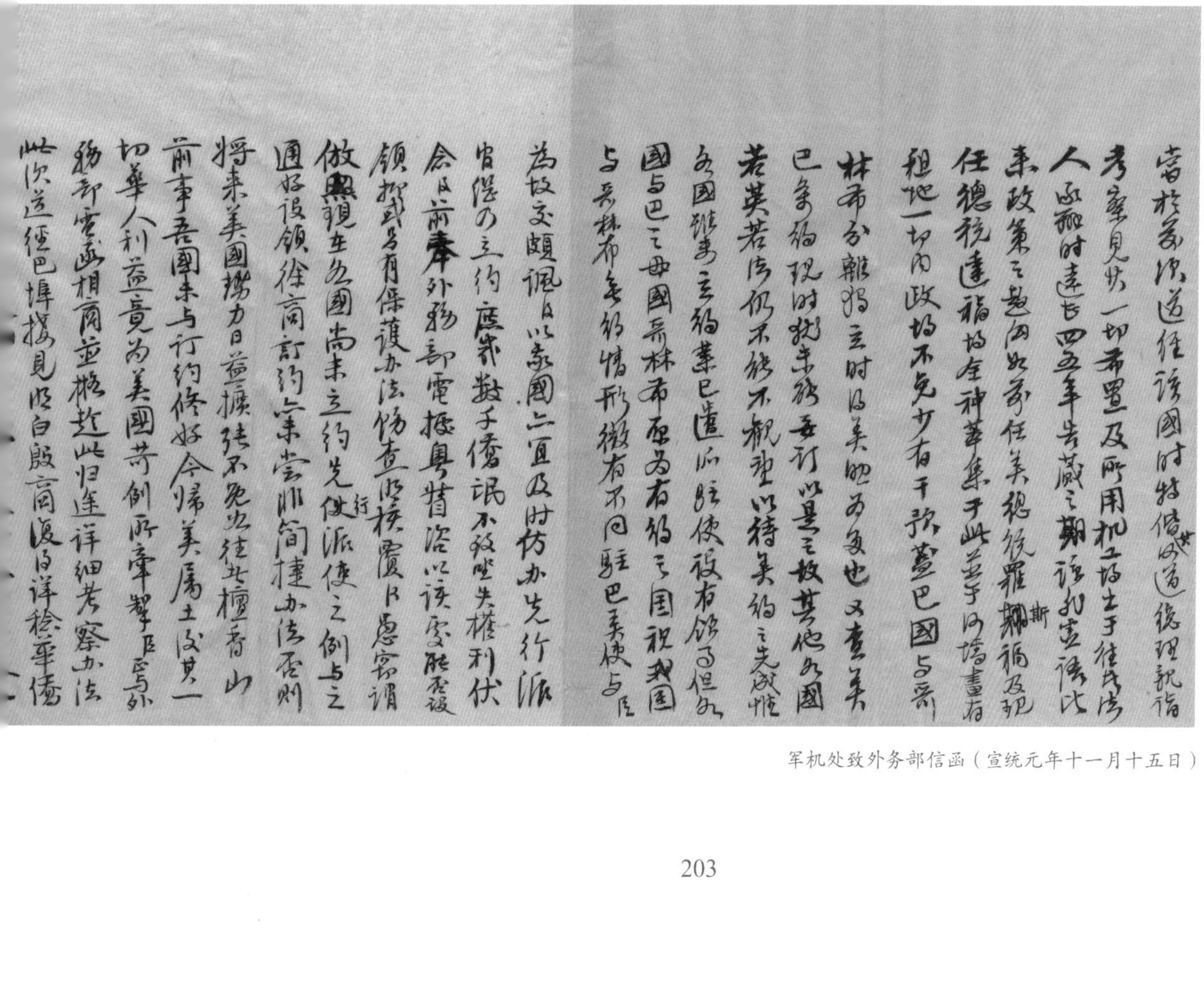

當於分次道經該國時特留心道總理執諳
考察見其一切布置及所用機工均出于往時法
人所辦時遠者四五年告竣之期該故主法比
來政策之懇向以前任美總統羅斯福及現
任總統達福均全神萃集于此其于行政畫有
租地一切內政均不免少有干預蓋巴國與哥
林布分離獨立時得美助力為多也又查美
巴兩國訂約時我本無意訂以是之故其他各國
若英若法仍不能不觀望以待美約之先成惟
各國雖未立約業已遣派駐使設有領事但各
國與巴之母國哥林布原為有約之國視我國
與哥林布無約情形微有不同駐巴美使與臣
為政交頗洽以該國亦宜及時仿辦先行派
員與之立約臣衆擬千僑民不致坐失權利伏
念以前奉外務部電據粵督咨以該處暫設
領事或另有保護辦法飭查等因據震卜恩宏謂
倣照現在各國尚未立約先行派使之例與之
通好設領從商訂約亦屬簡捷辦法否則
將來美國勢力日益擴張不免出往北檀香山
前事吾國未與訂約條好今歸美屬土僑其一
切華人利益竟為美國苛例所牽掣臣與外
務部電函相商並據赴此歸途詳細考察辦法
此次道經巴埠接見彼白殷商復得詳稔華僑

军机处致外务部信函（宣统元年十一月十五日）

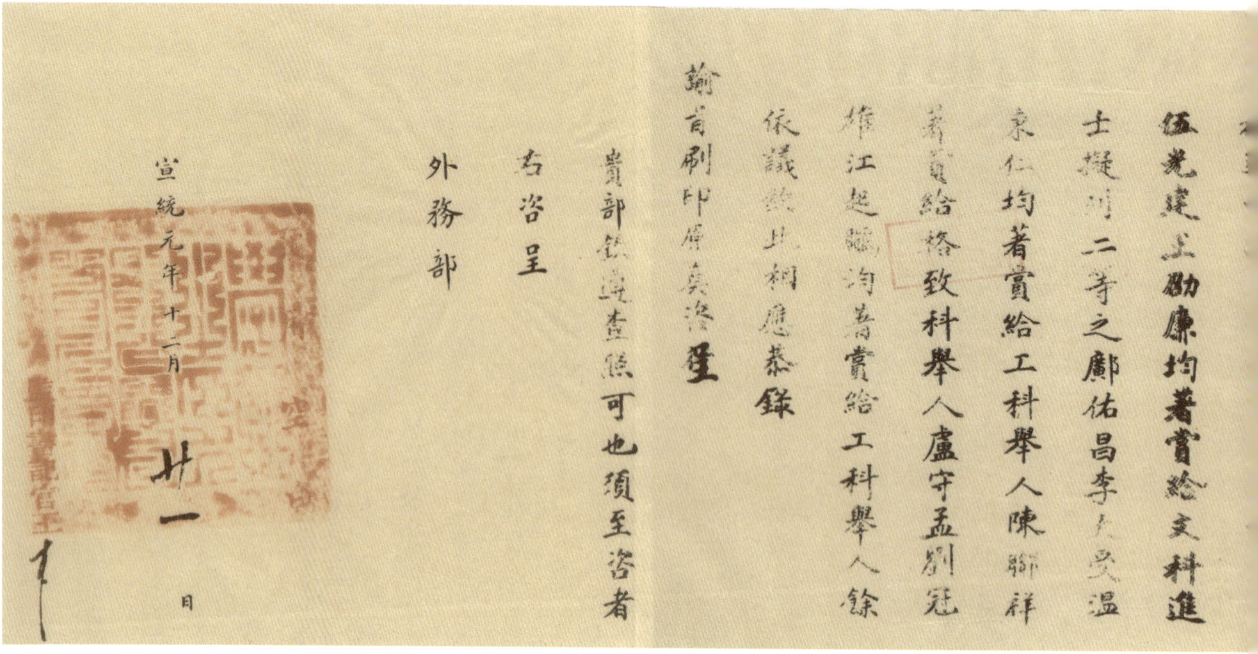
伍光建王劭康均著賞給文科進
士擬列二等之鄺佑昌李大受溫
秉仁均著賞給工科舉人陳聯祥
著賞給格致科舉人盧守孟劉冠
雄江廷樾均著賞給工科舉人餘
依議欽此相應恭錄
諭旨刷印原奏咨呈
貴部欽遵查照可也須至咨者
右咨呈
外務部
宣統元年十二月廿一日

学部致外务部咨呈：

为奉旨赏给广东籍留美学生詹天佑工科进士事

宣统元年十二月二十一日（1910 年 1 月 31 日）

自同治十一年（1872）清政府首次派遣留学生赴美后，留学生规模逐渐扩大，留学方向主要是美国、欧洲和日本，赴日留学现象绝大多数是在甲午战争之后才出现的。清政府官派留学之始就是美国，美国退还庚子赔款又促进了大批留学生赴美。留美方向的学生在数量上不是最多的，但他们的“成材率”很高，在相关领域为国家的发展建设做出了突出的贡献。在此份档案中，受赏的一等各科进士除了文科之外，工科、法科均有留美学生，后来被誉为中国首位铁路总工程师的詹天佑排列第一。

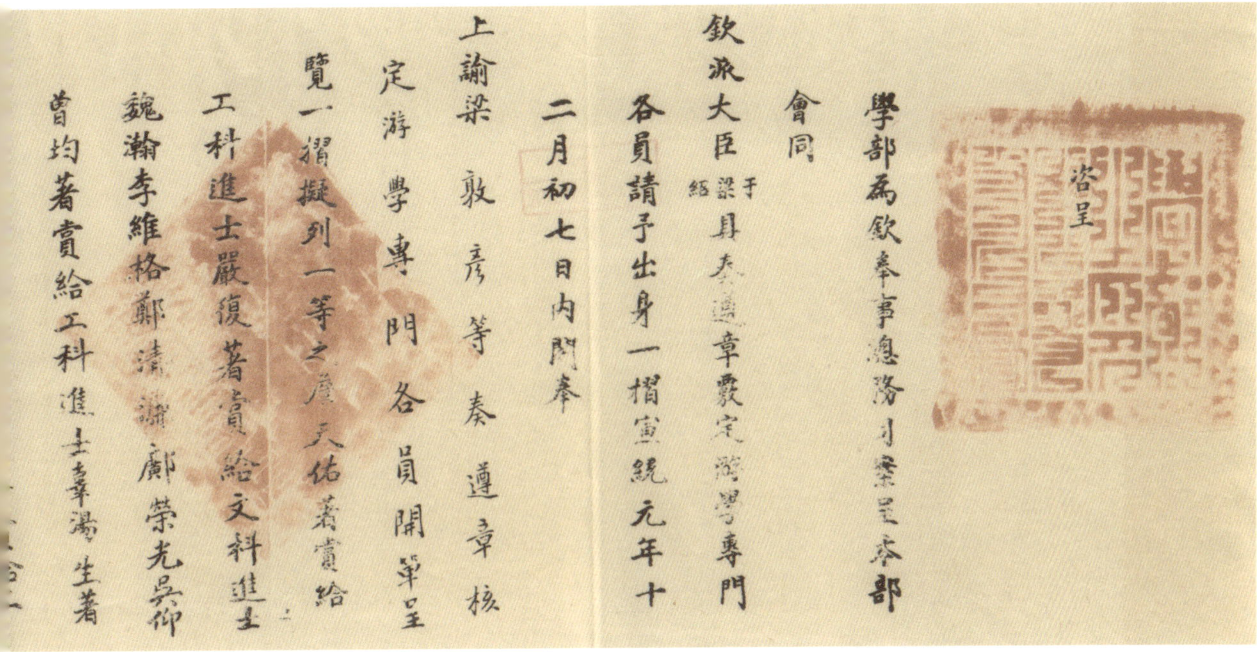
咨呈

學部為欽奉事總務司案呈本部
會同
欽派大臣梁于式枚具奏遵章覆定游學專門
各員請予出身一摺宣統元年十
二月初七日內閣奉
上諭梁敦彥等奏遵章核
定游學專門各員開單呈
覽一摺擬列一等之詹天佑著賞給
工科進士嚴復著賞給文科進士
魏瀚李維格鄭清濂鄺榮光吳仰
曾均著賞給工科進士辜湯生著

学部致外务部咨呈（宣统元年十二月二十一日）

清末第一批留美幼童照片（前排左三为詹天佑）

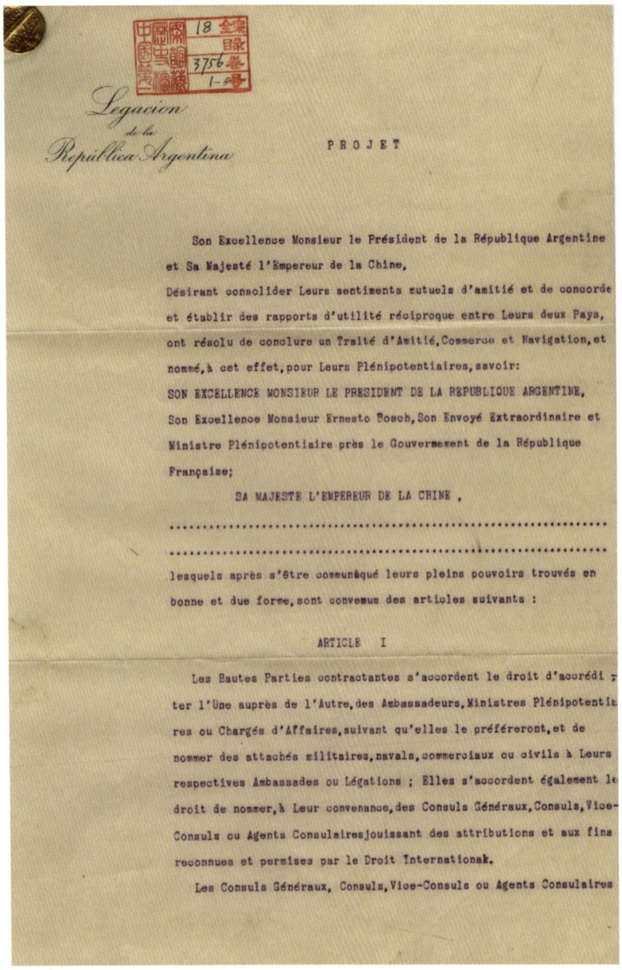

Legacion de la República Argentina

PROJET

Son Excellence Monsieur le Président de la République Argentine et Sa Majesté l'Empereur de la Chine,

Désirant consolider Leurs sentiments mutuels d'amitié et de concorde et établir des rapports d'utilité réciproque entre Leurs deux Pays, ont résolu de conclure un Traité d'Amitié,Commerce et Navigation,et nommé,à cet effet,pour Leurs Plénipotentiaires,savoir:

SON EXCELLENCE MONSIEUR LE PRESIDENT DE LA REPUBLIQUE ARGENTINE,

Son Excellence Monsieur Ernesto Bosch,Son Envoyé Extraordinaire et Ministre Plénipotentiaire près le Gouvermement de la République Française;

SA MAJESTE L'EMPEREUR DE LA CHINE ,

....

....

lesquels après s'être communàqué leurs pleins pouvoirs trouvés en bonne et due forme,sont convemus des articles suivants :

ARTICLE I

Les Hautes Parties contractantes s'accordent le droit d'accrédi - ter l'Une auprès de l'Autre,des Ambassadeurs,Ministres Plénipotentia res ou Chargés d'Affaires,suivant qu'elles le préféreront,et de nommer des attachés militaires,navals,commerciaux ou civils à Leurs respectives Ambassades ou Légations ; Elles s'accordent également le droit de nommer,à Leur convenance,des Consuls Généraux,Consuls,Vice-Consuls ou Agents Consulairesjouissant des attributions et aux fins reconnues et permises par le Droit Internationak.

Les Consuls Généraux, Consuls,Vice-Consuls ou Agents Consulaires

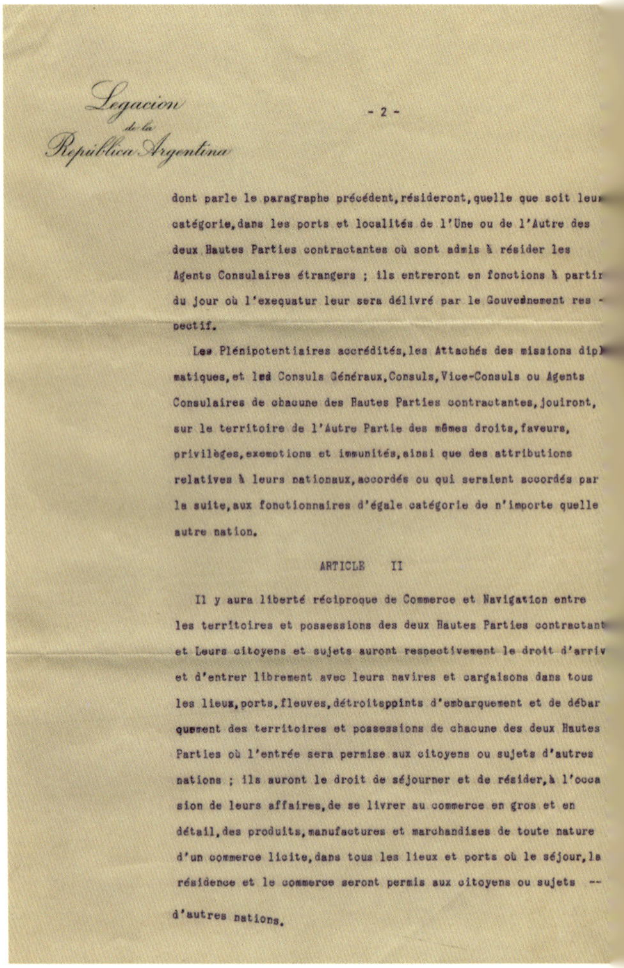

Legacion de la República Argentina

- 2 -

dont parle le paragraphe précédent,résideront,quelle que soit leur catégorie,dans les ports et localités de l'Une ou de l'Autre des deux Hautes Parties contractantes où sont admis à résider les Agents Consulaires étrangers ; ils entreront en fonctions à partir du jour où l'exequatur leur sera délivré par le Gouvednement res - pectif.

Les Plénipotentiaires accrédités,les Attachés des missions diplo matiques,et led Consuls Généraux,Consuls,Vice-Consuls ou Agents Consulaires de chacune des Hautes Parties contractantes,jouiront, sur le territoire de l'Autre Partie des mêmes droits,faveurs, privilèges,exemotions et immunités,ainsi que des attributions relatives à leurs nationaux,accordés ou qui seraient accordés par la suite,aux fonctionnaires d'égale catégorie de n'importe quelle autre nation.

ARTICLE II

Il y aura liberté réciproque de Commerce et Navigation entre les territoires et possessions des deux Hautes Parties contractant et Leurs citoyens et sujets auront respectivement le droit d'arriv et d'entrer librement avec leurs navires et cargaisons dans tous les lieux,ports,fleuves,détroitsppoints d'embarquement et de débar quement des territoires et possessions de chacune des deux Hautes Parties où l'entrée sera permise aux citoyens ou sujets d'autres nations ; ils auront le droit de séjourner et de résider,à l'occa sion de leurs affaires,de se livrer au commerce en gros et en détail,des produits,manufactures et marchandises de toute nature d'un commerce licite,dans tous les lieux et ports où le séjour,la résidence et le commerce seront permis aux citoyens ou sujets -- d'autres nations.

驻法代办唐在复致外务部丞参信函：

为涛贝勒前往各国考察陆军及阿根廷通商行船条约等事

宣统二年二月十四日（1910年3月24日）

晚清时期，在中国和阿根廷没有正式立约建交的情况下，双边的贸易往来就已经展开了，阿根廷还向中国派出了总领事（中方建议其称“商务委员”）常驻上海。但是，双方对正式建交的尝试仍在继续。双方驻法外交机构进行了多次接触，驻法大臣刘式训于宣统元年（1909）对此也曾向外务部致函通报。宣统二年，阿根廷政府又将初拟的《和好通商行船条约》通过其驻法公使函送中国驻法大臣，由于当时刘式训不在法国，代办唐在复将条约及中译本送呈外务部，以便后续的建交事宜。由于条约订立和批准互换需要一定的程序和时间，双方在清末并未完成建交。

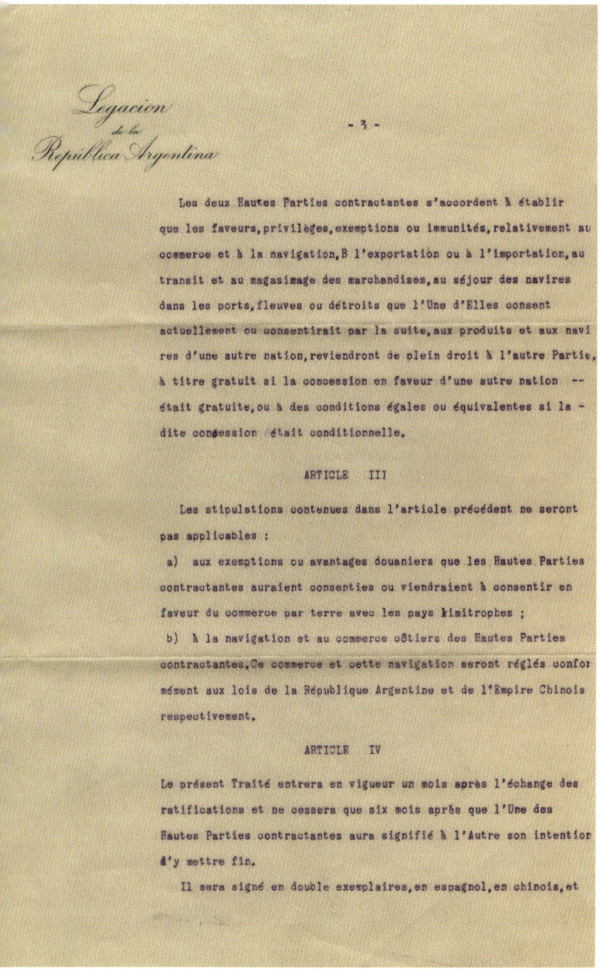

Legacion de la República Argentina

- 3 -

Les deux Hautes Parties contractantes s'accordent à établir que les faveurs, privilèges, exemptions ou immunités, relativement au commerce et à la navigation, à l'exportation ou à l'importation, au transit et au magasimage des marchandises, au séjour des navires dans les ports, fleuves ou détroits que l'Une d'Elles consent actuellement ou consentirait par la suite, aux produits et aux navires d'une autre nation, reviendront de plein droit à l'autre Partie, à titre gratuit si la concession en faveur d'une autre nation -- était gratuite, ou à des conditions égales ou équivalentes si la - dite concession était conditionnelle.

ARTICLE III

Les stipulations contenues dans l'article précédent ne seront pas applicables :

a) aux exemptions ou avantages douaniers que les Hautes Parties contractantes auraient consenties ou viendraient à consentir en faveur du commerce par terre avec les pays limitrophes ;

b) à la navigation et au commerce côtiers des Hautes Parties contractantes. Ce commerce et cette navigation seront réglés conformément aux lois de la République Argentine et de l'Empire Chinois respectivement.

ARTICLE IV

Le présent Traité entrera en vigueur un mois après l'échange des ratifications et ne cessera que six mois après que l'Une des Hautes Parties contractantes aura signifié à l'Autre son intention d'y mettre fin.

Il sera signé en double exemplaires, en espagnol, en chinois, et

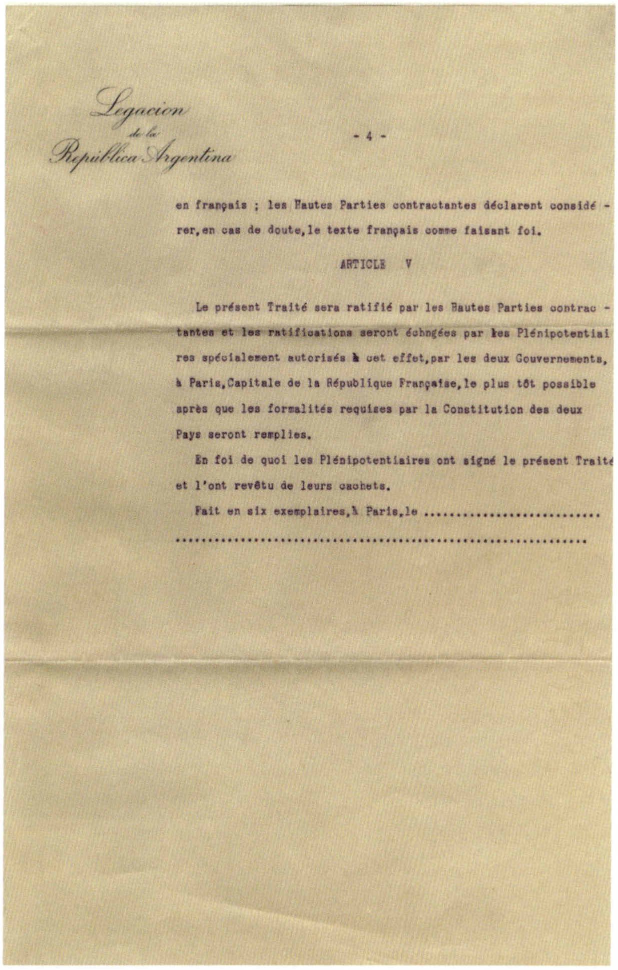

Legacion de la República Argentina

- 4 -

en français ; les Hautes Parties contractantes déclarent considérer, en cas de doute, le texte français comme faisant foi.

ARTICLE V

Le présent Traité sera ratifié par les Hautes Parties contractantes et les ratifications seront échngées par les Plénipotentiaires spécialement autorisés à cet effet, par les deux Gouvernements, à Paris, Capitale de la République Française, le plus tôt possible après que les formalités requises par la Constitution des deux Pays seront remplies.

En foi de quoi les Plénipotentiaires ont signé le présent Traité et l'ont revêtu de leurs cachets.

Fait en six exemplaires, à Paris, le ....

....

阿根廷拟《和好通商行船条约》初稿（宣统二年）

载涛出国考察照片（中立者为载涛）

華歷二月二十一日舉行西以西四月一號為全路行車載
客之第一日巴黎屬地黨閧之際登報讚揚公司辦事
神速外各宣露其路成後之希望其黨似分兩派甲派
主保守願視雲南府為鐵路終點惟擬輸入資本振興
礦務開採煤鐵銅錫以興商業而收轉運之利乙派則
主進行以為滇路非展築入川達揚子江江岸不能保
全商利其言曰滇路終點以漢口為最上敘州府次之若
更思其次則以拉納乾譯音 其地當在東川府會澤縣境金沙江之右岸 為最宜該地
距雲南府計程一百四十基邏相去不遠進築尚便云
云兩派議論不同而其思展拓路利則一竊維中法邦
交親厚法政府經營庳事他務未遑當不至輕聽人言
於舊約外添生枝節惟以上云云既得之傳述或見諸
報章自應採譯詳陳以覘影響而備
參考以上各節應否
代回
堂憲統祈
詧核是荷專肅敬請
勛安 代辦使事駐法二等參贊官唐在復謹肅 二月十四日

敬再肅者上月二十一日接奉
鈞部電開
濤貝勒前往各國考察陸軍約二月中放洋由日本美
國前赴歐洲希告外部等語當即譯電由參贊親送法
外部知照去後現復奉
考察大臣電稱約在西五月中旬臨蒞巴黎並囑預籌
一切以資準備等因參贊奉此竊維
朝廷特派親貴重臣來法考察不獨事前之調查準備關係重

量辦理或如數撥還或咨明
大部立案昨復據送到日館八月十一日至十二月底收支
報銷清冊計不敷法金弍千壹百弍拾柒佛郎叁拾陸生
丁咨請迅即找清等語參贊竊查分館公費定額歲支
五千兩自應就五千兩之數撙節開支未可漫無限制
令黃參贊除自行寄回玖百伍拾肆佛郎弍拾生丁外計
透支壹千壹百柒拾叁佛郎拾陸生丁此項報銷亦應
俟 劉大臣分別准駁參贊未便遽行核辦理合陳明
大概再請
勛安 在復謹再肅

敬再肅者南美洲阿根廷國擬與中國立約通使該國
駐法公使就詢　劉大臣述露其意當由　劉大臣於
上年十月初三日黎字第八十四號函中略陳其事並
酌擬辦法詳達在案現該國政府草擬中阿和好通商
行船條約約稿一件由該國駐法公使函送到署以便
轉呈
鈞部茲譯成漢文連同原稿送呈
冰案伏候
詧閱回
堂酌辦應如何答覆阿使之處並祈
酌核示遵再請
勛安 在復謹再肅
附呈約稿一件譯稿一件

丞議堂大人鈞鑒敬肅者滇案議結以來此間交涉關如未有
提議事件良由滇路進築尚多未竟之工正勞趕辦而
法外部適與摩洛哥議約關係甚重急切未能就緒故
精神不暇分注也上月法摩約款磋議完竣送交摩廷
批准摩廷初欲反對而法以決絕書逼其認受卒以孤
立無援俯而就範現法政府宣布約款大意一沙烏壓
省曾由法用兵平亂茲定募用法籍兵官組織警隊以
保治安警隊未成立時其地仍由法兵駐守二法兵佔
守格沙白郎格俟沙烏壓省警隊成立地方久安所負
法國用兵費由摩償清之日再將該地交還三摩廷允
於與法接境各省內按照迭次協商簡派專員會同法
官從速改良內治興辦新政並用法國軍官組織禁隊
俟地方平靖法兵將佔守之地陸續退還四允於交通
阻塞之上基爾境內組織衛隊護送往還商旅五賠償
法國用兵之費七十兆佛郎分期措繳六籌借國債九十
兆佛郎以清商債其款准在巴黎募集而指摩國關稅
雜稅作抵七辭退土爾其軍官雇用法員教練陸軍八
屏絕南境某土酋禁摩人勿與往還九革廢薄待法人
之地方官參贊查該約不獨於賠款借款牽掣摩之財
政於用人行政妨礙摩之主權且取摩法毗連各省中
禁權內治權分界法官其地名為受治於摩將與受治
於法何異是名雖無分割摩土之事實已成干涉摩政
之勢摩肯俯從而各國屏息者此乃一九零四零五零九
等年英法法日法德之協約收效於無形也強國協謀
弱小失恃至為可畏現法政府既因摩事精神有所專
屬不假他圖惟其在下之政界報界中人未嘗忘展拓

大且臨時尚有覲見君主呈遞
國書等重要典禮必由駐使躬親襄贊方足以示鄭重而
免疎虞現在
邸節蒞法定於西五月中即在中歷四月初間距此僅
有月餘彼時　劉大臣能否銷假回洋尚難懸揣而參贊
材輇任重應有隕越且為慎重兩國交際起見用敢冒
昧籲請
回堂電知　劉大臣於假滿之日趕速起程務於三月底
到法以便接待
邸駕襄助考察事宜是否有當伏候
鈞酌辦理再請
勛安
在復謹再肅

敬再肅者日葡分館公費定額歲各支銀五千兩自駐
日參贊黃致堯上年八月十一日到任後要求按季全數
撥交經管業經　劉大臣查照十一月初八日
鈞部庚電將日館冬季俸薪公費除已陸續撥寄外所餘
尾數庫平銀三百兩合法金玖百五拾肆佛郎弍拾生
丁照撥清楚嗣黃參贊復開單請領公讌酬應醫藥及
添置器具津貼洋員等費當查此等費用應在公費之
內不能另支經　劉大臣照章駁覆曾於十一月二十
三日黎字第八十六號函陳明
大部在案詎黃參贊因所求未遂將法金玖伯伍拾肆佛

驻法代办唐在复致外务部丞参信函（宣统二年二月十四日）

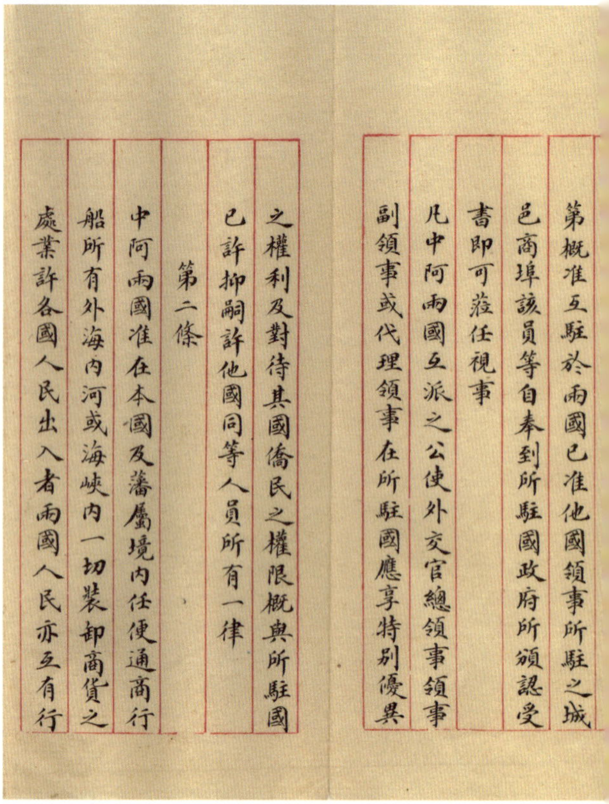

第概准互駐於兩國已准他國領事所駐之城
邑商埠該員等自奉到所駐國政府所頒認受
書即可蒞任視事
凡中阿兩國互派之公使外交官總領事領事
副領事或代理領事在所駐國應享特别優異
之權利及對待其國僑民之權限概與所駐國
已許抑嗣許他國同等人員所有一律
第二條
中阿兩國准在本國及藩屬境内任便通商行
船所有外海内河或海峽内一切裝卸商貨之
處業許各國人民出入者兩國人民亦互有行

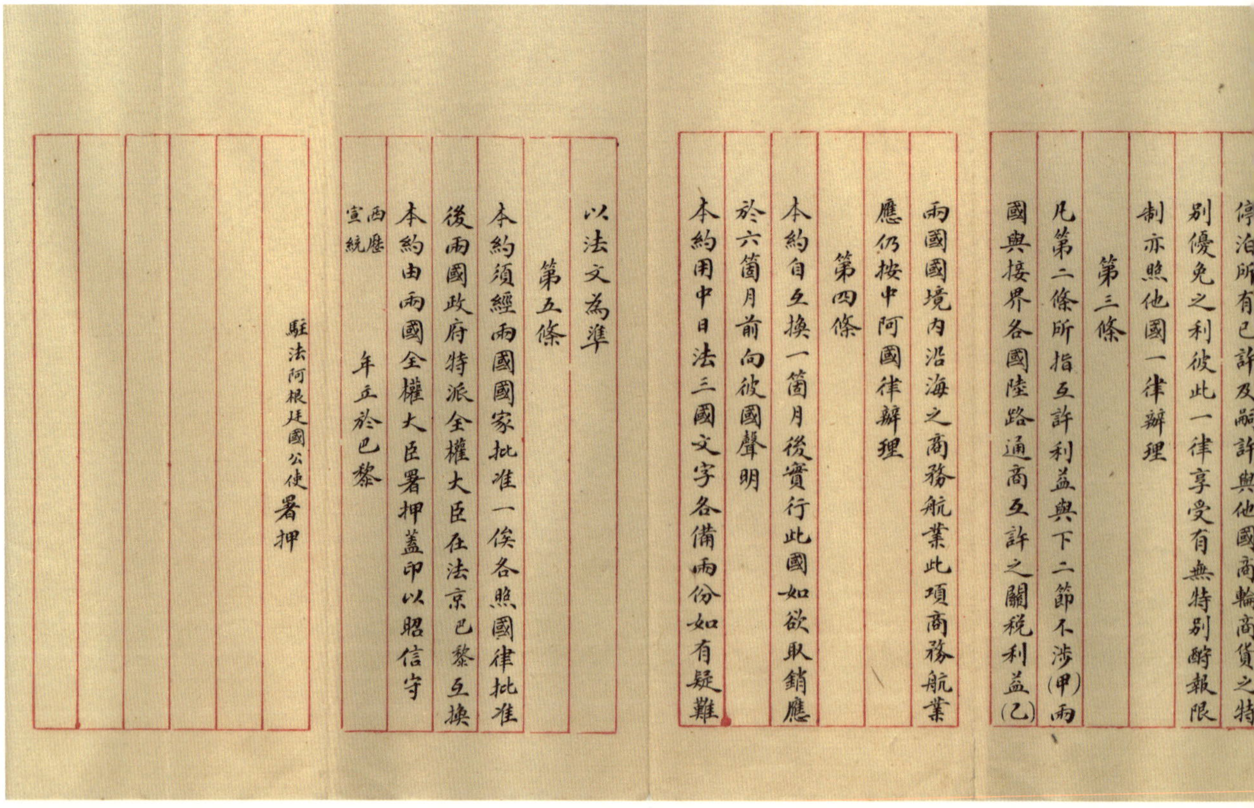

停泊所有已許及嗣許與他國商輪商貨之特
别優免之利彼此一律享受有無特别酬報限
制亦照他國一律辦理
第三條
凡第二條所指互許利益與下二節不涉(甲)兩
國與接界各國陸路通商互許之關稅利益(乙)
兩國國境内沿海之商務航業此項商務航業
應仍按中阿國律辦理
第四條
本約自互換一箇月後實行此國如欲取銷應
於六箇月前向彼國聲明
本約用中日法三國文字各備兩份如有疑難
以法文為準
第五條
本約須經兩國國家批准一俟各照國律批准
後兩國政府特派全權大臣在法京巴黎互換
本約由兩國全權大臣署押蓋印以昭信守
西歷 宣統 年互於巴黎
駐法阿根廷國公使署押

阿根廷拟《和好通商行船条约》初稿译文（宣统二年）

中阿條約草案

阿根廷國

大總統

大清國

大皇帝為願中阿兩國友誼敦篤交通互利起見特
允訂立和好通商行船條約因此

阿根廷國

大總統特派駐法公使布斯克

大清國

大皇帝特派

為全權大臣各將所奉全權文憑互閱俱屬妥
善會同議定條款如下

第一條

中阿兩國互允各隨所願遣派頭等或二等公
使或派代辦彼此駐劄並派海陸軍務商務或
文職各辦事員又允各隨其宜遣派總領事或
領事或副領事或代理領事其辦事權限應以

船載貨自由出入之權凡兩國准許他國人民
住居貿易之處亦彼此互准兩國人民因事流
寓並准輸入不背商律之各項商貨工產傭作
零躉貿易

中阿兩國中互允將關於通商行船與商貨之
出入通口諸存以及船隻於外海內河海峽之

内务府致民政部知照：

为比利时美国使臣觐见经由道路请查照事

宣统二年三月初十日（1910年4月19日）

自同治十二年（1873）外国使节首次以近代外交礼仪觐见清朝皇帝以来，清廷在觐见礼仪方面放弃了原有的僵化思维，逐渐走向了符合近代外交规范的轨道。但不可否认的是，觐见礼仪的变迁依然是伴随着外国列强的压力进行的，甚至在《辛丑条约》中直接规定了觐见的地点和程序。此份档案中的觐见地点是乾清宫，就是该条约附件十九所规定的内容。此外，此份档案是内务府给民政部的知照，反映了清末新政后政府机构的变化。清末民政部是由巡警部转变而来，因此在觐见过程中应该负责的是外国保障事务。

乾清宫内部照片

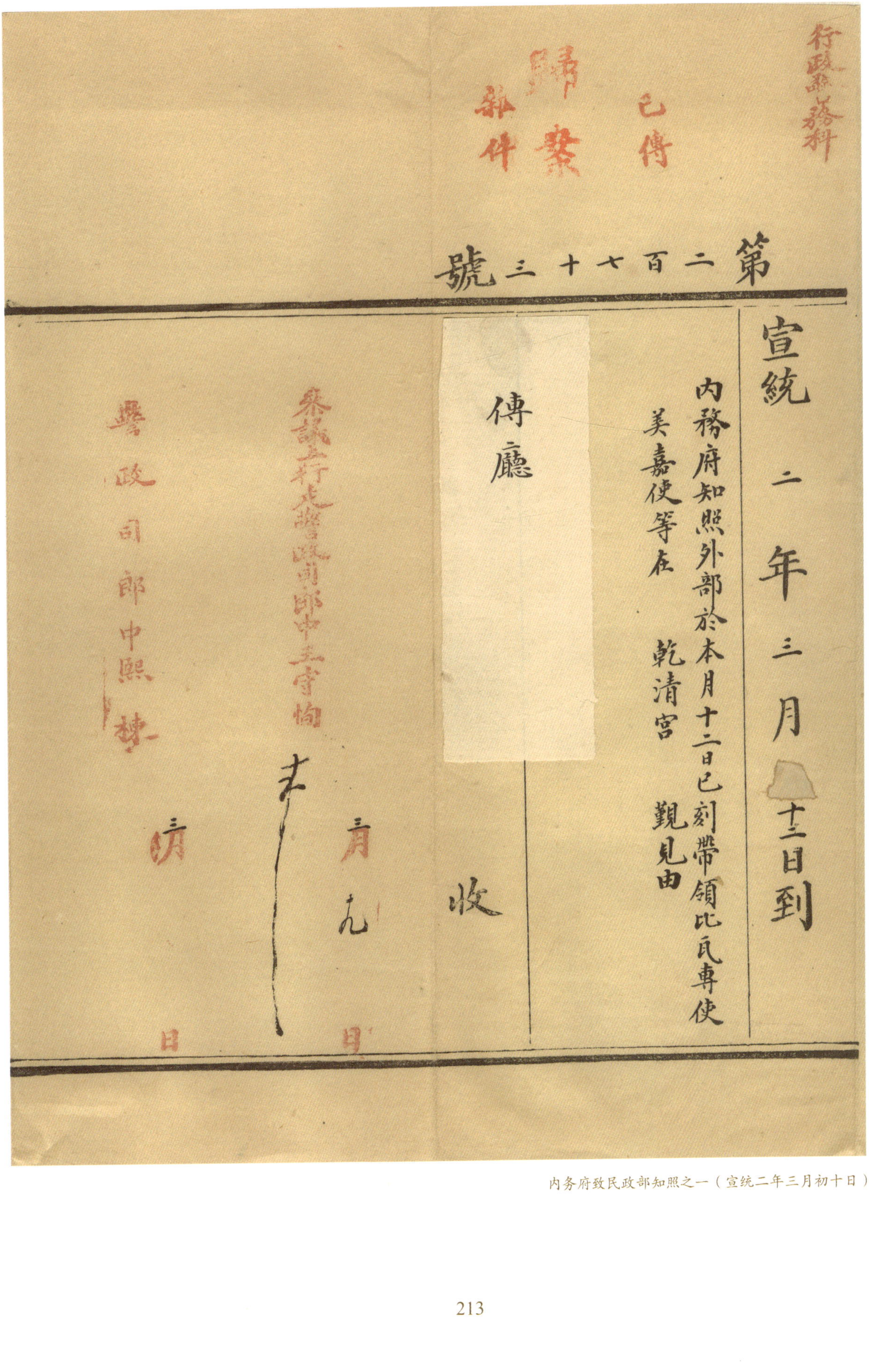
行政庶務科
已傳
歸案
雜件
第二百七十三號
宣統二年三月十三日到
内務府知照外部於本月十二日巳刻帶領比國專使
美嘉使等在乾清宮覲見由
傳廳
收
參議上行走署民政司郎中王守恂
三月九日
署民政司郎中熙楨
三月 日

内务府致民政部知照之一（宣统二年三月初十日）

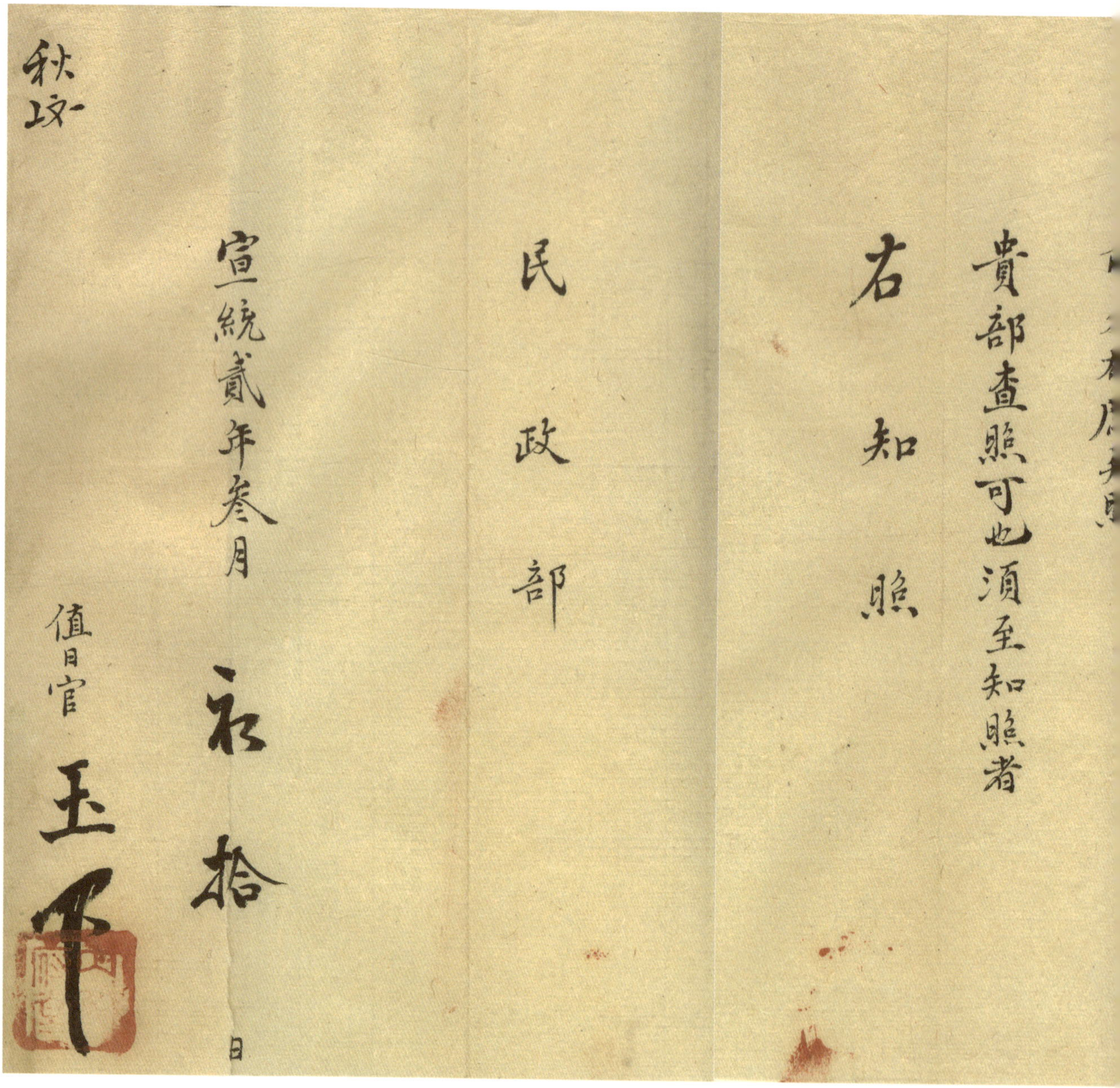

貴部查照可也須至知照者

右知照

民政部

宣統貳年叁月初拾日

值日官 玉

秋坟

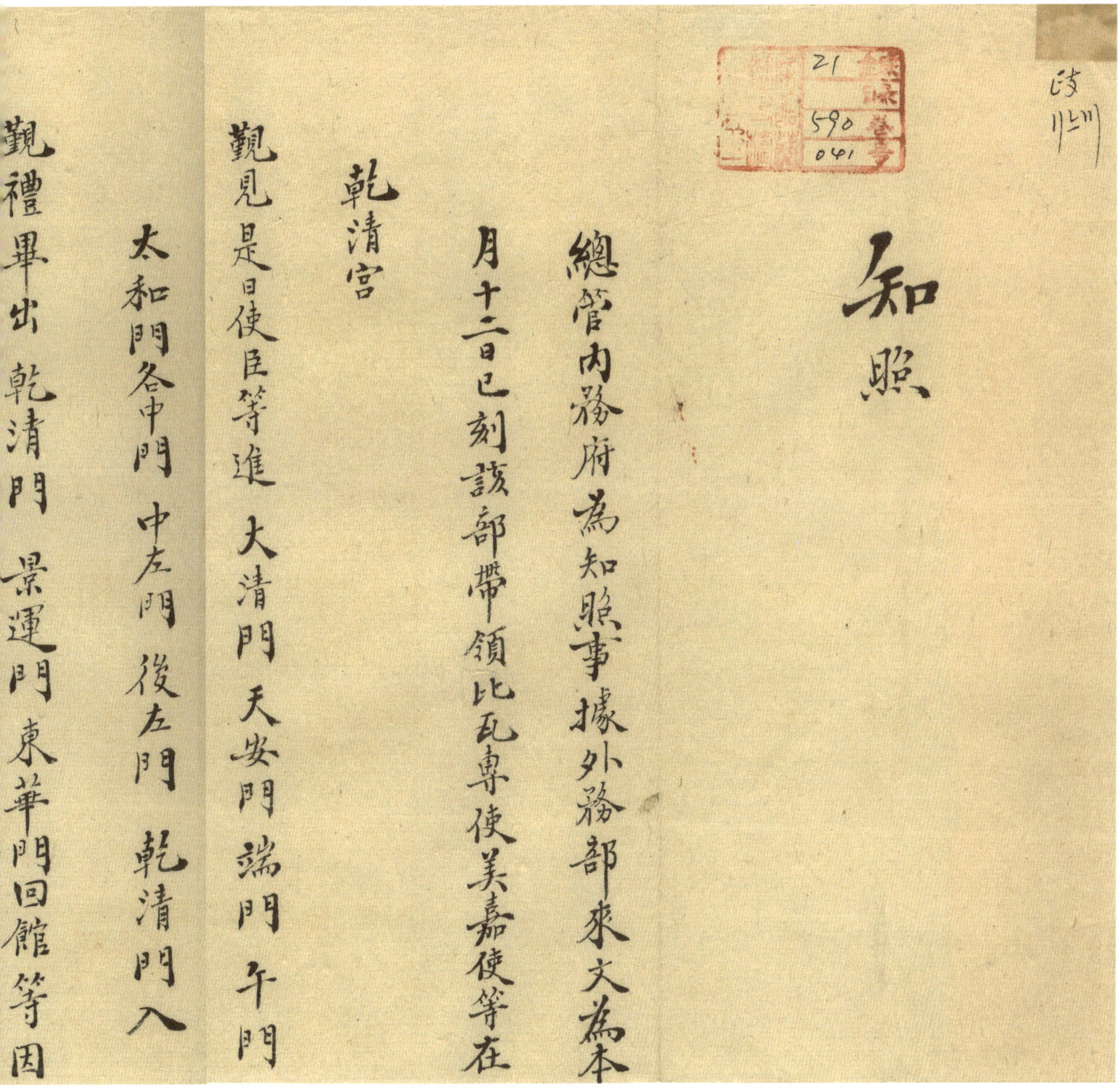

知照

總管內務府為知照事據外務部來文為本
月十二日巳刻該部帶領比瓦專使美嘉使等在
乾清宮
覲見是日使臣等進 大清門 天安門 端門 午門
太和門各中門 中左門 後左門 乾清門入
覲禮畢出 乾清門 景運門 東華門回館等因

内务府致民政部知照之二（宣统二年三月初十日）

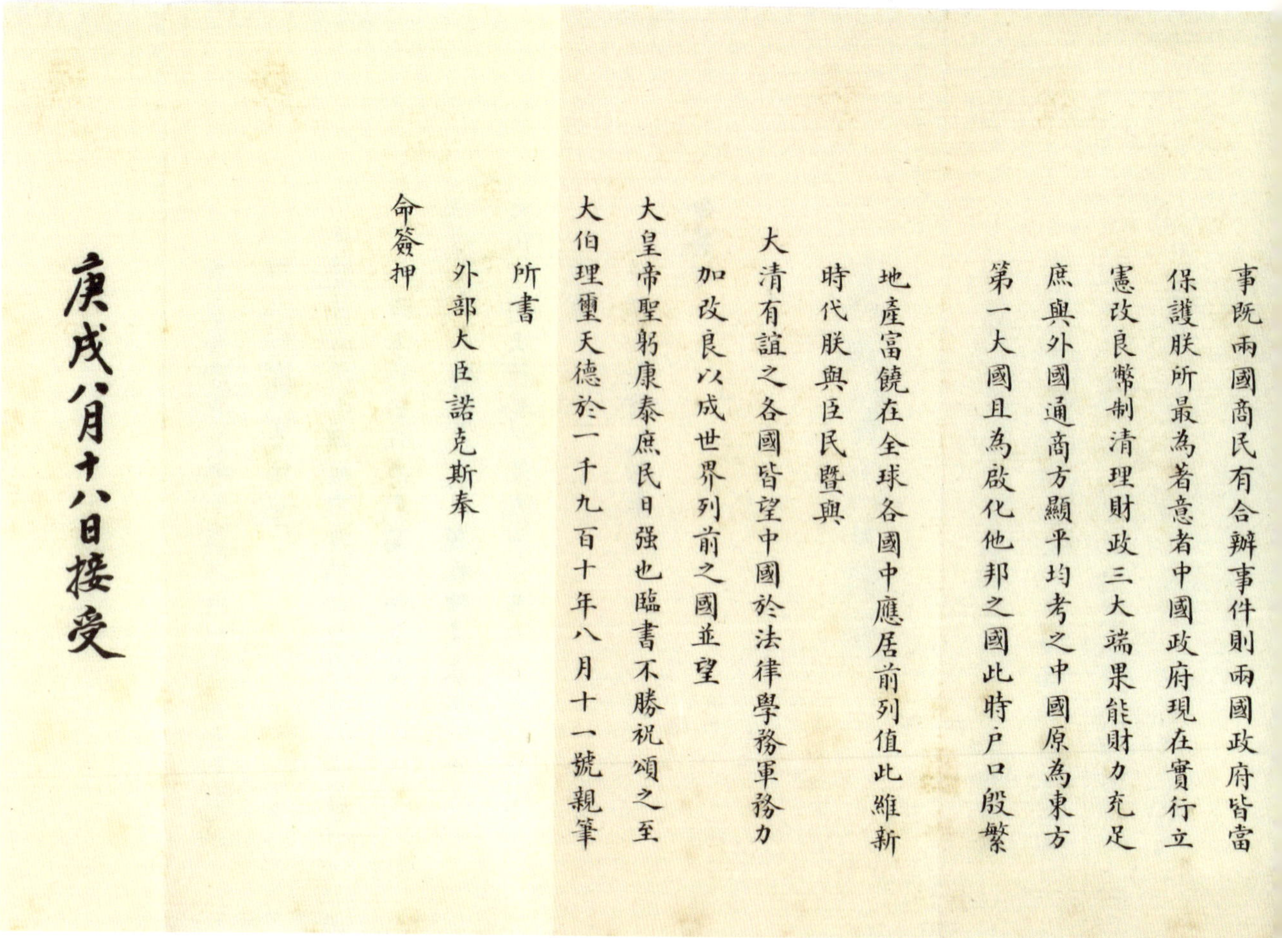

事既兩國商民有合辦事件則兩國政府皆當
保護朕所最為著意者中國政府現在實行立
憲改良幣制清理財政三大端果能財力充足
庶與外國通商方顯平均考之中國原為東方
第一大國且為啟化他邦之國此時戶口殷繁
地產富饒在全球各國中應居前列值此維新
時代朕與臣民暨與
大清有誼之各國皆望中國於法律學務軍務力
加改良以成世界列前之國並望
大皇帝聖躬康泰庶民日強也臨書不勝祝頌之至
大伯理璽天德於一千九百十年八月十一號親筆
所書
外部大臣諾克斯奉
命簽押
庚戌八月十八日接受

美国总统塔夫脱致清朝皇帝国书译文

宣统二年八月十八日（1910 年 9 月 21 日）

宣统二年（1910），美国陆军部长访问中国，并带来美国总统的亲笔国书。此份档案是该国书的中译本。这份国书主要涉及两国在商务领域的合作。在中国“振兴垦务、路航各实业”之际，对于“两国商民有合办事件”，两国政府应切实推动和保护。此外，该国书还积极评价了当时中国正在进行的“实行立宪、改良币制、清理财政”三方面的政策，指出“中国原为东方第一大国”，乐见“中国于法律、学务、军务力加改良，以成为世界列前之国”。

照錄美國國書譯文

大美國

大伯理璽天德諭陸軍部尚書狄金生借來京之時

即為致書敬問

大清國

大皇帝好溯自中美交際以來行作胥本和衷期使兩國人民辦理實業並推廣商務彼此均獲大益現

大清國有最善辦法能令各國商人在大清各地方及各屬地均沾利益是以各國商務日見盛興此意不但朕所欣佩即與有約之各國亦深愜意特為切實聲明各國誠心遵守此意實為可喜之事此項政見萬國既同心承認於商務甚有關係其他國較美國襄助此最明敏有益辦法決無偏厚之處自無庸朕為表白惟當切實聲明美國政府所有襄助此項辦法實無減少絲毫尤望此項卓見推廣施行今

美国总统塔夫脱致清朝皇帝国书译文（宣统二年八月十八日）

塔夫脱

署理墨西哥驻华公使胡尔达致外务部照会：

为本国农部拟考察各国农业办法事

宣统三年四月二十四日（1911 年 5 月 22 日）

清末中国和墨西哥的正式建交，推动了两国在多个层面的交流。宣统三年（1911），墨西哥政府因国内严重的农业人口流失等问题，向相关国家（包括中国）发出照会，准备借鉴各国经验，为此事立法。主要是“查看各国用农人之多寡，按其国田地应需农人若干”“并研究各国施行何法，令民归就农业”。外务部将此照会转呈农工商部，后者在一个多月后，对照会中的 44 个问题，除了中国国内不存在的现象（如“不招外国农活工人”）外，均给予了答复。需要指出的是，此时墨西哥因国内局势动荡，发生了众多华侨被害的“莱苑惨案”事件，中墨两国政府对这一事件的性质认识存在严重的分歧。但即使这样，清政府还是按外交惯例处理了墨方的这一照会，体现了其对近代外交规范的尊重。

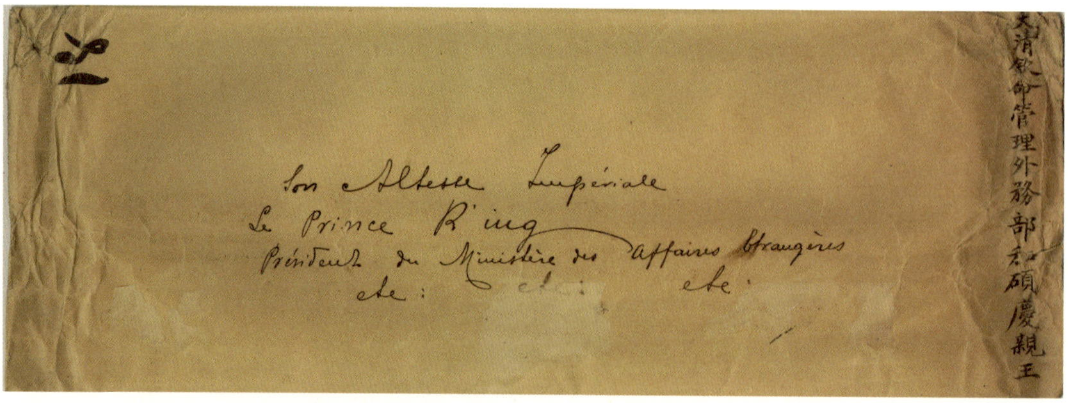

署理墨西哥驻华公使胡尔达致外务部照会信封（宣统三年四月二十四日）

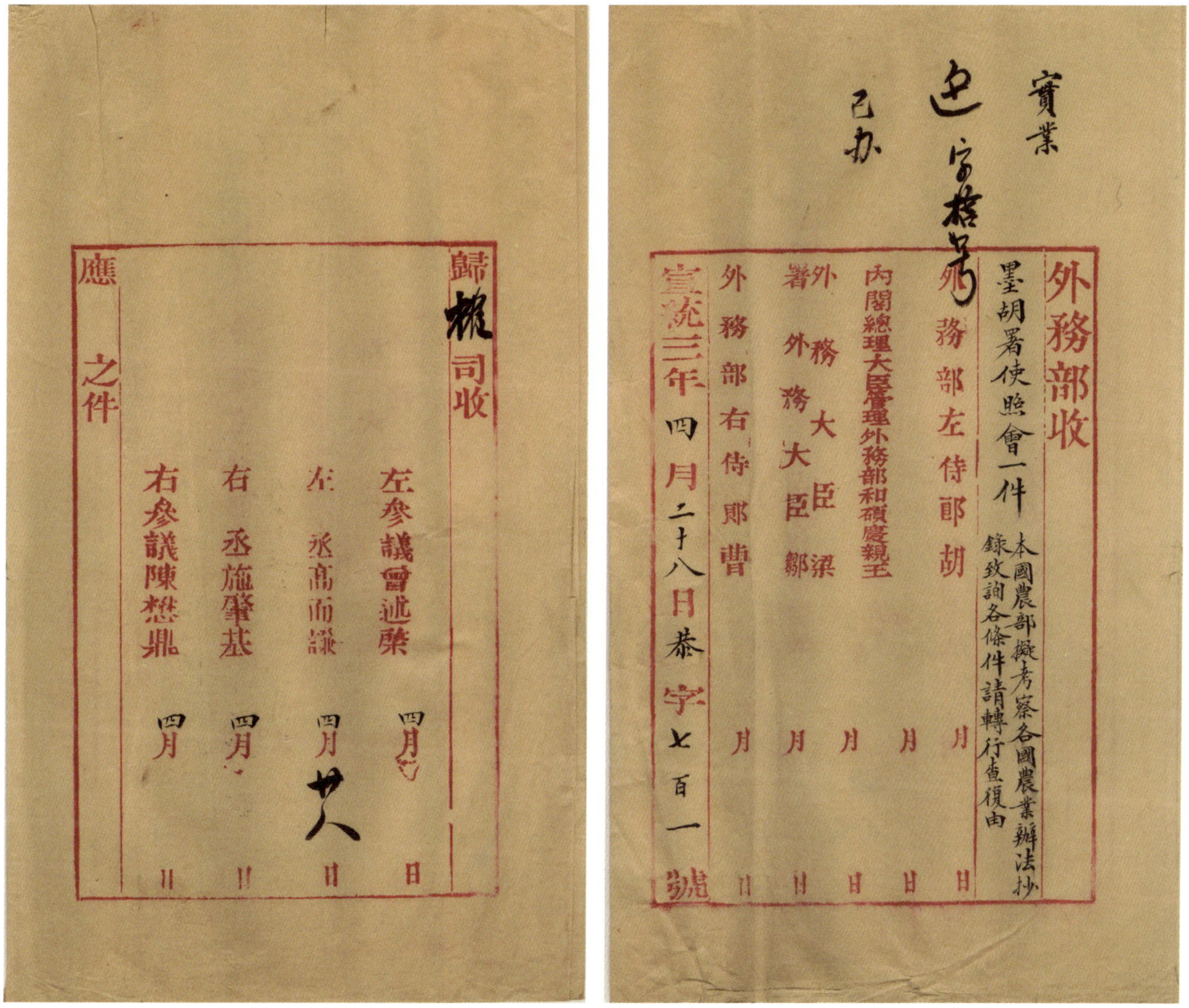

實業

迅咨農部

已辦

外務部收

墨胡署使照會一件

本國農部擬考察各國農業辦法抄錄致詢各條件請轉行查復由

外務部左侍郎胡　月　日

內閣總理大臣管理外務部和碩慶親王　月　日

外務大臣梁　月　日

署外務大臣鄒　月　日

外務部右侍郎曹　月　日

宣統三年四月二十八日恭字七百一號

歸榷司收

左參議曾述棨　四月　日

左丞高而謙　四月廿八日

右丞施肇基　四月　日

右參議陳懋鼎　四月　日

應　之件

Legación
de los
Estados Unidos Mexicanos

18
3641
9-1

Pekín, Mayo 22 de 1911.

Señor:

El Ministerio de Fomento, Colonización é Industria de mi país se propone estudiar las relaciones entre la necesidad y la existencia de obreros rurales en los diferentes Estados, así como los medios que se emplean para vincular dichos obreros á las industrias rurales, todo ello con el fin de utilizar la experiencia de las demás naciones para poder proponer en México una solución al problema obrero rural, que es cada día de mayor utilidad y urgencia.

Por deseo de aquel Departamento, la Secretaría de Relaciones Exteriores me ha encargado solicitar de la reconocida cortesía de Vuestra Alteza Imperial los

dat os

A Su Alteza Imperial
EL PRINCIPE K'ING,
Presidente del Ministerio de Negocios Extranjeros,
etc., etc., etc.

Legación
de los
Estados Unidos Mexicanos

2.

datos que á continuación se expresan, los cuales serán de gran utilidad á mi Gobierno para el estudio de la precitada cuestión:

I.

OPERARIOS DESOCUPADOS.- CAUSAS ECONOMICAS.

1.- Cuáles son los precios de los productos agrícolas principales?

2.- Cuáles son los salarios que rigen y las condiciones de trabajo?

3.- Hay tendencias en los obreros rurales á emigrar á las ciudades?

4.- Qué número pasa anualmente del campo á las ciudades?

5.- Qué número emigra á otros países y á cuáles

6.- Qué causas determinan esa emigración?

7.- Qué proporción de individuos de la població son rehacios al trabajo?

II.

OPERARIOS OBLIGADOS AL SERVICIO DEL GOBIERNO.

8.- Cuál es el número de operarios obligados?

9.-

Legación
de los
Estados Unidos Mexicanos

5.

los salarios pagados á operarios obligados y libres?

IV;

MEDIDAS PARA LIGAR A LOS OPERARIOS CON LOS PROPIETARIOS.

26.- Hay restricciones del derecho de unión de los obreros para mejorar las condiciones de trabajo, aumentar los salarios, organizar huelgas, etc,?

27.- Se necesitan pasaportes dentro del país ó para emigrar y cuáles son las condiciones para extenderlos?

28.- Hay medidas prohibitivas de emigrar?

29.- Se dan anticipos á cuenta de salarios?

30.- Cuál es el importe medio del dinero adelantado?

31.- De qué medios se sirven los patrones para prolongar el tiempo del contrato?

32.- Cuál es la proporción numérica entre operarias obligados y libres?

33.- Hay servicio médico prescrito legalmente ó establecido en lo particular por los patrones?

34.-

Legación
de los
Estados Unidos Mexicanos

6.

34.- Hay decretos para establecer escuelas elementales, dominicales ó nocturnas?

MEDIDAS DISCIPLINARIAS.

35.- Hay instituciones de árbitros entre propietarios y operarios?

CASTIGOS CORPORALES PARA HACER CUMPLIR LOS CONTRATOS.

36.- Son admitidos legalmente? Cuáles son las leyes y decretos administrativos al respecto?

37.- Se ejecutan sin autorización legal, según costumbre?

38.- Hay prisión y en qué extensión?

V.

DESERCIONES Y CASTIGOS RELATIVOS.

39.- Interviene la policía para devolver el operario deserto al propietario?

40.- Se aplica el Código Civil para la acción de daños y perjuicios?

APLICACION DEL CODIGO PENAL.

41.- Se admiten castigos?

42.- Se admiten azotes?

43.- Se admite cárcel y durante qué tiempo?

署理墨西哥驻华公使胡尔达致外务部照会（宣统三年四月二十四日）

3.

Legación
de los
Estados Unidos Mexicanos

9.- A cuántos días del año se extiende el trabajo obligado?

10.- Cuál es la clase de trabajo obligado?

11.- Cuál es el pago, por término medio, y la manutención?

III.

E N G A N C H E   D E   O P E R A R I O S .

A.- EN OTROS PAISES.

12.- En qué paises se enganchan los operarios necesarios para trabajos especiales, como la cosecha, etc.?

13.- Son oficiales ó particulares las oficinas de enganche?

14.- Cuál es la duración del trabajo contratado?

15.- Cuál es el número de enganchados anualmente?

B.- DENTRO DEL PROPIO PAIS.

(1) Por el Gobierno.

16.- De qué modo se celebran los contratos y cuál es la duración de los mismos?

17.-

4.

Legación
de los
Estados Unidos Mexicanos

17.- Hay empleados encargados de vigilar el cumplimiento de los contratos y de revisar las libretas de los trabajadores y su contabilidad en general?

18.- Cuáles son los salarios, la manutención, etc.?

19.- Cuál es el número de los enganchados anualmente?

(2) Por agentes particulares.

20.- Cuál es el modo de celebrar los contratos y su duración? (Agregar posiblemente esqueletos de contratos).

21.- Interviene el Gobierno en la celebración de los contratos y de qué modo?

22.- Vigila el Gobierno la ejecución de los contratos?

23.- Cuál es la remuneración? Se hace en dinero efectivo ó en papeles de crédito, (vales, etc.) ?

24.- Se arrienda tierra á los obreros como parte del salario?

25.- Cuál es, por término medio, la diferencia de

los

7.

Legación
de los
Estados Unidos Mexicanos

Para los efectos de este cuestionario me permito indicar á Vuestra Alteza que se consideran como operarios á los individuos ocupados ó desocupados que aprovechan espontáneamente toda ocasión que se les presenta para trabajar y lograr un adelanto económico. Por el contrario, no se consideran como operarios á los individuos que sistemáticamente huyen del terbajo y que, sin ambición ni necesidades, se reducen á una existencia puramente física.

Sería de desarse que los datos que se consignaran en las respuestas al cuestionario que antecede se ampliaran, en cuanto fuera posible, con cuadros estadísticos que comprendieran el mayor número de años para que pudiera descubrirse el movimiento orgánico de los fenómenos económico-políticos.

En la esperanza de que Vuestra Alteza Imperial tendrá á bien ordenar los conducente para ponerme en aptitud de satisfacer el deseo de mi Gobierno, aprovecho la oportunidad para reiterarle las seguridades

de

8.

Legación
de los
Estados Unidos Mexicanos

de mi más alta consideración.

十一　勒令作農活之工人，以折中計，每人每日工價若干，並國家贍養之費，每人每日共合若干。

第三節　由外國招來工人

十二　中國遇有收割莊稼等，如招短工，由何國招來工人。

十三　中國招外國農人工向，歸官辦抑歸民辦。

十四　中國招外國農人作工，合同所訂作工期限，以何計算。

十五　中國招外國農人作工，每年招來共計若干人。

第四節　國家招本國工人

十六　中國國家招本國農人工作，合同規定如何，期限如何。

十七　中國政府有無委派專員，到農人作工處，查核工人一切事務是否與合同相符，並查核工人個人工簿，及查一概賬目是否有弊等事。

十八　農人作工，工價若干，養贍費若干。

十九　一年所招農活工人共計若干。

第五節　中國民人自招本國工人

二十　民人自招農活工人，其合同規定如何，（如若有此項合同式

……

照合同作工，如有此例，例文如何。

三十七　如律例並無准責打工人明文，風俗有打工人否。

三十八　如農活工人違背合同，有拘留工人之辦法否，如有，期限若干。

三十九　如農活工人逃工，有無准巡警干涉拘回，仍令作工。

四十　如農活工人違背合同，致主人受損，民律中有無令工人賠償損失一概。

四十一　刑律載有農活工人因工犯事治罪條款否。

四十二　刑律載有農活工人因工受笞杖罪名否。

四十三　刑律載有農活工人因工科監禁罪名否。

以上所言工人之名目，係指正當工人而言，正當工人，即係平常作工或暫雖未有工作，而甚願承工以掙錢養家為念者，其平常惡工好閒，未有掙錢志向，即不得稱為工人。

前項所言之事，應請

貴爵轉行查復，以便轉達本國政府，若已有辦就數年之統計表，祈為附送，是禱。

費神之處，先此致謝，相應照會

貴爵查照可也，須至照會者。

右　照　會

大清欽命管理外務部和碩慶親王

大清宣統三年四月二十四日

大墨一千九百十一年五月二十二日

署理墨西哥驻华公使胡尔达致外务部照会译文（宣统三年四月二十四日）

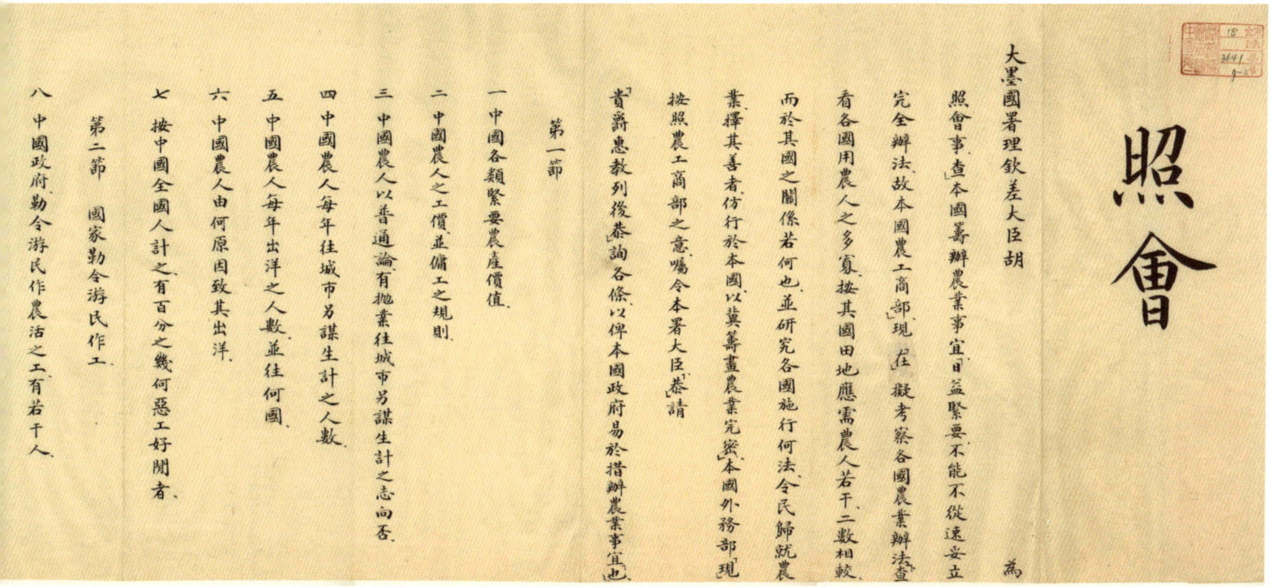

照會

大墨國署理欽差大臣胡　　為

照會事、查本國籌辦農業事宜、日益緊要、不能不從速妥立

完全辦法、故本國農工商部、現在擬考察各國農業辦法、查

看各國用農人之多寡、按其國田地應需農人若干、二數相較、

而於其國之關係若何也、並研究各國施行何法、令民歸就農

業、擇其善者、仿行於本國、以冀籌畫農業完密、本國外務部、現

按照農工商部之意、囑令本署大臣、恭請

貴爵惠教列後、恭詢各條、以俾本國政府易於措辦農業事宜也、

第一節

一　中國各類緊要農產價值、

二　中國農人之工價、並傭工之規則、

三　中國農人以普通論、有抛業往城市另謀生計之志向否、

四　中國農人每年往城市另謀生計之人數、

五　中國農人每年出洋之人數、並往何國、

六　中國農人由何原因致其出洋、

七　按中國全國人計之、有百分之幾何惡工好閒者、

第二節　國家勒令游民作工、

八　中國政府、勒令游民作農活之工、有若干人、

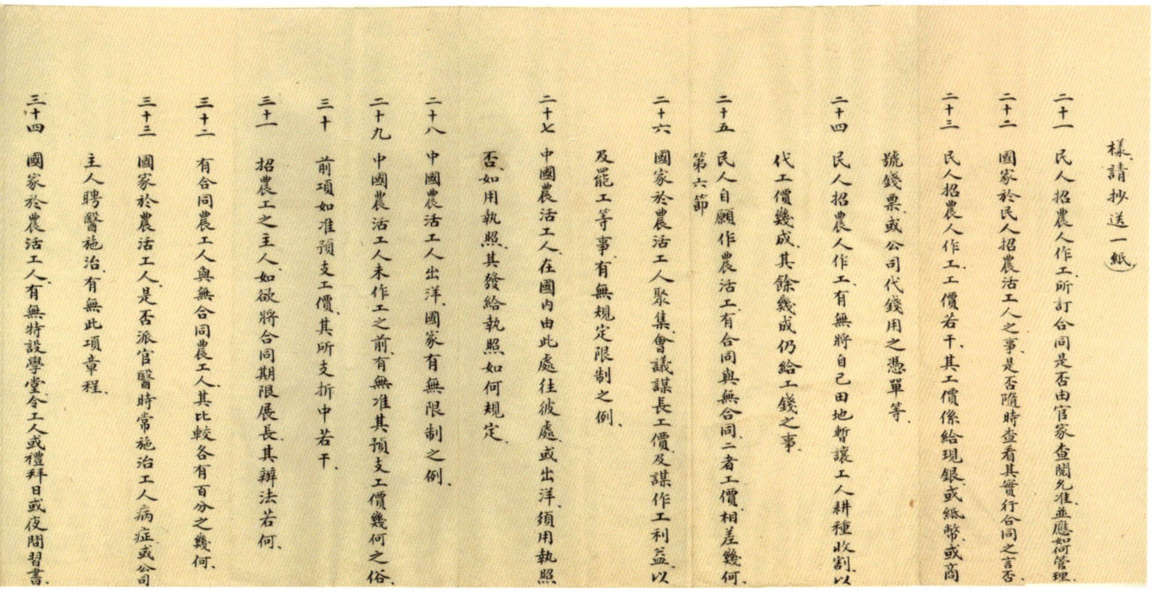

樣、請抄送一紙、

二十一　民人招農人作工、所訂合同是否由官家查閱允准、並應如何管理、

二十二　國家於民人招農活工人之事、是否隨時查看其實行合同之言否、

二十三　民人招農人作工、工價若干、其工價係給現銀、或紙幣、或商

號錢票、或公司代錢用之憑單等、

二十四　民人招農人作工、有無將自己田地暫讓工人耕種收割、以

代工價幾成、其餘幾成仍給工錢之事、

二十五　民人自願作農活工、有合同與無合同、二者工價相差幾何、

第六節

二十六　國家於農活工人聚集、會議謀長工價、及謀作工利益、以

及罷工等事、有無規定限制之例、

二十七　中國農活工人、在國內由此處往彼處、或出洋、須用執照

否、如用執照、其發給執照如何規定、

二十八　中國農活工人出洋、國家有無限制之例、

二十九　中國農活工人未作工之前、有無准其預支工價幾何之俗、

三十　前項如准預支工價、其所支折中若干、

三十一　招農工之主人、如欲將合同期限展長、其辦法若何、

三十二　有合同農工人與無合同農工人、其比較各有百分之幾何、

三十三　國家於農活工人、是否派官醫時常施治工人病症、或公司

主人聘醫施治、有無此項章程、

三十四　國家於農活工人、有無特設學堂、令工人或禮拜日或夜間習書、

外务部致内阁咨文：

为美国红十字会派工程师詹美生来华考察治河之法事

宣统三年六月初九日（1911 年 7 月 4 日）

宣统二年（1910）夏秋之间，江苏安徽两省遭受特大水灾，“灾区延蔓千数百里，灾民数十百万”，朝廷任命盛宣怀为筹办江皖赈务大臣，通过各种渠道发动多方力量筹集赈银。上海成立华洋义赈会，上海红十字会绅董沈敦和与美国洋员福开森积极在海外劝募洋赈。美国善会捐助钙粉等三项救灾物品运解上海，同时将在美国募集的筹捐款交给华洋义赈会用于购买大连湾的高粱和芜湖南昌等处的米石，这些物资通过铁路和水路运到灾区。在治灾中，盛宣怀深感“皖北江北各州县素不讲求水利以致民不聊生”，于是联系美国红十字会“派詹美生来华前往江苏迤北以至安徽一带被灾地方考查治河之法”。此份档案不仅交代了詹美生来华时间，还体现出其“由纽约起程，道经西比利亚，前往北京”的路线。

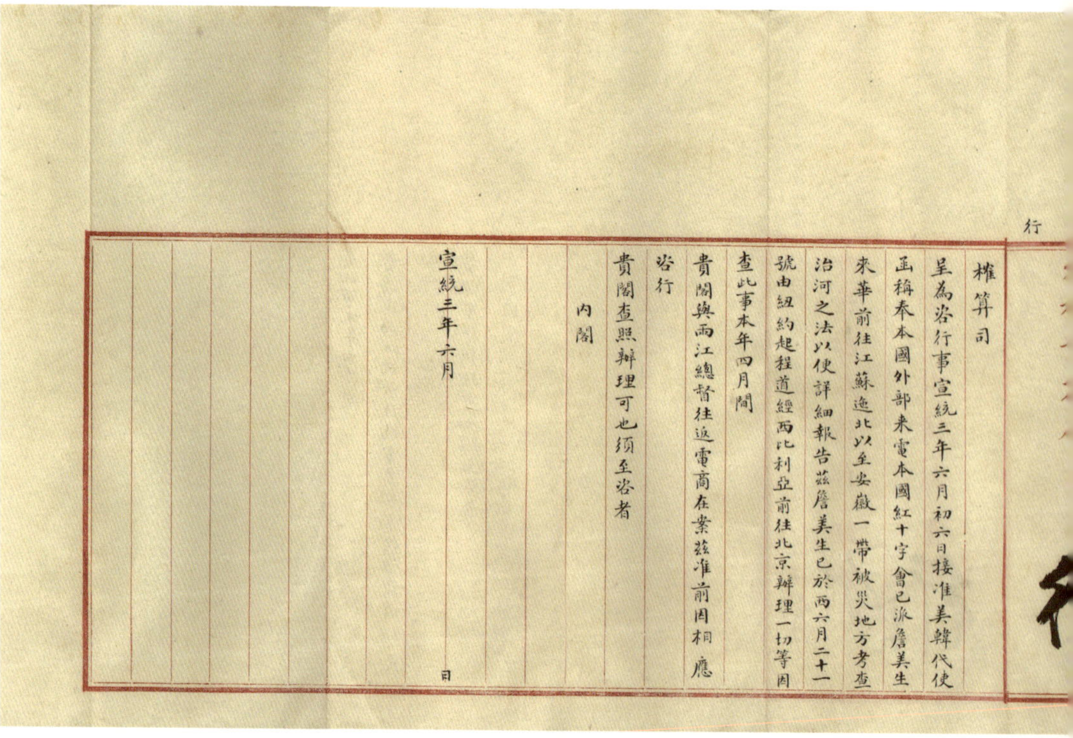

榷算司

呈為咨行事宣統三年六月初六日接准美韓代使
函稱奉本國外部來電本國紅十字會已派詹美生
來華前往江蘇迤北以至安徽一帶被災地方考查
治河之法以便詳細報告茲詹美生已於西六月二十一
號由紐約起程道經西比利亞前往北京辦理一切等因
查此事本年四月間
貴閣與兩江總督往返電商在案茲准前因相應
咨行
貴閣查照辦理可也須至咨者
內閣
宣統三年六月　　日

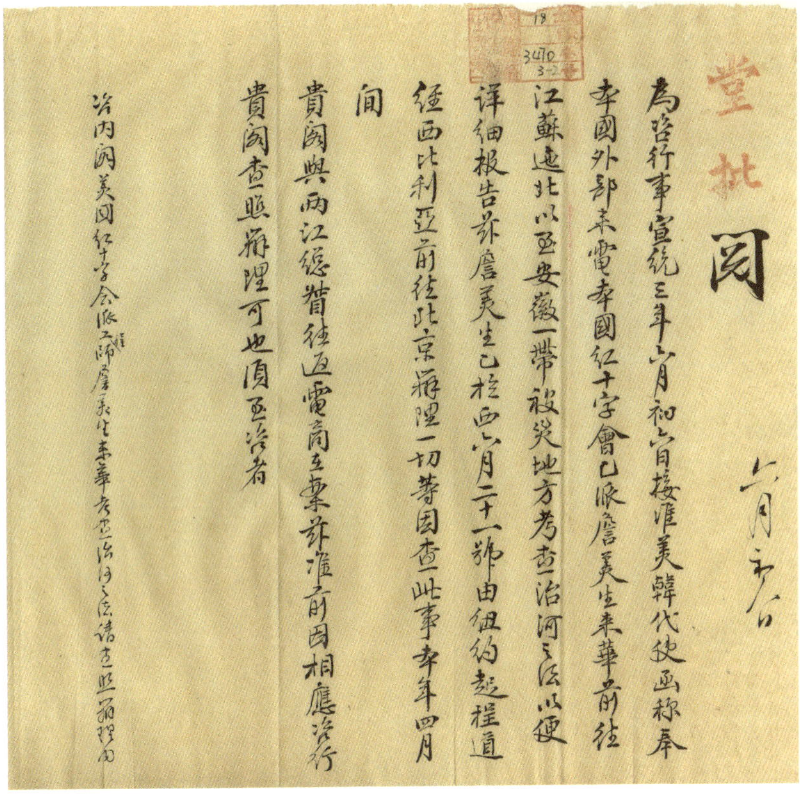

堂批

閣

六月初八日

為咨行事宣統三年六月初六日接准美韓代使函称奉
本國外部來電本國紅十字會已派詹美生來華前往
江蘇迤北以至安徽一帶被災地方考查治河之法以便
詳細報告茲詹美生已於西六月二十一號由紐約起程道
經西比利亞前往北京辦理一切等因查此事本年四月
間
貴閣與兩江總督往返電商在案茲准前因相應咨行
貴閣查照辦理可也須至咨者

咨內閣美國紅十字會派工程師詹美生來華考查治河之法請查照辦理由

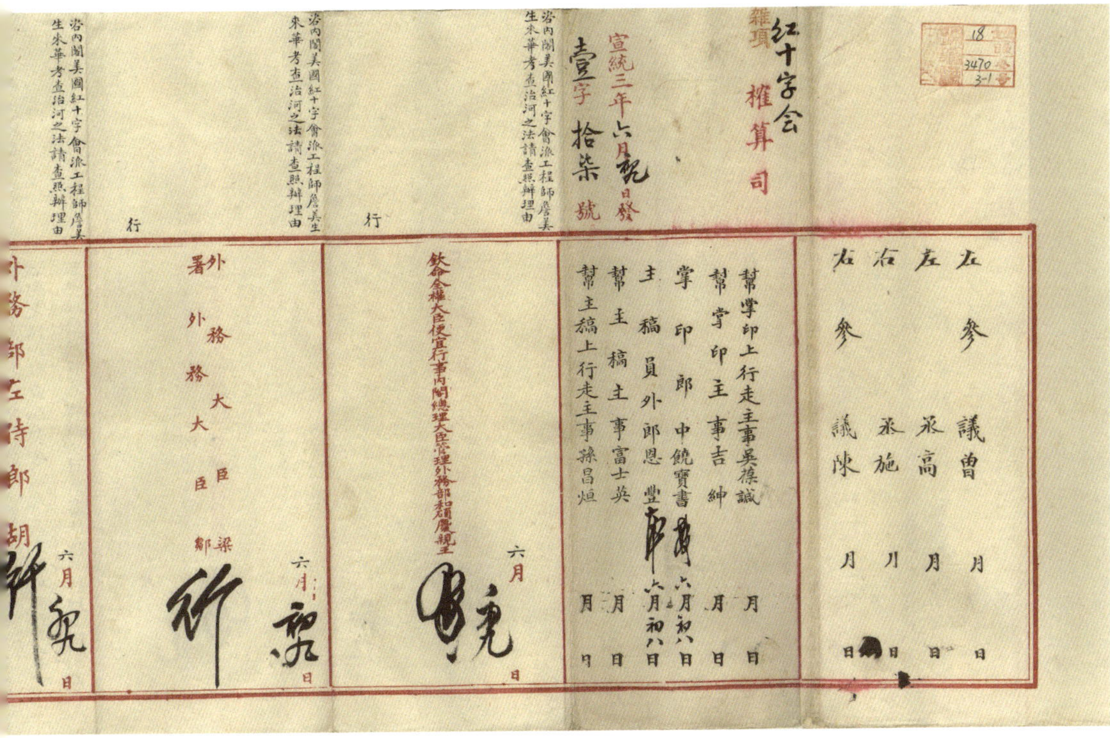

18 3470 3-1

雜項 紅十字会

榷算司

宣統三年六月初九日發

壹字拾柒號

咨內閣美國紅十字會派工程師詹美生來華考查治河之法請查照辦理由

行

咨內閣美國紅十字會派工程師詹美生來華考查治河之法請查照辦理由

行

咨內閣美國紅十字會派工程師詹美生來華考查治河之法請查照辦理由

左參議曹 月 日
左丞高 月 日
右丞施 月 日
右參議陳 月 日

幫掌印上行走主事吳葆誠 月 日
幫掌印主事吉紳 六月初八日
掌印郎中饒寶書 六月初八日
主稿員外郎恩豐 月 日
幫主稿主事富士英 月 日
幫主稿上行走主事孫昌烜 月 日

欽命全權大臣便宜行事內閣總理大臣管理外務部和碩慶親王 六月 日

外務大臣梁 六月初九日

署外務大臣鄒

外務部左侍郎胡 六月初九日

外务部致内阁咨文（宣统三年六月初九日）

旅哥斯达黎加华商陈壎凤等致外务部禀文：为请与哥斯达黎加订约派官保护华侨事

宣统三年闰六月二十八日（1911 年 8 月 22 日）

清朝中国与哥斯达黎加尚未正式建交，经协商，哥斯达黎加于宣统元年（1909）向上海派驻名誉领事，但中方没有向哥斯达黎加派驻领事人员。当时，拉丁美洲国家普遍存在排华现象，旅居哥斯达黎加的华商因自身境遇，向外务部发出禀文，称在此经商的华侨“上无钦差领事以保护，又无立约以维持，是以备受总总苛严横加禁例”。驻美大臣张荫棠曾派谭培森“前来调查一切，以预备将来通商立约之基础”，但华商“望立约派官保护之心急如星火”，加之近来墨西哥华侨被害事件（墨西哥为有约之国，中国在墨也遣使设领，但这一事件发生在没有设领的地区），因此恳请“朝廷早行立约派官保护”之事。

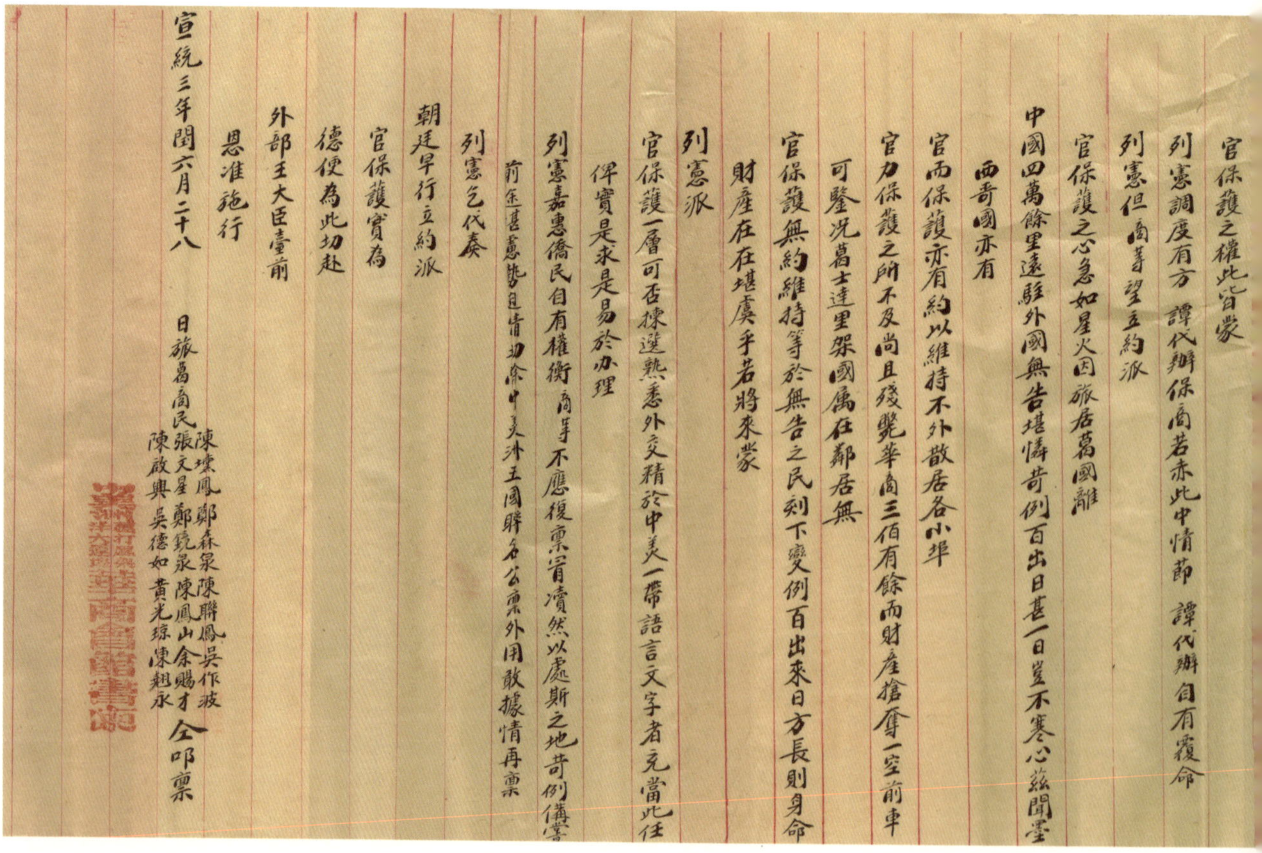
官保護之權此皆蒙
列憲調度有方 譚代辦保商若赤此中情節 譚代辦自有覆命
列憲但商等望立約派
官保護之心急如星火因旅居哥國離
中國四萬餘里遠駐外國無告堪憐苛例百出日甚一日豈不寒心茲聞墨
西哥國亦有
官而保護亦有約以維持不外散居各小埠
官力保護之所不及尚且殘斃華商三佰有餘而財產搶奪一空前車
可鑒況哥士達里架國屬在鄰居無
官保護無約維持等於無告之民刻下變例百出來日方長則身命
財產在在堪虞乎若將來蒙
列憲派
官保護一層可否揀選熟悉外交精於中美一帶語言文字者充當此任
俾實是求是易於办理
列憲嘉惠僑民自有權衡 商等不應復禀冒瀆然以處斯之地苛例備嘗
前奉憲台札飭查明中美洲五國聯合公禀外用敢據情再禀
列憲乞代奏
朝廷早行立約派
官保護實為
德便為此切赴
外部王大臣臺前
恳准施行
宣統三年閏六月二十八日旅哥商民陳壎鳳 鄭森泉 陳聯鳳 吳作波 張文星 鄭銳泉 陳鳳山 余賜才 陳啟興 吳德如 黃光琮 陳翹永 仝叩禀

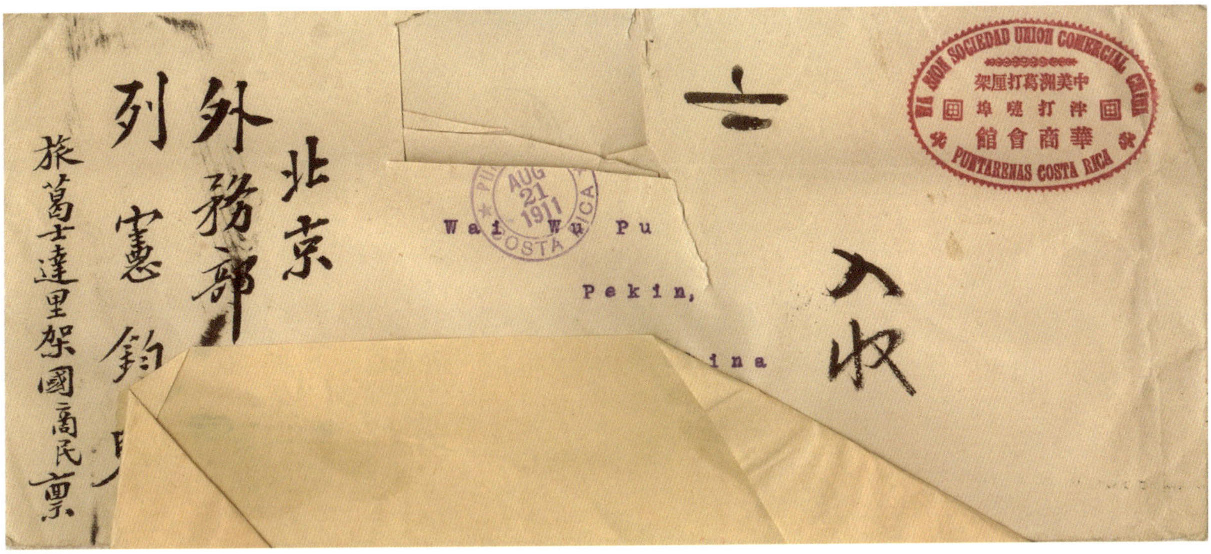

旅哥华商陈壎凤等致外务部禀文信封（宣统三年闰六月二十八日）

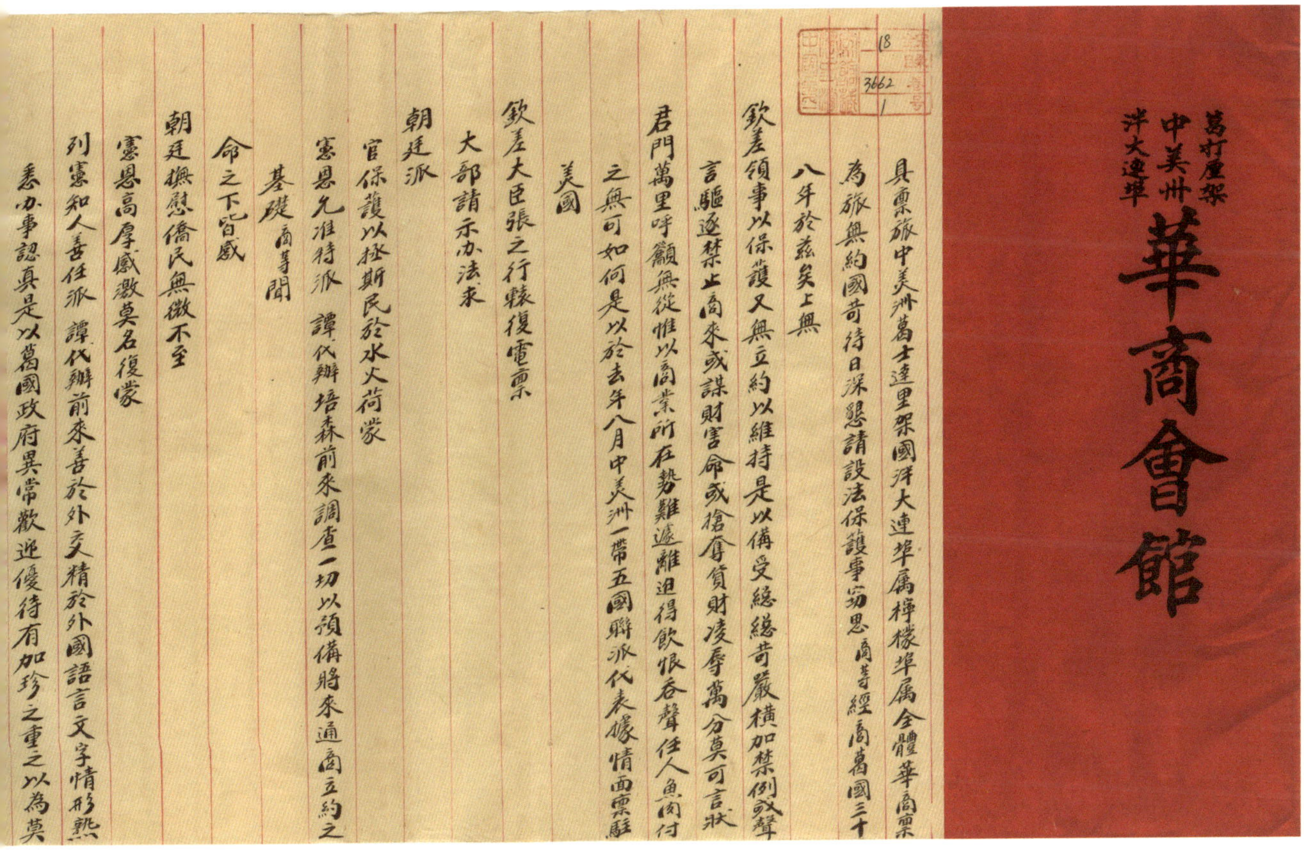

葛打厘架 中美洲 洋大達埠 華商會館

具稟旅中美洲葛士達里架國洋大連埠屬檸檬埠屬全體華商稟
為旅與約國苛待日深懇請設法保護事竊思商等經商葛國三十
八年於茲矣上無
欽差領事以保護又無立約以維持是以備受總總苛嚴横加禁例或聲
言驅逐禁止商來或謀財害命或搶奪貨財凌辱萬分莫可言狀
君門萬里呼籲無從惟以商業所在勢難遽離迫得飲恨吞聲任人魚肉付
之無可如何是以於去年八月中美洲一帶五國聯派代表據情函稟駐
美國
欽差大臣張之行轅復電稟
大部請示办法來
朝廷派
官保護以拯斯民於水火荷蒙
憲恩允准特派　譚代辦培森前來調查一切以預備將來通商立約之
基礎商等聞
命之下皆感
朝廷撫慰僑民無微不至
憲恩高厚感激莫名復蒙
列憲知人善任派　譚代辦前來善於外交精於外國語言文字情形熟
悉办事認真是以葛國政府異常歡迎優待有加珍之重之以為莫

旅哥华商陈壎凤等致外务部禀文（宣统三年闰六月二十八日）

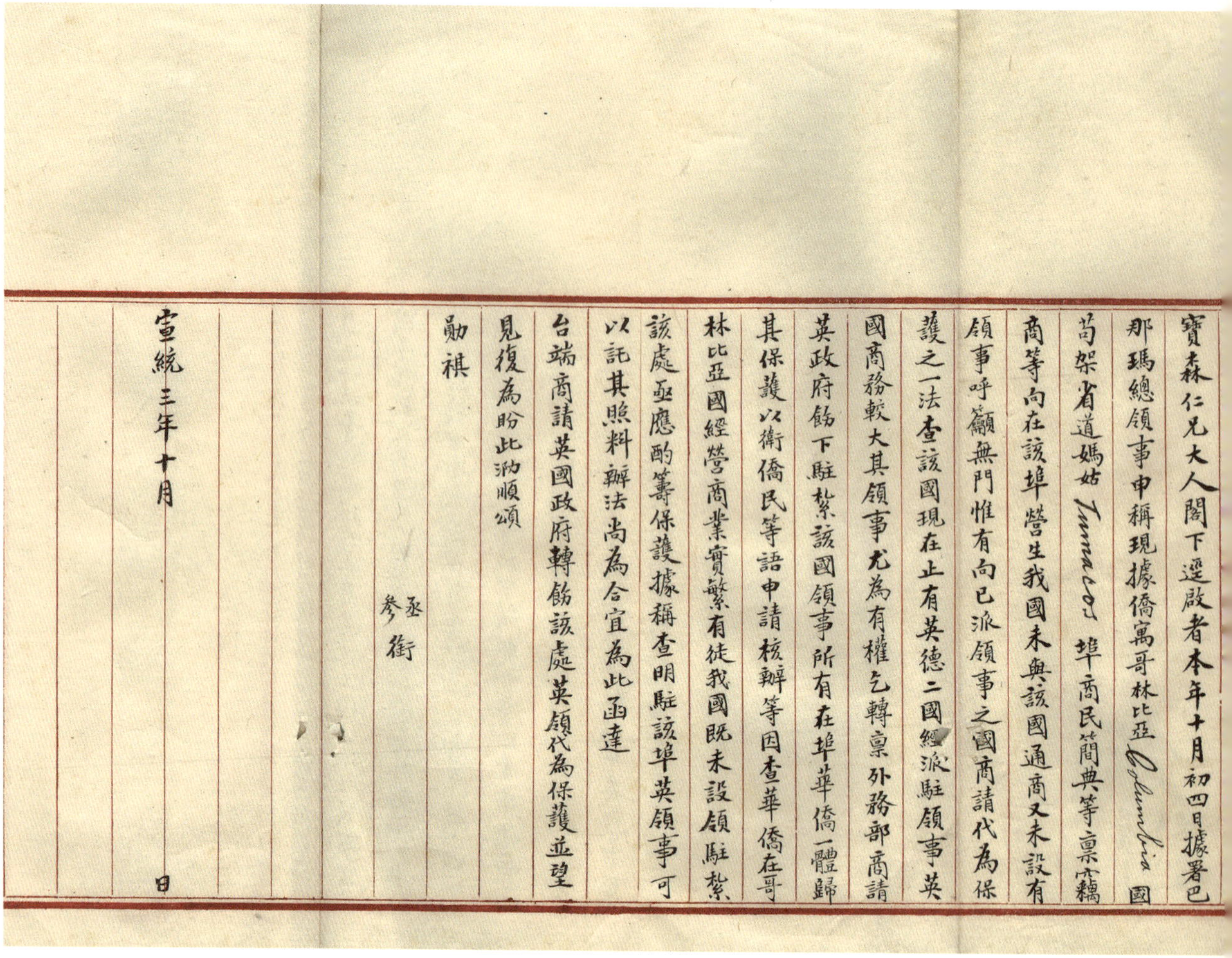

寶森仁兄大人閣下逕啟者本年十月初四日據署巴
那瑪總領事申稱現據僑寓哥林比亞 Columbia 國
苟架省道媽姑 Tumacos 埠商民簡典等稟稱
商等向在該埠營生我國未與該國通商又未設有
領事呼籲無門惟有向已派領事之國商請代為保
護之一法查該國現在止有英德二國經派駐領事英
國商務較大其領事尤為有權乞轉稟外務部商請
英政府飭下駐紮該國領事所有在埠華僑一體歸
其保護以衛僑民等語申請核辦等因查華僑在哥
林比亞國經營商業實繁有徒我國既未設領駐紮
該處亟應酌籌保護據稱查明駐該埠英領事可
以託其照料辦法尚為合宜為此函達
台端商請英國政府轉飭該處英領代為保護並望
見復為盼此泐順頌
勛祺
丞參銜
宣統三年十月　日

外务部致驻英大臣刘玉麟信函：

为华侨在哥伦比亚经商请英国领事保护事

宣统三年十月十六日（1911 年 12 月 6 日）

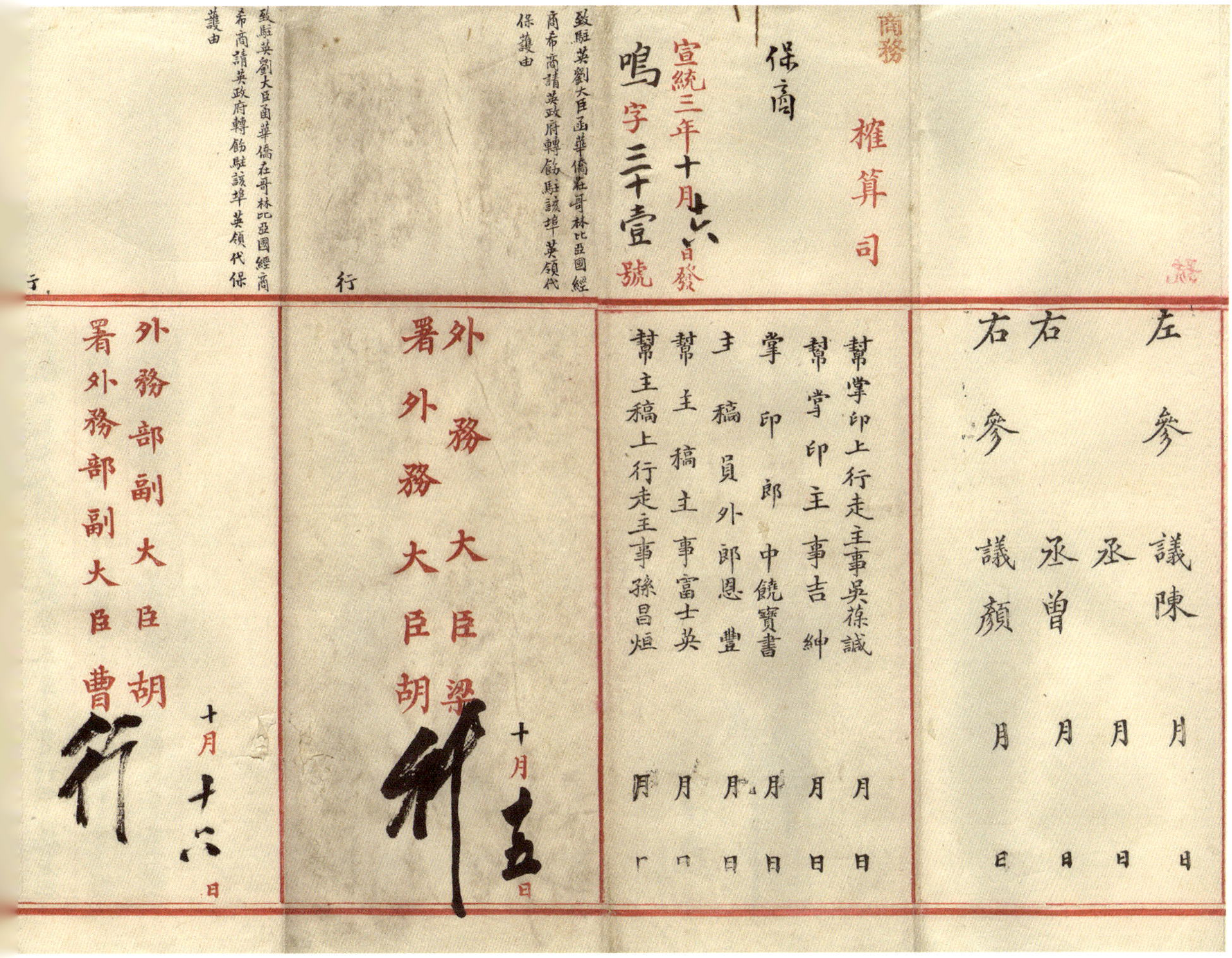

外务部致驻英大臣刘玉麟信函（宣统三年十月十六日）

晚清时期，随着近代外交理念的深入和外交实践的规范，对海外华侨的领事保护成为中国驻外使领馆的重要事务。但是，华侨遍及世界各地，而与清政府建交的国家数量有限，对未建交国的领事保护就成为一个难题。这种情况在拉丁美洲尤为突出。因此，外务部致函驻英大臣，希望其向英国政府提出由英国驻哥伦比亚的图马科（即档案中的“道妈姑”）领事对当地华侨代行领事保护。实际上，清政府在拉丁美洲多个未设本国使领机构的地方都采取了这种做法，对当地华侨也起到了一定的保护作用。

后 记

2013年9月，国家主席习近平在哈萨克斯坦纳扎尔巴耶夫大学发表演讲，倡议共同建设“丝绸之路经济带”。10月，习近平主席在印度尼西亚国会发表演讲，倡议共同建设“21世纪海上丝绸之路”。2014年9月，习近平主席出席中俄蒙三国元首会晤时提出，将“丝绸之路经济带”与“欧亚经济联盟”、蒙古国“草原之路”倡议对接，打造中蒙俄经济走廊。鉴于“一带一路”倡议所涉及的路线与国家，与明清时期中国对外商业贸易交往的路线高度重合，丰富的历史档案真实地记录了明清时期丝绸之路的繁荣与变迁，学术界和社会各界亟需能够全面反映古代丝绸之路沿线中外交流的原始文献。为了贯彻历史档案服务国家经济社会建设的总体精神，中国第一历史档案馆（以下简称一史馆）决定精选与整理馆藏明清丝绸之路档案，还原历史面貌，服务当代社会，为“一带一路”建设提供历史镜鉴。

2016年1月，一史馆全面启动明清时期“一带一路”档案编研出版项目。8月，项目组完成摸底调研和初步选材数万件。10月，与中国社会科学院历史研究所（以下简称社科院历史所）签订《明清时期“一带一路”档案编研出版工程合作框架协议》，确定首先合作编纂《明清宫藏丝绸之路档案图典》（以下简称《图典》）子项目。一史馆方面，由李国荣副馆长领衔，精心遴选科研人员，组成团队，投入编研工作。社科院历史所方面，组成了由鱼宏亮研究员领衔、清史研究室全体人员参加的团队，与一史馆共同组成课题组。双方经过多次研讨，确定《图典》分为陆上丝绸之路编、海上丝绸之路编，每编包含四个方向，陆上丝绸之路分为东向过江之路、南向高山之路、西向沙漠之路、北向草原之路，海上丝绸之路分为东洋之路、南洋之路、西洋之路、美洲之路四个方向。全书设总序言、每编前言、每路导言，遴选珍贵档案与历史图片，加以串联说明，力图在展现明清时期丝绸之路全貌的同时，生动反映历史细节。

2018年1月，一史馆、社科院历史所、国家图书馆出版社（以下简称国图社）三方签署合作编纂出版《图典》协议书。力求依托一史馆的档案优势、社科院的科研优势、国图社的传媒优势，将《图典》打造成优势互补、编研结合的精品，深度开发明清档案，将档案馆变成思想库，更好地服务国家中心工作，服务社会大众，服务历史研究。

2019年，一史馆成功申报《明清宫藏丝绸之路档案的整理与研究》为社科基金重点项目。2020年，国图社成功申报《图典》为国家出版基金资助项目。2021年，中国历史研究院将《图典》列为重大学术项目。

《图典》最终辑录的档案，陆上丝绸之路的过江之路76件、高山之路85件、沙漠之路92件、草原之路105件；海上丝绸之路的东洋之路70件、南洋之路71件、西洋之路100件、美洲之路77件。同时，收录了有关单位的历史图片。

在《图典》的选材和编撰过程中，一史馆满文处、保管处、利用处、复制处、网络处等部门，为课题项目所需档案的筛选、提调、拍摄提供了大力支持。李锦绣、杨艳秋、林存阳、李花子、乌云高娃、覃波、张莉、徐莉、李保文、常嘉林、王景丽、褚若千等，为本《图典》的撰写，提供了诸多帮助。在此特致谢意！

《图典》完稿之后，特请北京大学欧阳哲生、清华大学倪玉平、中国人民大学刘文鹏、中央民族大学赵令志、福建师范大学谢必震、云南师范大学邹建达六位教授予以审核，提出诸多宝贵意见。这里一并致谢！

国图社高度重视《图典》的编辑出版工作。魏崇社长、殷梦霞总编辑全程指导《图典》出版的统筹规划和具体实施；廖生训、王燕来等在版式设计、内容编排、图文审订上全身心投入，力求打造精品；王雷、景晶等编辑精心审校，确保书稿质量。在此表示由衷的感谢和敬意！

《图典》涉及档案繁复，且多为首次公布。课题组在整理和研究过程中力求做到准确揭示有关历史信息，但仍难免有不妥之处，敬请读者批评指正。

《明清宫藏丝绸之路档案图典》课题组

2021年3月